KB210803

불교 페미니즘과 리더십

불광출판사

불교 페미니즘과 리더십

불교여성, 자비와 지혜로
세계의 중심에 서다

본각 · 조은수 · 텐진 빠모 외 34인 지음

샤카디타 코리아 옮김

불광출판사

지난 수세기 동안 불법(佛法, Buddhadharma)을 표현하는 데 들려온 목소리는 대부분 남성들의 목소리뿐이었습니다. 여성들은 자신이 가진 견해나 관심, 또는 자신이 이룬 성취나 통찰력을 표현할 기회를 거의 갖지 못했습니다. 심지어 21세기에 들어서서도 대부분의 불교학회나 대회에서 여성들이 발표하는 경우는 아주 드물었습니다.

샤카디타는 1987년 보드가야에서 설립되었습니다. 여성들이 자신의 목소리를 내고 부처님법에서 여성과 관련된 특별한 여러 이슈들에 대해 논의할 길을 열어주고자 하는 단체로 창립되었습니다. 이후 샤카디타는 아시아의 여러 불교국가를 돌아가며 2년에 한 번씩 대회를 개최하고 있으며, 그 대회를 통해 비구니스님과 재가 여성 불자들이 논문을 발표하고, 기조 강연과 워크숍, 아침저녁 참선, 그리고 성지 순례를 함께하는 기회를 갖고 있습니다.

이 대회는 종파를 초월하여, 세계의 모든 종파와 각종 전통을 함께 아우름으로써, 전 세계 불교를 포괄하고 있습니다. 이제야 이 대회를 통해 여성 불자들이 자신의 견해와 관심, 도전과 성공을 표현할 기회가 주어진 것입니다. 이 대회를 통해 주어진 제한된 여건 하에서 장애를 딛고 극복하며 자신의 수행의 목표를 이루었던 영웅적 여성들의 이야기에 대해 듣고 그들에 대해 알게 됩니다. 또 여러 여성 지도자들의 숙련된 지도하에 수행도 같이 합니다. 이것이 지혜를 상징하는 여성적 영성을 진정으로 실천하는 길입니다.

그동안 샤카디타 지부들이 동양과 서양의 여러 나라에서 설립되었습니다. 〈샤카디타 코리아〉의 한국 지부도 설립되었습니다. 한국은 비구니스님들의 승가와 재가 여성 불자 조직이 잘 이루어져 있는, 역사적으로 중요한 불교국가입니다. 현재 〈샤카디타 코리아〉의 나이는 젊지만 커다란 가능성을 갖고 있습니다. 교육 수준이 높고 불교에 관심이 많은 한국의 여성들이 이 시대가 무엇을 필요로 하고 현재 이 세상에 어떤 어려움이 있는지 그 요구가 무엇인지 잘 살펴서, 부처님 법을 시대에 맞게 만들어 가는 데 보다 적극적인 역할을 해야 합니다. 현대 사회에서 부처님의 법이 유의미한 힘이 되기 위해서는 우리 여성들의 적극적인 참여와 기대가 필요합니다.

샤카디타 대회에서는 다른 불교 대회에서 흔히 간과되는 특정한 주제를 부각하는 논문들이 발표됩니다. 이 책에 실린 37편의 원고는 최근 몇 년 간의 샤카디타 대회에서 발표한 원고 중에서 선별하였습니다. 이 글을 쓴 저자들은 여성들이나 현 세상에 문제가 되는 많은 현안들에 대해 숨김없이 솔직하게, 그러면서도 문제의 본질을 꿰뚫어 보는 통찰력을 가지고 자신의 의견을 표출하고 있습니다.

끝으로 본인은 이 책의 출간을 계기로, 스스로의 목소리에 귀 기울이고 자신의 힘을 깨닫는 여성 불자들이 많아지고, 나아가 한국불교계 뿐만 아니라 한국 사회 전체에서 여성의 목소리가 진일보하기를 바랍니다. 어려운 상황에서도 한결같은 모습으로 〈샤카디타 코리아〉를 이끌고 있는 공동의장 본각 스님과 조은수 교수께 격려의 마음을 표합니다.

그리고 이 글을 읽는 모든 분들이 부처님의 가피 속에서 행복하시길 바랍니다.

제쭌마 텐진 빠모 (Jetsunma Tenzim Palmo) 합장

서 문

본 책에 모인 37편의 소논문들은 2011년 태국 방콕, 2013년 인도 바이샬리, 2015년 인도네시아 족자카르타에서 개최된 제12차, 제13차, 제14차 샤카디타 인터내셔널 세계불교여성대회에서 발표된 논문 중에서 선별하여 번역한 것입니다. 이 소중한 논문들을 이 책에 수록하도록 허락해 주신 저자들께 우선 감사의 뜻을 표합니다.

'샤카디타'는 '붓다의 딸'이라는 뜻입니다. 국제 불교 네트워크를 구축하여 여성 불자의 교육과 연구 활동을 벌이고, 부처님의 가르침에 기반하여 세계평화를 실현하고자 1987년 인도 보드가야에서 창립된 이래 2년마다 한 번씩 세계의 각국을 돌아가며 국제학술대회를 여는 것뿐만 아니라, 비구니 교단이 없는 나라의 스님들의 수계를 지원하고 그에 따른 재정적 지원을 비롯한 각종 지원을 제공하는, 세계적으로 가장 대표적인 불교 여성단체입니다. 한국은 제8차 대회를 중앙

승가대학에서 성공적으로 개최한 적이 있습니다.

　이 책을 만들기까지 강독, 번역, 윤문, 그 외 출판과 관련된 모든 일을 〈샤카디타 코리아〉의 번역팀에서 맡아서 수행하였습니다. 〈샤카디타 코리아〉는 〈샤카디타 인터내셔널〉(Sakyadhita International Association of Buddhist Women), 즉 세계불교여성협회의 한국지부입니다. 2013년 7월 17일에 창립되었으며, 2014년 10월에는 서울시 문화예술부 산하 비영리민간단체로 등록되었습니다. 그동안 여성 불자들의 국제적 역량을 제고하기 위한 각종 사업과 국제 교류, 그리고 인재 발굴과 교육 등의 활동을 펼쳐왔습니다.

　이 책에는 논문 37편을 세 부분으로 나누어 수록하였습니다. 제1부에서는 '세계의 비구니 승가'라는 제목아래 세계 곳곳에서의 여성 출가자들의 활동을 나라별로 배열하였습니다. 특히 많은 논문들이 아시아의 불교국가들과 서구 불교계에서 일어나고 있는 비구니 승단 복원의 노력과 운동에 대한 최근의 소식을 전하고 있습니다. 아시다시피 부처님 양모는 당시 최초의 출가 여성이 되어 대애도(Mahāprajāpatī, 大愛道) 비구니가 된 이래, 그 후 많은 훌륭한 여성 출가자들이 뒤를 이었습니다.

　그러나 시절 인연은 세월의 굴곡을 가져와서, 스리랑카와 동남아시아 불교계에는 비구니 교단이 없고, 비구스님만 있는 지 오래 되었습니다. 여성 출가자들은 비구니로서가 아니라 사미니 또는 십계 수지자 등의 지위로서 정식 종교인으로서의 권리를 갖지 못하는 상황입니다. 티베트불교에는 비구니계가 전해진 적이 없습니다. 현재 티베트·부탄 등지에서 비구니 승가를 세우는 논의를 하고 있습니다만 정말 오랫동안 논의만 진행되고 있을 뿐입니다.

한편 동아시아에는 4세기경 중국에 비구니계가 전해진 이래 비구니라는 명칭이 출가 여성 전체를 대표하는 듯이 사용되고 있습니다만 이 책에서 보시다시피 그런 위상을 가진 곳은 세계 곳곳에서 비구니 구족계 수계의 전통이 있는, 한국·대만·베트남 정도일 뿐입니다.

샤카디타는 비구니 교단의 복원 내지 정립을, 그 설립 목표의 하나로 삼고 이러한 일이 일어날 수 있도록 국제적 협력 조직을 만들며, 비구니스님들의 권익을 옹호하기 위해 선두에 서고 있습니다. 1980년대 몇몇 여성이 수계를 받은 후 1998년 보드가야에서 대규모 수계식이 열렸습니다. 이는 한국의 비구·비구니스님들의 도움이 컸다고 합니다. 한국의 불자들이 크게 긍지를 느껴야 할 대목입니다. 이제 스리랑카에는 이미 상당수의 비구니스님들이 존재한다고 합니다. 그러한 변화가 지난 20년 사이에 일어나게 된 데에는 당사자들의 원력과 노력 때문이겠습니다만 또한 주위의 열린 마음을 가진 비구스님들의 도움도 컸다고 합니다.

본 책에 들어 있는 어느 글에 소개된 것처럼, 비구스님이 마을회관의 개막식에서 축사를 하는 자리에서, 자리를 같이한 비구니스님들을 가리키면서 "이분들은 마하파자파티 고타미의 정신을 이어받은 분들"이라고 소개하였을 때 주위의 많은 분들이 눈물을 흘렸다는 이야기는 그 만큼 그분들의 희망이 간절하였기 때문일 겁니다. 그리고 그 이야기를 간접적으로 들은 우리들의 눈시울도 같이 뜨거워지는 것도 그러한 인정을 받기 위해 노력하고 고통 받았을 그 여성들에 대한 존경의 마음 때문일 겁니다. 방글라데시나 미얀마의 경우는 아직도 참으로 힘든 길을 가고 있습니다. 해외에서 열린 수계식에 참가하고 돌아오자 국내에서 체포되었다는 보고도 있고, 승단의 수뇌부가 사미니 스님들이 모여 사는 거처에 사람을 보내 여자들이 가사를 걸친 것이 불법이라 하여 사찰 밖으로 쫓아냈다고도 합니다.

제2부에서는 여성주의의 시각에서 불교를 재해석하고자 하는 논문들을 실었습니다. 불교의 교리 자체가 어떤 종교보다도 양성평등적이며, 초기 불전에 나타나는 많은 선구적 여성들의 자취에 대해서도 알고 있지만, 여성에 대한 각종 편견을 담은 담론과 문헌은 아직도 불교계에 회자되고 있으며 아시아 불교계의 권위적이며 여성 차별적 문화는 비판의 대상이 되고 있는 것도 현실입니다.

호너(I. B. Horner, 1896-1981)와 같은 영국의 여성 불교학자가 1930년에 『초기 불교의 여성-재가 여성과 출가 여성』(Women under Primitive Buddhism: Laywomen and Almswomen)이라는 제목으로 테리가타의 여성 장로들의 시를 소개하고 초기 불전에 나타나는 여성 수행자들을 찬양한 이래, 서구의 여성들과 불교인들은 불교 속의 여성이라는 주제에 대해 학문적 관심을 일찍부터 발전시켜 왔습니다. 이에 반응하여 이제 세계의 여성들은, 불교인이 아니라 할지라도, 불교가 선진적 여성관을 높이 평가하게 되어 불교의 여성주의적 시각과 여성의 수행 문화, 그리고 그들이 이룬 문화적 사상적 성과에 대해 잘 알게 되었습니다. 현재 서구의 불교는 여성주의적 관점의 틀 속에서 성장하였다고 해도 과언이 아닙니다. 이제 그들이 무엇에 관심을 가지고 왜 그것을 중요하게 생각하였는지 그들의 목소리에 귀를 기울일 필요가 있습니다.

마지막 제3부에서는, 그동안 조용한 실천 봉사자의 역할을 자임하면서 그들의 모습과 활동을 감추어 왔던 여성 불자들의 활동을 소개합니다. 여기에 수록된 열두 편의 논문들은 사회의 곳곳에서 활약하고 자비행을 행하는 씩씩한 여성들의 모습을 담고 있습니다. 성적 소수자와 같은 사회의 음지에서 고통 받는 사람들의 문제를 보살의 눈으로는 어떻게 볼 수 있을까요. 『유마경』에서 중생이란 파초와도 같고 번개와도 같고 물거품과도 같은 것이라 했습니다. 그렇지만 그러기에 중생 한 사람 한 사람 개인에게 자비와 연민을 베풀어야 한다고 했습니다. 공이고 허깨비인 중생살이를 어떻게 볼 것인가 하는 깊은 고민을 던집니다. 그 질문을 우리도 같이 고민해 보아야 할 때입니다. 이 사회에는 너무나 많은 문제가 존재하고, 많은 억압받는 사람과 고통 받는 중생들이 있기 때문입니다.

저희들은 이런 생각으로 이 책을 엮고, 번역하고, 같이 다듬었습니다. 지난 2015년 인도네시아 족자카르타에서 열린 제14차 샤카디타 세계불교여성대회를 끝낸 후 여러 사람들이 합심하여 그동안 세 번의 대회에서 발표된 논문들을 중심으로 선별하여, 일단 한 획을 긋는 의미로 한권의 책을 꾸리기로 결의했습니다. 저희들은 아침 6시 명상으로 하루를 열고, 오전과 오후 두 차례 논문 발표를 듣고, 오후에는 각종 워크숍을 찾아 뿔뿔이 흩어졌으며, 평소에 뵙기 어려운 세계 각지의 여러 큰스님들과 불교지도자들의 법문을 들었습니다. 열흘의 기간이 꿈과 같이 지나갔습니다.

대회가 끝난 후 저희들은 마치 깊은 숲속에서 수행을 마치고 나온 듯한 신선함을 온몸과 마음으로 느끼면서, 앞으로 저희 〈샤카디타 코리아〉가 해야 할 일에 대해 토론하였습니다. 여성의 역할이 이 시대, 그리고 한국불교라는 이 공간에 정말 중요하다고 인식하게 되었습니다. 그 결과가 이 작은 책입니다. 이 사회에 불교의 내적 성찰과 자비의 정신이 확산되는 데 작으나마 계기가 되기를 바라는 마음뿐입니다.

많은 분들의 헌신적인 공동체 정신으로 이 작업이 이루어졌습니다. 불교영어통번역과정인 GEP 졸업생들과 〈샤카디타 코리아〉 회원들, 그리고 통번역전문가들이 자원봉사로, 지난 대회 논문집 초벌 번역, 재번역, 수정, 윤문의 과정에 일부 또는 전부 관여하였습니다. 그분들이 번역하신 원고가 여기에 실렸을 수도 있고 실리지 않았을 수도 있지만 모든 분들의 십시일반의 노력으로 이 같은 한권의 책이 나왔다는 것을 알려드립니다. 한 분 한 분의 노고와 열정에 충심으로 감사의 마음을 표하는 뜻으로 그분들의 성함을 아래에 열거합니다(가나다 순).

강미혜, 강석주, 강소연, 김경주, 김다혜, 김민지, 김민희, 김서윤, 김성은, 김시내, 김연금, 김원정, 김정은, 김한나, 김한울, 김희연, 노푸름, 동건 스님, 문소영, 박선미, 서지영, 서혜인, 성원 스님, 시현 스님, 심원 스님, 안지숙, 오지연, 옥복연, 원아림, 유승희, 유용빈, 유형은, 윤은주, 윤이원, 이경희, 이상엽, 이승우, 이영희, 이유민, 이윤선, 이주석, 이중석(화령), 이지연, 이추경, 이현주, 이혜인, 임수민, 임수진, 임영아, 재마 스님, 정완 스님, 조성자, 조은수, 진우기, 초은 스님, 최윤미, 최은정, 추효선, 하양자, 한지희, 혜연 스님, 홍연주, 효석 스님입니다. 특히 오지연, 전영숙 님은 불교학자의 지식과 열정으로, 그리고 남혜경 님은 전문출판인의 눈으로 원고를 교정하였으며, 〈샤카디타 코리아〉 회원 이영희, 안지숙, 서지영 님과 효석 스님께서 마지막 교열과 정리를 도와주었습니다. 그리고 마지막 책이 나오기까지 각종 작업을 도와준 김한울과 서혜인 간사에게 깊은 감사를 표합니다.

이 책이 나오기까지 인과 연을 만들어 주신 그 외의 많은 분들과 지원기관이 있었습니다. 특히 자원봉사자들이 샤카디타 대회에 참석할 수 있도록 재정적으로 지원하고 격려해 주신 대한불교진흥원과 명성 큰스님께 깊은 감사를 표합니다.

부디 이 책을 통해서 현재 세계의 여성 불자들은 무엇을 고민하고 그런 고민을 해결하기 위해 어떤 활동을 계속 벌이고 있는지, 세계 곳곳의 불교 여성들의 활약에 대해 관심을 갖는 계기가 되기를 바랄 뿐입니다. 끝으로 작년 2015년 11월에 저자 중의 한 사람인 미국의 리타 그로스(Rita Gross) 교수가 책의 완성을 보지 못하고 돌아가셨습니다. 그분은 불교 여성주의라는 새로운 분야를 개척하셨을 뿐 아니라, 불교와 여성에 대한 철학적 사유와 성찰의 깊이로 우리들에게 끝없는 영감을 불어넣어 주셨습니다. 그분의 영전에 이 책을 헌정합니다.

2016년 8월
샤카디타 코리아 공동대표
본각 · 조은수 합장

목 차

제1부 세계의
비구니 승가

제2부 '붓다의 딸'을 위한 여성 리더십

제3부 현대사회의 문제와
자비의 고요한 실천

일러두기

1. 한자 중국어 발음 표기는, 신해혁명 이후와 관련한 자료는 현대 중국어 발음으로 표기하고, 이전 것은 한국 한자음으로 표기하였다. 현대 중국어 발음표기법은 최영애-김용옥(CK시스템)을 따랐다.

2. 팔리어, 산스크리트어, 티베트어 등의 발음은 원음에 따르도록 하였다.

3. 영문 논문은 따옴표(" ")로, 저술은 이탤릭체로 표기하여 구분하였다.

제 1 부

세계의
비구니 승가

수잔 므로직 ｜ 미국 마운트 홀리요크대학 종교학과의 부교수이다. 하버드대학교에서
종교학연구로 박사학위를, 하버드 신학대학원에서 세계종교 전공으로 석사학위를 받
았다. 2010년부터 2012년까지 스리랑카에서 비구니스님들과 그들을 후원하는 재가
자들을 대상으로 인류학적 조사를 수행하였다. 비구니스님들에 관한 논문을 *Religion
Compass*(2009), *Present*(2011), *Journal of Buddhist Ethics*(2014) 등의 학술지에 발표하
였다. *Virtuous Bodies: The Physical Dimensions of Morality in Buddhist Ethics*(Oxford
University Press, 2007)를 저술하였으며, *Women Practicing Buddhism: American
Experiences*(Wisdom Publications, 2007)와 *Embeddd Languages: Studies in Sri Lankan and
Buddhist Cultures*(Godage International Publishers, 2012)를 공동 편집하였다.

"비구니스님, 사랑합니다!"

"We Love Our Nuns!":
Reflections on Lay–Monastic Relations in Sri Lanka

01
수잔 므로직
(Susanne Mrozik)

본 논문은 2013년 1월 5일에서 12일까지 인도 바이샬리에서 열린 제13차 샤카디타 세계불교여성대회(13th Sakyadhita International Conference on Buddhist Women), "Buddhism at the Grassroots"에서 발표되었다.

2010년부터 2012년까지 필자는 스리랑카에서 스리랑카 테라바다(Theravada) 비구니 승가의 복원에 대해 연구하는 행운을 누렸다. 비구니 승가는 1996년 인도 사르나트(Sarnath)에서 열린 비구니 수계식에서 복원되었으며, 1998년 인도 보드가야에서 다시 수계식이 있었다. 정부와 비구 승가가 비구니 승가의 부활을 아직 공식적으로 인정하지 않아서, 스리랑카 비구니와 사미니는 법적, 경제적, 교육적으로 어려움에 처해 있다. 그래도 비구니 승가는 성장하여, 2012년 현재 스리랑카에는 약 1,000명의 비구니가 있다.[01]

그런데 비구니 승가는 어떻게 생존할 수 있었으며, 어떻게 공식적인 인정을 받지 않고도 번창할 수 있었을까? 한 가지 이유는 비구

---

01   이 숫자를 알려주신 찬디마 테로(Chandima Thero) 비구스님에게 감사드린다.

니 사찰이 재가자의 강한 지원을 받았기 때문이다. 또 다른 이유는 승가를 유지해 온 비구니스님들의 재능은 물론이거니와,[02] 영향력 있는 비구스님들의 지원을 받았기 때문이다. 그러나 이 자리에서는 비구니 사찰을 유지해 온 재가자의 지원에 대해서 이야기하려고 한다. 쿠루네갈라(Kurunegala) 지역의 농촌에 있는 비구니 사찰에서 5개월 간 진행했던 연구에 초점을 맞추겠다.

특히 남녀 재가자가 필자에게 가르쳐 준 "비구니스님, 사랑합니다!"라는 말에 초점을 맞추고 싶다. 싱할라(Sinhala)말로 '사랑'은 아다라야(adaraya)라고 하는데, 이 말은 일상에서 가족 간이나 또는 연인 사이에까지 아주 다양하게 사용되는 말이다. 남녀 재가자가 그들이 비구니스님을 사랑한다고 말할 때 무엇을 의미하는지, 그리고 왜 그렇게 되었는지 인류학적 관점에서 살펴보고자 한다. 재가자와 비구니스님 사이의 애정 어린 관계에 관심을 두면서, 스리랑카 비구니 승가의 부활의 한 양상을 살펴보겠다.

여기서 발표하는 자료는 주로 열여덟 가구를 인터뷰하여 얻은 것이다.[03] 이들 가족은 자신을 기부자라고 밝혔는데, 그것은 비구니 사원의 지지자라는 의미다. 그런데 필자는 기부자가 '사랑'이라는 말을 쓸 때 그 말이 무엇을 뜻하는지 모르는 것처럼 여기도록 하였다. 사전에

---

02 스리랑카 비구 승가의 입장은 비구니 부활을 인정하지만, 비구스님 개개인은 동의하고 지원도 해 준다는 점을 주목할 필요가 있다.

03 본인이 다섯 달 동안 쿠루네갈라(Kurunegala) 지역에서 현장조사를 하면서 본인은 이 특정 농촌 지역에 있는 비구니 사찰을 포함하여 12군데의 사찰에서, 비구·비구니, 그리고 다사실(십계만 받은 출가 여성)들을 인터뷰하였다. 또한 토요일 저녁에 하는 보디뿌자(bodhi puja), 아이들을 위한 일요불교학교, 매달 보름날에 하는 행사들 피리스(pirith) 염불, 장례식, 마을 사람이나 비구니스님들과 순례, 그리고 현지 학교의 행사 등 사찰이나 마을의 행사에서 참가자들을 관찰하였다.

서 그 단어의 뜻이 무엇인지를 찾을 수 있는 것처럼 하지도 않았다. 그리고 기부자가 사랑에 대해서 말할 때마다, 필자는 그들에게 사랑을 정의해 달라고 하였고, 비구니스님과의 관계에서 언제 사랑을 느끼는지 그들이 생각하는 사랑의 실례를 들어달라고 했다. 여기서 우리는 먼저 기부자가 낭만적인 사랑을 이야기하는 것은 아니라는 것을 분명히 해야 하겠다. 아마도 필자처럼 세상의 다른 곳에서 온 여러분들은 보통 사랑이라 하면 낭만적인 것으로 여길 것 같아서이다.

그렇다면 기부자들이 '사랑'이라는 단어로 무엇을 말하고자 했을까? 기부자란 느낌보다는 행동의 관점에서 사랑을 정의하는 것 같았다. 다른 말로 하면, 내가 '사랑'이라는 말이 의미하는 것을 말해달라고 했을 때, 그들은 비구니스님들과 함께, 그리고 그분들을 위해서 그들이 했던 일들을 말했다. 비구니스님이 병이 들면 돌보아 주고, 좋은 음식을 마련하고, 규칙적으로 비구니스님들을 방문하며, 함께 순례를 떠난다는 것이다.

기부자는 또한 친근하다는 의미에서 사랑을 말했다. 여러 기부자들이 말하기를, 비구니스님들은 가족을 떠나왔으며 자신들이 지금은 그분들의 가족이 되었다고 하였다. 어느 여성 재가자는 이렇게 말했다.

어머니, 아버지와 가족 모두를 남겨두고, 그분들은 부처님의 가르침을 따라 떠나왔습니다. 그래서 우리는 그분들의 어머니가 되고 아버지가 됩니다. 기부자는 비구니스님의 어머니이자, 아버지, 형제이며 사랑하는 사람입니다. 비구니스님들은 갑작스런 위급상황에 처하거나, 좋거나 나쁜 문제가 생기면, 부모님께 알리기 전에 우리들에게 말합니다.

부모와 자녀와의 관계라는 말이 가장 많이 언급되었다. 기부자는 자신을 비구니스님들의 부모라고 생각했는데, 자신들이 비구니스님을 돌보기 때문이다. 비구니스님들 역시 자신의 부모로 생각하는데, 비구니스님들이 어떻게 살아야 하는지를 가르쳐 주기 때문이며, 비구니스님에게 큰 애정과 존경을 갖고 있기 때문이다. 어느 여성 재가자의 말을 들어보자.

비구니스님이 우리에게 부모와 같다는 것은 그분들이 부모처럼 우리가 살아갈 길을 인도해 주기 때문입니다. 그분들이 병이 나면, 우리뿐 아니라 마을 전체가 스님을 돌봅니다. 마을 사람들이 어려움에 처하면 스님들 역시 우리를 도와줍니다. 그분들은 우리를 진정으로 돌봐 줍니다. 우리가 병이 나면 그분들은 우리를 찾아와 돌봐 줍니다. 필요하다면 피리스(pirith)를 독송해 줍니다. 최소한 그들은 보호하는 피리스 줄을 쳐줍니다. 그리고 비구니스님들은 우리의 마음을 고양시킵니다. 우리는 그분들을 우리의 부모를 대하듯 합니다.

다른 여성 재가자 역시 비슷한 이야기를 하였다.

비구니 주지스님(메헤닌바한스)[04]은 우리를 자신의 부모처럼 대합니다. 우리는 그분이 필요로 하는 것은 물론이고, 그분이 무엇을 하

---

04   비구니나 사미니스님들을 존경해서 부르는 존칭어.

든 그분을 돕지요. 그분은 나를 사랑하고 "어머니"라고 부릅니다.[05]

이 기부자도 다른 기부자처럼 비구니스님 또한 자신을 사랑한다는 것을 필자에게 알리고 싶어 했다는 점에 유의해야 한다. 기부자들은 그들과 비구니스님 사이에는 부모와 자녀처럼 상호간의 사랑이 있다고 믿는다. 위에서 예를 들었던 기부자는 비구니스님이 기부자에게 부드러운 말로 그분들의 사랑을 표현했다고 말했다. 이 여성 재가자도 비구니스님들을 부모에 비유했는데 스님들이 기부자에게 삶에 대해 여러 가지 충고를 주었기 때문이다. 그들은 계속 말한다.

사랑이란 부모에게 대하는 것과 같이 비구니스님을 대한다는 뜻입니다. 누구든 사원에 갈 때는 비구니스님들이 거친 말이 아니라 친절한 말로 미소 지으며 우리를 맞이해 주시리라는 것을 압니다. 걱정이 있을 때, 우리 일상에 문제가 생겼을 때, 우리는 그분들과 두려움 없이 이야기를 합니다. 그분들은 멋진 분위기를 만드니까요.

다른 여성 재가자도 비슷한 이야기를 하였다.

그분들은 보통 사람들과는 다르게 말합니다. 빠르게 말하지 않아요. 그분들은 상처를 주는 말을 하지 않지요. 그분들은 우리의 마음과 가슴을 바르고 곧게 일으켜 세우는 말을 합니다.

---

05 친척이 아닌데도 친족을 부르는 용어를 써서 다른 사람을 부르는 것은 스리랑카에서 흔한 일이다. 그러나 여기에서 더욱 특이한 점은 이 여성 불자는 스님이 어머니라고 부르는 것을 자신에 대한 사랑의 표현이라고 생각한다는 점이다.

기부자들은 때로 비구스님들을 너무 존경하기 때문에 실제 다소 어렵게 여기는 것처럼 보였다. 비구니스님은 좀 더 친근하게 여겨졌다. 이런 경향은 여성에게 특히 많았는데, 여성은 같은 여성으로서 비구스님보다 비구니스님에게 더 다가갈 수 있었다. 몇몇 여성 재가자는 비구니스님과는 사원 어디에서나 언제나, 부엌이나 목욕간에서도 자유롭게 이야기한다고 강조했다.

어느 여성 재가자가 수줍게 사랑에 대해 특별히 흥미로운 표현을 한 가지 말했다: "지난번 캐시나(Kathina) 때 팬티 세 개를 공양 올렸습니다(사원의 세 명의 비구니스님에게 각각 하나씩)." 여성 재가자의 비구니스님들에 대한 사랑에는 다가갈 수 있음과 친근감(성적인 것이 아닌)을 갖고 있었다.

부모와 자식의 관계를 자주 인용하는 이유를 설명하기 위해서는 '사랑'에 해당하는 싱할라말 아다라야(adaraya)가 넓은 의미를 갖고 사용된다는 것을 알아야 한다. 사전과 싱할라 고전작품에서는 아다라야를 헌신(bhaktiya), 좋아하는 것(aelma), 애정(snehaya), 존경(gauravaya) 등으로 정의하고 있다. 전통문학에서 아다라야와 동의어로 사용되는 존경이라는 말에 특히 관심을 갖기 바란다.[06] 기부자들이 비구니스님에 대한 사랑을 이야기할 때 존경과 애정을 포함하였다. 이것이 비구니스님을 부모로 생각하는 데에 숨은 의미다. 부모님(일반적으로 나이 많은 분들)은 스리랑카의 어디나 마찬가지로 이 마을에서도 존경을 받는다. 이것이 인터뷰에서 사랑(adaraya)과 존경(gauravaya)이라는 말이 자주 함

06　이 정보를 준 산다고미 초퍼라헤와(Sandagomi Coperahewa) 씨에게 감사드린다.

께 쓰인 명백한 이유이다.

부모와 자식과의 관계는 서로를 돌보는 데 있어 상호간의 의무나 책임을 갖는다. 부모는 자식을 돌보고, 부모가 나이가 들면 자식이 부모를 돌본다. 이 자료를 통해 볼 때 상호간의 책임이 기부자의 사랑에 분명히 포함되어 있다. 어느 여성 재가자의 말을 예로 들겠다.

정말, 나는 비구니스님을 많이 좋아(kaemati)합니다. 당신에게 내가 얼마만큼 그분들께 사랑과 친밀함, 정다움을 느끼는지 말로 다 표현할 수 없습니다. 내가 말하고 싶은 것은, 그분들이 모든 면에서 우리를 돕는다는 점입니다. 그분들이 우리를 위해서 지키는 의무가 있고, 우리가 그분들을 위해 행하는 의무가 있습니다.

필자가 기부자들에게 왜 비구니스님을 사랑하는지 말해달라고 청했을 때, 대부분 비구니스님들이 그들을 위해 행한 봉사를 말했으며, 특히 의식과 아이들의 종교교육을 언급했다. 기부자들은 일상적으로 비구니스님을 계를 지키는 분(silvat)이라고 하였는데 그것은 그분들이 계율을 지키기 때문이다. 기부자들은 비구니스님이 비구스님보다 더 엄하게 계율을 지킨다고 했다. 많은 스리랑카 사람들은 비구들을 대체로 높이 존경하지만, 비구스님이 계율을 지키지 않을 때는 스님 개인이나 집단을 거침없이 비난한다.

기부자들은 자신이 행하는 의무와 마찬가지로 비구니스님이 행하는 의무에 대해서도 이야기했다. 이때 청결(pirisidu)과 질서정연(pilvelin, pilvelata, pilivelayi)이라는 두 단어가 인터뷰 동안 계속 나왔다. 필자가 말했듯이, 비구스님과는 달리 비구니스님들은 사원을 깨끗하게 유지하며 의무도 수행하고 특히 의식을 질서정연하게 행한다. 앞에서 '사랑'이라는 말에 대해서 필자가 모르는 것처럼 질문했듯이, 이번에서도 필자는 짐짓 모르는 척하며 기부자들에게 '질서정연'이 무슨 뜻이냐고 물었다. 예를 들어 달라고 했을 때, 두 명의 여성 재가자가 아래와 같이 설명해 주었다.

> 비구스님들은 (자신의 일을) 하시기는 하지만, 그분들은 아주 급하게 합니다. 그분들은 덜 질서정연해요.
> 비구니스님은 신도를 위해 (의식을) 정성으로 치를 때, 그분들은 오래 걸려서 합니다. 비구스님들은 아주 간략하게 해버리지요.

'질서정연'하다는 것은 의식을 서두르지 않고 행하는 것을 의미한다. 또 의식을 처음부터 끝까지 행하는 것이기도 하다. 어느 재가 신도는 이렇게 불평했다. 비구스님은 보호를 청하는 경을 철야로 읽는 의식을 하면 밤늦게 와서 아침 일찍 가버리는 데 반해, 비구니스님은 일찍 와서 늦게 간다고 했다. 비구니스님은 보호를 청하는 과정을 전부 행하나 비구스님들은 의식을 적당히 변경하여 치른다고 했다.

덧붙여 강조하기를 1966년에 당시 현직 책임자였던 비구니스님이 보디푸자(bodhi puja)라는 의식을 어떻게 행하는지 가르쳐 줬다고 했다. 이때 '질서정연'은 의식의 정확한 형식을 의미한다. 당시 비구니스님은 기부자들이 많은 공덕을 쌓을 수 있도록 했는데, 그분들이 의식을 바른 방법으로 행했기 때문이라고 하였다.

비구니스님들에 대한 이런 식의 은근한, 때로는 명백한 칭송이 비구스님과 이전에 그 사원에 살았던 비구니스님들에 대한 비난일 수 있다. 이에 유의하며 사랑에 대하여 마지막으로 정리하겠다. 아마도 부모와 자식 간의 사랑과는 달리, 기부자들의 비구니스님에 대한 사랑은 무조건적이 아니다. 그 사랑의 조건은 사원에 대한 비구니스님들의 봉사와 행이 재가자의 기대를 만족시키는 것이다. 이 사랑이 어떤 면에서 비구니스님이 기부자의 애정과 존경을 받을 만한가에 대해 판단하는 인식적 행동이라 할 수 있다.

결론적으로 기부자의 사랑에 대한 관점은 복잡하다. 그들은 사랑을 정의하기를, 비구니스님을 위해, 그분들과 함께 하는 특별한 행위라고 한다. 그들은 사랑을 가족적인 것으로 정의했는데 그들에게 사랑은 존경과 상호 의무, 그리고 애정을 의미한다. 사랑은 부드러운 어조나 팬티를 선물하는 것에 머물러야 할지도 모른다. 그러나 또한 그것은 누가 가장 훌륭하게 사원의식과 관리에 있어 기부자의 기대를 만족시키느냐에 대한 인식 혹은 판단이기도 하다. 이러한 기대는 '질서정연'의 개념도 포함하여 이 자리에서 다 설명할 수 없는 복잡한 개념을 지닌다.

비구니스님들만 스리랑카에서 기부자의 사랑을 받는 것은 아니다. 비구스님과 사미니(10계만을 수계한 비구니) 역시 사원에서 봉사와 관리에 있어 기부자의 기대에 부합할 때 기부자의 사랑을 받는다. 앞서 말한 사원의 특별한 비구니 주지스님은 1996년에 그 사원에 왔을 때 실제로 사미니였다. 기부자들이 그 사미니에게 느꼈던 사랑이 있었기에 2001년에 그가 비구니 구족계를 받을 때 기부자들의 지원을 받을 수 있었다고 생각한다. 일반적으로 스리랑카에서 재가자와 승가의 돈독하고 긴밀한 관계는 특히 비구니스님을 지원하는 근원이 되어 왔다.

제프리 사뮤엘(Jeffrey Samuels)은 스리랑카의 남성 중심적 사원제도의 민족지학에 대해 논한 적이 있는데, 이 점은 스리랑카 사원문화 분석에서도 생각할 필요가 있는 부분이다.[07] 필자는 이것이 비구니 승가의 부활문제와도 관계된다고 생각한다.[08] 국제무대에서, 불교가 있는 세계의 어느 장소에서, 그리고/혹은 불교역사와 경전 특히 율장에서, 성 평등의 항목으로 그러한 부활이 언급된다는 것을 자주 들었다. 필자는 이런 문제가 사랑이라는 말과도 깊은 관련이 있다고 본다.

---

07   Samuels, *Attracting the Heart: Social Relations and the Aesthetics of Emotions in Sri Lankan Monastic Culture* (Honolulu : University of Hawaii Press, 2010) 참조.

08   본인은 또한 감정 때문에(특히 십계를 받은 출가자 사이에) 스리랑카 비구니 부활에 대해 부정적인 태도를 취하는 것이 흥미롭다고 생각하며, 이 문제를 두 번에 걸쳐서 국제학회에서 발표한 적이 있다.
        (1) 2011년 6월 22일, 대만, 법륜불교대학, 국제불교학회 16th 회의에 제출된 논문인, "Contextualizing the Tibetan *Bhikshuni* Debate : What is at Stake and for Whom?(티베트 비구니 논쟁의 상황 설명 : 무엇이 위기이며 누구를 위한 것인가?)"
        (2) 2012년 4월 28일, 스리랑카, 콜롬보에서 열린, '스리랑카 비구니 재탄생'에 관한 스리랑카 연구 워크숍을 위해 미국협회지에 게재된 논문인, "Ethnographic Insights into the Sri Lankan Bhikkhuni Revival(스리랑카 비구니 재탄생에 대한 민족지학적 통찰)."

비구니 수니티 | '전(全) 인도 비구니 승가(All India Bhikkhuni Sangha)'의 사무국장을 맡고 있다. 인도 중서부 마하라슈트라 주의 나그푸르에 거주하면서 활동하고 있다. LLM Science에서 석사학위를 받았다. 출가 전에 나그푸르대학교와 뭄바이대학교에서 공부하였으며, 25년 동안 사회사업가이자 변호사로 일했다.

인도
비구니 수계의 혜택과
장벽

Bhikkhuni Ordination in India :
Benefits and Barriers

02
비구니 수니티
(Bhikkhuni Suniti)

본 논문은 2011년 6월 12일에서 18일까지 태국 방콕에서 열린 제12차 샤카디타 세계불교여성대회(12th Sakyadhita International Conference on Buddhist Women), "Leading to Liberation"에서 발표되었다.

비구니 수계에 대한 논의에서, 석가모니 부처님은 자신을 길러준 양모인 마하파자파티가 출가하여 스님이 되겠다고 했을 때 이를 허용하지 않았다고 한다. 그녀가 승가의 일원이 되는 것은 여덟 개의 특별한 법(팔경계법)을 받아들인다는 조건하에 허용되었다.

하지만 다른 여성들은 부처님의 권유에 따라 비구들로부터 비구니 수계를 받았다. 율장의 어느 곳에도 비구들이 수계를 받고자 하는 비구니에게 마하파자파티가 부처님에게서 받았던 팔경계를 받도록 요구해야 한다고 언급되어 있지 않다. 그간 많은 비구니들의 연구를 통해 팔경계에 대한 요구가 사실이 아니라고 밝혀지고 있음에도, 이러한 것들이 율장에 언급되어 있다는 보고서들은 현재까지 비구니 승가의 존재에 부정적 영향을 미치고 있다. 이러한 오해로 인해, 오늘날 인도와 다른 불교국가의 비구니 승가는 존재 그 자체를 위해 투쟁하고 있다.

제1부 | 세계의 비구니 승가

인도 역사에서 부처님 이후 비구니 승가는 계속 퍼져 왔다. 인도의 비구니 계맥은 1998년 2월 보드가야에서 열린 국제적 구족계 수계식에서 복원되었다. 23개국에서 온 비구니들이 수계식에 수계사로 참여하였고 약 30여 명의 인도 사미니들이 비구니계를 받았다(이들은 모두 마하라쉬트라 출신이었다. 당시 인도의 다른 주에는 사미니가 없었다). 인도의 사미니들이 오랜 투쟁 끝에 마침내 구족계를 받았다는 것은 획기적인 사건이었다. 그 이전에는 인도 여성들은 자신들이 비구니계를 받을 것으로는 생각조차 하지 못했다. 그만큼 상황이 호의적이지 못했기 때문이었다.

그동안 인도 밖의 다른 나라에서는 비구니 계맥이 한 나라에서 다른 나라로 퍼져나가고 있었다. 1, 2세기에 비구니 계맥이 인도에서 스리랑카로, 그리고 스리랑카에서 중국으로 전수되었던 것처럼, 21세기에 비구니 수계식이 여러 나라에서 행해지고 받아들여지고 있었다. 그런데 이와 같은 일이 인도에서는 결코 일어날 수 없을 것이라고 다들 생각하고 있었다. 왜냐하면 성적 편견을 가지고 있는 인도의 비구들은 사미니들이 비구니계를 받고 자신들과 동등한 기회를 갖는 것을 결코 원하지 않았기 때문이다. 사미니들은 또한 구족계를 받으려면 누구에게 요청해서 도움을 받아야 하는지 정확히 알 수 없었다.

이들은 보드가야에서 열리는 역사적인 구족계 수계대회에 대해 다소 늦게 알게 되었다. 가사공양에 참여하기 위해 보드가야로 가는 상가락시타 스님에게서 이 소식을 들었다. 참가 접수 기한이 이미 지났지만 상가락시타 스님은 인도 비구니들이 등록할 수 있는 기회를 얻어야 한다고 요구했다. 인도에서 거의 1,500년 만에 비구니 계맥이 부활한 것은 스님 덕분이다. 스님께서 권유하기 전까지는 바로 자신들의 나라에서 열리는 수계식임에도 불구하고 누구도 그 수계대회에 등록되어 있지 않았고, 그 혜택을 받을 기회를 거의 잃을 뻔했다는 것은 슬픈 일이다.

결국, 운 좋게도 1998년에 30명의 인도 출가자들이 비구니계를 받음으로써 부처님이 세우신 사부대중의 두 번째 기둥이 불교 탄생지 인도에서 복원되었다. 그러나 불행히도 고향인 마하라쉬트라로 돌아갔을 때 엄청난 비난이 쏟아졌다. 그곳에서 비구니들은 원치 않은 많은 상황들을 마주해야 했다. 예를 들어, 어떤 비구들은 언론을 통해 부처님이 승가에 여성들을 받아들이기를 원하지 않았기 때문에 수계를 받은 그 비구니들이 비구니가 아니며, 따라서 비구니로서 받아들여질 수 없다고 주장했다. 이 논문은 이런 역사적 사건들에 대해 더 자세히 살펴볼 것이다.

비구 승가의 이와 같은 차별적 태도 때문에 보드가야 수계대회 이후 거의 10여 년 동안 어떤 사미니도 구족계에 대해 말하거나 생각조차 할 수 없었다. 나중에 몇몇 비구의 도움으로 젊은 사미니 몇 명이 스리랑카로 가서 교육을 받고 비구니계를 받았다. 스리랑카와 대만 비구니스님들의 도움으로 스리랑카에서 계를 받았던 인도 비구니스님들은 2009년 1월 15일, 마하라쉬트라의 나그푸르에서 구족계 의식을 거행했다. 두 번째 수계의식은 2009년 2월 9일 보드가야에서 열렸다. 나그푸르에서는 모두 15명, 보드가야에서는 18명의 비구니스님들이 계를 받았다. 그러나 이 수계식을 위해 인도 비구니스님들은 다른 나라 비구니스님들의 도움을 받아야 했는데, 이는 수계식에 많은 경비가 소요되기 때문이다.

샤카디타 덕분에 15명의 인도 비구니스님들이 태국에서 열린 제

12차 샤카디타 회의에 참석하여 전 세계의 비구니와 비구니 승가의 발전과 진보를 목격할 수 있었다. 그것은 새로운 각성의 기회였다. 스리랑카와 대만의 스님들은 인도 비구니스님들을 국제무대의 주류로 끌어올리기 위해 그들에게 마하라쉬트라에서 한 달 일정의 훈련 프로그램을 가질 것을 제안했다. 다른 불교국가의 비구니들과 연합할 수 있는 이 기회는 인도 비구니 승가의 발전을 향한 첫 번째 단계였다. 그러나 스리랑카 및 대만 비구니스님들과 함께하는 훈련프로그램을 통해 다른 나라 비구니스님들의 불법 연구에 대해 배울 수 있는 첫 번째 시도는 소통 부족과 다른 많은 이유로 인해 실패했다.

이 첫 번째 노력의 실패요인을 살펴본 후에 우리는 인도 바이샬리에서 열린 제13차 샤카디타 대회에 태국, 베트남, 스리랑카 비구니들과 더불어 참여할 것을 계획했다. 이 대회에서 돌아온 후 인도의 비구니들은 목표와 목적, 그리고 규례를 갖춘, 공식적인 비구니 승가를 조직하기 위해, 또 비구니 조직을 구성하는 데 필요한 책임을 다하기 위해 온힘을 모았다. 이렇게 해서 2013년 6월 보름날에 전인도비구니승가(the All India Bhikkhuni Sangha)가 결성되었다.

이후 전인도비구니승가는 태국의 담마난다 비구니, 베트남의 리우 파프 비구니, 그리고 스리랑카의 비지타난다 비구니의 도움으로 2013년 11월에 나그푸르에서 열린 다르마 훈련프로그램을 조직했다. 거의 25명에 달하는 인도의 비구니와 사미니들이 28일 동안 마하라쉬트라의 부다부미 카이리에 머물면서 승가 공동생활의 실제적인 혜택을 경험했다. 이때 우리는 1998년 보드가야에서 비구니계를 수지한 인도 비구니 장로니들로부터 비구니계를 받을 수 있는 기회를 놓치고 싶지 않아 수계식을 갖기로 했다.

2013년 11월 25일에 열린 비구니 구족계 수계식은 큰 성공이었다. 인도의 비구니 장로니들이 성공적으로 계사의 역할을 수행한 것은 역사적으로 중요한 사건이었다. 이 수계식은 인도 비구니들의 자신감을 북돋웠다. 또한 이는 2,500여 년 전 부처님에 의해 구성된 불교 포교의 네 기둥이 다시 인도에서 뿌리 내리는 것을 확인하는 계기가 되었다. 증명법사로 수계식에 참여해 준 비구들에 대해서도 감사를 표한다. 그들은 비구 승가의 환속 강요 위협에도 불구하고 비구니 수계를 도왔다.

수계의 혜택

계를 받는다는 것은 자신의 영적 동기를 전적으로 믿고, 헌신하는 삶의 단계로 들어서는 것을 의미한다. 세상의 유일한 스승이신 부처님은 여성들이 인간으로 행복하고 자유롭게 살며 중생의 목적을 성취할 수 있는 기회를 주셨다. 비구니 수계는 그동안 닫혀 있던 여성들의 집 문을 활짝 열어 그들로 하여금 수행자로서 출가의 길을 걸을 수 있도록 했다. 승가공동체는 여성들이 가족의 도움 없이 독립적으로 살면서 열반이라는 같은 목적을 가진 여성들과 불법을 수행하는 혜택을 얻기 위해 필요한 용기를 제공한다. 이 기회를 갖는 것은 결의를 더욱 굳건하게 한다. 여성들이 길고 아름다운 머리를 자르고 삭발하는 것은 중요한 결정이다. 그들은 매력의 표지로 여기던 모든 장신구들을 없앤다. 가족들을 돌보고 음식을 준비하는 것을 넘어 영적 노력과 진보가 높이 평가되는 발전의 광장으로 들어선다.

어머니는 아이들의 첫 번째 스승이라는 말(대개 정말 말뿐이긴 하지만)은 부처님이 여성들로 하여금 비구니가 되어 불법의 스승이 되는 것을 허락하시어, 자기 자녀들만이 아닌 사회의 어머니가 되도록 하셨을 때 사실임이 증명되었다. 여성들에게 내재된 자비와 모성애적 특질이 꽃을 피우고 모든 생명체들에게 아낌없이 쏟아졌다. 비구니로서, 그들은 재가 신도들에게서 법문을 해달라고 환영 받았다. 이전에는 불법을 가르친다는 것은 여성들에게는 꿈일 뿐이었다. 이제 비구니들은 불법을 배우고 가르칠 뿐만 아니라 법사와 뛰어난 연사가 되었고 열반을 성취할 수도 있게 되었다. 여성이라는 2등 지위와 여성이라는 낙인은 승가에 들어오는 순간 자동적으로 사라진다. 불법의 지식을 얻고 지혜를 널리 퍼뜨리며 자비의 삶을 사는 여정은 비구니 승가의 설립에서 시작된다.

장벽과 장애들

인도 비구니들에 있어 하나의 장애는 팔경계법인데 이는 인도의 첫 번째 비구니인 마하파자파티 개인에 의해 받아들여졌을 뿐 다른 비구니들에게도 적용되는 것은 아니었다.[01] 이 규정들은 비구니 승가를 구성하는 데 장애로 여겨졌다. 또 다른 장애물은 비구니들을 승가에 받

---

01   T. Dhammaloka Annunayka Thera(Sri Lanka), "The Establishment of the Nuns Order," *Commemorative Magazine of the International Full Ordination Ceremony* (Bodhgaya, 1998).

아들임으로써 불법의 수명이 500년으로 줄어들 것이라고 하셨다는 부처님 말씀이다. 이 말씀은 부처님이 여성들을 승가에 받아들이는 데 단호하셨음을 보여 주기 때문에 더 중요하다.

팔경계법과 부처님께서 하셨다는 예언 모두 부처님의 가르침의 원리에 반한다. 부처님 가르침의 토대가 평등이며, 이는 계급, 인종, 종교, 그리고 성별에 모두 적용된다는 것은 세계적으로 잘 알려져 있다. 비구 승가의 몇몇 구성원들은 여성들에 대해 경멸하는 태도를 취하며 여성들을 지배하는 자신들의 힘을 잃을까 두려워한다.

그러나 이와 같은 태도는 부처님께서 가르치신 원리에 역행하는 것이며 나쁜 평판을 가져온다. 이 비구들은 자신들이 재가 신도들로부터 받는 존경과 경의를 비구니들과 함께 나누게 될까봐 두려워하는 것처럼 보인다. 어쩌면 또한 자신들이 비구니와 비교될 것을 두려워하는지도 모른다. 그들의 태도는 여성과 사회를 지배하려 했던 브라만들의 태도와 일맥상통한다. 다른 사람들이 자신들의 말을 초월적 존재의 명령처럼 무조건 따라야 한다고 주장하는 듯하다.

승가의 남성 지배적 상황, 여성들에 대한 경멸적 태도, 그리고 비구니들에게 그들의 권력을 잃을지도 모를 것이라는 두려움 등은 미얀마 태국과 같은 불교국가들의 일부 비구들 사이에서 존재한다. 그리고 인도에서는 다른 나라보다 더 높은 정도로 비구들에게 여전히 존재한다. 미얀마에서는 정부가 주황색 가사를 입고 '비구니'라는 칭호를 사용했다는 이유로 한 비구니를 투옥하기도 했다. 비구니가 가사를 입고 찍은 사진을 여권에 사용하는 것을 허락하지도 않을 방침이다. 이런 조치들은 비구 승가의 요청으로 이루어지고 있다고 알려져 있다. 비구 승가는 그와 같은 행동들이 부적절하고, 또한 여전히 살아 있으며 앞으로도 살아 있기를 희망하는 부처님의 가르침과 부합되지도 않는다는 것을 깨닫지 못하는 것으로 보인다. 부처님의 가르침을 이해하는 사람은 경전의 차별적인 글들에 대해 다음과 같이 강조할 것이다: 이 말들은 부처님이 하신 말씀이 아니다. 부처님의 해방의 메시지를 이해하는 사람은 성별, 계급, 인종, 그리고 종교에 기반한 차별은 부처님의 가르침에 반(反)하는 것임을 인식할 것이다. 그와 같은 차별들을 영속시키는 자신들이 부처님의 해방의 메시지를 전혀 이해하지 못하고 있음을 분명히 보여 주는 것이다. 아마도 그들은 이해하고 싶지도 않을 것이다.

부처님은 "비구들이여, 비구니들에게 계를 주기를 허락하노라."고 말씀하셨다. 이 말씀은 율장에 언급되어 있으며 부처님께서 마하파자파티에게 팔경계를 주신 구절 뒤에 나오지만 비구들은 이를 무시하고 있다. 부처님 재세 시에 비구들은 부처님의 지시를 반대할 어떤 정당한 이유가 없었으므로 부처님의 권유대로 비구니들에게 계를 주었다. 그러나 부처님의 대열반 직후에 열린 제1차 결집대회에서 몇몇 비구들(특히 마하가섭)은 여성들이 승가에 들어오는 것을 도왔다는 이유로 아난다 비구를 비난했다.

비구니와 재가 여성들이 중요하게 대우 받고, 그래서 몇몇 비구들이 자신들의 질투심을 감추지 못한 많은 사건들이 있다. 따라서 다음과 같은 의문이 생긴다: 이 비구들이 정말 아라한들이었을까? 아라한인 비구는 질투, 분노, 욕망, 집착과 같은 번뇌들이 없다고 여겨진다. 대신, 그들은 연민, 자비, 평정심 등으로 가득 차 있어야 한다. 비구니 수계를 반대하는 비구들은 자신의 마음을 들여다보고 자신들이 여성에 대한 악의나 증오를 품고 있는 것은 아닌지 따져 보아야 한다. 그들이 자신들만 열반의 혜택을 이루기를 바라는 것일까? 자신들만 권력을 움켜쥐고, 이 혜택들을 비구니와 같이 나누기를 원치 않는 것이 가능할까?

이렇게 하는 것은 불교의 역사와 아소카왕의 딸이었던 상가미트라 비구니 장로니와 같은 위대한 비구니들의 존재를 무시하는 것이다. 아마도 오늘날 비구니 수계의 반대자들은 이 훌륭한 비구니가 아눌라 왕비와 수행원들에게 비구니계를 줌으로써 비구니 계맥을 스리랑카에 전했다는 것을 모르고 있는 것 같다. 아마도 비구니 승가가 부처님의 대열반 이후 천 년도 넘는 시간 동안 인도와 스리랑카에서 활발했다는 사실을 무시하고 싶을지도 모른다.

이 모든 문제들의 근본인 중요한 장애는 바로 여성들을 온전히 남성들에게 의존하게 만드는 관습이다. 이것은 아직도 많은 나라에 널리 퍼져 있다. 힌두 사회에서 남자들은 모든 면에서 여성들을 지배할 권리를 가졌다. 아버지는 딸을 통제하고, 딸이 자라면 남편이라는 다른 남자에게 그녀를 넘겼으며, 그는 그녀가 늙을 때까지 통제했고, 그 후 그녀의 아들이 그녀가 죽을 때까지 그녀를 통제했다. 여자를 지배하는 이 관습은 수 세기 동안 남자들에 의해 행해져 왔다.

그리고 지금, 갑자기 여성들이 비구니 승가에 들어옴으로써 조용히 그들의 통제를 벗어나기 시작하고 있다. 비구들이 승복을 입고 있어도 자신들은 여전히 남자이며 비구니들은 여자라는 것을 잊을 수 없는 듯 보인다. 그리고 많은 남자들은 같이 승복을 입고 있음에도 여자들이 같은 대우를 받는 이 새로운 현실을 소화하는 데 어려움을 갖고 있는 것 같다. 물론, 예외가 있지만 많은 비구들은 오늘날에도 여전히 여성들이 승가에 들어오는 것을 반대한다. 비구니들에게 아낌없이 자비를 베풀며 필요할 때 언제 어느 때나 도와주고 지지해 주는 존경하는 많은 비구스님들께는 사과의 말씀을 전한다.

　마지막으로, 사미와 사미니를 교육하거나 교육 프로그램을 구성하는 모든 비구와 비구니들이 수련생들에게 모든 사람들, 그들이 비구이든 비구니이든, 남자 신도이든 여자 신도이든, 소년이든 소녀이든, 이 모든 사람들을 존경할 것을 가르치기를 서원한다. 이것이 바로 부처님 가르침의 주요 원칙이기 때문이다.

아야 산티니 | 1965년생으로, 1990년 발리에서 기리락키토(Girirakhito) 스님과 함께 출가하였다. 비구니가 되기 위해 많은 어려움을 겪었으나 결국 2000년 대만 불광산사에서 비구니계를 받았다. 인도네시아에서 온 아야 실라바티, 아야 담마쿠마리, 아야 디라시리니 등 세 명의 스님들도 같이 수계를 했다. 이 수계식에서 테라바다 전통의 비구스님들로부터 계를 받고, 뒤에 테라바다와 마하야나 전통 양쪽의 비구스님들로부터 계를 받았다. 현재 스님은 인도네시아 반둥 근처 렘방 지역에 있는 '위즈마 쿠살라야니' 사원의 주지로 있다. 헌신적이고 열정적으로 불교를 가르치며 인도네시아의 주요 도시에서 열린 토크쇼에서 한 법문은 많은 사람들에게 감명을 주었다. 명상을 잘 가르치며, 어린이와 청소년들의 법회를 잘 이끌고 있다. 1년에 수차례 캠프를 진행하고 있다. 또한 인도네시아 국내외에서 비구니 수계식과 사미니 수계식에 참석하고 있다. 인도주의적 활동을 인정받아 2007년 3월 '국제여성의날'에 UN으로부터 '뛰어난 불교 여성상'을 수여했다.

인도네시아
비구니 승가 건립의
장애와 기회

Establishing the *Bhikkhuni Sangha* in Indonesia:
Obstacles and Opportunities

03

아야 산티니
(Ayya Santini)

본 논문은 2015년 6월 23일에서 30일까지 인도네시아 족자카르타에서 열린 제14차 샤카디타 세계불교여성대회(14th Sakyadhita International Conference on Buddhist Women)에서 발표되었으며, Karma Lekshe Tsomo ed., *Compassion and Social Justice*, Yogyakarta : Sakyadhita, 2015에 수록되었다.

테라바다 전통에서 비구니 승가가 없어진 지 오랜 시간이 지난 후, 최근에 들어서야 활기를 찾고 있다. 나는 인도네시아의 테라바다 비구니로서의 삶을 통해 경험한 혜택과 장애, 그리고 수계 과정에 대해 얘기해달라는 부탁을 받았다. 당연히 나는 이 주제에 대해 말하고 싶은 것들이 많다.

우리가 알고 있듯이 부처님은 사부대중, 즉 비구·비구니·우바새(남성 재가자)·우바이(여성 재가자) 등을 세우셨다. 의심의 여지없이 부처님께서 사부대중을 구성하신 데는 많은 이유들이 있다. 부처님께서 비구 승가나 비구니 승가를 만드신 데에는 특별한 이유가 있을 것이다. 실제 부처님은 여성들도 삶에서의 가장 최상위의 목적, 즉 윤회에서 벗어나는 깨달음을 달성하기 위한 잠재력을 남성들과 똑같이 가지고 있다고 가르치셨다. 여성들도 열반의 성취라는 목적을 향해 정진할 잠재력을 가지고 있다고 확언하셨으며 여성 스스로 그 사실을 증명해왔다.

부처님의 가르침이 오늘날까지 지속되어 온 것은 우리에게 큰 행운이지만 오랜 시간에 걸쳐 상황들은 변화되어 왔다. 테라바다의 비구니 승가가 더 이상 존재하지 않는 시기가 있었다. 이는 여성들이 더이상 비구니가 되고 싶지 않아서가 아니라 말 그대로 비구니로서 살아남을 수 없었기 때문이다. 여성들은 불도를 지키는 생활을 계속했지만 이는 비구니로서보다는 우바이, 즉 여성 재가 불자로서였다. 혹자는 비구니 승가는 죽었고, 승가를 다시 세울 방법이 없었다고 말한다. 적어도 여성들에게 비구니계를 주고자 하는 비구가 없었다. 비구니 종단은 완전히 정지했다.

그러나 부처님의 법은 멋진 방식으로 드러난다. 나는 운 좋게도 테라바다의 비구니 승가 복원이 단지 꿈이 아닌 시대에 살게 되었다. 나는 인도네시아에서 약 천 년이라는 시간의 경과 후에 수계를 받은 바로 그 최초의 테라바다 비구니 중의 한 명이며 이런 행운에 대해 감사하게 생각한다. 승가가 다시 세워져서 여성들도 남성 재가자들처럼 선업을 지을 수 있게 되었고, 그런 기회가 주어졌다. 본 논문은 이러한 혜택들과 기회들, 그리고 나아가 비구니 승가를 다시 세우는 과정에서 일어날 수 있는 장애들을 살펴볼 것이다.

비구니계를 받은 여성들은 고통의 소멸로 나아가는 길을 질서 있게 그리고 정확하게 걷는다. 부처님께서는 제자들에게 모든 존재들의 이익과 안녕을 위해 가르침을 널리 펴라고 말씀하셨다. 부처님의 제자로서 우리는 부처님의 가르침을 항상 수행해야 한다. 나는 비구니의 삶 속에 그 길이 넓게 열려 있다고 믿고 있다. 나의 눈에는 고통의 소멸로 나가는 그 길이 확실히 보인다. 나는 가르침을 진지하게 수행할 수 있는데, 왜냐하면 비구니 승가의 일원이 되는 것에는 보호가 수반되기 때문이다. 이는 비구니라는 신분으로 여성은 수행에 도움이 되는 환경들, 즉 시간, 재정 지원, 재가자들의 지지를 받고 비구와 비구니 도반이 생긴다.

비구니 승가의 소생과 더불어 불교사회의 사부대중, 즉 비구·비구니·우바새·우바이가 마침내 완벽하게 갖추어졌다. 사부대중의 구성은 모든 사람들이 부처님의 가르침을 배우고 수행할 수 있도록 지속적으로 가르침을 접하게 하는 방법이다. 사부대중은 부처님께서 세우신 이 공동체 안에서 서로 조화롭게 지낼 수 있음에도, 그들의 탐욕과 무지 때문에 비구니 승가가 사라지는 결과를 가져왔다. 이제 사부대중이 다시 완전해졌으므로 우리는 이를 유지하고 안전하게 지켜야 한다. 우리는 특히, 아직 비구니로서 얼마 되지 않은 테라바다 비구니 승가를 잘 보살펴야 한다. 비구니 부활의 의미를 이해한 사람들이 비구니들, 또한 부처님 가르침을 따름으로써 고통에서 자유로워지기를 열망하는 여성들을 돕도록 하자. 또 반대로 도움을 주지 못하는 사람들이 적어도 비구니들의 영적 어려움을 증대시키는 장애와 장벽을 세우지 못하도록 하자. 누구도 이 극단적인 악업을 저지르지 않도록 하자.

비구니의 혜택

비구니 승가의 존재는 사회와 다른 불자들에게 많은 이득이 된다. 이들은 개인적 문제로 도움을 구하는 여성들을 상담할 수 있다. 비구니 종단은 비구들이 여성들과의 직접적 접촉을 피하도록 할 수 있다. 잘 알려진 대로, 비구계의 모든 수계 의식과 과정에도 불구하고 욕망으로 인하여 환속하는 비구들에 관한 이야기들이 있다. 결혼 문제와 같은 개인적 문제를 의논하기 위해 비구에게 다가가는 몇몇 여성들은 출가자의 수행 규율을 위반할 수도 있는데, 그 결과 비구들은 자신들의 영적 목표를 망각하기도 한다. 어떤 비구들은 자신을 따르던 재가 여성 중의 한 명과 결혼하기 위해 환속한다. 이런 슬픈 상황들은 여성들이 자신들의 문제와 고민들을 비구니에게 상의한다면 멈출 수 있을 것이다. 이런 매우 실제적인 방법으로 비구니들은 비구들을 유혹으로부터 보호할 수 있다.

비구니 승가의 또 다른 이점은 여성 재가자들은 동성인 여성 출가자들에게 더 쉽게 다가갈 수 있다는 것이다. 이는 여성 재가자와 비구니 사회 사이에 서로 유익한 지원 관계를 발전시키는 데 도움이 된다.

선업을 쌓기 위해 우리는 복전이 필요하다. 비구니 승가의 설립으로 그들을 전폭적으로 지원할 수 있기 때문에, 여성들은 복을 지을 기회를 더 많이 가질 수 있다. 비구니들은 여성이기 때문에 비구들과는 다른 각도의 접근방법과 관점을 가질 수 있다. 그들은 남자들과는 다른 경험을 가지고 있고, 비구와는 다른 각도로 여성의 문제를 볼 수 있다. 그러므로 비구니들은 여성의 삶의 경험을 더 잘 이해하고, 대안을 제시할 수 있을지도 모른다. 이러한 것을 제공함으로써 비구니 승가는 관계된 모든 사람들에게 복전과 선업을 지을 기회를 주고, 잠재적 문제를 피하면서, 비구와 재가자들 모두에게 도움이 된다.

사회적 변화에 따른 장애들

모든 사회적 변화들은 부처님께서 말씀하신 것처럼 찬양과 비난, 동의와 반대 등의 세속적 상황을 야기한다. 비구니 승가의 재설립 또한 이런 종류의 반응을 이끌어낸다. 비구니계를 받은 우리들은 세계 곳곳으로부터 칭찬과 격려 장애와 반감에 노출되어 있으며, 이것들로부터 자유롭지 못하다. 여기서 나는 그 중 일부에 대해 논의하고자 한다.

먼저, 가부장제로 인해 비구니들은 불교사회에서 여전히 강력한 성적 차별을 경험하고 있다. 여성들은 2등 시민이며 때때로 부처님의 2등 제자로 간주되고 있다. 그러나 여성들과 남성들, 비구·비구니·우바새·우바이는 부처님의 동등한 제자들이다. 누구도 1등 제자가 아니고 누구도 2등 제자가 아니다. 재가 신도들은 종종 비구를 가장 우러러보고, 나머지 세 가지는 그 아래로 둔다. 다시 말하면, 신도들은 비구니·우바이·우바새에게는 존경심을 덜 가지고 있다는 것이다. 이는 잘못된 것이다. 모든 기둥은 불법을 전하고 우리의 고통을 없애는 것을 돕는다는 동일한 가치를 가지고 있다.

많은 일반인들이 스님들을 따르고자 하는데, 이는 이들의 행동으로 분명해진다. 예를 들어, 간혹 재가 신도들이 스님들과 함께 비구니를 만나게 되면, 이들은 스님이 비구니의 인사에 답하는 방식을 따른다. 그들의 스승이 아무 말도 하지 않고 고개를 돌려버리면, 그들도 그 행동을 따라한다. 비구니가 2등 시민인가? 또 다른 예로, 일부 스님들이 비구니들이 법문하는 것을 금지하는데, 이는 재가자들을 혼란스럽게 한다. 아마 이들은 인간의 영적 성취는 성별, 부, 학업 정도 등에 의해 결정되는 것이 아니라는 부처님의 가르침에 익숙할 것이다. 성별로 인한 차별 같은 잘못된 견해가 이렇게 단단히 있다면, 깨달음으로의 여정이 어렵다는 것은 의문의 여지가 없다. 이는 무지의 발로이다.

기이하게도, 이런 무지는 또한 여성 자신들의 마음속에도 깊이 자리하고 있다. 모든 여성들이 여성과 남성이 동등하게 열반을 성취할 권리와 가능성을 가지고 있음을 이해하는 것이 아니다. 많은 여성들이 여전히 남성이 여성보다 우월하고, 남성만이 고통의 소멸을 찾기 위한 노력에서 성공할 수 있다고 믿고 있다. 비구니 종단의 부흥은 이런 여성들에게는 하나의 놀라움으로 다가왔다. 아마도 그들은 여성들도 또한 자유롭게 될 수 있음을 처음으로 실감했을 것이다. 마음의 번뇌가 여전히 우리의 삶 속에서 중요한 역할을 하고 있음은 사실이다. 그러나 부처님의 가르침에 대한 이해와 지혜는 번뇌를 파괴할 힘을 가지고 있다. 망갈라 수타(Mangala Sutta)가 말하듯이, 이해는 가장 높은 축복 중의 하나이다.

우리의 삶을 풍요롭게 하고 지혜의 완성을 성취하기 위한 노력에서, 부처님의 가르침은 우리의 안내자이다. 우리는 마음의 번뇌를 없애기 위해 부처님의 가르침을 배우고 수행하며 통찰력을 개발할 필요가 있다. 그러나 많은 여성들은 여전히 자신들은 어리석으며 남성들에 비해 열등하다고 생각한다. 어떤 사람들은 배우는 것에 관심이 없고, 이런 잘못된 견해로 스스로 패배자가 되어 버린다. 그러므로 여성들의 역량을 강화하고 우리의 영적 삶과 수행을 위해 필요한 힘을 개발할 수 있도록 함께 노력하는 것은 우리의 의무이다. 여성들이 함께 모이는 것은 삶의 본성에 대한 더 큰 이해를 얻을 기회, 낭비되어서는 안 되는 기회이다.

수행의 여정에서 분투할 수 있고 의미 있는 삶을 살기 위해 우리 모두가 더 커다란 힘을 얻게 되기를! 모든 존재들이 행복하기를! 우리 모두에게 가장 좋은 것들만이 오기를!

타쉬 장모 | 부탄의 수도 팀푸에 있는 '부탄여승재단'의 사무총장이다. 1995년 인도 바라나시에 위치한 고등티베트학연구소에서 불교철학으로 학사학위를 받았다. 그후 미국으로 건너가 마운트 홀리요크대학에서 개발학으로 두 번째 학사학위를 받았다. 미국에서 공부를 계속하여 매사추세츠대학교 애머스트캠퍼스에서 석사학위와 박사학위를 취득하였다.

출가
여성 교육의
중요성

Why Educating Nuns is Important in the 21st Century:
Strengthening Communities, Educating Women,
and Preserving the Bhutanese Culture

04

타쉬 장모
(Tashi Zangmo)

본 논문은 2013년 1월 5일에서 12일까지 인도 바이샬리에서 열린 제13차 샤카디타 세계불교여성대회(13th Sakyadhita International Conference on Buddhist Women), "Buddhism at the Grassroots"에서 발표되었다.

부탄은 인구 백만 명이 채 못 되는 히말라야의 작은 불교국가이며, 인구의 50퍼센트 정도가 여성이다. 이 여성들 중 약 1,000명이 여승〔역자 주: 여기서는 비구니라고 하지 않고 여승이라고 번역하였다. 부탄에는 다른 티베트불교 전통과 마찬가지로 비구니 계맥이 들어가지 않았다. 그들은 사미니계만 받는다〕으로서 수행하면서 종교적 길을 걷고 있다. 부탄에는 약 25개의 여승 사원이 있다.

부탄 국왕의 어머님이신 대비 아쉬 체링 양된 왕축(Ashi Tshering Yangdon Wangchuck) 전하의 후원으로 BNF 부탄여승재단(Bhutan Nuns Foundation)이 2009년에 발족되었다. BNF 재단은 부탄의 신생 기관 중 하나이다. BNF 재단의 설립 목적은 현재 국내에 존재하고 있는 여승 사원의 생활환경과 경제적 활력을 향상시키고 수준 있는 교육을 제공함으로써, 다양한 생활 기술 훈련과 교육을 통해 부탄의 소녀들과 여성들에게 수준 높은 교육과 자기개발을 제공하고자 하는 것이다. 이를 통해 부탄의 여승들은 농촌 지역의 여성들과 소녀들에게 역할 모델을 제공하고 그들이 부탄의 문화를 보존할 수 있도록 가르쳐서 급격한 경제성장 와중에서도 부탄의 문화가 활력을 잃지 않게끔 할 것으로 기대된다.

왜 여승이 되는가? 이들 여성은 누구인가?

부탄의 많은 여성과 소녀들은 대안적인 교육을 받기 위해 그리고 가난과 다른 고난에서 벗어나기 위해 단기간 또는 장기간 여승 사원[역자 주: nunnary를 이와 같이 번역하였다]에 들어간다. 또 어떤 여성들은 세속을 떠나 영적인 길을 추구하기 위해 여승이 된다. 이들 여성들은 사회를 위한 봉사에 자신을 헌신하며, 그럴 여력이 되지 않을 때에는 적어도 어려운 사람을 위해 기도를 한다. 시골의 외딴 지역의 사람들이 병에 걸렸거나 임종의 순간 그들을 위해 거기에 가서 가족들을 격려해주며 지역공동체 일에 참여한다. 이들이 지역사회에 큰 공헌을 함에도 불구하고 마을이나 정부에서 받는 지원은 거의 없다. 많은 사찰에는 화장실이나 부엌, 숙사 등의 시설도 없으며, 전문지식을 가진 강사나 학습교재도 없다.

여성들이 사찰을 찾아 출가하는 데 영향을 미치는 세 가지 환경적 요인이 있다. 우선 어린 소녀들이 사찰에 들어가게 되는 경우는 부모들이 그들을 정규 학교에 보낼 수 없을 때이다. 또 다른 이유로는 인간관계가 단절되거나 학대나 가난과 같은 인생의 역경을 경험했기 때문이다. 세 번째 이유는 영적인 길을 따르겠다는 순수한 염원에서 출가한다. 부탄의 여승 사원은 이러한 이상의 경우에서 출가하게 된 온갖 계층에서 온 여성을 수용하여 그들에게 안식처를 제공해 주며 그들이 가진 무엇이든 아주 작은 것도 같이 나누어 살고 있다.

BNF 재단은 부탄의 현존하는 사찰과 그곳에 살고 있는 여승들을 위해 보다 나은 기회를 제공하기 위해, 그들의 대변인으로 또 그들을 위한 다리 역할을 하고 있다. 그들에게는 기회가 주어진다면 보다 적극적으로 각종 활동에 참여하고 사회 전체에 봉사할 수 있는 가능성이 많다. 그리고 이를 통해 국내의 다른 소녀들과 여성들에게 역할 모델이 될 수 있다. 21세기에는 여승들이 미래 세대를 위한 이러한 중요한 역할을 담당하는 것이 매우 중요하다. 특히 부처님의 가르침이 위기에 처해 있다는 것을 느끼는 이때, 적어도 지구의 이쪽 부탄에서는 그러하다.

BNF는 어떻게 여승 사원들을 돕는가?

BNF는 여승들을 위한 교육을 하기 위해 우수한 강사들을 찾아준다. 외진 곳에 있는 사원에 안전한 식수 시설을 만들어 주고 화장실을 짓고 생활공간을 개선해 준다. 또한 BNF는 적어도 1년에 한 번은 방문하여, 응급처치법, 건강과 위생, 영양, 환경, 리더십, 사찰 경영 등의 분야에서 교육을 제공한다. 우리는 스님들에게 자신의 채마밭을 가꾸도록 도와서 그들이 자급할 수 있게 한다.

BNF의 비전은, 교육과 경제적 자립을 통해 소녀와 여성들의 능력을 개발하게 함으로써 부탄의 사회를 발전시키고자 하는 것이다. 구체적으로는 각각의 사찰이 적절하고 건강한 생활환경을 유지하게끔 하고, 소녀와 여성들을 위한 실용적이며 유용한 교육을 제공하며,

경제적 자립을 달성하도록 하는 것이 목표이다. 여승들은 부탄 사회의 아주 중요한 일원이기 때문에 이러한 노력은 지역사회의 경제적 활력을 향상시키고 부탄 문화를 보존하게 한다. 여승 사원을 지원하는 것은 사회 전반을 향상시키는 수단이 되며 나아가 국민의 행복지수(Gross National Happiness), 즉 부탄의 독특한 개발 철학과 문화 보존에 중요한 요소가 될 것이다.

어려움

BNF는 지난 3년 동안 많은 도전을 극복해야만 했다. BNF와 같은 기관이나 그러한 활동은 부탄에서 유례가 없는 것이었기에 새로운 일이 항상 그러하듯 사회 전반의 신뢰와 인정을 획득하는 데 시간이 걸리고 있다. 불우한 자들에 대해 관심을 쏟으면 사회 기득층에 있는 사람들은 그것을 자신들에 대한 위협으로 받아들이는 경우가 종종 있다. BNF가 당면하는 또 다른 주된 어려움은 재정이다. BNF 재단은 국내나 국외의 어디에서부터도 큰 규모 재정지원을 받지 못하고 있다. 지난 3년 동안 우리는 재단의 운영비 외에, 사찰에 화장실 시설이 있는 생활공간을 마련해 주기 위해 보조금을 지급하였으며, 강의와 연수를 제공하고 기본 생필품을 마련하는 식으로 여승들을 돕고 있다. 이러한 활동을 위한 비용은 여기저기서 나오는 작은 돈으로 충당해 나가고 있는 실정이다.

BNF에서 일하면서 깨달은 흥미로운 사실은, 많은 경우 여성들은 다른 여성들이 좋은 뜻으로 하는 일을 지원하지 않는다는 것이다. 여성들은 오히려 남성들의 일을 돕고자 한다. 구체적 예를 들어보면 큰 시주를 할 능력이 되는 많은 부탄 여성들이 남성 스님들이나 그들의 사원에는 많은 공물을 바치는데 여승이나 그들의 사원을 지원하는 경우는 거의 없다. 만약 좋은 동기를 가지고 보시를 한다면 그 시주로 인해 얻는 공덕은 남성 또는 여성 스님 누구에게 공물을 바치더라도 똑같을 것이 분명하다. BNF는 보시를 하는 여성이나 받는 여성 모두를 격려하고 그들의 능력을 향상시키려고 노력하고 있다.

하지만 가장 기본적으로 할 일은 여승들에게 수준 높은 교육을 제공하는 것이다. 필수품도 갖추지 못한 여승 사원에 대해 생활 여건을 개선시키고 실용적인 교육을 제공하기 위해, 체계적인 프로그램을 실행하고자 한다. 여승들의 교육을 향상 시키기 위해서는 책과 교실, 그리고 그들을 가르칠 교사가 필요하다. 그들이 건강하게 살도록 하기 위해 수돗물, 화장실, 그리고 지붕이 새지 않는 주거 공간과 같은 시설이 필요하다.

2006년에 나는 부탄에 있는 모든 여승 사원을 방문하여 기초 조사를 시행했다. 이 조사를 통해 상세한 사업 계획이 나왔다. 가장 낡고 궁핍한 여승 사원들이 먼저 도움을 받게 되었다. 우리는 취침 공간, 욕실, 부엌, 도서관, 교실을 만들거나 재정비하였고, 수도관을 시설하고 깨끗한 물이 제공되도록 하였다.

이 프로그램의 주요 사안은 여성들이 자급자족하고 나아가 영적인 수행에 매진할 수 있도록, 문맹을 퇴치하고 실용적인 기술을 훈련시키는 것이다. 여성 교사들이, 가급적이면 승려들이 이들을 가르치면 상호 이해가 형성될 수 있을 것이기 때문에 그들이 이러한 사원에서 가르치도록 권유하고 있다. 이런 식으로 할 때 남자 승려들에게보다 여자 승려들에게 그들의 생각과 원하는 것들을 좀 더 편하게 표현할 수 있을 것이다. BNF는 책, 칠판, 그리고 다른 학습 자료들의 물자들을 제공하여 왔다. BNF는 최대의 효과를 위해 NGO와 정부기관 그리고 다른 그룹과 협력해서 일하고자 한다. 나아가 앞으로 부탄 내 여승 사원의 네트워크가 만들어져서 서로가 서로를 돕고, 여러 가지 노하우들을 공유한다면 이상적일 것이다.

여승들에게 질 좋은 교육을 하고 그들을 도와주려고 다가가지 않는 한 부처님의 가르침과 불교의 문화적 가치를 미래 세대에게 물려주는 전통은 21세기에 들어서 사라질 수 있다. 따라서 불교를 믿는 여성들이 이 가치를 이해하고 그 가치를 아이들에게 물려주는 일이 중요하다. 여성은 교육 받은 것을 가장 최대로 잘 활용한다고 알려져 있다. 그러므로 BNF의 목표는 여승을 교육시키는 것뿐만 아니라 사회 전반의 여성과 어린 소녀들에게도 도움의 손길을 내밀고자 하는 것이다.

우리는 따라서 다음과 같은 사항을 제안하고 싶다.

1. 여성들은 여성들이 대의를 가지고 하는 일, 특히 여승들을 지원하고, 자신이 속한 사회를 넘어서 국제적으로 도움의 손길을 뻗쳐 주어야 한다.

2. 샤카디타가 더욱 강화되어서 도움을 필요로 하는 이들을 지원할 수 있는 강한 네트워크를 형성할 수 있어야 한다.

3. 티베트불교에서 구족계 수계의 문제는 반드시 해결되어야만 한다. 그래서 여승들이 보다 나은 교육 을 받고 나아가 이들이 재가 여성과 아이들을 도울 수 있을 것이다.

보다 자세한 부탄여승재단 BNF에 관한 정보는 www.BhutanNuns. org에서 찾을 수 있다.

비구니 담마난다 | 캐나다 맥마스터대학교에서 종교학 석사학위를, 인도의 마가다대학교에서 불교학으로 박사학위를 받았다. 현재 태국의 나콘빠톰에 위치한 송담마 칼리야니 사원의 주지로 있다. 출가하기 전 30년 동안 방콕의 탐마삿대학교에서 불교학과 아시아철학을 가르쳤다. 2001년 스리랑카에서 사미니계를 받았고, 2003년 구족계를 받았다. 불교사와 생태, 불교 여성학에 관한 100권이 넘는 책을 영어나 태국어로 저술 또는 번역 출간했다. 수많은 상을 받았으며 태국 비구니교단을 세우는 데 전력을 다하고 있다. 그분의 사원은 여성들을 위한 불교학과 승가교육의 국제적인 주요 센터이다.

네팔
비구니 승가
건립의 고충

Establishing the Bhikkhuni Sangha in Nepal

05
비구니 담마난다
(Bhikkhuni Dhammananda; Chatsumarn Kabilsingh)

본 논문은 2011년 6월 12일에서 18일까지 태국 방콕에서 열린 제12차 샤카디타 세계불교여성대회(12th Sakyadhita International Conference on Buddhist Women), "Leading to Liberation"에서 발표되었다.

네팔의 아나가리카(anagarika)는 십계를 수지하는 여성 출가자들로, 최초로 1988년 LA의 서래사에서 대승계통의 비구니계를 받았다. 오늘의 시점에서, 네팔 비구니는 29명까지 증가하였지만, 그녀들은 비구니로 인정받지도 못하고 비구니 식으로 살지도 않는다. 본인은 태국의 비구니이지만, 네팔의 비구니들이 직면하고 있는 어려움들을 소개하고자 이 논문을 썼다.

　개별적인 비구니 문제를 논의하기 전에 네팔불교의 전반적인 상황을 이해해야 한다. 우선, 수치와 관련하여, 네팔의 불자 인구가 불교계 스스로 국민의 40%라 주장하지만, 정부 통계는 오직 9.8%라고 한다. 우리가 네팔을 살펴보았을 때, 불자 인구를 정확히 서술하는 데 어려움이 있다는 것을 깨달았다. 네팔의 불교 속에는 다양한 종류의 믿음과 수행이 뒤섞여 있기 때문이다. 불교수행 중 가장 강력한 흐름은 티베트 전통인데, 강한 힌두교 바탕 사회에 엮여 있다.

또한 티베트와 힌두 전통 모두를 수행하는 한 집단도 있다. 불교 의례의 표현에서, 네팔불교 형식은 힌두 형식과 닮아 있다. 최근에서야 상좌부 전통은 다시 등장하고 있는데 300명 이하의 승려가 존재할 뿐이다. 따라서 우리는 네팔이 강력한 불교국가가 아니라는 결론을 내릴 수 있다. 많은 불교 사원은 재가 불자에 의해 운영된다. 사실 히라나바르나(Hiranavarna) 사원에는 거주하는 승려가 없다. 샤카족과 금강승에 속한 재가 불자 혼자서 사원을 운영한다. 이것은 많은 사례 중 하나에 불과하다. 이러한 상황은 우리가 동남아시아 불교 사원에서 보는 것과는 다른 모습이다.

네팔에서 비구니의 등장

네팔에는 세속사를 버리고 출가하여 팔계 또는 십계를 수지하는 여성이 존재한다. 이러한 여성 출가자들은 미얀마에서 그녀들의 계통을 찾는다. 따라서 미얀마의 띨라신처럼 분홍색 의복을 입는다. 흥미롭게도, 불교 율장에 따르면 분홍색은 수계 받은 승가에게 허락된 색이 아니다. 이것은 승려들이 종교 여성은 결국 출가하지 않는다는 것을 암시하는 걸까?

1951년까지 네팔 왕국을 다스리던 힌두 라즈풋 왕조인 라나(Rana) 통치 하에서 네팔의 불교도들은 크게 탄압받았다. 그리고 힌두 정부의 규제 하에서 남성 승가에 의해 여성들은 더욱 억압받았다. 이것은 그녀의 계승자를 포함하여 많은 아나가리카를 포함하는 초기 네팔의 아나가리카(anagarika)인 담마짜리(Dhammacari) 이야기에서 분명히 볼 수 있다.

네팔에서 비구니 이야기는 담마와띠(Dhammawati)라는 여성 출가자의 인생에서 시작한다. 그녀는 1933년에 태어나 불교를 공부하겠다는 큰 열망을 품었고, 13살의 어린 나이에 걸어서 미얀마까지 갔다. 그녀는 미얀마에서 수년을 보냈고 불교적 지식을 갖고 고향으로 돌아왔다. 그녀는 담마끼르띠 여성 수도원을 세웠고, 재가 불자들이 수행을 하고 불교 교육을 받을 수 있는 장소로 제공하였다. 그녀의 가르침과 수행은 미얀마의 상좌부 계통을 따른 것이다.

그러나 상좌부 전통에서는 여성을 위한 수계식이 없다. 1988년 그녀는 LA 서래사에서 불광산이 제공하는 국제적인 계를 받았다. 같은 시기에 세 명의 네팔 여성 출가자들이 비구니 수계를 받았다. 그 세 명은 담마와띠 비구니, 담마비자야(Dhammavijaya) 비구니(현재는 담마비자야 박사), 판나와띠(Pannawati) 비구니이다. 1998년, 민 바하두르 샤키야(Min Bahadur Shakya) 교수는 13명의 아나가리카를 도와서 보드가야, 인도, 불광산에 의해 조직된 다른 국제 출가에서 계를 받게 하였다. 이때까지 계를 받은 아나가리카(anagarikas)의 총 수는 29명이다. 비구니의 상당수가 조국으로 이익을 가져오기 위해 헌신하였다.

어려움들

네팔 여성 출가자의 첫 번째 어려움은 그들의 복식과 관련되어 있다. 네팔 비구니의 외양은 미얀마의 아나가리카와 같다. 심지어 출가한 후에도 분홍색 복식을 입는다. 출가자들이 복식을 바꾸지 않는 이유는, 그녀들이 말한 대로 옮기면 승려들이 싫어하기 때문이다.

이것을 이해하기 위해서 우리는 네팔의 승려를 살펴야 한다. 비구니가 대승전통에서 계를 받았다고 할지라도, 그녀들은 상좌부불교를 수행한다. 이것은 담마와띠 비구니가 미얀마로부터 가져 온 방식이다. 네팔에서 상좌부 승려의 수는 오직 300명이다. 이 중 100명은 해외에서 공부한다. 네팔 승려 대부분은 태국, 미얀마, 스리랑카에서 수계를 받는다. 태국과 미얀마의 승려는 비구니 전통이 없다. 심지어 스리랑카에는 비구니 승가의 인식조차 없다. 자연적으로 승려들은 자신이 계를 받고, 수행을 하며, 불교 교육을 받는 지역의 태도를 지닌다.

2011년 3월 말, 트리부반대학 주최 네팔국제불교학회에 참석했을 때, 나는 네팔 대통령 야다브 박사(H. E. Dr.Yadav)가 주재하는 개회식에서 매우 흥미로운 것을 발견하였다. 네팔 비구니가 개회식을 축복하기 위해 초대받았음에도 불구하고, 대통령이 공식연설을 할 때, "덕망 있는 비구들과 존경하는 교수님들"이라고 언급했다. 대통령이 떠날 때, 나는 태국 비구니에 대한 소책자를 주었다. 그리고 "각하, 당신은 비구니를 언급하지 않으셨어요."라고 상기시켰다. 그는 긍정적인 태도로 반응하였다. "오, 비구니 또한 환영합니다."

이 같은 국제 모임에서조차 비구니의 존재는 인식되지 않는다. 부분적으로는 그들의 복식 때문이다. 비구니는 승가라 여겨지는 치바라를 입지 않는다. 치바라는 나물껍질로 물들인 갈색 계통의 조각을 이어 붙인 옷이다. 치바라의 모양은 다양하다. 스리랑카에서 노란색, 티베트 전통에서 고동색, 동남아시아에서는 갈색 계열을 볼 수 있다. 하지만 분홍색은 율장에서 특별히 금지하는 색이다.

담마비자야 비구니와 스와얌부, 카트만두 근처 킴돌 비하라(Kimdol Vihara)의 여성 출가자들은 갈색 승복을 입는다. 그러나 이것 또한 충분하지 않다. 의복은 규정된 조각 모양으로 적절히 꿰매어져 있지 않다. 조각 모양은 부처님 당시 아난다에 의해 디자인된 것인데, 마가다의 논을 모델로 하였다. 이 디자인은 부처님에 의해 칭찬받았다: 상좌부 전통에서 이것을 보존하기 위해 최선을 다했다. 나는 최근 네팔 방문에서 담마비자야 비구니와 담마와띠 비구니에게 치바라를 제공하였다. 그러나 복식 착용의 중요성을 율장에서 서술한대로 간주할 것인지는 그녀들이 결정할 일이다.

출가한 승가 구성원에게 특정한 삶의 방식이 기대된다. 출가수행자들은 모두 같은 복식을 착용하기 때문에 외부인이 아나가리카와 비구니를 구분하는 것은 불가능하다. 그들 자신은 누가 출가하고, 누가 계를 받았는지 알고 있지만, 외부인들에게는 이것이 외형적으로 보이지는 않는다. 여성 출가자는 재가 여성처럼 핸드백을 사용하고, 티베트 계통의 여성 출가자들처럼 손목시계를 찬다. 그리고 특별히 승려를 위한 것이라고 볼 수 없는 슬리퍼를 신는다.

승가갈마 지키기

승가 구성원은 승가갈마를 지켜야 하는데, 이것은 승가의 규율을 보존하고, 대중적인 일을 조절하기 위한 공식적인 민주심의회와 같은 것이다. 네팔의 여성 출가자들은 그것을 어떻게 하는지 모르기 때문에 하지 못하고 있다. 승가갈마는 중국 대승전통에서 전수되는 것으로 중국어와 중국 전통을 기반으로 하고 있기 때문에, 대승계통의 계를 받은 상좌부 수행자들에게 승가갈마는 큰 장벽이 된다. 그러므로 상좌부 문화에서 자라난 네팔의 아나가리카들은 그들의 복장과 발우 등을 정하는 승가갈마를 행하지 못한다. 그들에게 수계식만으로는 부족하다.

그들은 포살(보름마다 행해지는 포살), 계본 암송(비구니가 지켜야 할 311개의 수행 규칙), 가르침 받기(보름마다 선배 스님으로부터 받는 훈계), 하안거 마지막 날에 비구와 비구니 승가 모두 앞에서 행해지는 자자도 할 수 없다. 자자는 승가 내에서 개인 사이의 문제를 분명히 하기 위한 초대이다. 그리고 하안거 마지막에 까띠나(가사)를 받는다. 율장에서 승가 구성원들이 2년 동안 스승을 따르도록 요구하는 이유는 모두 승가갈마를 익히기 위해서이다. 우리는 자신을 위해 이것들을 배우지 않는다. 다른 새로운 구성원에게 가르쳐 주기 위해, 그리고 비구니 승가를 지속하기 위해 배운다.

율장을 따르기 위해 책만 가지고 공부하는 것은 충분하지 않다. 수행자는 반드시 실제로 절차가 어떻게 진행되는지 지켜봐야 한다. 이것을 위해, 수행자는 최소 2년 동안 스승의 세심한 가르침을 필요로 한다. 승려는 5년을 요구한다.

단순히 계를 받는 것만으로 비구니 승가를 설립할 수 없다. 수행자는 비구니 승가 안에서 계를 받은 뒤 교육을 받아야 한다. 비구니로서 적절한 역할을 하기 위해서이다. 이러한 이유로, 동남아시아 불교도들이 대승전통의 계를 받지 않는다고 생각한다. 그들은 필수적인 문화전통으로 접근할 기회를 가지고 있지 않기 때문이다.

나의 어머니, 타타오 파쯔(Ta Tao Fa Tzu) 비구니는 대승전통에서 계를 받은 최초의 비구니이다. 그녀는 인생의 마지막까지 좋은 비구니였다. 그러나 어떤 승가갈마도 행할 수 없었다. 함께 실천할 승가가 없었을 뿐만 아니라 승가갈마를 할 수 있는 어떠한 교육도 받지 않았기 때문이다.

비구니 승가의 삶

비구니 삶의 방식은 공동체 안에서 사는 것과 잘 어울린다. 대부분의 승가갈마는 최소 다섯 명의 인원을 요구한다. 보름과 초하루마다 계본 암송은 최소 다섯 비구니에 의해 행해져야 한다. 계본 암송 장소는 시마(sima) 경계 내부여야 한다. 시마 경계를 확립하기 위한 승가갈마는 대규모의 비구니 승가를 필요로 한다. 하지만 최소 인원은 다섯 명이다. 시마 범위가 확립되기 전에 비구니는 포살을 끝내야 한다.

율장 규칙과 규율을 따르는 것과 관련된 복잡한 절차에 익숙해지면서, 수행자는 비구니로 살아가는 것이 승가 교단의 지원이 절실히 요구되는 것이라 깨닫는다. 비구니 승가가 비구 승가를 필요로 하는 최소한 세 개의 승가갈마가 존재한다.

첫 번째, 초하루와 보름마다 계본 암송 뒤에 비구니는 반드시 선배 승려에게 가르침을 받아야 한다. 선배 승려는 큰스님으로 20년을 수행한 비구를 의미한다. 두 번째, 하안거가 끝날 때 비구니와 비구 모두 앞에서 자자를 해야 한다. 세 번째는 구족계를 받은 사람, 비구니가 되기를 원하는 사람은 처음에는 비구니 승가에서 수계를 받은 뒤, 우파토상가(upatosangha)라고 알려진 비구 승가에서 다시 수계를 받아야 한다. 또는 이중수계를 받아야 한다.

태국에서는 아직 비구니 승가가 공식적으로 인정받지 않음에도 불구하고 논문에서 말하는 승가갈마는 행해지고 있다. 비구니는 율장에서 비구니 승가의 요청에 따르라고 권하는 것을 알고 있다. 그녀들이 행하지 못하는 승가갈마는 오직 비구니계이다. 이러한 이유로, 현재까지 태국에서 비구니계는 스리랑카 계통에 의지하고 있다.

재가 불자의 지원

앞에서 언급했듯이, 네팔 불교도의 처지는 쉽지 않다. 불자라고 주장하는 많은 사람들은 기본 교리도 충분히 이해하지 못한다. 수행과 믿음은 힌두교에 의해 오염되었다. 게다가, 네팔불교에서 출가자 생활은 여전히 생소하다. 지방에 사는 스님들은 결혼을 한다. 그들은 필수적인 불교 의식을 행하지만, 동남아시아 국가에서 익숙한 출가자의 삶의 방식을 유지하지 않는다. 네팔 불교 사회에서 상좌부 계통의 승려들은 최근에 나타나고 있다.

네팔의 불자 모임에서 연설했을 때, 청중 중 한 여성이 나에게 물었다.

"당신은 상좌부 여성 출가자이다. 어째서 탁발 발우를 가지고 있지 않은가?"

이것은 일반 불제자 사이에서 비구니 승가에 대한 충분한 이해의 결과이거나, 지식 부족의 결과일 것이다. 비구니 승가의 설립은 재가 불자들의 강력한 지원을 필요로 한다. 남성과 여성 재가 불자들이 비구니 승가를 지원해야 할 뿐만 아니라, 재가 불자들은 그들 스스로 불교 교리에 대한 이해를 가져야 한다. 그것은 밀접한 연관을 갖는다.

사부대중, 즉 비구·비구니·우바새·우바이 모두는 적절한 불교 교육이 필요하다. 불교 가르침을 실천하고 결국에는 비구니 승가를 지원한다. 민 바하두르 샤키야 교수의 지도를 받는 나가르주나 학교(The Nagarjuna Institute of Exact Methods)는 불교의 이해를 증진시키고, 네팔불교에서 비구니 승가가 인정받게 하기 위해 열심히 노력한다. 그는 1998년 보드가야에서 출가한 13명의 아나가리카를 돕는 데 중추적인 역할을 했다.

학문 분야에서 네팔에는 불교 학자이면서 경전에 정통한 교수들이 있다. 이들 중 몇몇은 힌두인이고, 소수는 불자 수행을 한다. 불교 학자들은 네팔에서 비구니 승가를 설립하는 데 정보를 제공하는 좋은 원천이 될 것이다.

국제 비구니 승가로부터의 지원

국제 비구니 승가는 네팔 비구니들의 요구에 대체로 작은 반응을 보여 왔다. 그 이유는 소통의 부재 때문인데, 매우 적은 수의 네팔 비구니들이 국제어인 영어를 할 수 있다. 영어를 할 수 있는 사람들은 연락을 주고받지 않는다. 따라서 네팔 비구니 승가가 직면한 문제점들이 나라 밖의 집단들에게 알려지지 않았다. 비구니들은 오랜 시간 동안 고립되어 있었다.

인도, 일본, 한국, 태국, 네팔에서 온 국제학자모임에서 네팔의 비구니 문제에 대해 발표를 할 때, 나는 네팔의 비구니들이 직면한 문제점들을 설명하였다. 한 인도 학자가 평을 달았고, 정확하게 하나의 승가만이 존재한다는 것을 떠올렸다. 네팔의 비구니 승가의 문제점은 나의 문제점이기도 하다. 나는 나의 태만을 상기시키는 그의 언급에 당황하였다.

해결책

비구니들은 그녀들의 헌신을 구족계를 받는 것으로 표현해왔다. 그러나 조국 네팔의 종교적 사회적 구조는 그녀들에게 비구니 삶의 방식대로 살아가는 데 필요한 어떠한 지원도 제공하지 않는다. 이 문제는 논의되어야 한다. 나는 간단한 해결책을 제시했다. 네팔 비구니 승가는 그녀들이 상좌부 계율을 따를 수 있도록 스리랑카 계율을 밟도록 할 것을 제안한다. 이 두 번째 수계는 달리캄마(*dalikamma*)라 불린다. 여성 출가자는 그들의 연공서열을 잃지 않을 것이다. 네팔의 비구니 리더인 담마와띠 비구니는 이미 계를 받은 지 26년이 넘었다. 만약 그녀가 두 번째 구족계를 받아도 그녀는 연장자 비구니로 남아 있을 수 있다.

최근 네팔 여행 동안, 4월 29일 담마와띠 비구니와 인터뷰에서 나는 하안거 동안 어린 비구니들의 훈련을 돕겠다고 제안했다. 모든 비구니들을 위해 무료 급식과 숙소를 제공하고, 하안거의 끝에 비구니 삶을 주도하기 위해 필수적인 승가갈마에 모두 참석했어야 한다고 말했다. 여성 출가자들은 하안거의 끝에 까띠아 의식을 행하기 위해 머물러야 한다. 까띠아를 위한 승가갈마가 행해지는 과정을 배울 것이다. 이와 같은 방법으로, 국제 비구니 승가는 우리의 여성 수행자들이 부처가 태어난 이 땅에 충분히 자립하도록 도울 수 있다.

샤카디타 세계여성불자모임은 이곳저곳에서 모임을 거듭하면서 선견지명을 가져왔고, 세계 곳곳의 불자 여성들을 강화시켜 왔다. 그래서 그들은 부처에 의해 그녀들에게 예견된 역할에 적극적으로 참여할 수 있었다. 우리는 이 기회를 빌어 샤카디타의 유익한 활동에 대해 감사와 기쁨을 전하고자 한다. 우리는 많은 부분에서 발전하고 있다.

제쭌마 텐진 빠모 ㅣ 런던에서 태어나서 1964년 20세 때 정신적인 구도의 길을 찾아 인도로 건너가 티베트 스님 제8대 캄툴 린포체를 만났고, 서양 여성으로서는 최초의 티베트 비구니가 되었다. 12년간 히말라야 동굴에서 은둔 수행한 감동적 이야기가 *Cave in the Snow*라는 제목으로 엮어져 나왔다(한국에서는 『나는 여성의 몸으로 붓다가 되리라』라는 제목으로 번역되었음). 그 외 *Into the Heart of Life*(Snow Lion, 2011), *Reflections on a Mountain Lake*(Snow Lion, 2002)의 저술이 있다. 대중에게 사랑받는 스승으로 전 세계 사람들에게 다가가기 쉽게 불교의 법을 가르치고 있다. 히말라야 지역에서 온 100여 명의 어린 여성이 승려교육을 받을 수 있도록 동규 갸찰링(Dongyu Gatsal Ling) 여승 사원을 인도 다람살라 근교에 설립하였다. 또한 독덴마 요기 전통을 수행하는 여승들을 지도하고 있다. 2008년 둑빠까규의 수장인 제12대 걀왕둑빠로부터 여성수행자의 최고 지위인 제쭌마 칭호를 받았다. 현재 샤카디타 인터내셔널의 회장이자 국제불교연합(IBC)의 최고위원회의 위원이다.

잊혀진 승가:
히말라야 바깥의
티베트불교

The Forgotten Sangha :

Challenges for Non Himalayan Nuns in the Tibetan Tradition

06

제쭌마 텐진 빠모
(Jetsunma Tenzin Palmo)

본 논문은 2015년 6월 23일에서 30일까지 인도네시아 족자카르타에서 열린 제14차 샤카디타 세계불교여성대회(14th Sakyadhita International Conference on Buddhist Women)에서 발표되었 으며, Karma Lekshe Tsomo ed., *Compassion and Social Justice*, Yogyakarta: Sakyadhita, 2015 에 수록되었다.

나는 불교계, 심지어 샤카디타와 같은 여성 불교기구에서조차 종종 간과되는 일단의 그룹에 대해 얘기하고자 한다. 이들은 티베트불교 행사가 있을 때 앞에 드러나지 않고 뒤에서만 맴돈다. 서구에서 이들 은 행사를 주관하는데도 인정받지 못한다. 이들은 바로 비히말라야 지역에서 태어난 티베트불교 여성 출가자들이다.

문제의 소재

비(非)히말라야 지역 출신 여성 출가자들이라는 표현은 티베트불교 의 전통에 따라 수행하지만, 티베트나 혹은 킨노르, 라다크, 부탄, 시 킴, 네팔 등과 같은 다양한 히말라야 불교지역에서 출생하지 않은, 서구와 아시아의 모든 여성 출가자들을 지칭한다. 이들은 유럽, 호주, 북미, 남미 등 다양한 아시아 국가 출신으로, 티베트불교에서 수계를 받은 출가자들이다.

교육 받은 성인 여성들이 왜 자신들의 전통과 문화의 바깥에 있는 생활양식, 즉 일반적으로 제대로 대우받지 못하고 무시당하는 생활양식을 선택하느냐에 의문을 제기할 수도 있다. 무엇이 이들로 하여금 자신들이 속한 사회를 떠나 자신들이 환영 받지 못할 수도 있는 미지의 지역에서 출가와 헌신의 영적 여정을 시작하도록 고무하는 것일까?

물론, 각각의 여성 출가자들은 나름대로의 사연과 발원의 계기를 가지고 있다. 그러나 수행자가 되겠다는 결정은 커다란 용기와 신념을 요구하며 때로는 끝없이 계속되는 윤회에 대한 직접적인 경험이 그 계기가 되기도 한다. 어떤 여성들은 반복되는 윤회를 벗어나기 위해 남은 생을 부처님 가르침의 연구와 수행에 바치겠다는 깊은 소망을 갖기도 한다. 많은 출가자들은 좀 더 일찍 출가하지 못한 것을 아쉬워한다. 그들은 출가할 때 이미 속세의 삶에서 익힌 기술과 실용 지식들을 갖추고 있는데, 수행과정에서 이것들이 현명한 방향으로 사용되기만 한다면 많은 사람들에게 큰 도움이 될 것이다.

티베트불교를 수행하는 비(非)히말라야 지역 출신 여성 출가자들이 많은 문제와 어려움에 직면함에도, 일반적으로 이러한 상황은 주목 받지 못한다. 이 여성 출가자 대부분은 훌륭한 교육을 받았고 전문적 기능을 가지고 있는데 때로는 결혼과 육아를 통해 얻은 대인관계 기술도 갖추고 있다. 그럼에도 이 자질들은 자주 무시되고 인정받지 못한다. 더욱이 이 여성 출가자들은 대개 세속적 삶이 공허하고 무의미하다는 것을 직접 경험한 후, 진정한 출가의 의미를 느꼈다. 그와 같은 실제적 경험 후에 그들은 자신들에게 남은 생을 오직 불법의 연구와 수행에 헌신할 것만을 원한다.

그러나 그들이 공식적으로 세속을 떠났음에도 불구하고 재정적인 지원을 받지 못한 관계로 연구와 수행 외에도 여전히 바깥세상에서 일을 하면서 생활을 꾸려가야 하는 경우가 많다. 따라서 많은 여성 출가자들이 일반인의 옷을 입고 일을 하기 때문에 그들은 출가자로 인식되지 못한다. 이런 어려움으로 인해 낙담하고 환속하는 경우도 많다.

비(非)히말라야 지역 출신의 여성 출가자들이 달마센터 등에 파견되기도 하는데 일이 많고 보수가 지불되지 않는 이 일에서, 그들이 그곳의 유일한 출가자이기 때문에 느끼는 외로움뿐만 아니라 스트레스와 피곤에도 시달린다. 예를 들어, 한 출가자는 25년간 달마센터에서 아무 보수도 없이 일했는데 나이가 너무 들어 더 이상 일할 수 없게 되자 아무 지원도 없이 그냥 떠나달라는 요청을 받았다. 내가 알고 있는 또 다른 출가자는 달마센터에서 10년을 일했는데, 병이 들자 주지스님으로부터 환속해서 직업을 가지면 의료보험을 받을 수 있지 않느냐는 권유를 받았다.

비(非)히말라야 지역 출신 여성 출가자들이 승가공동체로 함께 살 수 있는 사원이나 장소는 거의 없다. 따라서 그들은 수계 후 공식적인 승가 교육이나 종교적 훈련을 받지 못하는 경우가 많다. 수계 그 자체는 쉬운 일이지만, 그 후의 체계적인 지도나 교육을 받기는 어렵다.

비(非)히말라야 지역 출신 여성 출가자들은 전통적인 승가로부터 소외되어 영적으로 간과되거나 보호받지 못한다. 그들은 낙담과 환멸을 경험하는데, 그럼에도 어떤 심리적인 도움도 받지 못한다. 사람들은 그들이 직면하는 어려움들을 인식하지도 못하고 그 문제들에 대한 해결책도 없다. 이 어려움들은 문화적 사회적 차이, 연령의 차이, 성숙의 정도, 그리고 언어와 교육적 배경, 인생 경험과 수행의 차이로 인해 야기된다.

문제의 원인들

전통적인 불교는 남성지향적이고 가부장적인 경향을 갖는다. 그 결과, 여성들은 자주 무시되고, 비하되고, 권한이 없으며 착취당한다. 히말라야 지역의 문화 또한 다소 배타적이어서 따라서 비(非)히말라야 및 비(非)불교권 문화는 거의 인정받지 못한다. 그 결과 티베트불교 안에서, 비(非)히말라야 지역 출신 여성 출가자로 산다는 것은, 멸시당하는 것을 의미하고, 어느 정도 '덜 가치 있다'고 간주될 수 있다.

더욱이 대부분의 티베트인들은 비(非)히말라야 지역 출신의 여성 출가자들이 부유하고, 수계를 받은 후에도 그들의 가족이나 개인적인 경로를 통해 지원을 받을 것으로 생각한다. 그러나 이런 경우는 극히 드물다. 왜냐하면 대부분의 현대 서구 가정들은 성직자들에 대해 호의적이지 않고, 이미 성인이 된 딸을 부양하는 것에 흥미가 없기 때문이다. 반면, 티베트의 라마들은 자신들의 문화와 종교를 지키기 위해 티베트, 인도, 네팔 등에서 사원이나 다양한 프로젝트를 위한 기금활동을 벌인다.

그러나 이런 활동들이 아무리 가치 있는 것이라 할지라도, 자신들의 프로젝트만 강조하는 것은 비(非)히말라야 지역 출신 여성 출가자들의 필요가 무시되는 결과를 낳는다. 일반적으로 서구와 아시아의 보시자들은 이 여성 출가자들을 도우라는 말을 듣지도 못하고, 이들의 상황이 주목을 받지도 않기 때문에, 불교역사상 최초로, 승가의 구성원이 자신들의 사람들에게서 도움을 받지 못하는 상황이 야기된다.

　서구에서의 불교는 주로 재가자 지향적이며, 달마센터나 포교센터는 주로 재가 신도들의 필요에 의해 운영된다. 비(非)히말라야 지역 출신의 여성 출가자들이 포교센터에 파견되어 운영의 책임을 진다하더라도 재가자들에 둘러싸인 생활은 그들을 외롭고 격리된 상황에 빠트린다. 특히 서구의 재가 불자들은 비(非)히말라야 지역 출신 여성 출가자들의 수행 동기나 자질에 대해 잘 알지 못한다. 그 결과, 그들의 차이와 어려움에 대해 심리적인 도움을 주지도 못하고, 그 문제들을 제대로 인식하지도 못한다. 존경과 숭배는 티베트 승가에만 바쳐질 뿐이다. 비(非)히말라야 지역 출신의 여성 출가자들의 지식과 헌신은 제대로 인정받지도 못하는 상황에서 사람들은 그들이 팔지보살처럼 행동할 것을 기대한다.

　또한 서구의 불자들은 현 시대의 불교에 수계 받은 성직자가 꼭 필요한지에 대해 끊임없이 의문을 제기한다. 서구인들은 수계 출가자들을 삶을 중도에서 포기한 무책임한 사람들로 보며, 그래서 왜 자신들이 그들의 생계를 도와야 하느냐는 태도를 보인다.

　또 다른 문제는 티베트의 교육과정에서는 암기와 의례가 가장 중요한데, 비(非)히말라야 지역 출신 여성 출가자들에게 있어 이것이 무척 어려운 일이라는 것이다. 전통적으로 히말라야 지역의 문화에서 대부분의 여성 출가자들은 아주 어렸을 때, 심지어 어린아이일 때 승가 교육을 받기 시작한다. 인성훈련은 사원에서 다른 승가적 보살핌과 함께 이루어진다. 어린아이들은 말랑말랑한 흙덩이와 같아서 필요한 형태로 매우 쉽게 틀을 잡아줄 수 있다.

　그러나 비(非)히말라야 지역 출신 여성 출가자들은 성인이 되어 계를 받으며, 따라서 그들의 인성은 이미 형성되어 있고 헌신적이고 숙련된 지도가 병행되지 않는다면, 새로운 행동 규범을 익히는 것은 쉬운 일이 아니다. 그러므로 그들이 과거 속세에서 익혔던 기술들이 인정받는 것이 중요하다. 또한 계를 받은 수행자로서 이상적인 귀감이 될 수 있도록 올바로 훈련을 받을 필요가 있다. 이와 동시에 서구와 아시아의 성숙하고 교육 받은 지식인의 문화적 이상과 차원에서뿐만 아니라 티베트 문화의 이상에 따라 본인들이 스스로 모범이 될 필요가 있다.

목표

그러면 우리는 앞으로 무엇을 목표로 하는가? 우리는 소외되어 있는 비(非)히말라야 지역 출신 여성 출가자들이 네트워크를 형성하도록 격려하고, 또한 그들이 서로서로를 존경하고 돕도록 힘을 보태고 싶다. 비(非)히말라야 지역 출신 여성 출가자들은 종종 티베트의 사회적 태도를 답습해 자신들의 다르마(법) 자매들에게 예우를 표하지 않는 경우가 많다.

　또한 티베트 전통을 따르는 서구와 아시아 다른 지역의 재가 불자들이 비(非)히말라야 지역 출신 여성 출가자들을 여법하게 대하고 존경하고 도움을 제공하도록 설득하는 것이 매우 중요하다. 이들을 위한 장기적 재정지원을 확실히 할 필요가 있다. 앞으로 전 세계에 승가를 위한 거처를 더 많이 세우고 더 많은 교육 프로그램을 마련할 필요가 있다. 특히, 비(非)히말라야 지역 출신의 여성 수행자들이 티베트불교의 스승으로부터 인정과 지원을 받을 필요가 있다.

방법

먼저, 우리의 목적을 달성하려면 우리는 비(非)히말라야 지역 출신 여성 출가자들의 문제와 필요에 대응하기 위해, 종파적 분열을 초월한 진정한 연합을 만들 필요가 있다. 의사소통 체계와 정보의 확산을 위한 방법도 개발해야 한다. 아마도 이것은 지역적으로 설립될 수도 있지만 그 이후에는 이 모든 것들이 유럽, 호주, 남미, 북미, 아시아 등 여러 지역들을 망라한 하나의 통합적 기구 아래 결합될 수 있을 것이다.

그런 과정에서 달라이 라마 성하와 모든 불교 전통의 고승들과 같은 저명한 후원자들을 모셔서 그분들의 승인을 구하고 활동 방법에 대한 조언을 들을 것이다. 우리의 뜻이 더 잘 알려질 수 있도록 우리에게 공감하는 유명한 연예인이나 언론인들과도 접촉할 것을 고려해 왔다. 우리는 또한 비(非)히말라야 지역 출신 여성 출가자들의 다양한 삶을 알리기 위해 불교 잡지, 라이프스타일 잡지, 신문, 다큐멘터리 등과 같은 여러 매체들을 통해 사회와 불교의 가르침을 위한 그들의 공헌을 집중 조명함으로써 이 문제에 관한 관심을 조성할 수 있었다.

우리는 비(非)히말라야 지역 출신의 여성 출가자들을 지원할 모금 활동을 구상중이다. 아마도 기금은 공동으로 모금되어 재정적 필요에 의해 분배될 수 있으며 특히 수행과 연구에 지원될 것이다. 때가 되면 이 기금은 아마도 여성 출가자들의 실제적 필요, 예를 들어 의료보험과 노쇠 등과 같은 장기적 문제들에 대한 해결도 포함하게 될 것이다. 이 프로젝트가 잘 운용되기 위해서 우리는 기획, 기금 모금, 기금 운용 등을 담당할 개인이나 팀을 임명할 필요가 있을 것이다. 현명한 방법은 현재의 비(非)히말라야 지역 출신 여성 출가자들 승가조직의 경험과 자원들을 동원하고 발전시키는 것일 것이다.

이 조직들 중의 몇몇은 몇 년 동안 성공적으로 운영되어 왔다: 스코틀랜드의 삼예 링(Samye Ling), 캐나다의 감포 사원(Gampo Abbey), 이탈리아의 라마 쫑카파 사원(Lama Tsong Khapa Institute), 호주의 첸레지그 사원(Chenrezig Institute), 그리고 미국의 스라바스티 사원(Sravasti Abbey) 등이다. 인도 다람살라 인근의 토삼링 사원(Thosamling Nunnery)은 비(非)히말라야 지역 출신의 여성 출가자들과 재가 불자들을 위해 티베트어와 철학을 가르치는 교육원을 운영하고 있다. 또한 다람살라의 투시타 명상센터(Tushita Meditation Center)는 FPMT의 후원을 받아 수계자를 위한 과정들을 운영하고 있다.

현재까지 우리는 비(非)히말라야 지역 출신 여성 출가자 연맹의 행정적인 일들을 담당하는 이사회를 구성해 왔다. 본인이 이사회의 회장을 맡고 있으며, 티베트 역사상 최초의 여성 게셰인 독일의 켈상 왕모 게셰, 토삼링 사원의 설립이사인 텐진 상모, 이외 세 명의 다른 이사들이 참여하고 있다. 우리는 일반인들이 비(非)히말라야 지역 출신의 여성 출가자들에 대해, 또 그들의 어려움에 대해 더 잘 알 수 있도록 웹사이트를 만들었다. 이 웹사이트는 또한 여성 출가자들이 서로 접촉하고 교류할 수 있도록 한다. 이들을 도울 후원금을 모으고 나눌 은행계좌도 개설했다. 앞으로, 온라인이나 오프라인으로 포럼을 개최해서 이들이 함께 모여 공동으로 발의하고 본격적인 활동을 펼칠 수 있도록 할 것이다.

우리는 전 세계의 비(非)히말라야 지역 출신 여성 출가자들을 대변하고자 한다. 우리는 그들의 목소리가 되어 그들이 이룩한 성취와 도전을 사람들이 알 수 있도록 할 것이다.

마오 루징 스님 ┃ 태국 마하쭐랄롱꼰 라자비디아라야대학교의 박사 수료생이다. 현대의
중국 교육에 기여하는 데 앞장서고 있는 비구니이다.

푸젠 지역의
비구니 교육:
민남비구니
불교대학의 사례

Bhikkhuni Education In Fujian Province:
The Case Of Minnan Buddhist Nuns' College

07

마오 루징 스님
(Mao Rujing)

본 논문은 2011년 6월 12일에서 18일까지 태국 방콕에서 열린 제12차 샤카디타 세계불교여성대회(12th Sakyadhita International Conference on Buddhist Women), "Leading to Liberation"에서 발표되었다.

4세기 초 비구니 승제(僧制)가 중국에 전해진 이후 중국에서 비구니는 제도적으로 비구와 동등한 대우를 받아왔다. 이에 따라 원칙적으로 교육의 기회 또한 비구와 동등하게 주어지긴 했으나, 실제로 비구니에게 양질의 교육 기회가 제대로 제공되기 시작한 것은 최근 20여 년 전부터의 일이다. 이 20여 년 동안 중국 대륙의 비구니 교육은 눈부신 발전을 거듭해 왔다.

이에 따라 최근 중국 대륙에서는 여성 불교 교육기관이 적잖이 설립되었는데, 사천비구니불교대학(四川尼衆佛學院), 복건비구니불교대학(福建佛學院女衆部), 민남비구니불교대학(閩南佛學院女衆部), 오대산 보수사(普壽寺)의 오대산비구니율법대학(五臺山尼衆律學院) 등이 그 예이다. 본고에서는 특히 민남비구니불교대학을 중심으로 살펴보려고 하는데, 그 이유는 기관이 설립된 지 이미 25년이나 되었을 뿐 아니라,

중국은 물론 해외에까지 알려진 중국 내 대표적인 불교 교육기관이기 때문이다. 아울러 민남비구니불교대학은 지역 내 불교 교육기관의 중심 기관이자 비구니 지도자 양성의 선도 기관이기도 하다.

민남비구니불교대학은 비구 주안훵(轉逢, 1880~1952)에 의해 1985년 복건성(福建省) 하문시(厦門市) 자죽림사(紫竹林寺) 경내에 설립되었다. 당시 중국에서는 비구니의 지위가 비구에 비해 상대적으로 낮았기 때문에 주안훵 스님은 비구니의 지위를 개선하기 위해서는 교육만이 유일한 길임을 깨닫고 비구니대학 설립을 결심했다고 한다.[01] 이에 필자는 본 교육기관의 교육과정 전반과 수행 및 사회 봉사활동 프로그램을 살펴보고자 한다.

비구니를 위한 교육

민남비구니불교대학 학생의 출신 지역은 매우 다양하여 전국 각 지역에서 찾아온다. 지원 자격은 고졸 이상 학력과 불교와 관련한 약간의 지식, 봉사 의지, 비구니 구족계 수계 후 1년 이상인 사람으로 정하고 있다. 지원 후 입학시험을 보고 합격한 사람만 입학이 허용된다.

민남비구니불교대학의 교육과정은 예과, 본과, 대학원 및 교환학생 프로그램으로 구성되어 있다. 과목의 면면을 보면 총 40개의 불교

---

01 〔역자 주〕 이 부분은 필자의 오해가 있을 수 있어 확인이 필요하다. 실제로 민남불학원은 비구 주안훵과 후이취앤법사(會泉法師, 1874~1942)에 의해 1925년 창설되었으며, 민남불학원 산하의 자죽림사민남비구니불교대학은 1997년에 개원한 것으로 알려져 있다 (百度'閩南佛學院' 및 閩南佛學院 홈페이지 '女衆部' 참조).

관련 과목과 16개의 교양과목이 있다. 예과는 2년제이고 본과과정은 4년제이며, 대학원은 3년제이다. 예과는 최소 2,000시간, 본과는 최소 4,400시간을 수강해야 하고, 대학원은 30학점을 이수해야 한다. 또한 졸업을 위해서는 학과 수업을 통한 학점 취득 외에 불교 실습 프로그램에도 정기적으로 참가해야 한다.

본 기관에서는 불교 관련 과목 외에 사회과학, 인문학 수업도 함께 진행하지만 전체 과목 중 대승불교 수업이 핵심이다. 따라서 각 불교학파의 기본 이론 및 핵심 경전, 예를 들면 인도불교사, 중국불교사, 중관사상, 유가사상, 법화경, 보현행원품, 선, 정토불교, 율장 등을 모두 학습한다. 사회과학과 인문과학 과목으로는 중국 고대사와 근대사, 중국철학, 서양철학, 정치학, 법학, 외국어, 서예, 컴퓨터 등이 있다. 물론 이상의 이론 과목도 배우지만 특히 승려로서의 계율교육을 매우 중시한다.

이곳의 비구니들은 불교철학과 불교문화뿐만 아니라 다양한 불교의식 진행 방법이나 재무관리 등 사찰 경영과 유관한 내용도 배운다. 졸업 후 사찰 경영을 위한 최소한의 준비를 할 수 있도록 하기 위해서다. 이 대학에서의 가르침은 미래에 한 사원을 경영할 책임을 맡게 될 때 그 소임을 충분히 감당할 수 있도록 하는 데에 중점을 두고 있다. 도덕적이고 지적이며, 잘 단련된 수준 높은 비구니를 배양할 때 향후 중국불교는 큰 발전을 하게 될 것이다. 이 때문에 교육과 연구, 불교 교육과 교양 교육을 동일한 비중으로 놓고 가르친다.

이곳에서는 또한 학생들의 국제 감각을 길러주기 위해 영어, 일본어, 표준 중국어를 가르치고 세계의 역사와 철학도 가르친다. 학생들의 지식을 넓히기 위하여 매년 불교계의 저명한 학자를 초청하여 강좌를 마련하는 등 다양한 양질의 프로그램을 진행하여 학교 안팎에서 긍정적 평가를 받고 있다.

비구니 교육은 비구니의 지휘 향상을 위해서도 반드시 필요하다. 20여 년 동안 열심히 노력한 덕분에 이곳 출신 졸업생들은 국내외에서 널리 인정받고 있다. 그럼에도 불구하고 민남비구니불교대학은 여전히 개선해야 할 문제가 많이 있다. 예를 들어 재정투자의 확대, 양질의 국제적 불교 교육 프로그램 개발, 여성 재가자 코스 등이 그것이다. 학교는 현재 국제 불교 교육 프로그램과 외국인 비구니 교환학생 프로그램 계획을 가지고 있지만 아직 제대로 실현되지는 못하고 있다. 또한 내국인 비구니의 경우 지원 자격이 18세에서 30세 사이로 연령이 한정되어 있다.

1996년에 들어와 여성 재가 불자를 위한 프로그램이 생겼음에도 불구하고, 비구니는 30세만 넘으면 지원 자격에서 제외된다. 실제로 30세 이상의 비구니들 중에 충분한 교육을 받지 못한 사람들이 유독 많음에도 불구하고 이런 문제들은 오늘날까지 여전히 개선되지 못하고 있다.

현재 민남비구니불교대학은 현행 비구니 교육의 문제점을 개선하기 위하여 아래와 같은 발전 방안을 모색하고 있다.

1. 불교 교육을 위한 새로운 통로 개발 및 불교 학습 커리큘럼의 국제화
2. 이론과 실천의 조화, 교육에 있어서의 역사성과 교리의 융합
3. 다양한 교육방법론의 융합적 활용을 통한 재가자 교육 강화
4. 고등교육과 기타 교육시스템간의 상호 협력 촉진

비구니의 일상수행

민남비구니불교대학에 입학하면 먼저 식차마니가 되기 위하여 10가지 계율을 최소한 1년간 배우고 훈련을 받는다. 2년 차에 수계를 하고 스승의 지도를 받는다. 마지막으로 비구니 구족계 수계를 한다. 대승불교의 전통과 달리 이곳에서는 구족계를 받기 전에는 율장을 공부하는 것이 허락되지 않는다. 중국의 비구니는 전통에 의거 348개의 계율을 수지한다.

비구니 학생들은 한 달에 두 번, 즉 보름과 초하루에 강당에 함께 모여 〈비구니계본(比丘尼戒本)〉을 암송한다. 숙련된 한 분이 먼저 계본을 읊으면 다른 비구니들은 조용히 귀를 기울인다. 이 자리는 비구니가 계율을 통해 자신의 수행 상황을 점검하고 잘못을 고백할 수 있는 좋은 기회이기도 하다. 계송은 비구니스님들에게 계율이나 자신들의 정체성을 잊지 않게 해 주는 역할도 한다. 모든 비구니는 계율의 의미를 이해하고 외워야 한다. 율장에 따르면 계율을 무시하는 자는 용서할 수 없다고 하기 때문이다.

민남비구니불교대학은 "사찰 같은 대학, 대학 같은 사찰"을 강조한다. 이 대학의 모든 비구니는 자죽림사(紫竹林寺)의 참선 과정에 참여해야 한다. 그들은 정견(正見), 바른 신앙, 불교적 실천에 대해서 배운다. 학생들은 이론뿐 아니라 참선과 다른 여러 가지 수행 활동에도 참가해야 한다. 비구니들은 매일 이른 아침과 늦은 오후에 예불과 저녁 염불에 참석해야 하며 한 달에 한 번씩 함께 모여 아미타불염불을 한다. 또 그룹을 바꿔가며 경내 청소, 화초 가꾸기, 공양간 일 등을 돕는다.

사찰에서 모든 비구니들은 '오분율(Five Contemplations)'이라 불리는 식당에 모여 공양을 한다. 대승불교 교단의 스님들은 탁발을 하지 않는다. 왜냐하면 모든 비구와 비구니들은 채식을 해야 하기 때문이다. 재가 불자들은 음식과 헌금을 통하여 사찰을 지원한다. 승가와 재가자들은 사찰 내 식당에서 공양을 할 때 오관게(五觀偈)를 외운다.

첫째, 이 음식이 내 앞에 오기까지 수고한 존재들에 대한 감사와 앞으로 부지런히 수행하겠다는 마음

둘째, 스스로 수행이 부족함에도 불구하고 이 공양을 들고 있다는 마음

셋째, 자신의 마음을 탐·진·치로부터 지켜내겠다는 마음

넷째, 좋은 약으로써 이 공양을 들겠다는 마음

다섯째, 깨달음을 이루기 위해 이 공양을 들겠다는 마음

사회봉사

부처님은 당신을 따르는 신도들에게 비도덕적인 행위는 피하고 선한 행동을 하라고 가르치셨다. 대승불교의 전통은 부처님의 중생을 사랑하라는 가르침에 기초하고 있다. 대승의 관점에서 이타적인 행위는 실천으로 행해져야 하고, 그렇지 못하다면 이는 공허한 메시지일 뿐이다. 그러므로 봉사활동은 양심적이고 순수한 동기를 가지고 행해져야만 한다. 이러한 이타적인 노력은 단순한 슬로건 이상이어야 하며, 악행을 선행으로 바꾸기 위해 노력해야 한다. 불법의 스승들은 언제나 자선에 앞장서 왔다.

비구니 학생들은 매주 일요일 방생에 참여하는데, 이러한 불교의

식을 통해 살아 있는 모든 존재에 대한 자비와 연민을 배운다. 이런 의식에는 재정적 부담도 적지 않지만 큰스님과 재가자, 학생들이 한마음이 되어 비용을 마련한다. 매주 일요일 이른 아침 비구니 학생들은 시장에서 각종 살아 있는 동물을 사다가 바다에 방생한다. 방생은 특히 채식을 하는 불자들에게 인기가 높다.

본 기관의 학생은 노인과 고아를 돌보는 일요 봉사활동도 한다. 학교 안에는 학생들이 만든 봉사 단체가 있다. 학생들은 교리이야기, 집 청소, 식사 도우미, 말동무, 정보 제공 등을 하면서 노인들을 돌본다. 학생들이 진심에서 우러난 마음으로 불교 교리를 가르쳐 주거나 대화를 하므로 노인들이 쉽게 마음의 문을 열고 좋은 반응을 얻고 있다. 학생들은 음식과 돈을 모아 노인이나 재난을 당한 사람들에게 전달한다. 2004년 태국 쓰나미, 2008년 쓰츠우안성(四川省) 대지진과 같은 자연재해 때에도 도움을 주었다. 학생들은 한 달에 여러 차례 기부를 하지만 어떤 이들은 가진 모든 것을 기부하기도 하는데, 이는 대승불교 보살행의 적극적 실천이다. 이처럼 비구니 승가의 아름다운 선행은 외부에서 매우 긍정적인 평가를 얻고 있다.

전체적으로 볼 때 민남비구니불교대학의 교육 프로그램과 비구니의 일상 수행활동은 많은 지지를 얻고 있다. 오늘날 비구니들에게는 훌륭한 사원이 있고, 양질의 교육을 받을 수 있어 다음 세대를 위한 진정한 불법의 전수자가 되도록 준비하는 데 불편함이 없다. 이곳을 졸업한 비구니들은 중국은 물론 해외 여러 나라에서 봉사할 준비를 하고 있다. 비구니들은 사원을 경영하고, 불교 단체를 이끌며, 불자 교육을 선도하기 위해 불법을 닦아 나가고 있다. 또한 자비희사 활동에 헌신하면서 사회로부터의 존경도 받고 있다.

리위전 ᅵ 대만국립정치대학 종교연구소의 부교수이다. 종교학에서의 젠더이슈와 불교
문학, 그리고 중국의 종교소설에 대해 연구하고 있다. 『唐代的比丘尼』와 *Cooking and
Religious Practice*를 저술하였고, 『婦女與宗敎:跨領域的視野』라는 논문집을 출판하였다.

보이지 않는 계승자

The Invisible Heir

08

리위전

(李玉珍, Yu-Chen Li)

본 논문은 2011년 6월 12일에서 18일까지 태국 방콕에서 열린 제12차 샤카디타 세계불교여
성대회(12th Sakyadhita International Conference on Buddhist Women), "Leading to Liberation"
에서 발표되었다.

중국 선종의 법통 전수에 있어 비구니의 법통 승계 부재는 비구니들
의 리더십에 어떤 영향을 끼쳤을까? 비구니의 법통 승계가 부재했던
이유를 찾자면 아래 두 가지가 특히 관련이 있을 것이다. 첫째는 남성
중심의 가부장제에 기초하고 있는 중국 가계(家系) 시스템의 문화적
특성으로부터 영향을 받은 것이고, 둘째는 여성들의 리더십을 정당화
시켜 줄 비구니 전문교육이나 훈련 기회의 부족이 그것이다.

　　비구니 자신들의 법통을 구축하고, 비구니들만의 교육시스템을
만들어 내고, 비구니들만의 종교적 기능과 종교의식을 수행하지 못한
다면, 비구니들을 둘러싼 환경은 비구니의 리더십 향상을 위한 제도
적 발전을 제공하거나 유리하게 작용하지는 않을 것이다. 그리하여
비구니 승가의 원래 취지와 무관하게 비구니의 권위는 개인적 역량으
로 자리매김 되고, 결국 그 잠재 능력은 비구니 자신은 물론 비구와 재

가 거사 집단에도 제약으로 작용하게 될 것이다.

구조적으로 주변화 되는 여성들

오늘날 불교기관들은 기관의 권위를 이용하여 비구에게 힘을 실어 준다. 이 때문에 비구들이 자리를 차지하고자 하는 것은 당연시 될 뿐만 아니라 그들이 일군 업적이 사원과 승가의 이익에 유익하다고 간주된다. 반면 영향력 있는 여성은 이런 기관들로부터 주변인으로 취급당하기 쉽기에, 결국 다른 경로를 통하여 업무를 수행하고 인정을 받아야 한다. 여성의 능력은 기관의 힘으로 간주되기보다는 개인적 능력으로 간주되기 일쑤이다. 반면 여성이 여성을 가르치거나 여성의 일에 관한 결정을 하거나 공헌을 하는 것은 여성의 영역이 아닌 것으로 간주되기 때문에, 여성이 이룬 성취는 한 여성의 개인적인 성취로 취급되고 만다. 이에 따라 여성의 경험과 자원은 다음 세대 여성에게 체계적으로 전해질 수 없는 것으로 여겨진다.

실제로 여성들이 읽고 가르치는 권위 있는 글들 가운데 여성이 리더십 교육을 받아야 한다고 말하고 있는 것은 드물다. 더 나아가, 개별화 된 리더십과 역량은 여성이 정책 입안과정에 참여할 수 있도록 보장해 줄 수 없다. 도리어 뛰어난 여성의 업적은 여성이라는 이유만으로 다른 사람들로 하여금 너무 높거나 너무 낮은 기준으로 작용하여 오히려 다른 여성들을 제대로 평가 받지 못하게 한다. 예를 들면, 퀴리부인의 뛰어난 업적은 그녀를 뒤따르는 여성 과학자들에 대해서 과도하리만치 높은 기대치를 부과하게 되어 부담으로 작용하였다.

제도화된 중국식 법통 승계 체제: 불교의 법통과 가계의 족보

이 글에서 나는 중국불교 전통에 있어 매우 중요한 불교의 법통 계승 문제에 대해서 다루고자 한다. 불교가 승가를 교육하고 수계제도를 시행하기 시작한 이래, 승가구성원들 모두의 최종적 성취는 실제적이면서도 상징적인 이른바 자신이 속한 종단 문중 안에 들어가는 것과 그 종단 안에서 인가를 받아 리드가 되는 것이다. 오로지 인가를 통해서만 승가에서 아사리, 법사, 큰스님과 같은 역할을 맡을 수 있게 된다.

나는 비구니 중에도 아사리, 법사, 큰스님이 된 경우가 있다는 사실을 부정하려는 것이 아니다. 주지하다시피 비구니들이 역사적으로 중국불교에 많이 등장했고, 오늘날에도 많은 비구니들이 세속적 업무에 관여하고 있다. 그러나 정작 비구니들은 자주 불법을 가르치거나 시주를 모으느라 수행에 전념할 시간이 부족하다. 문제는 비구니의 장기간의 노력이 자료로서 기록화 되는 경우가 많지 않고, 제도적 지원도 충분히 받지 못한다는 것이다.

중국불교의 법통 계승제도는 부처님 당시와 다르다. 중국불교는 중국 사회의 가부장적인 모습과 닮은 점이 많은데, 그것은 즉 모든 중국 가문은 혈통을 후세에 남기기 위하여 유명해지고 싶어 한다는 것과 유사하다. 가족 혈통의 역사가 오래 될수록 그 가족은 사회의 존경을 받는다. 이러한 가족 혈통 계승제도의 세 가지 특징을 살펴보면 첫째는 장남만이 기억되고, 둘째는 장남이 대를 이어가며, 셋째는 분가를 해도 동일한 시스템으로 운영된다는 것이다. 간단히 말하자면 중국의 가족에서 장남이 가족 재산의 대부분을 물려받는 반면, 딸들은 가문의 일원으로 간주되지 않는다. 장남을 제외한 아들들은 그들 자신의 방계를 구축하고 가계를 구축해 나갈 수 있는데, 이런 경우에도 여전히 방계 내의 장남이 대를 잇는다.

중국 가계의 계승 방식은 선종의 조사(祖師) 시스템에서 보이는 바와 같이 중국불교의 법통 승계제도에 영향을 주었다. 중국 선종에서는 각 세대별로 한 명의 조사만 두게 되며, 그 조사는 자신의 법통을 다시 '아들'격에 해당하는 비구에게 넘긴다. 만약 같은 세대의 사형사제들이 매우 뛰어나다면 그들은 각자 다른 종파를 만들 수 있었다. 이러한 방법으로 5개의 종파가 중국 선종 안에 생겨났다. 처음에는 임제종과 조동종이 생겼고, 이어서 운문종, 위앙종, 법안종이 나왔다. 대부분의 중국사원은 선종 계보의 임제종과 조동종에 속하며, 승려 간에 서로 같은 계보에 속한다는 증거는 이름을 보면 바로 알 수 있다. 사람들은 승려의 이름을 들으면 그들이 어느 종파에 뿌리를 두고 있으며, 몇 대손에 속하는지 알 수 있다. 결국 불문에서도 잘나가는 집안은 대를 이어나갈 수 있지만, 그렇지 못한 경우에는 대가 끊어지게 된다.

현대 여성과 불교의 법통

중국 선종의 계보에서 여성을 조사(祖師)로 간주하는 경우는 찾아보기 힘들다.[01]

---

01   Miriam Levering, "Lineage or Family Tree? The Implications for Gender," in *Innovative Buddhist Women: Swimming Against the Stream,* ed. Karma Lekshe Tsomo (Surrey, England: Curzon Press, 2000).

뭐산(末山)의 비구니[02]와 같은 분의 기록이 매우 드물 뿐만 아니라 이런 분이 제자를 양성했다거나 그녀 자신의 법통을 세웠는지에 대해서는 알 길이 없다. 내가 말하고자 하는 핵심은 뭐산(末山)의 비구니가 어떤 제자를 가르쳤는가 하는 것이 아니라, 불교법통의 계승 체계상 그녀는 역사에 기록될 자격이 없었다는 점이다. 이러한 현상은 중국의 가족 계보로 볼 때 이상한 것이 아니었다. 즉 여성은 결혼해서 출가외인이 되며, 남자들이 상속인이 되어도 딸은 가족의 유산을 승계받을 권리에서 제외되는 중국의 가계 전승 시스템과 동일한 구조였던 것이다.

그러나 우리는 여기서 짚고 넘어가야 할 것이 있다. 비구니의 경우는 위에서 보여지는 중국의 일반 여성들과 전혀 다른 존재들이 아니던가. 즉 비구니는 비구와 마찬가지로 다 같은 부처님의 제자들인 것이다.

필자는 중국의 비구니 승가를 연구하면서, 과거 모든 시대에 비구니 사찰이 존재했으며, 심지어 어떤 비구니 사찰은 200년에 걸쳐 존재했음을 알았다. 일부 비구니 사찰은 결국 비구가 가져가기도 했지만 어떤 경우에는 반대 상황이 발생하기도 했음을 조사 결과 알 수 있었다. 과거 중국불교에서는 모든 비구니 사찰이 수계식을 거행했고, 법통도 지속적으로 전수되고 있었으나, 정작 중국불교사에 기록이 남아있지 않았던 것이다. 중국 선종의 임제종과 조동종 계보에 속한 사찰의 비구니도 법통의 계승자로 기록될 수 없었고, 이에 따라 그들의 계보는 인정받지 못했다.

---

02 [역자 주] '末山의 비구니'는 '了然'을 가리킨다. 6조 혜능의 5세 大愚 선사의 법통을 계승한 인물 중 한 분으로 알려져 있으나 자세한 기록은 전하지 않는다. 『대정장』제51, 契嵩(宋) 著 「傳法正宗記」권9 참조.

1995년, 중국 운남성(雲南省) 대리(大理)에서 현장답사를 하면서, 필자는 법통을 계승한다는 것이 얼마나 중요한지에 대해 절실히 깨닫게 되었다. 당시 해당 지역 선종 사찰은 문화대혁명 때 파괴된 유산들을 복구하고 있었다. 나는 어떤 선종 사찰의 부도를 모셔놓은 곳에서 임제종에 속한 비구니들의 법명이 새겨진 비문을 발견했다. 또한 그 사찰의 공양간에 쓰러져 있던, 법통의 중심 계보를 구성하고 있는 비구스님(아마도 그 사원의 성공적인 큰스님)의 이름과 함께 몇몇 비구니의 법명이 그 옆에 기록된 다른 비문도 하나 발견했다. 비록 지금 그 사찰은 비구들이 점유하고 있지만 문화대혁명 때 사찰을 비밀리에 돌보며 오늘날까지 건재할 수 있도록 했던 사람들은 여자들이었다.

또 다른 사찰에 답사를 나갔을 때 당시 중국 공산당 대표는 필자에게 그 사찰의 여성들(당시 이 여성들은 그들 스스로를 비구니로 생각하고 있었다)은 무속인이며 전혀 중요한 사람들이 아니라고 내게 말해 주었다. 그러나 그날 늦은 밤, 필자 혼자 그 사찰을 조용히 찾았을 때, 필자는 많은 사람들이 이 여성에게 상담을 청하는 것을 볼 수 있었다. 심지어 어떤 사람들은 그 여성에게 특별한 치료나 축복의례를 해 줄 것을 요청하는 것도 목도할 수 있었다.

같은 지역의 다른 사찰에서는 사찰 안에 머물기조차 하지 않는 '비구' 큰스님을 본 적도 있다. 그 '큰스님'은 사찰에 머물지 않고 부인 및 가족과 산 아래에 살고 있었다. 이 큰스님은 종종 불교라는 이름을 걸고 예불을 하거나 여성을 가르치기 위해 이곳저곳을 다니기도 하지만, 자신의 사찰에는 단지 새해나 죽은 자에게 음식을 베푸는 백중 행사 때에만 머물 뿐이었다. 도리어 이 절에서 상주하는 사람들은 큰스님이 아니라 삭발도 하지 않고 결혼도 하지 않은 일곱 명의 비구니였다. 그들의 평균 연령은 70세였으며, 이미 40년 혹은 50여 년째 그 절에서 수행해 오고 있었다. 비록 일곱 명 중 두 명만 글을 읽을 줄 알았지만 이들 일곱 명이 아침저녁으로 예불을 담당하고 있었다. 그러나 공식적인 불교의례 진행방식은 오로지 '큰스님'만 알고 있었고, 모든 불경은 열쇠로 채워진 그의 방안에서 잠자고 있었다.

대만에서의 법통 전수와 관련된 상황은 최근 점점 더 복잡해지고 있다. 상대적으로 말하면 최근 대만에서는 비구니들을 이전보다 더 존중하는 태도를 보인다. 비구 바이성 법사(白聖法師, 1904~1989)는 그의 법통을 비구 징신 장로(淨心長老, 1929~)와 비구니 티엔이 법사(天乙法師, 1924~1980) 등 두 사람에게 물려주었다. 이들은 각각 임제종의 제42대 법통을 전수 받은 것인데, 이렇게 함으로써 임제종은 대만에서 복수 수계제도의 토대를 마련하였다. 나중에 비구.징신 장로는 그의 법통 계승자 안에 다시 비구니를 포함시켰다.

2005년 화꾸산(法鼓山)의 비구 성이엔 법사(聖嚴法師, 1931~2009)는 두 계열의 법통 전수 체계를 세웠는데, 즉 하나는 전통적인 법통의 계승자이고, 다른 하나는 불법 운용의 계승자가 이것이다. 성이엔 법사는 이 두 가지 체계 안에서 다시 각각 비구와 비구니로 구분하여 별도의 계승자를 지정하였다.

이와 달리 비구 인슌 법사(印順法師, 1906~2005)는 대만에서 그의 여성 제자를 위해 아예 별도의 법맥을 열었다. 인슌 법사는 중국 대륙의 민(閩) 지역에서 수계를 했지만 전쟁 때문에 옮겨 다니다가 대만에 정착해서 1963년부터 2005년까지 살았다. 본래 중국 대륙에 있을 때 인슌 법사의 스승은 인슌 외에 다른 제자들도 거느리고 있었기 때문에 인슌의 법통 계승 후보자는 전쟁의 상흔에도 불구하고 찾으려면 찾을 수 있었다. 그렇지만 인슌 스님은 대만에서 인연을 맺게 된 비구니들을 위하여 이전의 법통체계와 분리된 새로운 법통을 세웠다. 예를 들어 츠지공더후이(慈濟功德會)의 비구니 정이엔 법사(證嚴法師, 1937~)는 인슌 스님의 법통 1대 비구니 제자다. 한편 대만에서는 리엔찬(蓮懺) 비구니처럼 임제종에 속하면서 동시에 티베트불교 계보에도 속한 비구니스님도 있다.

비구니 법통 체계 구축의 필요성

비구니들이 법통의 계승자가 되지 못하거나 비구니 자신들의 법맥을 세우지 못한다면, 비구니들은 결국 불교의 역사로부터 소외될 뿐 아니라 비구니의 법맥마저 사라질 위험에 처할 것이다. 비구니들이 구족계 수계를 하기 위해서는 비구니뿐만 아니라 비구들의 인정을 받아야 하며, 율장에 따르면 비구니들은 비구 제자를 둘 수도 없다. 그러므로 비구니의 법통을 유지하기는 비구의 법통을 유지하기보다 더 어렵다. 만일 불교 지도자의 자리를 비구들만 계승하고 비구니들을 제외시킨다면 비구니들은 불교의 법통체계에서 언제까지나 하위의 보조자로 남게 될 것이다.

　동시에, 만약 비구니들이 그들의 법통을 비구니에게만 넘길 수 있다면 (상대적으로 비구니가 비구보다 더 많은 대만에서) 비구니들이 법통을 이을 확률은 비구들보다 훨씬 적을 것이다. 한편 비록 비구들이 비구니가 아닌 비구들에게만 법통을 넘기려고 할 경우, 가부장적 법통 계승 모델이 비구니를 비구의 계승자가 되는 것을 가로 막게 된다. 그렇다고 하더라도 필요하다면 남성 계승자가 나타나기를 기다리거나, 적임자가 나타날 때까지 그들의 법통 유지를 위하여 비구니에게 임시로 맡길 수도 있을 것이다. 이렇게 할 경우 여성은 여전히 법통 계승의 핵심이 아니기 때문에 비구니가 비구의 법통을 잇는다는 것은 사실상 불가능하다.

필자가 던진 이 질문은 가장 기본적인 질문임과 동시에 평등의 문제이기도 하다. 부처님은 여성과 남성에게 불법을 닦을 수 있는 동등한 기회를 주셨다. 그런데 법통의 전수가 여성에게는 불허되고 오직 남성에게만 허용된다면, 이런 제도는 분명 문제가 있는 권력 제도이다. 가부장적 문화의 영향 하에서 불교 권력이 제도화 되어 고착된다면 비구니의 교육 기회와 지도력 함양이 제약을 받는 것은 물론 이러한 제약들이 사회 안에서 당연시 되고 말 것이다. 그 결과 불교계 안에서 비구니가 일구어낸 공헌은 무시되고 불교 내부의 성불평등 문제도 불합리하게 될 것이다. 그리고 그러한 문제는 결국 여성 불자의 주체성이 위협받는 결과를 초래하게 될 것이다.

석(釋) 꾸어시앙 ┃ 대만 쑤저우대학의 영문과를 졸업한 후 1980년 출가했다. 23년 동안 대만의 화꾸산사(法鼓山寺) 설립자인 성이엔(聖嚴) 법사의 대만어 통역자였다. 여러 언어로 대만과 국외에서 불교에 관한 강의를 하고 있으며, 서로 다른 불교 전통 간의 협력을 통해 평화를 증진시키는 데에 관심이 많다. 세계 불교 여성과 자연환경, 특히 농경지의 상태를 개선하는 데 노력하고 있다.

대만 비구니스님은 어떻게 성장하였나

Factors Contributing to Buddhist Nuns'
Leadership in Taiwan

09
석(釋) 꾸어시앙
(Guo Hsiang Shih)

본 논문은 2011년 6월 12일에서 18일까지 태국 방콕에서 열린 제12차 샤카디타 세계불교여성대회(12th Sakyadhita International Conference on Buddhist Women), "Leading to Liberation"에서 발표되었다.

중국, 티베트, 한국, 일본, 베트남, 스리랑카, 대만, 미얀마 등 불교가 번성한 나라는 많지만, 그 중에서도 유독 대만 비구니스님의 활약이 가장 두드러진 것 같다. 대만의 비구니는 문화발전, 교육, 자선사업, 사회발전, 불법의 전파, 교단의 변혁에 상당한 공헌을 해 오고 있다. 사람들은 이러한 결과를 가져온 요인을 규명하는 데에 상당한 관심을 보여 왔으나 한 마디로 말하기는 쉽지 않다. 다른 불교 국가들과는 달리 대만에만 똑똑한 비구니가 많다고 말하기에는 분명 무리가 있는 것이다. 필자는 이러한 현상이 오늘날 대만 사회에서 발생하기 적합했기 때문인지, 아니면 대만인이 유독 불교를 호의적으로 보기 때문인지 등등 여러 가능성을 열어두고 지속적으로 탐구할 가치가 있다고 생각한다.

자유를 추구할 수 있는 평등한 기회

대만에서는 남성과 여성 공히 교육에 대한 평등한 기회를 누리고 있다. 이러한 평등한 교육 기회는 여성들을 단지 가사 일만 도맡아 하던 제한된 역할로부터 해방시켜 주었다. 결국 교육에 대한 평등한 기회가 대만 여성들을 보다 독립적으로 살 수 있도록 만들었고, 각자의 생각에 따라 자신의 인생 목표를 추구할 수 있도록 해 주었다. 이는 대만 여성의 지위 향상에 큰 도움을 주었다. 그러나 대만 비구니의 리더십과 지위 향상에 가장 긍정적 기여를 한 것은 뭐니 뭐니 해도 대만 비구들의 적극적 도움 덕분이다. 그렇다면 대만불교계의 특징을 간단히 살펴보기로 하자.

첫째, 대만에서 가장 널리 쓰이는 경전은 대승경전인 『유마경』과 『법화경』이다. 이 두 경전은 특히 남성과 여성의 평등을 강조한다. 이 외에 대만에서 널리 읽히는 경전으로 『지장경』이 있는데 『지장경』에는 특히 여성의 덕성을 찬탄하고 있다. 『지장경』에 따르면 지장보살은 옛날에 브라만계급의 여성이었으나, 그녀의 어머니는 죄를 지어 사후에 지옥으로 가게 되었다. 지장보살은 자신의 어머니를 지옥으로부터 구해 달라고 부처님을 졸랐다. 그래서 만일 부처님이 자신의 어머니를 지옥으로부터 구해 주면 자신은 일체중생을 위해 가없는 노력을 바치리라 맹세했다.

이러한 이야기 외에도 여성에 대해 우호적인 분위기를 조성해 주는 사례는 더 있다. 예를 들어 중국불교에서 가장 자비롭고 기적적인 이야기의 주인공으로 등장하는 관세음보살은 주로 여성의 형상으로 등장한다. 이런 모든 것들이 대만 불자들에게 여성에 대해 좋은 이미지를 갖도록 만들었다.

대만 비구니의 리더십 향상을 이끈 또 다른 중요한 요소는 비구니의 구족계 수계제도이다. 대만의 비구니는 일단 수계를 하고 나면 비구니로서의 지위를 인정받는다. 이렇게 해서 비구니는 개인적 수행과 대중교육을 진행할 때 더 자신감을 갖게 되고, 맡은 임무가 무엇이건 관계없이 자신의 역할을 더 원활히 수행할 수 있게 된다.

한 가지 더 추가할 것은 대만의 영향력 있는 비구들의 후원이 대만 비구니의 리더십 향상에 매우 긍정적 영향을 미쳤다는 점이다. 앞서 언급한 바와 같이 대만 비구니를 둘러싼 양호한 여건이 형성되어 있기는 하지만, 영향력 있는 비구들의 지지가 없었다면 대만의 비구니가 사회적 관심을 받기는 매우 어려웠을 것이다. 다행스러운 것은 대만에서 가장 영향력 있는 비구들이 정말로 넓은 마음을 갖고 있다는 점이다. 이들은 양성평등운동을 전적으로 지지해 왔는데, 이것이 바로 대만 비구니의 성장에 중요한 요소로 작용하고 있다.

사경법(四敬法) 유용(流用)에 대한
인슌 스님의 비판

위에서 말한 대만의 여러 저명한 비구들 가운데 특히 인슌 스님은 중국불교 역사에서 가장 특출한 학승이자 큰스님으로, 비구니를 전적으로 지지하였다.[01] 인슌 스님은 팔경법(八敬法)을 정밀하게 연구한 후에 이것이 부처님이 열반에 든 직후 제자들이 부처님 당시의 사경법을

---

01   印順 著, 『初期大乘佛教之起源與開展』, 臺北: 正聞出版社, 1992, pp. 190-196 참조.

의도적으로 확대·왜곡시켜 만든 것이라고 결론지었다.[02] 사경법의 내용은 다음과 같다.

1. 비구니는 반드시 비구와 비구니 승가 모두로부터 수계를 해야 한다.
2. 비구니는 보름에 한 번씩 비구들에게서 가르침을 받아야 한다.
3. 비구니는 비구들의 보호를 받지 않고는 안거할 수 없다.
4. 비구니는 안거 후 비구와 비구니 앞에서 참회해야 한다.

인슌 스님은 부처님이 앞의 사경법을 시행한 이유는 고대 인도의 사회구조상 여성에 대한 성차별이 극도로 심했기 때문이라고 보았다. 즉 당시 여성은 사회적 지위가 낮고 교육을 받을 기회가 없었다. 그래서 대부분의 여성은 문맹이었고, 지식과 조직력도 부족했기 때문에 당시 여성들이 자연히 사소한 감정에 치우치는 경향이 없지 않았던 것이다. 그와 같은 상황에서는 비구의 도움이 없으면 온전히 여성들의 힘만으로 승가를 조직하기 어려웠을 것이다. 따라서 당시에는 부처님이 여성들을 도와주기 위해 자신의 남성 제자들에게 사경법과 같은 말씀을 내렸을 것이라는 점은 의심의 여지가 없다. 이처럼 비구니들은 비구 교단으로부터 도움을 받고 있는 처지였기 때문에 비구들을 존경하는 모습을 보여 주는 것이 온당했을 것이다.

이렇게 볼 때 부처님 당시는 비구들이 비구니 승가의 평화와 화합을 위해 비구니들을 가르치는 것이 보편적이었다고 짐작해 볼 수 있다. 그러나 그렇다고 해서 비구니가 비구보다 본래 열등하다는 뜻은

---

02   印順 著, 『佛法槪論』, 臺北: 正聞出版社, pp. 171~172 참조.

아니다. 이는 부처님 당시에도 걸출한 많은 비구니들이 있었고, 이들의 성취가 경전에 많이 기록되어 있는 것으로도 확인할 수 있다. 비구니들의 그와 같은 성취는 부처님과 비구 승가의 지원과 격려 덕분에 이루어졌다고 보아도 좋을 것이다.

그런데 당시 부처님이 비구니 승가를 승인하셨고 또 비구니들이 많은 성취를 이루었음에도 불구하고, 가섭은 부처님 열반 후 첫 하안거에서 아난다를 질타한다. 가섭은 부처님 생존 당시 아난다가 부처님께 그의 이모 마하파자파티와 다른 여성들의 출가를 허용해 주도록 요청하는 죄를 저질렀다는 것이다. 그래서 가섭은 아난다에게 500명의 비구 앞에서 자신의 죄를 인정하도록 요구하였다.

이처럼 당시 비구들은 부처님이 열반에 들자마자 아난다를 비구니의 출가를 허용하게 만든 장본인으로 지목하고, 나아가 부처님이 만든 여성을 위한 제도들을 모두 다시 뒤집어 버렸다는 것이다.

인슌 스님에 따르면 당시 부처님은 마하파자파티의 요구를 곧바로 받아들이지 않으셨는데, 그 이유는 사안의 중요성 때문에 깊은 숙고가 필요했기 때문이라고 한다.[03] 인슌 스님은 마하파자파티가 부처님으로부터 여성의 출가를 허락 받도록 아난다가 도움을 주기는 했지만, 여성 출가를 결정을 한 것은 이 세상의 가장 현명한 사람인 부처님에 의해서였다고 말한다. 부처님은 여성이 불교수행의 가장 높은 경지에 도달할 수 있는 동일한 능력을 갖고 있다는 것, 즉 여성도 남성과

---

03 인슌 법사에 의하면 2천여 년 동안 불교는 남성의 관할 하에 있었으며, 이들 남성들은 여성을 지원하기는커녕 도리어 여성을 억압했으며 심지어 여성을 혐오하는 경향도 있었다고 한다. 이들은 여성은 불교의 가르침을 받을 수 없다고 간주했는데, 이는 사실상 불법을 잘못 이해한 것이라고 지적했다. 위의 책, p. 172 참조.

마찬가지로 불교 승가의 구성원이 될 자격이 있다고 판단하셨기 때문에 그런 결정을 내린 것이라는 말이다.

부처님 열반 후 비구니를 지지해 줄 사람이 더 이상 존재하지 않게 되자, 보수적 수도승들은 재빨리 아난다를 희생양으로 삼아 비구니들이 교단에 들어오는 것을 막고자 했다. 이것은 당시 인도 사회의 보편적 인식에서 비롯된, 전형적이고 극단적인 성차별적 사고방식을 보여주는 것으로, 당시 보수적 비구들은 여성이 교단에 들어오는 것을 계속해서 반대하고 있었음을 여실히 알 수 있게 한다.

마하파자파티에게 도움을 주었다는 것으로 아난다에게 죄를 인정하라 요구한 것은 단지 시작에 불과했다. 보수 승려들은 곧이어 사경법을 팔경법으로 바꾸어, 비구니에게 절대적 권위를 행사하는 권한을 갖게 되었다. 비구니들은 심하게 차별 받았고, 목소리를 낼 수 없었다. 이런 점에서 볼 때 비구니를 제대로 양성하지 않고서는 뛰어난 비구니가 나올 수 없음을 알 수 있다. 보수적 비구들은 정확히 이것을 노리고 있었다. 경량부 나사미티야 같은 대승의 전통에서는 팔경법을 채택하지 않았다. 대신, 그들은 사경법만 유지하였고, 여성의 훌륭한 자질을 언급하는 경전들을 대중적으로 읽도록 유도하였다. 이런 전통 속에서 사람들은 양성평등에 대해 좀 더 열린 인식을 갖게 되었고, 비구도 비구니에게 좀 더 존경심을 갖게 되었다. 사경법에서 팔경법으로 네 가지가 새로 추가된 계율은 가장 보수적인 대승 교단에서만 나타난다.

1. 100년 된 비구니라도 하루 된 비구에게 인사와 존중을 표해야 한다.
2. 비구니는 비구를 모함해서는 안 된다.
3. 비구니는 비구의 잘못을 어떠한 방식으로도 꾸짖어서는 안 된다.

4. 위의 계율을 어기게 되면 비구와 비구니 앞에서 한 달에 두 번
씩 참회해야 한다.

화꾸산(法鼓山)의 평등한 기회

2000년 UN 회의장에 전 세계의 종교지도자들이 참석하여 세계평화
회담을 개최하였다. 화꾸산사의 창건자인 성이엔(聖嚴) 스님은 종교지
도자들을 향한 연설에서 사람들 간의 화합과 평화를 해치는 어떤 교
리가 있다면, 종교지도자들은 그것에 대해 정밀히 살펴야 할 것이라
고 지적하고, 세계평화와 화합을 보장하는 합리적인 접근방법과 설명
의 필요성에 모든 종교지도자가 동의할 것을 촉구하였다.

　성이엔 법사의 1세대 비구니 제자의 한 명으로 지척에서 그를 지
켜본 결과, 필자는 그분이 남성 제자와 여성 제자를 동등하게 대해 주
신다는 것을 알았고, 따라서 그 덕분에 많은 혜택을 받을 수 있었다.
필자는 또한 성이엔 법사께서 제자를 가르칠 때 어떻게 양성평등을
자신의 가르침 속에 녹여 넣어 가르치는지 지켜볼 수 있었다. 화꾸산
사 교단 형성 초창기부터 일상생활의 모든 일들은 남녀 구분 없이 공
평하게 행해졌다. 일에 대한 책임감과 더불어, 모든 비구와 비구니는
평등하게 수행하고 평등하게 교육 받을 기회를 받았다. 사찰의 행정
업무도 균등하게 나누었다.

　화꾸산사의 다음 주지를 선발하기 위한 규정을 만든 일은 성이엔
스님의 성 평등에 대한 굳은 신념을 여실히 보여 주는 것이었다. 성이
엔 스님이 세운 규칙에 따르면 화꾸산사 승가 안팎에서 자격을 갖춘

승려들이 선거를 통해 주지를 선발하도록 한다고 명시하고 있다. 비구들만 선거에 참여할 수 있다는 말은 어디에서도 찾아볼 수 없었다.

또 다른 영향력 있는 대만의 불교 단체로 훠꾸앙산사(佛光山寺)를 꼽을 수 있다. 훠꾸앙산사는 여러 분야에 걸쳐, 세계 여러 곳에서 열심히 일하고 봉사하는 뛰어난 비구니들을 양성해 오고 있다. 창시자인 싱윈 법사(星雲法師) 또한 비구와 비구니 제자들 사이에서의 남녀평등을 강조했는데, 이 덕분에 뛰어난 많은 비구니들이 교단에서 활동하고 있다. 싱윈 스님 외에 다른 비구들도 비구니들을 지지해 주고 있다. 그들의 지지와 후원은 대만불교계에서 비구니의 리더십 향상에 크게 기여하였다.

오해와 문제점의 극복을 위하여

세계가 점점 국제화됨에 따라 부처님의 가르침도 전례 없이 널리 확산되고 있다. 그런데 현재 불법 확산에 중요한 역할을 하는 서방 선진국에서조차 양성평등에 관한 한 아주 낙후된 종교라고 잘못 알려져 있다. 불제자인 우리는 세계에 불법이 확산되는데 장애가 되는 이러한 오해를 불식시키고 이미지를 개선시키기 위해 노력해야 할 것이다. 이에 필자는 다음을 염원하는 바이다.

모든 불교 교단에서 비구니 수계가 이루어지기를. 모든 비구와 비구니가 상호 존중, 협력, 우호적 환경 안에서 불법을 수호해 나가기를. 모든 비구와 비구니가 세상의 곳곳에 불법을 전파하고자 함께 노력해 가기를.

아이코 미즈노 ∣ 평생 재가 불교의 환경 속에서 살았다. 일본에서 시작된 재가 불자 단체인 '재가 불교 마음회(在家仏教こころの会)'의 회원이다. 일본에서 태어나고 자랐지만, 고등학교와 대학교는 미국에서 다녀서, 2002년 필라델피아에 있는 University of the Arts에서 학사학위를 받았다. 2004년부터 도쿄의 'Essential Lay Buddhism Study Center'의 연구보조원으로 일하다가 불교학을 공부하기 위해 다시 동양대학교에 들어 갔다. 그녀는 불교에서 여성의 역할과 불교 사상이 일상 속에서 반영될 수 있는지를 연구하는 데 관심이 있다.

재가 불자에게 미치는 일본식 봉건제도의 잔재

The Effect of Japanese Feudalistic Residues on
Lay Buddhists in Japan

10
아이코 미즈노
(Aiko Mizuno)

본 논문은 2011년 6월 12일에서 18일까지 태국 방콕에서 열린 제12차 샤카디타 세계불교여성대회(12th Sakyadhita International Conference on Buddhist Women), "Leading to Liberation"에서 발표되었다.

아마 우리 모두는 남성 중심적 지배구조가 남성은 물론 종종 여성들 자신에 의해서 조장된다는 것을 경험을 통해 알고 있다. 마찬가지로 여성들만이 아니라 남성들도 양성평등을 위해 종종 노력한다는 것도 알고 있다. 성차별은 개인에게 영향을 미칠 뿐 아니라 우리가 내리는 선택에도 영향을 미친다. 우리는 우리가 무엇인가를 선택할 수 있을 때, 선택에 앞서 그 이면의 모습에 대해 충분히 파악하고 이해할 필요가 있다.

또한 그러한 것들을 제대로 통찰하기 위해서는 우리 자신의 사유의 배경 및 각자의 견해의 형성에 영향을 미치는 경험의 작용들을 주의 깊게 관찰해야 한다. 일본 사회의 경우, 가부장제와 순혈주의 중심의 일본식 봉건제도가 사람, 사람들의 행위, 사회구조 안에서, 때로는 또렷이 때로는 은밀하게 영향을 미치고 있다. 이런 면에서는 일본불교도들도 물론 예외가 아니다. 이 글에서 필자는 일본식 봉건제도의 잔재가 일본불교 안에 어떻게 얽혀 잔존하고 있는지를 일본 재가 불자의 경우를 중심으로 살펴보고자 한다.

일본의 재가 불교

최근 발행된 『*Dharma World*』의 한 기사에서 불교학자이자 수행자이며, 나의 멘토 중 한 사람인 진 리브스 박사(Dr. Gene Reeves)는 다음과 같이 적고 있다.

> "오늘날 일본에서 가장 생명력 있고 에너지가 넘치며 , 사회문제에 적극적으로 참여하는 불교의 모습을 찾으려면 대부분 재가 불자 조직에서 찾아볼 수 있다. 반면, '일본불교(Japanese Buddhism)'라는 용어는 일본에서의 유일한 불교는 전통사찰 내지 본사에서 찾을 수 있다고 주장하는 학자들에 의해 사용되고 있다. 만약 누군가 일본에서의 재가 불자의 움직임을 무시한다면, 그것은 아마도 일본불교에서의 여성들의 의미도 간과하는 것이 될 것이다."

이에 필자는 이해를 돕기 위해 먼저 일본의 재가 불자운동에 대해 간략히 소개하고자 한다.

일본의 재가 불자들을 둘러싸고 있는 주위 여건은 매우 독특하여 다른 나라의 상황과 많은 차이가 있다. 재가 불자들이 승가에 종속적인 역할을 수행하고 있는 다른 나라 불교 조직과 달리 일본의 재가 불자 조직은 매우 독립적이다. 물론 다른 나라에도 독립적인 재가 불자 조직이 부분적으로 존재할 수 있겠으나, 일본의 경우 재가 불자 조직은 전국적이고 보편적이다. 이러한 재가 불자 조직의 불자들도 출가자를 대할 때 당연히 존경심을 가지고 대하지만, 그러한 존경심은 어디까지나 재가자와 출가자가 동등한 존재라는 관점 하에서 나온 존경심이다. 한 마디로 필자 또한 재가 불자의 한 사람으로서 나 자신이 재가 불자라는 사실에 대해 자부심을 갖고 있다.

재가 불자 조직이 이처럼 독립성을 갖고 움직인다면 아마도 사람들은 다음과 같은 문제를 떠올리게 될 것이다.

첫째, 이렇게 될 경우 승가와 사찰은 어떻게 재정을 마련해야 되는가? 이 질문에 대한 해답은 일본의 단가(檀家) 제도에 있다. 단가 제도는 사찰과 해당 지역의 신도 사이에 이루어지는 자발적이고 장기적 결연(結緣)을 말한다. 사찰과 결연관계를 유지하고 있는 신도들을 일컬어 '단가'라고 하는데, 이들이 사찰의 재정을 뒷받침해 주고, 그 대가로 사찰은 신도들에게 필요한 의례를 행해줌으로써 신도들의 영적 욕구를 충족시켜 준다. 단가 제도는 한때 모든 일본인에게 의무적이었으나, 이러한 강제적 단가 제도는 에도시대 이후 공식적으로는 폐지되었다. 그럼에도 불구하고 단가 제도의 전통이 지금까지 남아 있어 현재 일본 대부분 사찰의 주된 수입원이 되고 있다. 단가는 재가 불자라고도 일컬을 수 있겠지만, 본질적으로 오늘날의 재가 불자와 매우 다르기 때문에 재가 불자 조직에 속해 있는 재가 불자와 단가 불자를 혼동해서는 안 된다. 오늘날 재가 불자 조직에 속해 있는 재가 불자가 한편으로 어떤 사찰의 단가일 수도 있는데, 그것은 어디까지나 의무적으로 단가 제도가 행해지던 시절에 맺어진 인연을 지금까지 이어가는 데에서 연유한 경우다.

　둘째, 대부분의 일본 승려들이 전통적 의미의 '스님'으로 불릴 자격이 없다는 것이다. 왜냐하면 그들 대다수가 속인과 같은 삶을 살고 있기 때문이다. 고기를 먹고, 술을 마시고, 결혼을 하는데, 어떻게 사람들의 존경을 얻을 수 있겠는가? 따라서 재가 불자들이 그들끼리의 조직을 만들어 분리를 시작한 것은 어쩌면 예견된 것이었다. 결국 승려의 세속화는 애초에 재가 불자운동을 추진시키게 만든 하나의 요인이었다. 그러나 부정적 생각에서 출발한 운동은 오래 지속될 수가 없다. 이와 달리 재가 불자운동이 오늘날까지 힘을 발휘하는 이유는 개인 수행자들 스스로 자신들의 영적 수행환경을 만들어 낼 수 있는 능력과 자유로움이 있기 때문이다. 어떤 면에서 일본의 재가 불자운동은 사람들로 하여금 스스로 재가 불자로 남아 부처님의 길을 가기 위해 실천 가능한 것을 선택하는 능력을 증진시켰다고 볼 수 있다.

　재가 불자운동은 19세기 말에서 20세기 초에 시작되었으나, 그러한 생각과 철학의 발단은 백제에서 일본으로 불교가 전래되었던 시기로 거슬러 올라간다. 7세기 초, 쇼토쿠 태자는 불교를 장려하고자 『삼경의소』(三經義疏)를 간행했다. 이것은 대승경전 『법화경』 『승만경』 『유마경』에 대한 주석서이다. 여기에서 쇼토쿠 태자는 여성과 재가자의 깨달음을 칭송하며, 만일 진정으로 열반을 얻고자 한다면, 도시에서든 숲에서든 집 안에서든 집 밖에서든 그 어디에서나 명상을 할 수 있어야 한다고 했다.

　쇼토쿠 태자의 생애에 대해서는 몇 가지 다른 학설이 존재하고 있다. 왜냐하면 그의 생애에 대한 믿을 만한 역사 기록이 남아 있지 않기 때문이다. 쇼토쿠 태자의 생애를 묘사한 대중적 역사 기록인 『일본서기』(日本書紀)와 『고사기』(古事記)는 태자의 사후 약 백 년이 지나 기록된 것이어서 주인공을 과도하게 신비화시켜 묘사하고 있다. 그렇지만 저 위대한 『삼경의소』의 간행 시기에 대해서는 의견이 일치하고 있다.

봉건제 시대의 불교

국가적 성격으로 볼 때 고대 일본은 중국을 많이 닮았다. 과거 일본은 모든 방면의 문화를 중국으로부터 수입하여 그 영향 아래에 있었는데, 불교 및 여타의 철학사조도 예외는 아니었다. 이 중 하나가 유교사상인데, 주지하다시피 유교는 오륜오상(五倫五常)을 내세운다. 유학에서는 오상, 즉 인(仁)·의(義)·예(禮)·지(智)·신(信)을 확장하고 계발함으로써 오륜 즉 군신유의(君臣有義), 부자유친(父子有親), 부부유별(夫婦有別), 장유유서(長幼有序), 붕우유신(朋友有信)의 인간관계를 건강하게 유지할 수 있다고 본다. 비록 일부 학자들은 초창기 유교가 여성들로 하여금 남성에게 종속된 역할을 요구하지 않았다고 주장하지만, 훗날 당나라 때에 이르러서는 그런 것들이 강력한 전통이 되어 버린 것이 엄연한 사실이다. 더구나 대다수 일본 관리들이 공부한 것도 당나라 유교의 전통이었다.

결과적으로 쇼토쿠 태자가 젊은 나이로 사망한 후, 유교적 전통이 녹아 든 다양한 불교 종파가 일본으로 건너왔다. 우리는 유교와 융합된 모습의 불교를 오늘날에도 어렵지 않게 지켜볼 수 있다. 예를 들면 무덤 관리, 위패 제작 등의 의례를 사찰이 독점하고 있다. 일부 불경에서 승려의 장례식 참여를 불허하고 있음에도 불구하고, 일본의 승려들은 장례를 집전하고 있다. 물론 필자는 개인적으로 승려가 장례를 집전하는 것을 반대하지는 않지만 장례집전을 반드시 승려만 해야 할, 승려의 직업적 권리라고는 생각하지 않는다. 아이러니컬하게도 일부 불교의례는 먹고 살기 위해 〈베다〉의 권위를 내세워 모든 의례 수행의 권리를 독점했던 브라만의 모습과 닮아 있다.

일본의 사찰들은 살아남기 위해 불교의 이념과 상이한 도덕적 기준이나 사회적 관습과 결합하며 변화를 거듭하였다. 일본의 사찰은 일본식 서당 데라코야(寺子屋)를 열어 어린이들에게 유교와 봉건제의 가치를 심어주었다. 테라코야는 에도시대에 번창했는데, 도쿠가와 막부의 장기간의 안정된 통치 속에서 봉건제의 기틀을 확고히 하는 데 기여했다. 막부시대가 끝나고 외부의 힘에 의해 나라가 개방된 후에도, 재벌의 재정적 성공은 이러한 이념을 더욱 강화시키는 연구를 대대적으로 지원함으로써 가부장제를 공식화시키고 제도화시켰다. 이에 따라 사회적 계층이나 혈통 등의 서열화는 칭송되어야 하고 문제를 제기하면 안 되는 것으로 간주되었다.

일본 재가 불교의 현주소

일본은 20세기 대부분을 전쟁으로 보냈고, 이 과정에서 도덕적 가치와 사고방식도 급변하였다. 일본에서의 재가 불자운동은 일반인들이 희망을 찾고 더 나은 미래를 열어 가고자 하는 절절한 투쟁과 노력의 산물이다. 또한 다른 관점에서 볼 때 이 운동은 마치 불교가 〈베다〉의 권위와 브라만의 권위에 대항하면서 생겨났던 것과 마찬가지로, 구조적 계층화에 대항할 수단으로서 탄생하였다. 그럼에도 불구하고 재가 불자 조직 안에 남아 있는 일부 문제들은 여전히 논의가 필요하다.

첫째, 대부분의 조직들이 무의식적으로 그들의 초기 목적은 실현하지 못한 채, 문중 창립자의 법맥만 칭송하고 강조한다. 창립자의 후손들은 일반적으로 자기 문중의 장을 맡거나 다른 일에서 리더적 역할을 맡게 된다. 슬프게도 이러한 시도들은 하나같이 문중과 추종자 조직을 키워나가기 위한 욕심에서 나오는 것 같다. 또한 조직이 커지면 커질수록 그 조직은 위계 구조에 더욱 의지한다. 이처럼 장기간 계승된 무의식적인 가치관 속에서 여성은 자발적으로 뒤로 물러나거나, 아니면 남성에게 예속되는 것이 마치 여성의 역할인양 하는 분위기를 조장한다.

둘째, 놀랍게도 많은 일본의 재가 불자 조직들은 『법화경』을 기반으로 삼고 있다. 각 조직들 사이에 서로 어떠한 영향을 준 적도 없이 독립적으로 형성되었는데도 말이다. 아마도 수직적으로 일하는 일본식 행정처리 관습의 영향을 받아 일본의 재가 불자 조직도 이와 유사한 구조를 따르는 것 같다. 그 이면을 좀 더 자세히 들여다보면, 일본의 재가 불자 조직은 결국 서로 동일한 데에서 출발하여 점차 독자적 형태를 구축해 갔음을 알 수 있다. 따라서 각 조직 간에는 무의식적으로 서로의 다름을 강조하려는 경향을 보이며, 차이점을 극복하고 상호 소통하려는 노력은 잘 보이지 않는다.

이 문제와 관련하여 나는 잊혀지지 않는 슬픈 경험을 갖고 있다. 얼마 전에 나는 INEB(International Network of Engaged Buddhist) 회의에 처음으로 참석했다. 일본인 참석자들 간 토의를 하던 중 한 일본 재가 불자 조직의 수장이 보살행의 중요성을 언급하는 것이었다. 나는 그의 말에 공감하면서, "저는 당신이 말한 보살행의 중요성에 대해 전적으로 동의합니다."라고 말했다. 그러자 그는 즉시 불편함과 경계심을 내보이며 "네, 그러나 그것이 왕성한 회원모집을 뜻하는 것은 아닙니다."라고 응대하는 것이었다. 당시 그는 나와 내가 속한 재가 불자 조직에 대해서 아무것도 모르는 상태였는데도 말이다. 하지만 나는 그가 사회참여적인 불교도로서 많은 기여를 할 수 있는 흥미로운 사람이라고 굳게 믿는다. 다만 편견을 제거하고 존재하는 일체를 있는 그대로 보라는 부처님의 가르침에도 불구하고, 나를 대하는 그의 마음이 우리가 서로 인간관계를 시작하기도 전에 이미 편견으로 막혀 있었음을 부정할 수 없다.

장려

불교도로서 우리 모두는 부처님이 가신 길을 따르고자 노력한다. 부처님의 가르침을 바라보는 견해의 다양함과 무관하게 나는 한 가지만은 분명히 알고 있다. 그것은 바로 부처님은 우리가 완전히 깨어 있을 것과, 각자 삶에서 경험한 것을 통찰하도록 가르치고 격려하셨다는 것이다. 이를 위해 우리는 어렵고 힘든 상황 속에서도 인내심을 갖고 현재에 충실하도록 노력해야 한다. 현재에 충실할 수 있는 방법을 배우려면, 우리는 우리의 마음을 깊이 들여다보고, 우리가 내리는 판단의 이면에 숨어 있는, 우리를 그러한 결정으로 이끄는 것이 무엇인지를 알아차려야 한다.

전 인류의 잠재력의 절반에 해당하는 여성의 잠재력을 낭비하는 것은 명백히 문제가 있다. 이는 한편으로 남성 해방의 잠재력을 낭비하는 꼴이기도 하다. 인식하고 있건 그렇지 못하건 남성이나 여성 중 많은 사람들이 여성의 역량을 약화시키는 낡은 형식에 여전히 얽매여 있다. 비록 남성과 여성이 신체적 차이가 있다 해도, 능력과 역할을 신체적 차이와 혼동해서는 안 된다. 성별에 관계없이 모든 개인은 축복받아 마땅한 독자성을 가지고 있다는 것을 우리 모두는 잘 알고 있다. 이는 마치 진 리브스 박사(Dr. Gene Reeves)의 다음의 말과 같다.

> "변화는 천천히 진행되겠지만, 그럼에도 불구하고 모든 인류가 동등하게 가지고 있는 내재적 가치를 보편적으로 인정하도록 만들 사람들이 바로 여성 불자라고 생각하며, 그들이 그렇게 할 수 있도록 격려 받을 충분한 이유가 있다."

끝으로 몇 가지를 추가로 거론하고자 한다. 일부 사람들은 앞에서 밝힌 필자의 생각을 출가자 집단에 맞서는 견해라고 생각할지도 모르겠다. 분명히 말하건대 필자는 출가자와 재가자를 구분하거나 출가자에 맞서고 싶은 생각이 없다. 어차피 출가자니 재가자니 하는 구분조차도 불법의 차원에서는 방편일 뿐이다. 필자는 단지 사람들이 형식에 기대어 존경을 얻으려 하는 것을 반대할 뿐이다. 존경이라는 것은 조직의 구조나 형식에 의해 얻어지는 것이 아니라 사람들에게 좋은 본보기가 됨으로써 얻어지는 것이다. 마찬가지로, 신뢰는 노력 없이 하루아침에 자동으로 얻어질 수 있는 것이 아니라, 매일 지속적인 상호 간의 소통과 작용을 통해서 이루어지는 것이다. 모쪼록 필자는 본 샤카디타 회의를 통해 많은 우정과 친목의 인연이 맺어지기를 고대한다.

바이니타 아그로월 | 세 권의 시집을 쓴 작가로, 2015년에 미국 뉴저지 주에 있는 아난
다 만디르에서 수여하는 가야트리 가마쉬 상을 받았다. 대학에 다니면서 UGC 장학금
을 받았으며 대학교에서 정치학 석사를 수석으로 졸업했다. 작가이자 불교에 깊이 뿌리
를 내리고 있는 연구자이다. 문화와 영적인 것에 대해 글을 쓰고 역사 유적이나 성 평등,
협동조합, 비교 미디어 분석, SAARC 지역의 문화적인 연결, 그리고 티베트 유민들에 대
한 연구논문을 발표해 왔다.

국가를 초월한 비구니운동

The Transnational Bhikkhuni Movement

11

바이니타 아그로월
(Vinita Agrawal)

본 논문은 2013년 1월 5일에서 12일까지 인도 바이샬리에서 열린 제13차 샤카디타 세계불교여성대회(13th Sakyadhita International Conference on Buddhist Women), "Buddhism at the Grassroots"에서 발표되었다.

『앙굿따라 니까야』(Anguttara Nikāya, 增支部)의 「이까니빠타」(Ekanipta, 第一集)에는 부처님께서 여러 비구니들에게 영적 생활의 제 영역에서 매우 뛰어나다고 칭찬하시는 내용들이 실려 있다. 예를 들면, 비구니 케마(Khem)는 지혜가 뛰어났으며, 우팔라바나(Uppalavan)는 비범한 능력을 지녔고, 바따카까나(Bhaddakaccn)는 훌륭한 영적 통찰력을 가지고 있다고 하셨다. 또한 팔리어 경전의 편찬자들은 장로 비구니들의 시를 『장로니게』(Therigāthā)라고 불리는 글속에 담아 두었는데, 이 기록들은 최초로 출가했던 여성 수행자들의 열망과 노력, 그리고 그들의 뛰어난 성취를 잘 들여다 볼 수 있게 한다.

그러나 비구니 팔경법만 보아도 비구에 비해 비구니의 처지가 얼마나 열악한지 알 수 있다. 존경은 오로지 한 방향, 즉 비구니로부터 비구에게로만 요구되었다. 불경의 내용에도 전통적인 남성상을 여성

상보다 훨씬 선호하는 고정관념이 자주 나타난다. 깨달음에 대한 여성의 잠재 능력을 부정하지는 않지만, 언제나 남성을 우위에 두면서, 이에 대한 문제 제기는 없었음을 알 수 있다. 예를 들면, 완전한 깨달음의 경지에 이른 인간의 이미지는 이른바 위대한 인간으로서의 32가지 신체적 특징을 갖춘, 석가모니 부처님의 남성적인 모습으로 그려졌다.

반면, 여성으로 태어나는 것은 전생에 좋지 않은 업을 쌓은 결과로 간주되어 왔다. 어떤 불경에서는 여성이 시기, 탐욕, 어리석음, 자만, 질투, 인색함, 음탕함, 방탕함 등의 84가지 악행과 악습을 가지고 있다고 묘사하기도 한다. 그들의 주장에 따르면, 여성은 타고난 본성자체에 흠이 있어 이러한 다섯 가지 장애 때문에 깨달음을 얻을 수도 없고, 인간의 왕이나 신들의 왕 사후 세계의 왕도 될 수 없으며, 전사나 브라만도 될 수 없다고 한다. 이에 비구니는 결국 순종만 강요받게 된 것이다.

비구니 승가의 세계적 부활

부처님 당시 공식적으로 인정되던 비구니 구족계 수계는 수세기 전에 이미 상좌부불교 전통에서 사라지고 말았다. 상좌부불교를 따르는 나라에서 비구니 승가가 존재했다는 마지막 기록은 11세기 스리랑카로 거슬러 올라간다. 하지만 최근에 스리랑카의 비구와 비구니들의 주도하에 상좌부불교의 비구니 구족계 수계가 진행되었다. 학식 있는 많은 비구의 도움으로, 스리랑카의 여성들은 내부적으로는 스리랑카의 전통 문화유산 안에서의 제자리를 확보하는 것에서부터, 국제적으로는 상좌부불교에서의 여성의 종교적 삶을 되찾는 데에 이르기까지, 장기간 사라졌던 비구니 승가의 질서를 회복해 나가고 있다.

상좌부불교 전통에서는 비구니계를 대신하여 8계를 받는 매치 (mae chi)와 10계를 받는 다사실라마타(*dasasīlamātā*) 등의 제도를 발전시켜 왔다. 태국과 미얀마, 영국 등지에서 매치 혹은 다사실라마타로 살고 있는 많은 비구니들은 그러한 자신들의 역할에 만족하는 것으로 간주되어 왔다. 따라서 그동안 제약이 따르긴 했어도 기왕에 이미 그 방식에 익숙해졌으니 이제 와서 비구니 제도를 도입한다면, 혼란을 줄 수 있다는 우려도 있었다. 물론 어떤 여성들은 기존의 방식을 여전히 더 선호할 수도 있을 것이다.

비구니 구족계 수계에 관한 새로운 흐름은 태국 여성인 보라마이 카빌싱(Voramai Kabilsingh)이 1971년에 대만에서 수계를 하며 시작되었다. 대만은 불교여성운동의 이상적 장소로 간주되고 있는데, 그 이유는 제2차 세계대전 후 대만불교의 부활과 더불어 대만불교가 갖게 된 역동성 및 불교의 사회적 지위 때문이다. 대만불교는 1960년대 이후, 특히 80년대의 경제성장으로부터 큰 혜택을 얻었다. 한편 대만의 여성운동은 여성들이 전통적 가부장 사회로부터 권위에 도전하도록 만들었고, 양성평등에 대한 협의와 토론의 장을 열었다. 그리하여 대만 여성의 삶에 눈부신 향상을 가져왔다.

오늘날 세계의 여성운동은 종교의 정체성 문제나 사회계층 문제, 교육문제에 초점을 맞추고 있다. 태국에서 여성 불자들은 상좌부불교가 비구들에게 제공하는 것과 같은 평등하고 정당한 기회를 얻기 위해 분투하고 있다. 태국에서 비구니 승가의 공식적 인정을 요구하는 운동이 80여 년에 걸쳐 계속되고 있지만, 태국의 비구니들은 여전히 승가의 권력자들로부터 완전한 인정을 얻지 못하고 있다. 이러한 파벌주의가 수십 년 동안 공공영역에서 여성들의 민주화와 자유화를 막고 있다.

오늘날 초국가적인 비구니 부활 운동에서의 중대한 돌파구가 1996년 12월 인도의 사르나트(Sarnath)에서 있었는데, 10명의 스리랑카 여성이 한국 비구와 비구니로부터 비구니계를 받았던 것이다. 이 수계식을 스리랑카에서 온 마하보디협회(Mahābodhi Society)의 비구가 인정하였다. 1998년 2월, 보디가야에서 국제적인 큰 수계식이 열리게 되었다. 대만 훠꾸앙산사(佛光山寺)의 후원으로 개최된 이 수계식에는 서로 다른 불교국가에서 온 상좌부불교와 대승불교의 비구니들이 참석하였다.

1998년부터 스리랑카에서 비구니 수계식이 정기적으로 열리고 있으며, 2008년 한 해에만 500명이 넘는 여성들이 계를 받았다. 이처럼 많은 비구와 재가 불자의 도움을 얻어 비구니 수계식이 지속되고 있지만, 스리랑카 정부나 승가의 수장인 마하나야카 데라(Mahānāyaka Thera)는 지금까지 공식적 인정을 해 주지 않고 있다. 상좌부불교의 다른 국가, 특히 태국과 미얀마도 비구니 승가의 부활을 저지하려는 태도를 강하게 드러내고 있다. 이들 국가의 보수적 승려들은 비구니 승가의 부활을 율장에 반하는 것인 동시에 불교의 생존을 위협하는 것으로 간주한다.

국제적 비구니운동

오늘날 전 세계에 걸쳐 페미니즘이 다양한 방법으로 종교의 가부장적인 요소에 대해 지속적으로 문제를 제기하고 있다. 이 운동에서는 전통 종교의 핵심가치를 페미니스트들의 생각과 일치하도록 종교계 시스템을 재검토해야 한다고 주장한다. 전 세계적인 불교 커뮤니티 회원들 사이의 대화는 불교의 전통과 불교계 안에 존재하는 불평등과 억압적 성차별에 대한 반성을 촉구하고 있다.

이 논문은 불교 전통이나 국가를 넘어서서 여성으로 하여금 완전한 수계를 가능케 하려는 초국가적 움직임에 대해 다루고자 한다. 수계가 깨달음을 통해 윤회에서 벗어나는 가장 적절한 방법으로 간주되고 있음에도 불구하고, 불교계에서 벌어지는 성차별이 사회·문화적으로 광범위한 영향을 미치게 되어, 결과적으로 종교계 안팎에서 여성의 발전을 저해하는 부작용을 낳고 있다. 이에 본고에서는 여성의 수계를 위한 국제적인 노력을 살펴보고, 비구니 승가를 석가모니 부처님이 살아계셨던 당시의 모습으로 회복할 수 있는지, 있다면 그 방법은 무엇인지에 대해서 다루고자 한다.

이러한 필자의 시도는 여성을 발전시킬 목적으로 종교계에서의 여성의 역할을 옹호하려는 것은 아니며, 다만 일련의 과정 안에 펼쳐져 있는 역사적, 사회적 맥락을 좀 더 잘 이해하기 위하여 체계적이고 정확한 정보를 수렴하고자 할 뿐이다. 비구니 승가의 재기에는 많은 도덕적 문제들이 결부되어 있다. 이에 본고는 먼저 비구니 승가의 부흥이 법적으로 불가능하다고 생각하는 전통주의자들의 주장을 검토한 후, 비구니 승가의 부활을 지지하는 입장과 관련된 불경 자료와 윤리적 입장 등을 살펴보겠다.

달라이 라마(Dalai Lama)도 시종일관 비구니 구족계 수계를 지지하고 있고, 동아시아불교 전통에서도 수계를 허용하고 있으나, 티베트의 비구니 승가는 아직 설립되지 않았다. 1988년 미국인 비구니 카르마 렉셰 쏘모에 의해 잠양 쬐링 전문학교(Jamyang Choling Institute)가 설립되었다. 이 학교는 달라이 라마 행정실과 종교담당 부서 및 망명중인 티베트정부 문화청의 후원으로 운영되고 있는데, 이 학교가 아니었으면 정규교육과 종교교육을 받을 기회조차 없었을 히말라야의 비구니와 재가 여성들이 그 혜택을 받고 있다. 그 후 이와 유사한 학교들이 만들어졌으나, 이곳의 비구니들은 아직까지 비구니 구족계를 받지 못하고 있다.

오늘날 불교계 여성운동의 대부분은 여성의 권리 쟁취와 관련된 국제사회의 활동으로 규정지을 수 있다. 많은 비구니들이 해외로 나가 구족계를 받을 결심을 하면서 국경을 뛰어넘는 네트워크를 만들고 있으며, 자신의 존재 권리를 주장할 적절한 시기를 기다리고 있다. 작가이자 사상가인 다이애나 폴(Diana Paul)은 전근대 시기는 불교에서 기본적으로 여성을 싫어하는 남성들의 시대였다고 규정했다. 그럼에도 불구하고 그 시기의 많은 여성들이 성차별에서 해방되어 자유롭게 명상수행을 했음을 발견할 수 있다. 예를 들면 1960년대부터 1970년대의 많은 페미니스트 여성들에게 불교와 페미니즘은 타당한 이유에서 동맹관계를 유지했던 것으로 보인다.

여성 선구자와 이들의 역할모델의 부족을 슬퍼한 많은 여성들이 부처님의 말씀에서 대안을 찾고자 노력했다. 실제로 과거에도 훌륭한 여성 수행자가 존재하기는 했지만, 기라성 같은 비구스님들과 달리 훌륭한 여성 수행자에 관한 이야기는 매우 드물게 전해진다. 『장로니게』(Therīgāthā)가 관련 자료를 찾아 헤매는 여성 불자들을 구원할 자료로 선택되었다. 그리하여 최소한 선불교 커뮤니티인 샌프란시스코 선센터(the San Francisco Zen Center)는 『장로니게』(Therīgāthā)에 기록된 비구니들의 이름을 딴 염불을 하기 시작했는데, 이 염불의례는 '잊혀진 모든 비구니 선조들'을 부르는 것으로 끝난다.

까규계 둑파의 비구니로 잘 알려진 텐진 빠모(Tenzin Palmo)는 다음과 같이 말했다.

"제가 처음 인도로 왔을 때 저는 100명의 비구와 함께 절에서 살게 되었죠. 그런데 100명 중 오직 저 혼자만 비구니였어요. 그것이 결국 저 스스로 동굴 속으로 들어가게 된 이유라고 생각해요. 비구들은 친절했고 그 어떤 성희롱이나 문제를 일으키지도 않았지만, 단지 제가 여성의 몸을 가진 것만은 그들도 안타까워했어요. 실제로 비구스님들은 제가 후생에 운 좋게 남성으로 태어나 절의 모든 행사에 참여할 수 있기를 기도하곤 했죠. 그러면서도 그들은 저에 대해 여성의 몸을 가진 것이 열등한 윤회 때문이라고 생각하지는 않는다고 얘기했어요. 그건 제 잘못이 아닌 게 명백해요. 과거에는 비구니 승가가 굳건히 존재했었고, 육성되었으며, 관심을 받았는데 말이죠. 이런 일은 서양에서는 상상조차 할 수 없는 일이에요. 상좌부불교의 몇 개의 사찰은 상당히 잘 되고 있지만 비구니를 위한 절이 단 하나라도 있나요?"

21년간의 공부 끝에, 독일인 비구니 켈상 왕모(Kelsang Wangmo)는 최초의 여성 게셰(geshe)가 되는 영예를 얻었다. 게셰는 티베트불교 전통에서 학문적으로 가장 영광스러운 칭호이다. 인터뷰 녹음을 들어보면 그녀 또한 과정 초창기 때 몇 가지 어려움이 있었다는 내용이 나온다. 그녀가 수업을 가르칠 때 교실에는 자주 빈자리가 생겨났으니, 남학생들이 여 선생의 수업을 거부한 것이었다.

2000년대 초반, 태국에서는 상좌부불교의 태국인 비구니가 처음으로 계를 받으면서 여성 불자들에게 새로운 종교적 길이 열렸다. 이 비구니의 이름은 담마난다(Dhammananda)로, 그녀는 수행자의 길을 가기 위해 '하이힐과 네일아트'의 삶을 포기했다며 그녀의 청춘 시절을 회상했다. 그녀는 구족계 수계 후에 기부금과 홍보를 위해서 계를 받은 것이 아니냐는 근거 없는 의혹과 비난의 편지를 받았다고 밝혔다. 그러한 고된 시간 속에서 그녀를 지켜준 것은 부처님의 가르침이었다고도 했다.

"이 세상에 첫 번째 페미니스트를 만들어 주신 것은 부처님이시다. 또한 정신적으로 남성과 여성이 동등하다고 말한 분도 부처님이시다. 아무도 우리에게 주어진 것을 막을 권리는 없다. 부처님의 가르침들만이 참된 힘이다."

그녀는 처음에 비구니 구족계 수계가 오직 계를 받고자 하는 사람들만을 위한 것이었다고 믿었다. 그러나 2009년 그녀는 태국 비구니 승가의 설립을 돕기 위해 임시로 사미니계 수계를 해줌으로써 여성들이 임시로 수계할 수 있는 기회를 늘렸다. 이 방법이 승가에서 더 많은 여성들이 계를 받을 수 있도록 도와주는 전략이 될 수 있었던 것이다.

담마난다 비구니의 구족계 수계를 시작으로 태국의 다른 여성들이 그 뒤를 따라 비구니계를 받기 시작했다. 이 역사적인 사건은 성에 대한 관념도 변화할 수 있다는 인식을 갖게 하여 보수적 태국 승려들을 변화시킬 수 있는 초석을 마련하였다. 어떤 종교 단체의 요구 내용을 넓은 차원에서 바라보면 결국 세계화의 진행 과정과 맞물려 있다. 태국에서의 종교계의 양성평등 문제에 대한 자각은 UN 등의 국제기구에서 벌이는 양성평등 제도화 노력과 궤를 같이 하는 것이다. 이 운동의 목표는 결국 남녀평등 실현이 불가능하다는 생각과 맞서 싸우는 것이다.

또 다른 주목할 만한 사례로 대만을 들 수 있다. 지난 20여 년간 대만의 불교 인구는 1980년대 중반의 약 2백만 명 정도에서부터, 현재는 약 8백여만 명으로 늘어나, 전체적으로 네 배 이상의 증가세를 보여 주고 있다. 이는 대만 총 인구 2천3백만 명의 35%에 해당하는 숫자이다. 대만의 대표적 불교 승가들은 절, 학교, 병원, 기타 사회기관을 포함한 수백만 달러 규모의 기업들을 운영하면서 대만 사회 안으로 깊숙이 파고들고 있다.

대만의 비구니와 비구의 비율은 현재 5:1정도라고 한다. 대만의 여성 불자들은 승가의 요직을 맡고 있는데, 특히 츠지공더후이(慈濟功德會)는 대만에서 가장 존경받는 단체일 것이다.

결론

이와 같은 변화에도 불구하고 오늘날 비구니의 구족계 수계가 불교를 분열시킬 것이라는 우려의 목소리가 종종 들려온다. 그러나 이러한 우려는 오해에서 비롯된 것이다. 우리는 부처님께서 비구니 승가를 세우셨다는 것을 알고 있으며, 따라서 비구니의 구족계 수계를 위해 경전을 다시 쓰거나 각색해야 할 일도 없다. 보리 스님(Bhikkhu Bodhi, 1944~)이 보여 주듯이, 경전들은 자비와 지혜의 관점에서 해석되어야만 한다. 비구니 구족계 수계운동은 불교계의 분열을 초래하는 것이 아니라, 장차 모든 불교 전통의 근원적 통합을 이끌어 모두를 만족스럽게 만들 것이다.

승가에서의 여성 불자의 역할 문제를 다룬 회의, 예를 들면 2007년 함부르크대학에서 열린 비구니 율법과 수계 전통 문제를 다룬 회의의 사례들이야말로 국제적 비구니 승가 부상의 증거이다. 비록 다양한 국적과 전통을 가지고, 다양한 수행법과 가르침을 배운 비구와 비구니들이지만, 부처님의 가르침을 따르는 비구와 비구니로서의 정체성이야말로 태국불교니, 티베트불교니 하는 지역적 정체성보다 우선하는 것이라는 데에 모두 공감하였다. 불경 원전들과 율법의 원문에는 승가의 성장을 위한 이상적인 체제가 담겨 있다. 그런데도 우리는 신앙보다는 비전 위주로 관계를 맺는다. 모쪼록 앞으로 승가가 과거의 훌륭한 모습으로 돌아간다면 우리는 희망의 미래를 맞이할 수 있을 것이다.

인본주의적 불교의 구현이라는 측면에서 불교와 비구니 승가의 힘을 키워 줄 의미심장한 요소는 바로 종교를 발전이라는 개념과 같이 놓고 보는 것이다. 비구니 승가는 비구 승가 이상으로 사회봉사 및 자선사업 기관으로서 활발히 운영되고 있다. 전 세계, 특히 대만과 스리랑카의 비구니 승가가 병원, 학교, 자선기관, 언론 매체의 설립과 같은 세속적인 문제들과 환경보호, 핵발전소 반대, 부패와 도박 청산과 같은 사회운동에 적극적으로 관여하고 있다.

대승경전인 『법화경』의 13장에는 석가모니 부처님이 마하파자파티와 야쇼다라가 지은 미래의 복덕에 대해 이야기하신다. 국제적인 비구니운동은 이러한 사례로부터 영감을 얻을 수 있다. 그들의 유산은 여성들에게 훗날 언젠가는 자기 자신도 훌륭한 지도자가 될 수 있다는 믿음을 심어준다.

'붓다의 딸'을 위한
여성 리더십

아야 담마난다 | 테라바다 스님으로 처음에는 베트남에서 선종(禪宗)에 출가하였다. 몇 년간 선을 수행한 후 위파사나와 초기 불교를 공부하고 싶다는 강렬한 흥미를 가지고 미얀마로 가서 5년간 여러 스승들의 지도 아래 다양한 명상 방법을 수행할 기회를 가졌다. 그후 계속해서 스리랑카로 건너가 6년간 다른 스승 밑에서 정진하였다. 켈라니야대학에서 빨리어 불교학대학원에서 석사학위와 박사과정을 수료하였다. 2008년 호주에서 테라바다 불교와 명상을 가르치도록 초대를 받았으며, 2013년부터는 호놀룰루로 가서 보리수 명상센터에서 붓다 담마를 가르치고 하와이대학 동서센터에서 리더십과정을 배웠다. 2015년 5월 APLP 국제교육 자격증을 땄다. 현재 베트남 바리아 반 두의 테라바다 여성수행자를 위한 커뮤니티인 케마라마에서 젊은 여승들을 가르치고 있다.

불교 여성주의적
관점에서 본 해탈

Liberation from a
Buddhist Feminist Perspective

12

아야 담마난다
(Ayya Dhammananda : Su co Nguyen Huong)

본 논문은 2011년 6월 12일에서 18일까지 태국 방콕에서 열린 제12차 샤카디타 세계불교여성 대회(12th Sakyadhita International Conference on Buddhist Women), "Leading to Liberation"에서 발표되었다.

이 글에서는 해탈 혹은 자유의 의미에 대해서 생각해 보고자 한다. 지난 200년 동안, 이 용어는 보통 국가의 해방이나 혹은 마르크스 이론에서처럼, 계급간의 억압으로부터의 자유를 위한 투쟁을 지칭했다. 또한 피부색으로 인한 억압을 철폐하고 사회정의의 실현을 의미할 수도 있었다. 현대에는 성차별에서의 해방 혹은 자유에 초점이 맞추어졌다. 이렇듯 해방이라는 용어는, 사회적, 개인적, 정치적, 종교 경제적으로, 집단과 개인의 상황에 따라 다양한 용도로 사용된다. 인류 역사를 되돌아보면 해방의 이상과 실제는 특정 시대의 가치 및 흐름과 밀접하게 연관되어 있다. 비록 소비주의가 주류를 이루는 현시대에는 욕망에서 놓여나는 자유가 아니라 욕망을 추구할 수 있는 자유가 증가되었다고 하나 과거에는, 자유란 자신과 세상에 대한 집착으로부터 벗어나는 것을 의미하였다.

이 논문에서 나는 고대 비구니들이 깨달음을 노래한 『장로니게』(Therīgāthā)에서 뽑은 게송들을 토대로 하여 불교 여성주의적 관점에서 해탈의 개념에 대하여 살펴보려고 한다. 오늘날에는 여성이 궁극적인 해탈을 얻기 위해서는 남성으로 다시 태어나야 한다는 믿음이 널리 퍼져있지만 『장로니게』(Therīgāthā)와 『상응부경전』의 비구니품에서 한 생에서 생사의 고리를 끊고 윤회를 벗어난 비구니들의 모습을 많이 발견할 수 있다. 부처님의 가르침을 들은 후, 아름다움이나 사회적 지위에 대한 자만과 허영의 집착에서 벗어난 비구니들도 있다. 마가다 왕국의 왕비였던 케마 비구니(Therīgāthā 6:3)와 샤카족의 공주였던 아비난다 비구니(Therīgāthā 2:1)가 그 예이다. 그들은 사회적 인습과 편견을 벗어난 해탈의 느낌과 구원을 표현하였다.

이들과 비슷한 시기에 한 비구니는 출가하면서 해방의 기쁨을 선언한다.

자 이제 나는 세 가지 악, 즉 절구와 절굿공이, 못난 남편으로부터 자유로워질 것이다. 모든 갈망과 심리적인 억압으로부터 벗어났을 때, 그녀는 생사를 초월한 자유를 선언하였다.(Therīgāthā 1:11)

단지 수망갈라의 어머니라고만 기록이 남아 있는 다른 비구니 역시 생생한 환희를 표현했다.

너무도 자유롭다! 너무나도 자유롭다!
나는 완벽하게 자유롭다-내 절굿공이로부터,
부끄러움을 모르는 남편과 그 그늘로부터,

물뱀 냄새가 나는 곰팡이 핀 낡은 냄비로부터.

혐오와 열정을
나는 단번에 잘라버렸다.
나무 밑으로 가서
나는 명상한다, 희열에 잠긴다: 아, 이 기쁨![01]

불교문헌을 조사해 보면, 불교에서 해탈의 추구는 개인적인 문제
이며 문화에 따라 여러 스펙트럼을 가진다는 것을 알 수 있다. 이러한
맥락으로 보면 자유는 무지를 제거하는 것이며 갈망의 족쇄를 잘라버
리는 것을 의미한다. 수행자마다 개인적 속박의 형태가 다르다. 그러
나 깨달음으로 가는 그들의 영웅적인 노력은 2,500년이라는 시간의
거리를 뛰어넘어 좋은 모범을 보여 준다. 여기 최상의 가르침을 들은
후 화려하고 편안한 세계를 버리고 출가한 비구니의 게송이 또 있다.

커다란 부, 완벽한 피부와 외모를 지니고
많은 재산을 지닌 훌륭한 집안에서 태어난
나는 재무 대신 마지하의 딸이었다.
왕들의 아들들은 나를 얻으려 하였으며
부유한 상인들의 아들들은 나를 그리워하였다.
그들 중의 하나가 나의 아버지에게 심부름꾼을 보냈다.
나에게 아노파마를 주시오.

---

01 *Therīgāthā* 2:3, translated from Pali by Thanissaro Bhikkhu[www.accesstoinsight.com].

나는 그 대가로 그녀의 몸무게의 여덟 배가 되는
보석과 금을 주겠소.
그러나 나는, 스스로 깨치신 분,
누구보다 뛰어나신 분, 이 세상을 초월하신 그분을 보았고,
그의 발에 경의를 표했으며, 한쪽 옆으로 물러나 앉았다.
그분은 자비심으로 나에게 법을 알려 주셨다.
그리고 나는 그 자리에 앉은 채로 아나함과(阿那含果, 번뇌를 모두 끊고
죽은 뒤에 천상에 가서 다시 이 세상에 태어나지 않는 성인의 경지)를 얻었다.
나는 삭발을 하고 방랑하는 수행자의 길로 나아갔다.
오늘은 내가 갈망을 놓아 버린 지 일곱 번째 날이다.[02]

번뇌로부터 해방되고 욕망으로부터 자유를 발견한 여성들의 주
제는 옛 경전에 자주 나타난다. 예를 들면:

세상의 위험을 눈앞에 보면서, 우리는 앞으로 나아갔다.
이제 고뇌로부터 자유롭다, 잘 길들여진 마음으로.
감정을 다스렸기에, 우리는 해방을 찾았다.
감정을 다스렸기에, 우리는 자유를 찾았다.[03]

키사고타미 비구니의 증언은 놀랍다. 그녀는 유혹자 마라가 그녀
의 깨달음에 도전했을 때 아들과 남편, 남성에 대한 욕망을 더 이상 가

---

02 *Anopamatheri* (*Therīgāthā* 6:5, verses 151-56).

03 Bhadda Kapilani (*Therīgāthā* 4:1, verse 66).

지고 있지 않다고 말하면서 마라를 물리쳤다.[04] 그녀는 팔정도(八正道, 깨달음과 열반으로 이끄는 올바른 여덟 가지 길)를 성공적으로 수행할 것을 주장했고, 불교수행의 가장 높은 목표인 열반을 성취했다. 삶의 짐을 내려놓고, 모든 것으로부터 자유로워진 마음으로 이루어져야 할 일을 이루었다. 여성의 지혜 따위란 보잘 것 없어서 깨달음을 얻을 수 없다고 주장하는 마라에게 답한 소마 장로니의 게송은 성별에 대한 편견에 반박하는 생생한 예이다.[05]

여성이라는 것이 무슨 문제인가
마음을 충분히 집중하고 있다면
지혜가 끊임없이 흐른다면
법을 정확하게 꿰뚫어 볼 수 있다면.

나는 여성이다 혹은 나는 남성이다
혹은 나는 그 무엇이다.
이런 생각이 일어나는 사람만이
마라의 상대가 될 것이다.

수천 년 전부터 오늘날까지, 인도 여성들은 어머니로, 그것도 아들의 어머니로 살도록 문화적으로 고착되어 있다. 가정에서 여성의 위치가 어머니로서의 역할로 한정되어 있기 때문에, 전통적인 집착과

---

04   *Bhikhuni* SN 5:3.

05   *Bhikkhuni* SN 5:2.

구속으로 인해 자식이나 가까운 친척을 잃는 것은 엄청난 고통이었다. 모든 것은 변화하며 덧없이 사라지는 것들에 대한 집착 때문에 괴로움이 생긴다는 것을 확실히 파악한 여성들만이 일시적인 조건들에 의해서 일어났다 스러지는 현상에 집착하지 않으며, 또한 '왜 나한테만 이런 일이 일어나는 거지!'와 같은 자기중심적 반응에서 벗어날 수 있을 것이다.

그러한 해탈의 통찰을 성취했던 여성들의 예들을 우리는 깨달음을 성취한 고대의 수많은 비구니들에서 발견할 수가 있다. 예를 들면, 파타짜라와 키사 고타미는 가족을 잃고 고통에 빠졌을 때 부처님의 법문을 듣게 되었다. 그들은 비탄의 감정에서 벗어나 출가했으며 궁극의 해탈에 도달하기 위해 열심히 수행하였다. 다음은 비구니 파타짜라가 지혜롭게 자신을 살펴본 후 노래한 찬탄의 게송이다.

> 쟁기로 밭을 갈아
> 씨앗을 뿌려,
> 처자식들을 부양하면서,
> 젊은이들은 부를 쌓는다.
> 그런데 왜 나는, 완전한 덕을 갖추고,
> 스승의 가르침을 따르면서도 해방되지 못하는가?
> 나는 게으르지도 않고 거만하지도 않다.
> 발을 씻으면서, 나는 물을 느낀다.
> 그리고 물이 높은 데서 낮은 데로 흐르는 것을 관찰하면서,
> 내 마음은 순종의 종마처럼 고요해졌다.
> 이윽고 등불을 들고 오두막으로 들어가

이부자리를 챙기고는 침대에 앉았다.
그리고 핀을 꺼내서 등불의 심지를 돋우었다.
구속 없는 불꽃처럼 내 마음도 자유로워졌다.[06]

파타짜라는 훌륭한 스승이 되어 많은 사람을 도왔는데 특히 슬픔에 빠진 여성들에게 그녀가 주었던 가르침은 그녀들에게 최상의 치유였을 것이다. 많은 여성들이 이 괴로운 세상에 우리를 가두고 있는 무지와 갈망에 대한 가르침을 듣고 나서 찬탄의 게송을 읊었다.

오늘 슬픔의 화살이 나의 마음에서 빠져 나왔다
기쁨과 평온함
나는 부처님, 법, 그리고 승가에 귀의한다.[07]

『상응부경전』에서 비구니 키사 고타미는 마라에게 아들이든, 남편이든 아버지든, 나는 남자에 대한 갈망을 완전히 놓아 버렸노라고 말하였다. 그녀의 환경과 삶의 이야기는 그 시대 인도 사회 여성들에게 주어진 공통적인 생활조건이었다. 많은 고통 후에 사성제(四聖諦, 영원히 변하지 않는 네 가지 성스러운 진리)를 깨달아서 그녀가 성취한 궁극적 해탈은 성별을 초월해 모든 존재들에게 공통된 것이다. 그녀의 게송은 고귀한 우정에 대한 찬탄으로 시작해서, 그녀의 지혜가 커지고 실재에 대한 통찰력을 얻으며 발전하다가 마침내 괴로움을 초월한다.

---

06   *Therīgāthā* 4:10, verses 112-16.

07   *Therīgāthā* verses 132.

자이나교의 여승이었던 바다 쿤달라케사는 지혜를 통한 해탈을 얻었다. 그녀는 부처님의 "오라 비구니여!"라는 한마디 말로 출가자가 된 몇몇의 비구니들 중의 하나이다. 2600년 전 그녀의 삶은 대단히 극적이었다. 모든 사건들을 다 열거할 수는 없으나,『장로니게』(*Therīgāthā*)에 실려 있는 그녀의 서술은 극히 독특하다.

한 벌의 옷으로 이곳저곳을 다녔다
머리를 깎고 먼지를 뒤집어쓴 채
흠이 없는 곳에서는 흠을 찾아내고
흠이 있는 곳에서는 흠이 있음을 탓하면서
휴식을 끝내고
영축산으로 갔을 때,
한 점의 오점이 없는 부처님을 보았다.
존경하는 비구니스님들의 옆에서
두 손을 합장하고 나는 그분에게 다가갔다
겸손하게 무릎을 꿇고 절을 하였다.
"오라, 바다여" 그분이 나에게 말하였다.
그렇게 나는 출가하였다.
나는 짐을 벗어놓고 50년 동안 여행했다
앙가, 마가다, 와지,
카시, 코오살라,
여러 나라에서 탁발에 의지하여 살았다.
진실로 현명했던 재가 후원자여
바다에게 가사를 준 사람이여,

부디 많은 공덕이 있기를!
나는 모든 속박에서 해방되었노라.[08]

옛날의 비구니들은 용감했고 올바로 알고 있었다. 잘못된 견해
와 수행에서 벗어나게 되면, 다른 사람들을 삿된 미신에서 벗어나도
록 할 수 있었다. 부처님 재세 시에, '푼니카'라는 재가 여성이 있었
다. 푼니카는 낮은 계급에서 태어났고 종으로 일해야 했지만, 그녀보
다 신분과 사회계급이 훨씬 높은 브라만에게 현명한 조언을 주었다.
브라만이 정화의식을 수행하기 위해 찬물에 뛰어 들어간 후에, 그녀
는 겸손하게 무엇을 하는지 물었다. 성스러운 강에서 목욕하면 악업
을 씻어낼 수 있다는 황당한 믿음을 들었을 때, 그녀는 다음과 같이
논박했다.

누가 당신에게 그것을 가르쳤나요
무지한 자가 무지한 자에게 가르친 것이군요
물로 씻음으로써
악업에서 자유로워진다고요?
그러면 개구리, 거북이, 뱀, 악어,
그리고 물에 사는 것들은
모두들 하늘나라로 가겠군요.
또 양 도살꾼, 돼지 도살꾼,

어부, 덫을 놓는 사냥꾼, 도둑, 사형집행인들,

다른 악행을 하는 사람들,

이 모두가

물로 씻음으로써,

악업에서 자유로워지는 거군요.

만약 이 강물이 과거에 당신이

행했던 악업을 없앤다면,

강물은 또한 당신의 공덕도 쓸어가 버릴 것이고

당신에겐 아무것도 남지 않게 되겠지요.

당신이 두려워하는 것이 무엇이건,

무엇 때문에 강으로 내려가건, 그러지 마십시오.

찬물이 당신의 피부를 상하게 하지 마십시오.

[브라민]

착한 여인이여, 지금까지 나는 비참한 길을 따라왔소,

지금 당신은 나를 고귀한 길로 돌려보냈습니다.

정화의식에 쓰려던 이 가사를 당신에게 드립니다.

[푼니카]

가사는 당신이 가지십시오. 저는 필요 없습니다.

고통이 두렵다면, 고통이 싫다면,

그러면 어떤 악업도 짓지 마세요, 남 앞에서나 홀로 있을 때나.

만약 악업을 행하거나 행하려고 한다면,

당신은 고통으로부터 자유로워질 수 없을 것입니다.

당신이 날아오르거나 재빨리 사라진다 하더라도,

고통이 두렵다면, 고통이 싫다면,

깨달으신 분에게 귀의하십시오.
법과 승가에 귀의하십시오.
계를 받으십시오.
그것이 당신을 해탈로 인도할 것입니다.[09]

뛰어난 통찰력을 가진 굿타 비구니는 부처님의 충고를 성찰하며
자신을 경계하고 그 시대의 문화적 속박을 초월한다.

굿타여, 목표에 헌신하라
네가 얻고자 했던 목표에,
사랑하는 너의 아들에 대한 희망으로
마음이 흔들리게 하지 마라.
마음에 현혹되어,
마라의 세계에 홀린 존재들은
무지 속에서 많은 생을 방황하면서 헤맨다.
감각적인 욕망, 악의, '나'에 대한 생각,
종교적 의례와 의무에 집착하는 것, 의심
이 다섯 가지 족쇄들을 버림으로써,
이 세상에 다시 오지 않으리라.
열정, 자만심, 무명, 분주함을 놓아버리면
-모든 족쇄들을 잘라버리면-

---

09   *Therīgāthā* 12:1, verses 236-51. Translated from the Pali by Thanissaro Bhikkhu.
      Access to Insight, August 8, 2010.

괴로움과 억압을 벗어날 것이다.
다시 태어나서 이 세상 속을 헤매고,
여러 생을 겪어내야 하는 것을 안다면
바로 지금 이 자리에서 욕망에서 벗어나라.
마음과 몸이 온전히 평온해질 것이다.[10]

  지금까지 살펴본 여성들의 삶과 수행을 통해 우리는 놀랄 만큼 용
감하고 명석한 비구니들과 재가 여성 불자들의 전통을 만날 수 있다.

---

10   *Therīgāthā* 6:7, verses 163-68.

비구 벨리겔 담마조티 ¦ 스리랑카 루후나대학의 팔리불교학과 전임강사이다. 페라데니
야대학에서 석사학위를, 베나레스대학에서 박사학위를 받았다. 팔리어문학과 팔리불
전을 연구 교육하며, *Buddhism and Modern World* 등 다수의 저서가 있다.

『쭐라웨달라경』의 중요성: 비구니 담마딘나의 설법

The Significance of the *Cla-vedalla Sutta*:
The Dhamma Sermon Delivered by Bhikkhuni Dhammadinna

13

비구 벨리겔 담마조티
(Bhikkhu Beligalle Dhammajoti)

본 논문은 2013년 1월 5일에서 12일까지 인도 바이샬리에서 열린 제13차 샤카디타 세계불교여성대회(13th Sakyadhita International Conference on Buddhist Women), "Buddhism at the Grassroots"에서 발표되었다.

『쫄라웨달라경』(*Cla-vedalla Sutta*)은 맛지마 니까야에 수록되어 있다. 백만장자인 위사카는 담마딘나 비구니를 방문하여 그녀에게 자아의 실재성(personality), 팔정도(the Noble Eightfold Path), 몸(sakkhya : 蘊), 행(sankhras : 行) 등에 관해 연이어 몇 가지 질문을 하였다. 담마딘나는 조금의 망설임도 없이 명쾌하게 매우 철학적인 답변을 했다. 이 설법은 불교심리학에 대한 일종의 해석으로 간주할 수 있다.[01] 이 논문은 붓다께서 남녀의 성(性)에 대해 평등하게 접근하였다는 것을 예증하는 붓다 재세 시의 두 가지 원전을 검토하고 연구한 것이다.

---

01   Trenckner, ed. *Majjhima Nikaya,* Vol. 1 (London : Pali Text Society, 1993), p. 299 이하 참조.

담마딘나 비구니의 지혜와 뛰어난 자질

담마딘나 비구니는 붓다 재세 시에 살았던 뛰어난 비구니였다.[02] 남편 위사카가 붓다의 가르침을 듣고 아나함(번뇌를 모두 끊고, 죽은 뒤에 천상에 가서 다시 인간에 돌아오지 않는 성인의 지위)을 성취하자 그녀는 아내로서의 삶을 버리고 출가해도 될지 남편에게 동의를 구했다. 그는 그녀를 황금 가마에 태워 비구니 수도원으로 보냈다. 비구니 교단에 들어간 지 얼마 되지 않아 그녀는 스승에게 조용한 곳으로 가서 수행하고 싶다고 허락을 구했다. 스승은 그녀를 시골에 데려다 주었다.

그곳에서 홀로 머물며 수행한 지 얼마 안 되어 그녀는 법(法, Dhamma)의 의미와 교리, 해석, 분별을 완전히 깨치고 성인의 최고 경지인 아라한이 되었다. 그녀에게 그것은 쉬운 일이었다. 왜냐하면 과거 여러 생에서 그녀는 생각과 말과 몸의 복합성을 완전히 증득하였기 때문이었다. 그녀는 그래서 생각했다.

'지금 나는 최상의 경지에 도달했다. 여기서 더 이상 내가 무엇을 할 것인가? 나는 바로 라자그라하로 가서 붓다께 예경을 드리고, 다른 사람들이 공덕을 성취하도록 도와야겠다.'

그때 위사카는 그녀가 돌아온다는 말을 듣고, 그녀가 왜 돌아왔는지 궁금해서 그녀를 방문하여 무아설(無我說, 고정적 실체적인 자기는 존재하지 않는다고 보는 불교 독자적인 사상), 팔정도(八正道, 해탈의 경지로 가는 여덟 가지 수행 방법), 오온(五蘊, 인간을 구성하는 다섯 개의 집합) 등에 관해 질문했

---

02 Caroline Rhys Davids, *Psalms of the Early Buddhists* (Oxford: Pali Text Society, 1994), pp. 16-17 참조.

다. 담마딘나는 모든 질문에 대해 칼로 연꽃 줄기를 자르는 것처럼 매우 쉽게 답변하였다. 위사카가 이 면담을 붓다께 말씀드리자 붓다는 그녀의 지혜를 칭찬하셨다.[03]

붓다는 위사카가 한 질문에 대해 자신도 똑같은 대답을 했을 것이라고 말씀하셨다. 여기서 이러한 철학적인 주제에 대한 담마딘나 비구니의 대답이 붓다의 대답과 일치하는 것이라고 추정할 수 있다. 이것은 매우 중요하다. 한 종교의 창시자가 자신의 가르침과 한 여인의 가르침이 동등하다는 것을 인정한 것은 이것이 유일한 경우이다. 이것은 또한 남성의 영적 발전 능력과 여성의 영적 발전 능력 사이에는 본질적인 차별이 없다는 것을 암시하는 것이다. 붓다는 그녀를 '법을 설함에 있어 비구니들 가운데 가장 뛰어난 이'라고 인정하셨다.

소마 비구니, 마라에 반박하다

소마는 빔비사라왕의 총리대신의 딸로 라자그라하에서 태어났다. 그녀는 부처님의 가르침을 듣고 신도가 되었다.[04] 후에 비구니 교단에 출가해서 깨달음을 위해 치열하게 정진해서 아주 짧은 시간 내에 아라한과를 성취했다. 어느 날 휴식을 위해 안다 숲에 들어가 어떤 나무 아래 앉았을 때 마라가 모습을 드러내지 않고 살며시 다가와, 허공에 선 채로 말했다. 아라한의 경지는 깨달은 사람만이 획득할 수 있는, 성취

---

03   Trenckner, *Majjhima Nikaya*, Vol. 1, p. 299 이하 참조.

04   Rhys Davids, *Psalms of the Early Buddhists*(초기 불교도들의 합장), pp. 44-46.

하기 어려운 것이므로 손가락 두 마디 정도의 지능밖에 갖지 못한 여인들은 이를 성취할 수 없다.

마라의 말은 여성에 대한 고대 브라만들의 생각을 반영한 것이다. 마라의 말을 듣고 소마 비구니는 다음과 같이 질책한다. 마음이 잘 집중되어 있을 때, 법을 바르게 통찰할 지식이 존재할 때 여성이라는 본성이 우리에게 어떤 방해가 될 수 있겠는가? 그녀는 또 선언했다. 모든 곳에서 쾌락에 대한 갈망은 조복되었다. 어리석음의 덩어리는 산산이 부서졌다. 그러므로 알라, 너 마라는 패배했다는 것을. 이렇듯 불교의 여성 출가자로서 소마 비구니는 전통적 브라만사상을 거부하고 여성도 최상의 정신적 경지를 획득할 수 있다는 것을 증명했다.

첫 번째 공경법은 합당한가

불교 교단에 출가할 때 여성들은 비구니스님들만이 지켜야 할 여덟 가지 계율인 팔경계(八敬戒)를 받게 되는데 이 계율은 비구 승가에 대한 절대적인 종속과 복종만을 규정하고 있다. 비구니에게 주어진 첫 번째 공경법은 다음과 같다.

> 비구니는 출가한 지 백 년이 되었다 할지라도 바로 그날 출가한 비구에게 공손하게 경의를 표해야 하고, 자리에서 일어나 두 손을 합장하고 인사해야 하며, 마땅히 예경을 표해야 한다. 이 법도는 소중히 지켜져야 하며, 존중받아야 하며, 공경 받아야 하며, 비구니들은 일생 동안 이 계율을 위반해서는 안 된다.

백 년 동안 닦은 여성의 선업이 남성이 단 하루 동안 행한 선업과 동등하다는 것이 붓다의 가르침에 비추어 합당한 것인가? 이와 같은 주장은 여성의 아라한과 성취에 대한 『장로니게』(*Therīgāthā*)의 기록을 무시하고 부정하는 것이 아닌가? 하루의 출가수행을 백 년의 출가수행보다 더 우월하다고 간주하는 것은 명백히 불교윤리에 상반되는 것이다. 붓다 생존 당시 여성들이 이루어낸 영적 성취를 생각할 때 이 공경법은 후세에 불교 계율에 삽입되었거나 첨가되었다고 추정된다. 비구니 소마의 질책은 바로 이 첫 번째 공경법에 대한 항의로 사용될 수 있을 것이다. 마음이 잘 집중되어 있다면 여성이라는 것이 무슨 방해가 되겠는가?

불교 교단은 네 개의 큰 기둥, 즉 비구·비구니·우바새(재가 남자신도)·우바이(재가 여자신도) 등으로 구성되어 있다.[05] 이는 바로 붓다의 가르침이다. 인류의 자비로운 스승 붓다는 이처럼 비구니를 아주 중요한 구성 요소로 포함시켰다. 만약 비구니들의 선업이 가치 없이 헛된 것이었다면, 만약 비구니의 존재를 중요하지 않게 생각했다면, 왜 붓다는 비구니 승가를 불교 교단의 한 기둥이라 하셨겠는가?

붓다는 비구니 없이는 불교 교단이 지속적으로 존재할 수 없다는 것을 알고 있었음에 틀림없다. 그리고 비구니 담마딘나는 그녀가 불교 교단의 한 기둥이 될 만한 자격이 충분하다는 것을 명확하게 보여준다.[06] 네 가지 고귀한 집단을 모두 갖추는 것은 불교 교단의 존속에

---

05 T. W. Rhys Davids, *Pali-English Dictionary* (Oxford: Pali Text Society, 1992), p. 437 참조.

06 *Akankhamāno Ānanda Sangho mamaccayena khuddānukhuddakāni sikkhāpadāni samūhantu.* T. W. Rhys Davids and J. E. Carpenter, eds., *Digha Nikaya* Vol. Ⅱ (London: Pali Text Society, 1983), p. 154 참조.

의심의 여지없이 좋은 것이다. 왜 우리는 여성을 승가에 받아들인 붓다의 지혜와 의미 있는 조치에 대해 관심을 두지 않는 것인가?

사회 발전과 이상적인 사랑의 원리

사회의 발전은 전적으로 사랑과 자비에 달려 있다. 사랑과 배려가 없다면 인간이 살만한 어떠한 평화로운 사회도 없다. 붓다는 '어머니(mt)'라는 말을 사랑의 이상적인 원리로 칭했다. 『메타숫타(자비경)』에서는 다음과 같이 말하고 있다.

> 마치 어머니가 목숨을 다해
> 외아들을 보호하듯,
> 그렇게 무한한 사랑으로
> 모든 살아 있는 존재들을 소중히 여겨야 한다.
> 온 세계에 자비가 퍼져나갈 수 있도록.[07]

이 게송에서, 우리는 붓다가 어머니의 사랑을 자비의 극치로 여기고 있다는 것을 알 수 있다. 이 덕목은 인류의 도덕적 가치 혹은 윤리적 행위에 대한 최상의 원리라 하겠다.

---

07 D. Andersen and H. Smith, *Metta Sutta*, Sutta Nipata (London : Pali Text Society, 1997), vss. 143-52.

붓다는 왜 여성의 출가를 처음에는
허락하지 않았던 것일까

여성의 출가에 대해 붓다가 처음에 세 차례 주저했던 것은 명백한 사실이다. 비구 아난다(Ānanda)가 마하파자파티 고타미의 부탁으로 여러 방법으로 여성 출가를 간청하자, 붓다는 여성도 아라한을 성취할 수 있다고 설명하였고, 마침내 마하파자파티의 출가 수계를 허락했다. 붓다의 대답은 여성도 깨달음을 성취할 수 있는 동등한 능력이 있다는 것을 명백하게 표현한 것이다. 붓다가 처음에 주저한 것은 비구니 교단이 매우 중요한 의미가 있기 때문에 튼튼한 토대 위에 설립될 수 있도록 충분히 유념하고 있음을 보여 주는 것이라 하겠다. 어디에도 붓다가 여성을 경시하거나 폄하했다는 기록은 없다. 업(kamma)에 관한 붓다의 가르침에 따르면 우리는 모두 동등하게 업의 원리를 따르는 존재이다.

바네사 R. 사쏜 ⎮ 1999년부터 캐나다 마리아노폴리스대학의 종교학 교수로 봉직하고 있다. 또한 캐나다 맥길대학의 비교종교 객원교수이자 프리스테이트대학 부설 '인종 평화 사회정의 연구소'의 연구원이다. *The Birth of Moses and the Buddha: A Paradigm for the Comparative Study of Religions*를 저술하였고, 제인 메리와 함께 *Law of Imagining the Fetus: The Unborn in Myth, Religion, and Culture*를 공동 편집하였다. 또한 *Little Buddhas: Children and Childhoods in Buddhist Texts and Traditions*를 편집하였다.

부처님
일대기에 나타난
사랑과 상실의 교훈

Leaving Family Behind : Lessons of Love and Loss from the
Buddha's Hagiography

14

바네사 R. 사쏜
(Vanessa R. Sasson)

본 논문은 2015년 6월 23일에서 30일까지 인도네시아 족자카르타에서 열린 제14차 샤카디타 세계불교여성대회(14th Sakyadhita International Conference on Buddhist Women)에서 발표되었으며, Karma Lekshe Tsomo ed., *Compassion and Social Justice*, Yogyakarta : Sakyadhita, 2015에 수록되었다.

10년 이상 나는 부처님 생애에 초점을 맞춰 연구해 왔으며, 부처님의 일대기 중 특정한 사건들에 대해 깊이 연구하고, 비교 분석하여 집필해 왔다. 이런 작업이 다른 사람들에게는 다소 흥미롭게 들리지 않을지는 몰라도, 나는 이 연구를 통해 부처님의 이야기를 기본적인 토대 위에서 완전히 새로운 빛으로 조명하는 특권을 누렸다.

따라서 지금까지, 내 연구의 대부분은 부처님 개인에 초점을 맞추었기 때문에 사실상 그의 삶 속에 나타난 다른 인물들에 대해서는 상대적으로 별로 관심을 두지 않았다. 그러나 최근에 들어, 나는 시각을 바꾸어 부처님이 출가를 감행했을 때, 그 뒤에 남겨졌던 존재들을 좀 더 가깝게 들여다보기로 했다. 오늘날 대부분의 불자들은 '깨달은 존재로서 부처님은 누구에게도 고통을 주지 않았을 것이다'라고 당연히 기대한다. 왜냐하면 부처라는 용어의 정의가 바로 고통의 소멸과 연관되어 있다는 사실로 볼 때 이런 기대는 당연하다. 그러나 부처님이 부처가 되기 이전, 위대한 출가를 감행했고, 바로 그 순간 그는 자신에게 의지하고 있던 모든 사람들을 버리셨다.

나는 이 사실이 새로운 것은 아니지만 강조할 가치가 있다고 생각했는데 전 세계의 수많은 전기들이 이 부분을 명확히 기술하고 있기 때문이다. 즉 보살은 종교적인 삶을 살도록 소명을 받았지만 이로 인해, 제일 먼저 그와 가장 가까이에 있는 사랑하는 사람들에게 절망을 주었다. 대부분의 문헌들이 이 사실을 철학적인 정당화로 덮고 감추지 않는다. 오히려 그가 출가했을 때 많은 사람들의 마음에 상처를 주었다는 사실을 인정한다. 나는 여러분이 이 점에 관심을 가져 주기를 바란다.

먼저 부처님의 아버지인 정반왕(숫도다나왕)부터 이야기해 보자. 우리 모두가 알고 있듯, 그는 부처님의 탄생 후 얼마 되지 않아 자신의 아들이 전륜성왕이 아니라 수행자의 삶을 추구할지도 모른다는 경고를 받았다. 그는 큰 공포에 빠졌다. 자신의 아들이 수행자가 아니라 전륜성왕이 되기를 원했으므로 정반왕은 아들을 호화로운 생활 속에 가두었고 고통의 실체로부터 보호했다. 그러나 29년 후, 왕자는 이 유리 감옥을 깨고 걸어 나갔다.

어떤 문헌은 왕자가 작별인사도 없이 떠났다고 하는 반면, 또 다른 문헌들은 부자간의 비통한 대화를 기록하고 있다. 이와 같은 부자간의 대화중에서 내 견해로, 가장 잘 표현되어 있는 묘사는 1세기에 아쉬바고사(Ashvaghosa's)가 지은 시 「불소행찬」(Buddhacarita)에 보인다. 여기에서 보면, 왕자는 아버지에게 다가가 부탁한다.

"제가 떠날 수 있도록 허락하여 주십시오. … 저는 수행하기 위해

출가자의 삶을 살기를 희구합니다."(BC 5.28)[01]

그의 아버지는 '코끼리에 의해 쓰러져 버린 나무처럼' 충격을 받고 눈물로 목이 메어 아들에게 다시 생각해 보라고 애원했다. 29년 동안 간직해 왔던 공포, 즉 자신의 아들이 떠날지도 모른다는 공포가 갑자기 현실로 나타났던 것이다. 그는 아들에게 출가하기에 아직 적절치 못한 나이이며, 그런 삶은 너무도 외롭고, 인간의 감각은 너무도 강하기에 견디기 힘들 것이라고 만류했지만 왕자는 조금도 흔들리지 않는다. 그러자 왕은 오히려 진리의 법을 추구하는 것은 아들이 아니라 자신의 차례이며, 출가하려는 아들은 자연의 질서를 거슬리고 있는 것이니, 왕인 자신이 왕좌를 물려주고 출가하겠다고 아들을 설득했다.

이런 논쟁에도 불구하고 왕자의 의지는 너무도 강했다. 만약 왕이 그에게 늙음·병·죽음 등으로 고통 받지 않을 것이고, 또 결코 부를 잃지 않을 것이라고 약속한다면, 자신은 출가하지 않을 것이라고 선언했다. 왕은 이 요청에 충격을 받으며 왕자에게 다른 대안을 제시하며 애원하지만 왕자는 거절한다. 싯다르타는 확고하게 선언한다.

"저를 방해하지 말아 주십시오. 불타고 있는 집에서 벗어나려는 사람을 방해하는 것은 옳지 않기 때문입니다."(BC 5.40)

그의 출가를 막을 방법은 아무것도 없었다. 왕은 더 이상 뭐라고 할 말은 없었지만 가슴속은 결코 평온하지 못했다. 「불소행찬」에서 왕은 모든 성문을 닫아걸도록 명령하고 왕자가 더 많은 감각적 쾌락과 아름다운 시녀들로 둘러싸여 있게 했다고 서술한다. 이는 사실상, 아

---

01 여기 사용된 영문 번역은 패트릭 올리벨 번역의 아쉬바고사, *Life of the Buddha* (붓다의 일생)이다. Clay Sanskrit Library (New York : New York University Press, 2008).

들이 아니라 왕 자신이 갇힌 존재라는 것을 보여 주는데, 왕은 공포에 갇혀 있었던 반면 아들은 자유로워지기 위해 감옥을 깨고 있었다.

사실상, 자신의 아들이 출가한 후에도 왕은 계속 집착을 보이는데, 「불소행찬」은 왕이 아들을 찾아 데려오기 위해 숲으로 사신들을 파견한 것을 서술한다. 그가 보낸 메시지에는 가슴을 찢는 비탄의 글들로 가득하다.

"네가 다르마를 따르기로 굳은 결심을 한 것을 알겠구나. 이것이 너의 미래의 목표가 될 것이라는 것을 진작에 깨달았지만 나는 네가 적당한 때가 아닐 때 숲으로 가버려서 내 속이 비탄으로 불타고 있구나."(BC 9.14)

왕자는 세속적 삶이 자신에게 '불난 집'과 같으니 그곳을 떠날 수 있게 허락해 달라고 왕에게 요청했다. 왕이 깨닫지 못했던 것은 자신은 '불난 집'에 그대로 남아 있을 것을 선택했고, 그래서 남겨진 자로서의 고통처럼 그는 계속 불타고 있다는 것이다. 즉 왕인 아버지는 세속적 삶 속에 빠져 있는 반면 아들은 그곳을 걸어 나왔다.

이렇게 처절한 고통을 받은 또 다른 인물은 부처님의 아내 '야소다라'이다(그녀의 이름은 '빔바' '고파' 혹은 '라훌라마타'로도 알려져 있기도 하다). 수세기에 걸친 많은 전기물에서 야소다라가 받은 상실감은 특히 극심한 고통으로 표현되어 있다. 『쟈타카』(Jatakas)에는 야소다라를 여러 전생에서 부처님의 아내였던 것으로 반복해서 밝히고 있고, 여러 생에 걸쳐 그들이 나눈 친밀한 유대감을 강조한다. 『붓다밤사』(Buddhavamsa)의 주석에 의하면 심지어 두 사람은 그들의 마지막 생에서 정확히 같은 시간에 태어났다[02]고 전한다. 이렇게 야소다라와 부처님을 연결한 고리는

02　BvA 131. 영어 번역으로는 I. B. Horner가 번역한 *The Clarifier of the Sweet Meaning (Madhuratthavilasini)* (London : Pali Text Society, 1978) 참조.

강하고 오래 지속된 것이었으므로 마지막 생에서 부처님이 출가했을 때 그녀에게 상실감은 너무도 깊었다. 그녀가 이해할 수 없었던 것은 왜 그가 자신을 함께 데려가지 않았던 것일까 하는 것이었다.

란지니 오베예세케레(Ranjini Obeyesekere)는 몇 년 전, 이에 관해 『야소다라, 보살의 아내』(Yasodhara, the Wife of the Bodhisattva)[03]라는 책을 저술했는데, 그 책에 싱할라의 민속시를 번역해 소개하면서, 야소다라의 비탄하는 시구는 마을의 장례식에서 상실의 노래로 자주 불렸다고 기록한다.[04] 그 시구는 사랑하는 남편이 떠나버렸음을 안 야소다라의 상심을 표현한 것이다. 예를 들어, 그녀는 마부인 찬나를 마구 때리며 남편이 어디로 갔는지 말하라고 다그친다. 대답을 얻지 못하자 그녀는 애통해 하며 말한다.

"당신은 굳은 결의로 떠나셨군요. 당신의 마음은 부처가 되기로 결정했군요. 저도 역시 항상 당신의 아내가 될 것을 굳게 결심했어요. 우리는 함께 하겠다는 결의를 했고 당신은 제게 손을 내밀었답니다. 그런데 왜 당신은 오늘 말 한 마디 없이 떠나셨나요?"(48)

야소다라는 부처님이 베싼타라(Vessantara) 왕자였고 자신이 그의 아내였던 전생들을 회상하고 묻는다.

"그때 제가 당신을 돌보지 않았나요? … 달의 흑점처럼 제가 항상 당신과 함께 하지 않았나요? … 그런데 왜 당신은 저를 떠나 멀리 가버리신 건가요?"(49-50)

---

03   Ranjini Obeyesekere, *Yasodhara, the Wife of the Bodhisattva: The Sinhala Yasodharavata and the Sinhala Yasodharapadanaya* (New York: SUNY, 2009).

04   Obeyesekere, p. 15 참조.

야소다라는 부처님의 출가, 그 자체에 대해서는 묻지 않는다. 그녀가 이해할 수 없는 것은 그가 왜 자신을 데려가지 않았는가이다. 그들은 여러 생 동안 모든 것을 함께 해왔기 때문에 부처님이 혼자 출가했을 때 그녀는 최고의 배신감을 느꼈다. 그녀는 비단옷을 찢고 보석과 발가락지도 떼어 버리고 '생기 없이, 마치 돌로 변한 것처럼' 바닥에 주저앉아 꼼짝하지 못한다.(51)

야소다라의 고통에 대한 이런 종류의 묘사는 싱할라의 민속문학에만 국한되지 않는다. 이와 유사한 묘사들이 「불소행찬」에서부터 다양한 초기 자료들에까지 계속해서 나타나며 현재까지 지속되고 있다. 예를 들어, 부처님의 생에 대한 20세기 네팔의 시 「수가타 사우라브하」(Sugata Saurabha)는 이 고통을 다음과 같이 좀더 자세히 묘사한다. 이 시에서 야소다라는 남편과 한때 즐거운 시간을 보냈던 정원으로 돌아와 이곳저곳을 둘러본다. 그녀는 연못에 있는 한 쌍의 거위를 보며, 둘이 함께 보았던 것을 기억한다. 그녀는 연못 가장자리로 가서 물속을 들여다본다. 그러나 그날 자신과 함께 물위에 비쳤던 남편의 모습은 없다. 그녀는 혼자 있는 자신의 모습을 무기력하게 응시한다. 그녀는 과실나무로 걸어가서 함께 오렌지를 따며 남편이 그녀의 귀에 속삭였던 모든 말들을 기억한다. 시는 그녀의 분노를 표출한다.

누가 이별로 인해 활활 타오르는 용광로 속에 빠져 있는 비탄의 여 주인공을 구할 수 있을까? 보름달이 얼음처럼 차가운 사랑과 걱정의 손길을 내밀지만 그 손은 그녀의 분노로 타고 만다. 화상으로 달의 얼굴에 흑점이 생기고 말았구나. 멀리 떨어져서 사랑하는 남편을 잃은 여인의 아름다운 얼굴이 바다처럼 보인다면, 달은 거기에 얼굴을 씻으러 올 수도 있으련만, 그러나 오늘 달이 만약 가을 밤 속으로 두 손을 내민다면, 여인은 달의 얼굴에 침을 뱉으 리라.(SS 163)[05]

그 이외에도 남편의 출가로 인한 야소다라의 고통을 보여 주는 다른 많은 예들이 있다. 마하라쉬트라 출신의 유명한 불가촉천민 시인 히라 반소드(Hira Bansode)의 시구를 보자.

그는 위대한 영광을 향해 나아갔다.
당신이 지금 누워있는 곳에서 아주 먼 곳으로…
그는 출가했다. 그는 깨달았다.
그리고 그는 찬란하게 빛난다.
당신이 그의 승리의 노래를 듣는 동안
당신의 여심(女心)은 울었으리라
남편과 아들을 잃은 당신은 뿌리 채 뽑혀버린
연약한 바나나 나무처럼 느꼈으리라.[06]

비록 시간이 지남에 따라 야소다라가 점차 고통에 익숙해지고 마침내 그를 따라 출가했지만 처음 남편이 떠난 것을 알았을 때 비통해

---

05 영어 번역으로는 Chittadhar Hrdaya (Todd Lewis and Subarna Man Tuladhar, ed.), *Sugata Saurabha: An Epic Poem from Nepal on the Life of the Buddha* (New York: Oxford University Press, 2010)가 있다.

06 Eleanor Zelliot, "Buddhist Women of the Contemporary Maharashtrian Buddhist Movement," in *Buddhism, Sexuality and Gender.* Edited by José Ignacio Cabezon (New York: SUNY, 1992), p. 104 참조.

하는 그녀의 모습은 세계 여러 곳의 문학작품 속에 기술되어 있다.

이와 같은 고통스런 경험은 부처님 생애 속의 사람들에게만 국한되어 있는 것은 아니다. 자신의 주인이 떠나는 것을 알았을 때의 칸타카의 반응을 기록한 「자타카 니다나」(*Jātaka-nidāna*)의 간략한 묘사를 살펴보자. 칸타카는 부처님의 위대한 출가 당시 부처님을 태우고 성벽을 뛰어 넘은 말이다. 「자타카 니다나」에 의하면, 칸타카가 부처님과 마부 찬나가 숲 가장자리에서 나누는 대화를 듣고, 부처님이 자신들을 두고 가 버린다는 걸 알게 되고 칸타카가 "다시는 자신의 주인을 볼 수 없으리라는 생각에 고통을 참을 수 없었다. 칸타카는 부처님과 마부가 보이지 않는 곳으로 가서 극심한 상심으로 죽고 말았다."고 스쳐 지나가듯 적고 있다. (JN 65)[07]

마부인 찬나 또한 주인과의 이별을 개인적인 버림받음으로 경험한다. 문헌은 주인과 말까지 잃은 후 그의 고통은 극심해졌다고 기록한다.

"처음 찬나의 슬픔의 원인은 단 하나였으나 칸타카의 죽음 이후 그는 두 번째 슬픔으로 압도되었고 눈물을 흘리고 탄식하며 도시로 돌아갔다."(JN 65)

모든 예들이 확실히 보여 주듯, 부처님의 출가는 뒤에 남겨진 사람들이 아무 일 없었던 듯 무심히 지나친 일이 아니었다. 그가 출가의 삶을 위해 떠난 날, 그는 모든 사람들에게 큰 충격을 주었고 문헌들은 그것을 교묘하게 감추고 있지도 않다. 오히려, 초창기부터 전세계 불교사회의 문헌들은 부처님 또한 다른 존재들에게 고통을 야기했음을

---

07 N. A. Jayawickrama가 번역한 *The Story of Gotama Buddha (Jātaka-nidāna)* (Oxford: The Pali Text Society, 2002) 참조.

인식하고 있다. 즉 부처님이 출가했을 때 남겨진 사람들이 그 순간을 기쁨으로 축하했다는 기술은 거의 없고 오히려, 그에 대한 집착으로 인해 그들은 그를 떠나보내는 것이 힘들었음을 묘사하고 있다.

이 상황을 생각해 보면 그다지 놀라운 일은 아니다. 물론 모든 사람들이 그를 잃음으로써 고통 받았다. 어떻게 그렇지 않을 수 있겠는가? 그러나 이 이야기에서 내가 인상 깊었던 것은 전통적인 문헌들이 이 사실을 애써 숨기려 하지 않았다는 것이다. 부처님을 어떤 종류의 고통(dukkha)과 연결시키지 않았을 수도 있었지만 전통은 그렇지 않았다. 보살이 출가를 마음먹기까지 그 스스로 고통을 직면할 필요가 있었던 것처럼, 모든 사람들도 그러했다. 물론 신심 깊은 불교적 해석자들은 이 부분을 뛰어 넘어 부처님의 아버지, 아내, 마부, 말(모든 이들 중에서도)이 고통을 받은 것은 그들이 세속적 집착에 매몰되어 있었기 때문이라고 일축한다. 즉 부처님은 어떤 고통도 야기하지 않았고 단지 그들 자신의 마음이 고통을 야기한 것이라고 말할 수도 있을 것이다.

이것은 물론 분명한 사실이다. 그럼에도 부처님의 다양한 삶의 이야기 중에서, 부처님조차도 출가를 결정했을 때 극심한 반대에 부딪혔고, 또 역사는 그 사실을 있는 그대로 숨김없이 보여 주고 있다는 것을 독자들에게 상기시키는 것이 나에게는 대단한 의미 있는 일이다. 이것이 바로 우리가 중요한 결정을 해야 하고 그에 대한 저항에 부딪힐 때, 스스로 용기를 낼 수 있게 하기 때문이다.

카렌 C. 랭 | 미국 버지니아대학교의 불교학 교수이다. 워싱턴대학교에서 아시아언어문학으로 박사학위를 받았다. 인도와 티베트 불교철학에 중점을 두고 연구 교육하고 있다. 불교와 젠더를 포함한 불교학 교과목과 팔리어와 산스크리트어, 티베트어를 가르친다.

부처님의
첫 여성 제자
이야기 속에 나타난
치유력

The Healing Power of Compassion in the Stories of the
Buddha's First Daughters

15

카렌 C. 랭
(Karen C. Lang)

본 논문은 2015년 6월 23일에서 30일까지 인도네시아 족자카르타에서 열린 제14차 샤카디
타 세계불교여성대회(14th Sakyadhita International Conference on Buddhist Women)에서 발표되
었으며, Karma Lekshe Tsomo ed., *Compassion and Social Justice*, Yogyakarta: Sakyadhita,
2015에 수록되었다.

석가모니 부처님의 첫 제자들이 만든 게송은 오랫동안 구전되어 왔는
데 기원전 1세기에 이르러서야 마침내 수집되어 모음집으로 엮어졌
다. 그 중『장로게』(長老偈, *Theragāthā*, 깨달은 비구들의 노래)와『장로니게』
(長老尼偈, *Therīgāthā*, 깨달은 비구니들의 노래)는 기원전 6세기 말에서 기원
전 3세기 말까지 약 300여 년 동안 만들어졌던 게송들이다.[01] 이 게송
들은 깨달음을 증득했던 남성과 여성 수행자가 경험했던 개인적인 투
쟁의 노력을 칭송하고, 부처님의 깨달음의 길이 남성과 여성 모두에
게 열려있다는 메시지를 전달한다.[02] 즉 비구도 비구니도 똑같이 세속

---

01 K. R. Norman, *The Elders' Verses II: Therīgāthā* (London: Luzac & Company, Ltd., 1971), p.
xxi 참조.

02 Peter Skilling, "Nuns, Laywomen, Donors, Goddesses: Female Roles in Early Indian
Buddhism," *Journal of the International Association of Buddhist Studies* 24:2(2001):
241-74.

의 장신구들을 모두 벗어 버리고 꾸밈없는 가사를 걸치고, 평온하고 고요하며 죽음도 없는 열반의 상태에 이르기 위해 개인적 변화의 여정을 시작했다고 전한다.

불교는 다른 종교들과 비교해서, 여성이 쓴 글들이 경전에 보존되어 있다는 점에서 매우 독특하다. 『장로니게』(*Therīgāthā*)에 실려있는 게송은 부처의 첫 제자들이며 깨달음을 성취한 70여 명의 뛰어난 장로 비구니들(장로니, *therī*)이 쓴 그들에 관한 이야기이다. 본 논문에 사용된 자료들은 『장로니게』와 주석서들, 즉 『아파다나』(*Apadāna*, 고결한 행위)와 붓다고사(Buddhaghosa)의 『담마파다 아따카타』(*Dhammapada-aṭṭhakathā, the Commentary on the Words of Dhamma*)와 담마팔라(Dhammapala)의 『테리가타 아따카타』(*Therīgāthā-aṭṭhakathā, the Commentary on the Verses of the Therīs*)이다.

『아파다나』는 기원전 1-2세기에 쓰인 전기를 모은 게송집으로, 다른 게송집에서 보이는 간략한 정보에 대해 좀더 세부적인 정보를 담고 있다. 장로 비구니들에 대해 그들이 과거에 선업을 쌓았으므로 현세에서 깨달음을 성취한 비구니로서 존경받는 위치가 되었음을 분명히 하고 있다.[03] 이 이야기들은 앨리스 콜레트(Alice Collett)가 지적하듯이, 여성들의 경험을 여성들에게 직접 얘기하면서, 여성들이 처한 어떤 상황에서도 깨달음의 길을 나아갈 수 있음을 보여 주고 고무시

---

03 Alice Collett, "The Female Past in Early Indian Buddhism: The Shared Narrative of the Seven sisters in the *Therī-Apadāna*," *Religions of South Asia* 5:1/2(2011): 216-21; Jonathan Walters, "A Voice from the Silence: The Buddha's Mother's Story," *History of Religions* 33:4(1994): 358-79; Jonathan Walters, "Gotami's Story: Introduction and Translation," in *Buddhism in Practice*, ed. Donald S. Lopez, Jr. (Princeton: Princeton University Press, 1995), pp. 113-38; and Jonathan Walters, "Apadāna: Therī-apadāna: Wives of the Saints: Marriage and Kamma in the Path to Arahantship," in *Women in Early Indian Buddhism: Comparative Textual Studies,* ed. Alice Collett (Oxford: Oxford University Press, 2014).

킨다.[04] 후대 해석서는 산문체로 쓰여 있는데 비구니들의 게송을 자신의 이야기와 결부시켜 『아파다나』에 근거한 본보기 사례들이 덧붙어 나왔다.[05]

비구니들의 당당한 말과 그 속에 잘 녹아 든 이야기들은 오랫동안 여성들을 고무시켜 왔고, 앤 한센(Anne Hansen)이 채록한 캄보디아 난민들의 이야기가 입증하듯, 당대의 불자들의 고통과 괴로움을 치유해 왔다.[06] 본 논문은 불교사회에 동참한 특출한 여성들의 이야기, 그들로 하여금 이런 결정을 하게 만든 상황, 그들의 자비로운 행동이 어떻게 그 사회 속의 많은 사람들의 고통을 치유했는지, 그리고 그들의 자비로운 치유의 이야기들이 어떻게 오늘날까지 불자들을 계속해서 고취하고 있는지 등에 초점을 맞출 것이다.

행동 속의 자비

자비는 우리를 세상으로부터 멀어지게 하는 것이 아니라 세상 속으로 끌어들인다. 그러나 우리 각자에게 심어진 자비와 사랑의 씨앗이 세상에 유용하게 쓰이기 위해서는 가꾸어져야 한다. 『자비경』(Metta Sutta)에 따르면 부처님은 제자들에게 시방세계 모든 존재들에게 자비

---

04 Collett, "The Female Past," pp. 221-22.

05 Walters, "A Voice from the Silence," pp. 364-65.

06 Charles Hallisey and Anne Hansen, "Narrative, Sub-Ethics, and the Moral Life: Some Evidence from Theravāda Buddhism," *Journal of Religious Ethics* 24(1996): 319-23.

를 행하라고 가르친다.

> 어머니가 자신의 하나뿐인 자식을
> 애지중지 보호하는 것처럼
> 그렇게 똑같이 모든 중생들을 위해
> 무한한 자비심을 기르도록 하라.[07]

　모성애는 부처님과 깨달음을 성취한 제자들이 모든 중생에게까지 펼치는 사랑과 자비의 가장 좋은 본보기이다. 모든 중생에 대한 자비는 어머니가 자식에게 느끼는 마음, 그리고 끊임없이 자식을 돌보는 자기희생적인 마음과 같이 모든 존재들을 소중하게 여기는 사랑의 마음에 근거한다. 이러한 사랑을 실천하는 수행을 통해, 따뜻하고 자비로운 마음이 먼저 가까운 친구나 가족에게 확장되고 마침내는 바깥 넓은 세상에까지 가 닿게 된다.

　석가모니 부처님 사촌인 아난다(Ānanda)의 마하파자파티 고타미(Mahāpajāpatī Gotamī)에 대한 자비심은 여성들이 승가의 문을 여는 데 지대한 역할을 했다. 부처님은 이모이자 자신을 길러준 고타미가 출가를 요청했을 때 세 번이나 거절하였다. 그래서 고타미는 슬펐지만 결의를 굽히지 않았으며, 스스로 머리를 자르고 노란 가사를 입고 부처님을 따라 다녔다. 그녀의 눈물과 결심에 감동받은 아난다는 그녀의 부탁을 전하기 위해 부처님께 다가갔다. 아난다는 부처님이 여성도 성불할 수 있다고 인정하신 후에, 마하파자파티가 부처님을 자신

07　*Metta Sutta* 4-7.

의 아들처럼 돌본 것에 대한 감사로 그녀를 받아들여야 한다고 부처님을 설득했다. 마침내 부처님께서 허락하셨고, 그녀는 500여 명의 여성들과 함께 승가에 들어오게 되었다.[08] 『장로니게』에 그녀는 부처님께 자신을 고통에서 자유롭게 해 주신 것에 대해 감사를 표한다.[09] 『고타미-아파다나』(Gotamī-apadāna)에 나오듯이, 고타미의 자비심은 500여 명의 여성들이 본보기로 삼기에 충분했으며, 그들은 그녀를 따라 깨달음을 얻을 수 있었다.[10]

　여성들은 가정생활에서 남성보다 더 많은 책임과 부담을 갖지만, 『장로니게』의 게송에 수록된 비구니들 중 어느 누구도 결혼생활과 모성애의 부담으로부터 도피하기 위해 출가한 이는 없다. 예로, 『장로니게』 주석서는 밧드하(Vaddha)의 어머니가 스님의 가르침을 듣고 아들을 친척들에게 맡기고 출가한 것에 대해 언급하고 있다. 그녀는 출가하였음에도 불구하고 아들에 대한 염려와 연민에 변함이 없었다. 몇 년 뒤, 그녀의 아들이 출가한 후에도, 그녀는 아들에게 세속의 욕망을 버리고, 고통을 소멸시키는 평정심과 통찰력을 위해 명상수행을 행하도록 격려했다. 그래서 밧드하는 자신의 사원으로 돌아와서 어머니의 충고를 실행에 옮겼으며 그도 역시 깨달음을 성취한 아라한이 되었다.[11] 『장로니게』에서는 밧드하가 어머니에게 감사하는 마음이 표현되

08　Reiko Ohumna, *Ties That Bind: Maternal Imagery and Discourse in Indian Buddhism* (Oxford: Oxford University Press, 2012), pp. 86-112.

09　*Therīgāthā* 157.

10　Walters, "A Voice from the Silence," p. 373.

11　William Pruitt, ed., *Therīgāthā-aṭṭhakathā* (Oxford: Pali Text Society, 1998), pp. 218-22; cf., Ohnuma, *Ties That Bind*, pp. 51-52.

어 있다: 나의 어머니는 자비의 마음으로 궁극적인 목표에 관한 말들로 나를 채찍질함으로써 자극을 주었다.[12] 어머니의 솔선수범, 격려, 그리고 자식의 고통에 대한 연민이 그로 하여금 번뇌를 근절하고 고통을 소멸시켜 마침내 깨달음을 성취할 수 있게 했다.[13]

많은 여성들은 소중한 가족들과의 예기치 못한 이별의 고통 때문에 출가하게 되었는데, 이에 부처님과 그의 제자들은 자비의 조언으로 사랑하는 사람을 잃은 고통을 없애고, 그들을 승가로 이끌었다. 소파카(Sopāka) 비구[14]는 모든 중생은 어머니가 외아들을 사랑하는 것처럼 대우받아야 한다고 말한다. 그리고 깨달은 사람들은 모든 존재를 완전히 공평하게 사랑하지만 모성애는 종종 애착으로 인해 변질되기도 하므로 비난을 받기도 한다. 이와 같은 애착은 사랑하는 아이가 죽으면 더욱 더 극심한 고통으로 이어진다. 『장로니게』에 수록된 몇몇 비구니들은 자식의 죽음으로 인한 비통함이 어떻게 자신들을 광기로 이끌었으며, 부처님의 자비심이 어떻게 자신들의 고통을 치유했는지 기술한다.[15] 그들의 이야기가 보여 주듯, 부처님의 자비스런 가르침은 자식을 잃은 어머니의 고통마저 치유하고 그들을 해탈의 길로 이끌었다.

비탄에 빠진 어머니들에 대한 이야기 중에서 키사 고타미(Kisāgota-mī)의 일화가 가장 잘 알려져 있다.[16] 부처님이 그녀의 고통을 아시고

---

12   *Therīgāthā* 210.

13   *Therīgāthā* 335–39에서 밧드하(Vaddha)는 그의 어머니의 도움으로 어떻게 최상의 깨달음을 얻게 되었는지를 그리고 있다.

14   *Therīgāthā* 33.

15   Ohnuma, *Ties That Bind*, pp. 36–65.

16   *Therīgāthā* 213–23.

팔정도에 대해 말씀해 주셨을 때, 그녀의 마음속 고통의 화살이 빠지고 그녀의 마음은 자유로워졌다. 주석들은 그녀의 '고통스런 삶'과 '광기로부터의 회복'을 다음과 같이 기술한다.

그녀는 아들을 낳을 때까지 남편의 가족들로부터 멸시당하며 살았다. 그런데 겨우 얻은 아들이 죽었을 때, 그녀는 아들이 다시 소생할 수 없다는 것을 받아들이지 않았고 아들의 시체를 안고 이 집 저 집으로 돌아다녔다. 아들을 다시 살릴 약을 구하려 했으나 어떤 약도 구할 수 없었다. 마침내 한 노인이 부처님을 알려주었다. 부처님은 그녀에게 한 번도 사람이 죽은 적이 없는 집에서 겨자씨를 가지고 올 수 있다면, 아들을 다시 살릴 약을 주겠다고 약속하셨다. 그러나 그녀는 어느 집에서도 겨자씨를 얻을 수 없었고, 마침내 죽음의 본성을 깨닫게 되었다. 그녀는 아들의 시체를 화장장에 내려놓고 출가하여 곧 아라한과를 성취했다.[17]

또 다른 장로 비구니인 바시티(Vāsitthī)의 이야기도 자식을 잃은 고통과 광기, 그리고 부처님의 자비심의 치유력에 관한 이야기를 하고 있다.

아들로 인한 고통으로 괴로워하며 내 마음은 혼란되고 광분했으며
벌거벗고, 헝클어진 머리로 여기저기를 방황했네.
쓰레기 더미, 화장터, 길 위에서도 살았네
3년 동안 나는 굶주리고 목마른 채 방황했네.
마침내 미틸라(Mithilā) 시에서

---

17   Walters, "Apadāna," p. 169 ; Ohnuma, *Ties That Bind,* pp. 47-48.

길들여지지 않은 자들을 길들이시는 자를 만났고,
내 마음은 평정을 회복했고,
나는 부처님께 경의를 표하고 자리에 앉았네.
큰 자비심으로, 부처님은 내게 가르침을 주셨네.[18]

그녀는 『장로니게』의 순다리(Sundari) 게송에 등장하는 바시티(Vāsiṭ-
ṭhī)와 같은 바시티로 보인다.[19] 바시티는 아들을 잃은 브라만인 수자
타(Sujata)와 오빠를 잃은 그의 딸 순다리(Sundarī)에게 불·법·승에 귀의
하는 것이 자식을 잃은 고통을 극복할 수 있도록 어떻게 도왔는지 얘
기했고, 그 이야기를 들은 수자타는 부처님께 귀의했으며 모든 고통
으로부터 벗어났다.[20] 허버트 더트(Hubert Durt)는 다양한 산스크리트
어본과 인도의 원본을 번역한 중국어본에 실린 바시티 이야기를 검토
하고 이 자료들에서 『장로니게』에 있는 두 개의 이야기를 한 가족의
이야기로 결합시켰음을 발견했다. 즉 부처님의 가르침으로 정신을 되
찾은 바시티는 남편 수자타와 자신의 딸 순다리가 승가에 들어오도록
격려한 것으로 되어 있다.[21] 바시티의 이야기는 자신을 모든 고통으로
부터 자유롭게 한 불법의 자비로운 선물, 특히 부처님의 사성제 가르
침을 강조했다.

---

18 *Therīgāthā* 133–36.

19 위의 책, 312–18.

20 위의 책, 319–22.

21 Hubert Durt, "The Vicissitudes of Vāsiṭṭhī/Vāsīṣṭhī Who Became Insane Due to the
Loss of Her Child: From Therīgāthā to Mahāyāna," *Journal of the International College
for Postgraduate Buddhist Studies* 4 (2001): 28–43.

빠따짜라 이야기의 영감

상실과 회복에 대한 빠따짜라(Paṭācārā)의 참혹한 이야기[22]는 비구니스님들에게 가장 깊은 영향을 준 것으로 보인다.『장로니게』주석과『법구경』주석은 그녀의 남편, 두 아들, 부모, 오빠의 죽음을 다음과 같이 상세히 묘사한다.

출산을 앞둔 빠따짜라는 가족과 함께 친정집으로 가는 도중, 산고와 폭우로 인해 멈추게 됐다. 비를 피할 곳을 찾던 남편은 독사에 물려 죽었다. 그녀는 새로 출산한 아이와 첫째 아이를 함께 안고 힘겹게 가지만 부모의 집으로 가려면 폭우로 불어난 강물을 건너야 했다. 그녀는 먼저 갓난아이를 강 건너편에 데려다 놓았다. 그녀가 첫째 아이를 데리러 다시 돌아오려 할 때 매가 갓난아이를 잡아채갔다. 이것을 본 그녀는 비명을 질렀고 어머니의 비명 소리를 들은 첫째 아이는 어머니에게 오려고 하다가 익사했다. 더욱이, 남편과 두 아이를 잃은 그녀가 겨우 친정집에 도착했을 때, 간밤의 벼락으로 친정부모님의 집이 무너지고 가족들은 모두 죽어 화장용 장작더미에서 타고 있음을 알게 된다. 이 예기치 못한 일련의 죽음들로 인한 극심한 고통은 그녀를 미친 채 통탄하며 방랑하게 했다.

---

22 이 이야기는 *Therīgāthā* 112-16, 127-32에 나오며, 다른 여러 주석서에서 다시 재연되고 있다. Walters, "Apadāna," p. 168 참조; Collett, "The Female Past" pp. 222-24; William Pruitt, trans. *The Commentary on the Verses of the Therīs*(Oxford: Pali Text Society, 1999), pp. 143-54; Eugene Watson Burlingame, *Buddhist Legends. Translated from the Original Pali Text of the Dhammapada Commentary,* part 2(Cambridge: Harvard University Press, 1928), pp. 250-56 참조.

두 아들 다 죽었고 남편도 길에서 죽었네.

어머니, 아버지, 오빠는 화장용 장작더미 위에서 함께 불타고

있구나.[23]

그녀가 가는 곳마다 무정한 사람들은 미쳐 있는 그녀를 내쫓았지만 부처님은 그녀가 정신을 차리도록 도와주셨다. 부처님은 그녀에게 전생에 대한 이야기를 해 주시면서 가르침을 주셨는데, 수많은 전생을 통해 사랑하는 사람들의 죽음으로 인해 그녀가 엄청난 눈물을 흘렸다고 말씀해 주셨다. 부처님의 계속되는 가르침에 그녀의 비탄은 조금씩 사그라졌다. 사랑하는 사람의 죽음으로 인한 슬픔과 고통에 짓눌린 사람에게 친척들은 전혀 안식처가 되지 못한다는 부처님의 충고는 그녀가 승가에서 귀의처를 찾도록 하는 데 도움을 주었다.[24] 그리고 곧 그녀는 다음과 같은 통찰을 얻었다.

나는 발을 씻었고 그 물이 흘러 내려가는 것을 바라보았다.

나는 마치 말을 순종하도록 훈련시키듯이 마음을 집중시켰다.

나는 오일 램프를 들고 방으로 들어가 잠자리를 정돈하고

그 위에 앉았다.

그리고 나서 바늘을 꺼내 램프의 심지를 잡아 당겼다.

---

23   H. C. Norman, *The Commentary on the Dhammapadā,* vol. 2 (London : Luzac & Company, Ltd., 1970), p. 266.

24   또한 Pruitt, *Commentary on the Verses of the Therīs,* p. 148 ; Collett, "The Female Past," pp. 222-24 참조.

정신의 완벽한 해탈은 그 램프를 끄는 것과 같다.[25]

『법구경』 주석서(*Dhammapada-aṭṭhakathā*)는 다음과 같이 설명한다. 빠따짜라가 처음 자신의 발 위에 물을 부었을 때 물줄기들이 바닥으로 흘러내렸다. 이 물줄기들이 마룻바닥을 흐르는 것을 보았을 때 그녀는 어떤 물줄기는 아주 짧은 거리만 흐르고 다른 물줄기는 훨씬 더 멀리 흘러가는 것을 보았다. 즉 어떤 사람들은 어려서 죽고 또 다른 사람들은 중년에 죽으며 또 다른 어떤 사람들은 늙어서 죽는데 이는 바로 자신의 남편, 아들, 오빠 그리고 부모들의 경우와 같았다는 것을 깨달았고, 키사 고타미처럼 죽음의 보편적 본성을 이해하게 됐다.

『장로니게』에는 그녀의 깨달음의 이야기에 이어서, 그녀에게 감명 받은 30여 명의 비구니들이 지은 것으로 추정되는 게송들도 발견된다. 그 비구니들은 빠따짜라를 따라 부처님의 가르침을 밤새 수행하고 명상해서 자신의 전생을 아는 천안통과 신통력을 얻고 모든 무지를 깨뜨렸다. 그리고 명상에서 깨어나서 그들은 그녀에게 감사의 절을 했다: "우리는 당신의 조언을 받아들였어요. … 우리는 삼신통을 얻었고 번뇌를 소멸시켰습니다."[26] 같은 이유로 찬다(Candā)도 빠따짜라의 가르침에 고마움을 표했는데 그녀는 궁핍한 과부로 자신을 받아들여줄 가족도 없이 7년 동안 음식과 물을 구걸하며 살다가 빠따짜라를 만나 도움을 받았다. "빠따짜라는 자비심으로 내가 종교생활을 할 수 있도록 인도해 주었고 더 나아가 내가 궁극의 진리의 길로 가도록

---

25 *Therigāthā* 114-16.

26 위의 책, 118-21.

격려하고 이끌었습니다."[27]

또 다른 비구니 우타마(Uttamā)는 자신이 신뢰를 바칠 가치가 있는 한 비구니로부터 가르침을 받았는데 그 비구니는 명상을 하도록 격려했고, 그 명상은 그녀를 선정의 기쁨과 행복으로 이끌었으며 8일째 되는 날에는 "어둠의 덩어리를 떼어내도록 했다."[28]고 적었다. 『장로니게』는 이 격려한 비구니가 바로 빠따짜라라고 밝히고 있다.[29] 이 주석에서 그녀는 그들뿐만 아니라 5백여 명의 비탄에 젖은 어머니들의 고통을 없애고 그녀들을 승가로 이끌었다고 말한다. 이들 중의 한 명에 의하면 "진실로 빠따짜라는 내 마음 속에 깊이 박혀 있던, 보기조차도 힘들었던 화살을 뽑아내었다. 그녀는 내 아들로 인한 비탄을 쫓아냈다."[30]고 말했다. 자비로운 부처님으로부터 받은 가르침이 그녀 자신의 고통을 치유했고, 그 후 그녀도 비탄에 빠진 많은 여인들의 고통을 이처럼 자비심으로 치유했다. 빠따짜라의 이야기는 이 시대에도 여전히 사람들에게 영감을 주고 있다.

앤 한센(Anne Hansen)은 1980년대 그녀가 활동했던 크메르(Khmer) 수용소 난민들에게도 빠따짜라의 이야기가 지대한 영향을 끼칠 수 있었다는 사실을 알게 되었다. 빠따짜라의 삶은 고통, 비통함, 광기, 방랑 그리고 치유를 포함하는데 이는 많은 난민들의 경험과 비슷했기 때문에 그녀의 이야기가 많은 난민들의 트라우마를 치유할 수 있었다

27　위의 책, 125.

28　위의 책, 42-44.

29　Pruitt, *The Commentary on the Verses of the Therīs*, p. 47.

30　*Therīgāthā* 131 ; Pruitt, *Commentary on the Verses of the Therīs*, pp. 159-62 참조.

고 다음과 같이 서술한다.[31]

빠따짜라는 끔찍한 상실을 경험했을 뿐만 아니라 모든 가족 중에서 유일하게 살아남은 생존자인데 이는 난민들에게서 흔한 상황이다. 그녀의 이야기 중 어떤 장면은 크메르 난민들 사이에서 특히 강조되는데, 아이들의 죽음, 발광, 다른 사람들의 그녀에 대한 태도, 그리고 특히 헐벗은 채 다니는 부분이 그것이다. 이는 그들에게 너무도 익숙해서 그들의 상처를 건드리는 사건들이다. 그런데 이런 참혹함과 상실의 한가운데에 있는 헐벗은 빠따짜라에 대한 부처님의 태도는 확실히 다른 사람들과 달랐다. 부처님은 그녀를 자비심으로 대했고, 그의 자비심은 그녀를 변화시켰다.[32]

부처님의 가르침을 받아들임으로써 빠따짜라는 자신의 삶을 변화시켰고, 더 나아가 다른 사람들을 위무하고 치유했다. 한센이 언급했던 크메르 난민들 중의 한 사람은 빠따짜라의 삶을 회상했다: "많은 사람들은 미친 그녀를 보고 웃었으나 그녀는 불법을 듣고 선한 사람이 되었고 깨달음을 얻었다." 내가 생각하기에, 만약 사람들이 카르마 법을 생각하기보다 자비를 더 강조한다면, 이 세상의 고통은 줄어들 것이다. 왜냐하면 자비심으로 행동하는 사람들은 자신들이 속한 사회에서 정의를 만들어 내려고 노력하기 때문이다.[33]

---

31 Hallisey and Hansen, p. 322.

32 위의 책, p. 323.

33 위의 책, p. 321.

제2부 | '붓다의 딸'을 위한 여성 리더십

가난한 이들의 사회적 정의를 위해 일하는 시애틀의 초종파적 불교단체인 빠따짜라 봉사센터(Patacara Community Services) 또한 그녀의 이야기에서 영감을 받았다.

젊은 여성인 빠따짜라는 모든 것을 잃었다. 그녀의 남편, 아이들, 그리고 부모 모두를 예기치 못한 비극적 사고의 연속으로 잃었고 비탄으로 미쳐버린 그녀는 가족과 집도 없이 벌거벗고 굶주린 채 방랑했다. 결국 마을 사람들이 그녀를 동정해서 부처님이 있는 곳으로 인도했다. 부처님은 그녀를 자애롭게 보며 말씀하셨다. "여인이여, 마음의 평정을 찾으시오." 그녀는 그 말을 듣고 다시 명징한 정신을 회복했고 부처님의 도움으로 다시 온전한 존재로 돌아가기 시작했다. 그녀는 마침내 깨달음을 얻어 당대에서 가장 존경과 사랑을 받는 법사가 되었으며, 그녀가 한때 그랬던 것처럼 비탄과 절망에 빠진 사람들을 돕는 데 특별한 재능을 발휘했다. 빠따짜라 자원봉사센터는 우리 마음의 평정을 회복[34]하도록 돕는 프로그램들을 운영할 것이다.

이 센터의 사회적 사명은 고통 받는 사람들에게 자비로운 보살핌을 베푸는 것이다. 그들은 "자비 실천을 위한 초종파적 운동"을 건설하기 위해 시애틀 지역의 다른 불교 단체들과 공조하고 있는데 이것은 빈곤과 무주택으로 고통 받는 젊은이들과 가족들에게 식사와 거처를 제공하는 활동도 포함한다. 그들은 비영리기구와 지역사회 그룹들

---

34   http://patacara.org 참조.

과 네트워크를 형성해 함께 활동하면서 그들은 굶주림을 없애고 누구도 버려지거나 잊혀지지 않는 음식안전네트워크를 만드는 것을 목표로 삼고 있다. 2015년 봄에 빠따짜라 카페(Patacra's Cafe)를 여는 것도 목표 중의 하나이다. 이 카페는 지역에서 생산되는 재료들을 사용하고 볼품없고 흠이 있더라도 건강에 좋은 채소로 만든 음식을 제공할 것이다. 또한 그곳에서는 누구나 자신들이 지불할 수 있는 것으로 지불하면 되기 때문에 어느 누구도 거부당하지 않는 곳이 될 것이다. 빠따짜라 봉사센터는 또한 요리, 식품영양, 원예 등 자족에 필요한 기술을 가르치며, 위기에 처한 가정들이 스스로 어려움을 헤쳐 나갈 수 있도록 도울 것이다.

결론

『장로니게』에 서술된 부처님의 첫 여성 제자들의 이야기는 마하파자파티 고타미에서 시작되었는데, 그녀의 눈물은 아난다의 연민뿐만 아니라 여성의 출가에 대한 지지를 이끌어냈다. 이어 고타미의 격려와 연민은 다른 많은 여성들이 부처님의 길을 따를 수 있도록 했다. 이 여성들의 이야기는 부처님의 가르침이라는 자비로운 선물을 통해서만 치유되었던 비탄과 고통의 모습을 보여 주었다. 그 비탄과 고통에서 깨달은 여성들은 인간 조건의 상호 연결성인 연기의 개념을 이해하게 됐다.

또 그녀들의 모든 이야기들은 유사한 메시지를 공유한다. 자비를 닦는 수행을 통해 개발된 따뜻하고 자애로운 마음은 친구와 가족의 범위를 넘어서 고통을 겪는 모든 존재들을 포용해야 한다는 것이다.

본각(本覺) 스님 ㅣ 1952년생으로 1976년에 출가하여 비구니가 되었다. 동국대학교 철학과에서 학사와 1986년 일본 릿쇼(立正)대학에서 석사학위를, 그리고 1992년 고마자와(駒澤)대학에서 박사학위를 받았다. 전공은 화엄학 및 대승불교이다. 현재 대한불교조계종 종립학교인 중앙승가대학교 교수이다. 비구니종회의원을 역임하였으며, 샤카디타 추진위원장으로 제8차 대회를 한국에서 유치하였다. 또한 대한불교조계종 금륜사 주지이며 한국비구니연구소 소장, 사회복지법인 승가원 이사, 전국비구니회 부회장이기도 하다. 불교학을 가르치는 학자이자 한국불교 비구니계의 지도자로서 불교의 위상을 높이는 일에 관심을 가지고 여성의 불교 교육문제, 비구니 수계문제, 인권과 환경문제 등에 대해 국제적인 역할을 도모하고 있다.

여성 수행의
의미와 가치 :
경전 자료를 중심으로

The Meaning and Value of Women's Practice :
Centering on Textual Materials

16
본각 스님

문제의 제기

현대사회에서 여성의 지위는 그 어느 때보다도 높고 사회는 미래지향 적으로 여성의 능력과 참여를 요구하고 있다. 그러나 아직도 여성에 대한 기존의 차별적 관념과 인습이 남아 있는 것도 사실이다. 종교를 통해서 인권이 주장되어야 하고 종교를 통해서 모든 생명의 평등성이 보장되어야 한다. 그럼에도 불구하고, 종교의 이름으로 불평등이 주 장되어 왔다면 그 속에 숨은 뜻이 무엇인가를 진솔하게 살펴서 미래 사회에 새로운 지평을 열어가야 할 것이다.

불교에 있어서 여성의 문제를 다루고자 할 때 우리는 경전을 통 하여 그 해답을 얻을 수 있다. 먼저 경전에 기록으로 남아 있는 여성에 관한 문제들을 꼼꼼히 살펴보고 넘어야 할 과제들을 진지하게 검토해 볼 필요가 있다. 하지만 그 경전의 기록은 대단히 복잡한 양상을 띠고 있다. 불교경전에는 여성에 대한 긍정적인 기록도 있지만 부정적인 기록도 담고 있기 때문이다. 불교경전은 거의 3천여 년의 시간을 거치면서 편찬되어 왔다는 점도 고려해야 할 것이다. 그러나 어느 한 부분만을 지나치게 강조한 나머지 더욱 깊은 가르침을 간과해 버리는 어리석음을 범하지 않도록 노력해야 할 것이다. 이상의 여러 점을 고려하면서 본 논문에서는 불교에서 여성의 문제가 어떻게 다루어지고 있는가를 초기경전의 자료를 통해서 살펴보겠다.

경전상 여성에 대한 부정적인 기록

석존에 의해 불교 교단이 형성되고 약 20년이 경과한 당시 초기 교단에서 주목해야 할 점은 기원전 4세기경이다. 이때 고대 인도 사회에 남성과 동등하게 출가 수행하는 여성 수행자가 탄생되었다는 사실이다. 그 뿐만 아니라 여성 수행자를 받을 때 그 사람의 과거 및 사회적 계층을 일체 묻지 않고 교단 내에서의 평등을 인정하는 비구니로 자격을 부여해 주었던 것이다. 이것이 바로 지금부터 고찰하고자 하는 초기경전에 나타나는 여성에 관한 많은 부정적인 기록에도 불구하고, 석존의 여성에 관한 근본적인 자세가 무엇이었는지를 엿볼 수 있게 하는 중요한 사건이다.

석존이 활동한 기원전 5-4세기의 인도 사회는 새로운 문화와 사상이 대두되기 시작하는 때였다. 여성에게도 어느 정도의 활동의 자유가 인정됨과 동시에 사회 저변에는 극도의 여성멸시 풍조가 깔려 있었던 것으로 추측된다. 석존의 여성 귀의자 중에는 당시의 유명한 유녀(遊女)들의 이름이 들어 있는 것을 보면, 여성 수행자를 받을 때 그 여인의 사회적 신분에 대해서는 매우 관대했던 것으로 보인다.

먼저 '경전상 여성에 대한 부정적인 기록'을 살펴보기로 하자.[01] 경전에는 물론 여성에 대한 긍정적 기술이 대종을 이루고 있지만, 한편 여인이 집착과 탐욕이 두텁다하고, 여자의 몸은 부정(不淨)하다는 것을 적나라하게 묘사하거나, 여인의 어리석음을 꾸짖고 경계하는 기록이 많다. 이러한 경향은 점차 짙어져서 본격적으로 경전이 편찬되기 시작한 기원전 2세기경에는 여성에 대한 긍정적인 견해는 퇴색되고 여성은 위험스럽고 불필요한 존재라고 하는 견해가 전면으로 나타나기 시작한다. 여성을 수행교단의 장애물로서 취급하고 탐욕과 질투심과 어리석음의 덩어리로서 묘사하는 이들 경전에 나타나는 기록 때문에, 결국 불교경전의 내용이 인도 사회에 뿌리박고 있는 여성멸시를 그대로 담고 있는 힌두경전과 비슷하게 되는 결과가 되었던 것이다.[02] 아래에 그 몇 가지 예를 들어보겠다.

『숫타니파타』 제835 게송에 보면 바라문 마아간디야가 자신의 딸을 데리고 와서 석존께 아내로 삼아 달라고 하자 석존은 그에게 다음과 같이 말하는 것으로 되어 있다.

나는 (옛날 깨달음을 얻지 못하였을 때에도) 갈애와 혐오와 애욕의 세 마녀를 보고서 그녀들과 함께 하고 싶다는 욕망이 일어나지 않았다.

---

01 본각, 「경전에 보이는 여성에 관한 문제」, 『중앙승가대논문집』5(1996)에서 부분 발췌.

02 D. L. 카모디 저, 강돈구 옮김, 『여성과 종교』(서광사, 1992), pp. 60-61.

대소변으로 가득 찬 그들이 도대체 무엇인가. 나는 그 여자들에게 발이 닿는 것조차 바라지 않았다.

또한 아난이 석존에게 묻기를 "여인은 왜 공석(公席)에 나아가거나 직업에 종사하거나 직업으로 생계를 꾸려가지 못하는가?"라고 묻자, 석존이 다음과 같이 대답하였다는 것이다.

아난아, 여인은 성을 잘 내고 질투심이 깊다. 여인은 인색하고 어리석은 존재다. 그러므로 여인은 공석에 출석하지 못하고 직업에 종사하지 못하며 생계를 꾸려가지 못하는 것이다.[03]

『증일아함경』에는 묘(妙)함을 덮어버리는 세 가지 일에, '여인'과 '바라문의 주술'과 '사견의 업'이 있어서 신비로움(妙)을 드러나지 못하게 한다고 하였다.[04] 나아가 여인이 지옥에 들어가는 일이 남자보다 더 많은데 그 이유는 '사람들이 탐욕과 수면과 오락에 빠져 있기 때문이고, 여인은 이 세 가지 일에 더 빠져서 방탕하기 때문'이라고 하였다.[05] 『불본행집경』에 세간에는 더러움과 많은 어리석음이 있는데 그 중에 여인의 성품이 가장 더럽고 어리석지만 의복이나 장신구로서 그것을 가리며 어리석은 이는 이 같은 여인에게 탐욕심을 낸다고 하였다.[06]

---

03 Aṅguttara-nikāya Ⅳ. 80 vol. Ⅱ, pp. 82-83.

04 『증일아함경』 대정장2/607중-하.

05 『증일아함경』 대정장2/608하.

06 『佛本行集經』 대정장3/729상.

경전보다 나중에 지어진 주석서에서는, 여인의 문제가 더 나쁘게 강조된다. 『숫타니파타』 제280 게송은, "수행자들이여, 이와 같은 출가 수행자는 집에 의지하는 자이며 그릇된 욕망에 사로잡혀 비뚤어진 생각으로 옳지 못한 행위를 하며 나쁜 곳에 있는 자임을 알라."라고 하였는데, 붓다고사가 지은 주석서에서는 이 '나쁜 곳'을 '창녀·과부·처녀·비구니' 등이라고 구체적으로 여성을 지적하면서 주석하였다.[07] 또한 『아난동학경』에서도 여인을 대단히 더럽고·지옥·원수·공포의 대상 등으로 표현하고 있으며,[08] 『제법집요경』에는 여인은 죄의 근본이며 아첨스럽고 질투심이 많으며 불선업(不善業) 짓기를 좋아한다고 하였다.[09] 이 밖에도 경전에는, 여인은 남성을 유혹하여 악을 짓게 하고 모든 죄악의 근본이며 몸은 더러움의 덩어리라고 하는 표현들이 무수히 나타난다.[10] 이런 경전 속의 표현들은 인도 사회에서 여성에 대한 재래적 관념을 반영하며 또한 경전의 제작 과정에서 남성 우월주의가 극단적으로 표출된 것으로 보인다.

한편 대승경전에 있어서도 여성에 대한 부정적인 표현이 많다. 대승보살이 서원을 세울 때에 자신의 국토에는 '여인의 명자'가 없기를 바란다든가,[11] '여인의 몸을 버리고 다시 받지 않는다'[12] 또는 '여인의 몸을 바꾸어서 남성이 되어 성불한다'는 등의 표현이다. 그리고 『정법

---

07 田上太秀 『佛敎と性差別』 東書選書 (1992), p. 48.

08 『阿難同學經』 대정장2/874중-하.

09 『諸法集要經』 대정장17/478중.

10 春日禮智 「女人成佛と男女平等」 『敎化硏究』 제70, 71호 (1973).

11 『大寶積經』 妙慧童女會, 대정장11/548중.

12 『佛說玉耶經』 대정장2/864하.

넘처경』에는 여인이 아귀도에 태어나는 경우가 많은데 그 까닭은 여인의 성품이 질투심이 많고 세상을 파괴하고 선함을 없애며 마음이 대단히 변덕스럽기 때문이라고 한다.[13] 심지어 『열반경』에는 모든 여인은 악(惡)이 모이는 장소라고 하였다.[14] 또 대승 논서의 대표격인 『대지도론』에서도 많은 곳에서 여인의 성품을 애욕과 질투심에 차 있는 악한 존재로 규정하고 있다. 심지어 독사의 독에 닿는 것은 오히려 괜찮지만 여인의 마음에서는 진실을 얻지 못하니 왜냐하면 여인은 부귀 단정 명성 지덕 족성 기예 언변 친후 애중에는 관심이 없고 오직 애욕심만 있을 뿐이고 질투와 탐욕으로 가득하므로 가까이 할 것이 못된다고 한다.[15]

이상에서 대략 살펴본 바와 같이 여성을 비판하는 근거가, 애욕의 소유자이기 때문이라고 표현하고 있다. 그런데 이상의 표현들을 분석해 보면, 우선 『숫타니파타』에서 나오는 언설은 〔남성〕 수행자의 입장에서 여인을 부정하는 것임을 알 수 있다. 여성 그 자체의 문제라기보다, 여성에 대한 애욕에 흔들리는 남성들의 두려움을 반영하는 것이다. 그 외 표현들은 후대에 성립한 경전 또는 초기 대승불교 경전에 나타나는 표현임을 주목할 필요가 있다. 이러한 경우는 종래의 인도 사회에 만연하던 여인에 대한 편견을 그대로 경전 편찬자가 기록한 것으로 보아야 할 것이라고 많은 연구자들은 주장하고 있다.

---

13 『正法念處經』대정장17/92상, 동/169중.

14 『涅槃經』대정장12/422상.

15 『大智度論』대정장25/165하-166상.

경전상 여성에 대한 긍정적인 기록

한편, 경전 속에는 여성에 대한 긍정적인 기록이 무수히 나타난다. 우선 초기경전인 『숫타니파타』의 「다니야장」에 보면, "아내도 저도 순종하면서 행복한 분 곁에서 청정한 행을 닦아 생사가 없는 피안에 이르러 괴로움을 벗어나게 될 것이다."라고 하면서, 소치는 다니야는 아내와 함께 청정한 행을 닦아서 피안의 세계에 도달할 것을 발원하고 있다. 또한 파사익왕의 부인인 말리카가 여아(女兒)를 낳은 것에 대해 파사익왕이 실망하는 빛을 보이자 부처님께서 다음과 같이 말씀하셨다고 한다.

> 부인이라고 해도 남자보다 더 훌륭하다. 지혜가 있고 계율을 지키고 시어머니를 존경하며 남편에게 충실하다. 그녀가 낳은 아들이 영웅이 되고 지상의 주인이 될 것이다. 이러한 훌륭한 여인들이 국가를 가르쳐 인도하는 경우도 있다.[16]

부처님의 전생설화(Jātaka, 본생담이라고 함)를 기록한 『육도집경』 제72에 『여인구원경』이 부인본생담(婦人本生譚)으로 수록되어 있는데, 거기에서 불타는 과거세에 흉악하고 어리석고 의구심이 강한 남자의 아내로 있으면서도 어머니를 따라서 부처님께 귀의하고 부처님의 덕을 찬탄함과 동시에 무상대원을 발한 공덕으로, 많은 세월이 지난 지금 그때의 과보로 현세에 불(佛)을 이루었다고 한다. 불타의 전생담 속

---

16   『南傳大藏經』 제12권 상응부경전1, p. 145.

에 나타나는 이 이야기는, 부인의 몸으로서 부처님 전에 원을 세우고 그 공덕으로 불과를 이루었다고 하는 것으로, 불교에서 여성의 지위에 대해 말해 주는 아주 귀중한 자료이다.[17]

또 다른 예로, 대정신수대장경 2권에 들어 있는 『생경』 중 『불설부부경』에 보면, 부처님이 기수급고독원에 계실 때에 한 청신사와 그 부인이 있었다. 그 부인은 단정한 면모와 덕과 지혜의 소유자였으며, 이분이 나중에 출가하여 곧바로 아라한과를 증득하였다고 한다. 이 이야기는 그 비구니의 전생담으로 기록되어 있다.[18] 이것도 여인의 지혜와 덕을 말하며, 또 그 여인이 출가하여 바로 아라한이 되었다는 것을 보면 여성에 대한 차별을 보이지 않는 좋은 예라 할 것이다. 그리고 『은색여경』이라는 경전에서는 은색여가 굶주린 산모를 위하여 스스로의 몸을 희생해 주고 대비를 실천하여 아뇩다라삼먁삼보리를 발원하여 '여신변성남자(女身變成男子)'를 이루는 기록도 보인다.[19]

한편, 부처님 당시 인도가 계급적이며 폐쇄적 사회이었음에도 불구하고 비구니 교단이 성립되면서 여성이 출가하여 자유를 향유한 기록이 비구니들의 깨달음의 시를 담은 『장로니게』에 아주 생생히 들어 있다. 이는 여성이 해탈과 자유를 얻는다는 것이 이론으로 그치지 않고 눈앞에 현실적으로 펼쳐지는 것을 보여 주는 기록이기도 하다. 그 몇 구절을 인용해 보자.

---

17 『六度集經』「婦人求願經」 대정장3/38상-하.

18 『生經』 중 『佛說夫婦經』 대정장3/106중.

19 『銀色女經』 대정장 3/450중-하.

육신을 굽게 하는 세 가지—절구통, 절굿공이 그리고 포악한 남편으로부터 놓여난 저는 아주 홀가분하기만 합니다. 저는 삶과 죽음으로부터도 자유롭습니다. 얽히고설킨 삶 가운데로 저를 끌어들일 만한 것은 이제 그 뿌리조차 보이지 않습니다.(제11 게송)

가정과 자식 그리고 가축을 뒤로하고 출가해 탐욕과 분노를 떨쳤으며, 무명을 제거하고 망집을 근절한 저는 고요한 마음과 더불어 평안을 얻었습니다.(제18 게송)

그리고 다음의 소마와 마라와의 대화를 보라.

〔마라가 말하기를〕 헤아리기가 어려워 선인(仙人)들만이 체득할 수 있는 경지를 손가락 두 마디 정도의 지혜밖에 없는 여인이 깨달을 수는 없다.

〔소마 비구니가 답하여 말하기를〕 마음이 잘 안정되고 지혜가 솟아난다면, 바르게 지혜를 관찰하는 데 있어 여인이라는 점이 무슨 장애가 될까.

쾌락에 의한 희열은 마침내 파괴되고 무명의 암흑 덩이는 산산이 부서졌다. 악마여 명심하라. 그대는 완전히 패배했다는 것을, 멸망한 자여.(제60, 61, 62 게송)[20]

---

20 『비구의 고백 비구니의 고백』 민족사.

또한 『장로니게』에 나오는 수자타(Sujātā)의 게송을 보자. 수자타는 재가자로서 하인들과 함께 음식을 가지고 숲속에 소풍갔다가 그곳에서 세간의 등불이신 여래를 뵈옵고 그분의 진리의 말씀을 듣고서 바로 그 자리에서 청정하고 진실한 가르침, 불사(不死)의 경지를 체득하였고 그 뒤에 집을 나와 출가하여 세 가지의 밝은 지혜를 통달함으로써 여래의 가르침이 헛되지 아니함을 증명하였다는 사람이다. 특히 수자타의 게송은 재가자로서 여래의 가르침을 받고 바로 그 자리에서 불사의 경지에 들어갔고 출가하여 삼명(三明)을 얻었다고 하는 데에 커다란 의의가 있다.(제145-150)

이와 같이 『장로니게』에는 여인들이 억압으로부터의 자유를 얻은 환희와 깨달음의 경지가 잘 묘사되어 있다. 특히 여인을 경시하는 자를 '마라(māra, 악마)'라고 표현한 것이 재미있다. 이 외에도 『장로니게』에는 많은 비구니들이 3종의 명지(明智)를 얻고 불타의 가르침을 성취하였으며 여래의 가르침이 헛되지 않았다고 하는 성도(成道)의 표현을 많이 찾아볼 수 있다.[21]

나아가, 여인이 출가하여 교단 내에서 아라한과에 올라서 지도자로서 손색없이 활동하고 있는 기록들도 있다. 그 첫째로 『중아함경』 제58권의 『법락비구니경』에 나오는 법락 비구니를 들 수 있다. 비사거 우바이가 법락 비구니에게 '자신(自身)'이란 무엇인가, 또한 '자신을 본다고 하는 것은 무엇인가' 등의 많은 질문을 던지자, 그에 대하여 친절히 대답하고 설법하는 광경이 실려 있다. 그같이 법을 설한 뒤에

---

21 早島鏡正,「初期佛教におけるさとりの表明」,『印度學佛教學論集』金倉博士古稀記念 (平樂寺書店, 1966), pp. 39-55.

본각 스님   205

법락 비구니는 부처님께 나아가서 비사거에게 설한 내용을 말씀드린 다음에 다음과 같이 말한다.

부처님이시여, 저는 이와 같이 설하고 이와 같이 답했사온데, 부처님을 비방한 것은 아니옵니까. 이것이 진실을 설한 것이며 여법(如法)을 설한 것이며 법차법(法次法)을 설한 것이옵니까. 여법 중에 어긋나거나 잘못됨이 있는 것은 아니옵니까.

이에 부처님께서 답하셨다.

비구니여 네가 이와 같이 설하고 답함이 나를 비방함이 아니며, 진실 여법 법차법을 설한 것이니라. 여법 중에 어긋남이나 잘못됨이 없으며, 비사거 우바이가 설사 나에게 물었다 할지라도 나 또한 그대와 같이 설해 주었을 것이다. 비구니여, 이 뜻이 네가 설한 바와 같으니 너는 마땅히 이와 같이 수지하라. 왜냐하면 이 설이 곧 옳은 것이기 때문이니라.
부처님이 이와 같이 설하시니 법락 비구니와 모든 비구가 기쁘게 받아 지녔다.[22]

이 내용은 부처님이 법락 비구니의 설법 내용을 인정해 주는 대목이며, 비구와 비구니가 함께 그 자리에 참석해 환희봉행하고 있음이 주목된다. 비구니도 재가자를 향해 조금도 위축됨이 없이 설법하

---

22   『中阿含經』 제58권 「법락비구니경」, 대정장1/790상·중.

고, 부처님은 이를 부처님의 설법과 조금도 손색이 없다고 인정해 주는 광경인 것이다. 거기에 비구도 참석해서 부처님의 말씀을 기쁘게 받들어 지니고 있다.

한편, 『아라한구덕경』(阿羅漢具德經)에는 20명의 제일 비구니를 거론한 다음에 이어서 우바새(Upāsakā, 재가 남성)와 우바이(Upāsikā, 재가 여성)에 대해, 지혜제일의 난타파라 우바이, 항상 좌선을 즐겨하는 구수다라 우바이 등을 첫째가는 제일 우바이로서 칭찬하고 있다.[23] 따라서 석존은 공평하게 비구·비구니·우바새·우바이를 칭찬하셨다.

한편, 대표적인 대승경전인 『화엄경』 「입법계품」에서는 사자빈신 비구니가 펼치는 법문의 세계가 무수히 전개되고 있다. 사자빈신 비구니가 그러한 능력을 무한히 발휘할 수 있는 것은, 중생의 추구하는 바의 수승함과 열등함을 알아서 그들로 하여금 아뇩다라삼먁삼보리에서 물러나지 않게 하기 위함이며, 사자빈신 비구니 자신은 종종의 일체 불법 반야바라밀문에 들어 있기 때문이라고 설한다. 53명의 선지식 중, 우바이와 동녀 등도 선지식으로서의 역할을 다하고 있다.

한편 여성의 성불이 여성의 몸으로 가능한가 하는 질문을 놓고 경전을 살펴본다면, 초기경전 아함부에 실려 있는 『수마제여경』에는 수마제여가 과거세에 서원을 세우기를 당래세에 세존을 만나서 나 자신 여인의 몸을 바꾸지 아니하고 바로 여인의 몸 그대로 법안정(法眼淨)을 얻기를 서원하는 대목이 있다.[24] 여기서는 여인의 몸을 바꾸지 않고 그대로 깨달음을 얻겠다고 하는 것이 특기할 만하다.

---

23 『증일아함경』 「청신녀품」 대정장2/560상·중.

24 『須摩提女經』 대정장/843상.

『대보적경』(大寶積經) 제100권에 나오는 무구시녀(無垢施女)의 이야기에서는, 대덕 목련이 무구시녀에게 "그대가 이미 오래전에 아뇩다라삼먁삼보리심을 발했거니 왜 아직 여인의 몸을 전(轉)하여 남성의 몸으로 바꾸지 않는가?"라고 물으니, 무구시녀는 대답하기를 "여래가 대덕 목련을 신족인(神足人) 중에 최고라고 수기해 주셨는데 왜 그대는 남자의 몸을 바꾸어서 여인의 몸을 받으려고 하지 않는가?"라고 반문하면서 아뇩다라삼먁삼보리는 남성 여성에 관계되는 것이 아니니, 그 까닭은 보리(菩提)는 남이 없는 것이며 그 자체는 얻어질 수 있는 것이 아니기 때문이라고 답하고 있다.[25]

『불설무구현여경』에서도 대승법에는 남녀의 차별이 없음을 설하여 보살심으로서 상호를 장엄하라고 설한다.[26] 『불설전여신경』에서는 무구광여가 사리불과의 대화에서 무구광여 자신은 여래의 화신이기 때문에 남형이나 여형에 걸리지 아니하니 그 까닭은 일체 제법이 다 환화(幻化)와 같기 때문이라고 하면서, 무슨 선행을 닦으면 여신을 버리고 남자의 몸을 받아서 무상의 깨달음을 얻을 수 있는가 물으니, "여래는 1법에서 10법까지 숫자를 더해가는 방법으로 법을 설하여 준다."[27]라고 하면서, 결론적으로 다음과 같은 게송을 설한다.

제법은 다 환(幻)과 같아서 다만 분별로 쫓아 생겨났으니
제일의 가르침 가운데에는 남녀의 차별이 원래로 없음을

---

25 『大寶積經』「보살행품」 대정장11/563하.

26 『佛說無垢賢女經』 대정장14/914상.

27 『佛說轉女身經』 대정장14/918하.

다만 요술사가 요술에 의지하여 네거리 가운데에

남녀의 모습을 만들어서 서로 싸우게 할 뿐이로다

서로서로 다투고 해롭게 하나 그 일이 진실된 것 아니니

내가 이제 생사를 관하여 보니 허환과 같아서 다를 것이 없다.[28]

즉 남녀의 차별상을 공(空)의 체달에 의해서 극복하려는 게송이다. 이 경의 전체에 흐르는 사상은 『전여신경』(轉女身經)이라는 경의 제목에서 보이는 바와 같이 여자의 몸을 〔남자의 몸으로〕 바꾸어서〔轉〕 성불한다고 하는 성불론을 긍정하면서도, 공사상에 입각하여 남녀의 현상차별이 허환에 불과한 것을 깨닫게 하려는 데 더 깊은 뜻이 놓여 있다고 본다. 그리하여 앞에서 소개한 게송은 또한 여자의 몸으로 태어난 것도 결코 선의 결과라고는 볼 수 없지만 남자의 몸을 관찰해 본들 그 또한 공하여 소유할 바 실체가 없는 것이라는 점을 설파하고 있다.[29]

여성의 수행과 성불에 대한 격려

이상에서 불교경전 속에 나타나는 여성의 지위에 대해 각종 다양한 해석이 가능한 구절들을 살펴보았다. 특히 여성의 성불과 관련하여, 초기경전에 깨달음을 얻은 여성들이 『장로니게』(*Therīgāthā*) 등에서 그들의 목소리를 내고 있을 뿐만 아니라, 부처님 스스로가 깨달음을 얻

---

28 上同 대정장14/920중.

29 上同 대정장14/920하.

은 여성 선지식들을 언급하고 칭찬하고 있음을 보았다. 그러나 이상에서 살펴본 경전 속에 나타난 여성에 대한 부정적 평가에 대해서는 어떻게 이해해야 할 것인가.

이 점을 『우바이정행법문경』에 나타난 여성을 위한 수행의 가르침에서 단서를 찾아보고자 한다.[30] 이 경은 비사거 우바이가 여성 불자의 정행법문(淨行法門)을 묻는 것으로부터 시작된다. 이에 대해 여래는 정행의 수행법을 게송으로서 요약하여 육바라밀과 진실어와 자비행을 실천할 것을 설한다. 이 경에서 보면 부처님 당시에는 재가 불자도 수행으로 근본을 삼았고 여성 불자도 예외는 아니었던 것 같다. 여성 불자는 정해진 재일(齋日)이면 비구니 수행처에 모여서 8계를 받고 1일 수행을 실천하고 귀가하곤 하였다. 그런데 8재계를 받고 수행에 임하는 여성 불자들의 마음가짐에 각각 큰 차이가 있음을 비사거 우바이는 알아차렸다. 8재계를 지키는 여성 불자들이 현세적인 욕망에 결부되어 있음을 알게 된 것이다.

예를 들면 나이가 많은 여인들은 죽어서 천상에 태어나기를 바라는 마음에서 8계를 지키려고 했고, 중년의 여인들은 자기 남편의 애정을 독차지 하려는 욕망으로 8계의 공덕을 얻고자 하였다. 갓 결혼한 젊은 여인들은 인도 전통사회의 요청인 아들 낳기를 갈구하는 마음으로 8계를 지니는 공덕을 생각하고 있었다. 여인들이 비구니 수행처에 와서 8계를 지니는 것은 최상의 가치인 열반을 얻기 위해서가 아니라 현세적인 욕망을 이루고자 하는 생각에 머물러 있음을 알게 되었다. 비사거 우바이는 이것을 부처님께 말씀드리면서 가르침을 청하였다.

30　『優婆夷淨行法門經』 대정장14/952중.

이에 부처님께서는 현재 처해 있는 늙고 죽음의 고통에서 벗어나려고 하지 않고 도리어 현세의 욕망으로 자신을 고통 속에 더욱 굳게 얽어매고 있는 여인들을 경책하시면서, 『법구경』 제135번, "소치는 사람이 채찍을 들고 소를 몰아 목장으로 데리고 가듯 늙음과 죽음은 쉬지 않고 우리들의 목숨을 몰고 간다."는 게송을 설하셨다.

부처님 당시의 여성 불자나 오늘날 한국의 여성 불자나 다 같이 가족이라는 틀 속에서 현세의 이익을 얻고자 하는 소망은 별반 다르지 않았을 것이다. 또한 욕망의 틀 속에 갇혀서 진리를 향하여 한 걸음도 내딛으려고 하지 않고 욕망의 노예가 되어서 살아가는 인간의 속성도 동시에 있었을 것이다. 그러나 생로병사로 끝없이 전개되는 유한한 가치에 한번 끄달리게 되면 일상 속에서 다람쥐가 쳇바퀴를 돌리듯 부질없는 일에 목숨을 걸고 삶을 허비하게 된다. 뜻같이 성취되거나 일이 되지 않으면 희로애락(喜怒哀樂)하고 우비고뇌(憂悲苦惱)하면서 살게 된다. 이 이치에 여자나 남자가 따로 있을 수가 없다.

여기서 가르치는 바는 현재 풀을 뜯어먹고 배를 부르게 하는 것도 대단히 중요한 일이지만, 거기에 만족하거나 집착하지 말라는 것이다. 어리석음에 머물러 있지 말고, 불성종자(佛性種子)를 가진 부처님이 될 가능성을 믿고 깨어나야 한다. 진리를 보는 눈을 갖추고 욕망으로부터 털고 일어서는 일은 중생이면 모두가 해야 하는 것이다. 중생으로서의 업이 다하고 비로소 성인의 무리에 들어가게 되는 예류과(預流果)를 성취하고자 하는 자라면 [남자건 여자건] 누구라도 해야 하는 일이다.

루팔리 모카쉬 ⏐ 인도의 R. K. T. College of Arts, Commerce and Science 역사학과
의 부교수이다. 저서로는 *Alaukikā*(Mumbai∶ Param Mitra Prakashan, 2010)와 *Women in
ancient Deccan: An Epigraphical Perspective 200 BC-1200 AD*(Mumbai∶ Bharatiya Vidya
Bhavan, 출간 예정)이 있다. Lokasattā, Sanmitra and Garjana와 같은 일간지에 정기적으
로 칼럼을 기고하고 있다.

고대 인도불교의 역사 속 우바이의 지위

Finding Space for Upsiks in the Annals of
Ancient Indian Buddhism :
Inscriptional Evidence of Lay Female Devotee

17
루팔리 모카쉬
(Rupali Mokashi)

본 논문은 2013년 1월 5일에서 12일까지 인도 바이샬리에서 열린 제13차 샤카디타 세계불교여성대회(13th Sakyadhita International Conference on Buddhist Women), "Buddhism at the Grassroots"에서 발표되었다.

고대 인도의 비문들은, 비록 그것들이 본질적으로 종교와 관련된 것이라고 할지라도 개인적, 사회적, 경제적, 정치적 당시 상황에 관해서 매우 귀중한 정보를 제공한다. 나는 우바이들 즉 여성 재가 불자들이 기록한 비문 자료에서 엿볼 수 있는 그들의 삶의 다양한 측면을 밝히고자 한다. 이러한 연구는 고대 인도불교 관련 기록을 통해서 우바이들이 사회적으로 어떠한 위치를 점유하고 있었는지 제대로 이해할 수 있도록 할 것이다.

우바이들은 부처님에 의해 조성된 사부대중의 주요 구성원이었다. 여성 재가자의 기부에 관한 수많은 비문 기록은 고대 인도에서의 불사가 왕비나 공주, 비구니뿐만 아니라 평범한 여성들의 보시를 통해서도 많이 이루어졌음을 보여 준다. 북인도의 산치(Sanchi), 사르나트(Sarnath), 바르후트(Bhārhut), 마투라(Mathura), 데칸고원 서부의 카르레(Karle), 바제(Bhaje), 준나르(Junnar), 카네리리(Kanheri)와 같은 곳의 석굴, 그리고 남부의 바티프로루(Bhattiprolu), 쿤타빨리(Guntapalli), 아마라바티(Amaravati), 나가르주나콘드(Nagarjunakond) 등지에는 이러한 사실을 증명하는 비문들이 남아 있다.

기원전 3세기 후에는 불탑(stūpa), 예배소(chaitya), 정사(vihras, 精舍), 암벽을 깎아 만든 동굴과 같은 건축 형태가 유행했다. 거대한 부지에 건축물을 세우고, 이를 위한 자금 조달을 하는 일은 왕족, 재가자, 승려들을 포함한 불교도 전체의 노력으로 이루어졌다. 당시에는 비문을 새기는 기술도 널리 보급되어 있었기에 이와 같은 방대한 양의 비문을 새길 수 있었다. 방대한 양의 비문 유적을 통해서 포교사업이라는 대의를 위해 당시에 다양한 사회 구성원들이 얼마나 활발히 불사에 참여했고 기부에 적극적이었는지를 알 수 있다.

각종 불교문헌에 기록된 여성 재가자와 여성 시주의 명단은 줄곧 학계와 대중의 관심을 받아왔다. 그러나 그들과 동일한 사회 환경에서 살아갔던 평범한 우바이들의 업적과 공헌은 지금까지 제대로 주목을 받지 못했다. 불교 비문을 세심하게 조사하고 분석해 보면 그들에 관해 더 많은 것을 이해할 수 있다. 이러한 연구는 불교 역사를 정리함에 있어 그 여성들에게 합당한 위치를 부여하는 데에 유용하게 사용될 수 있다.

비문 제작 시기

우바이에 대해 기록하고 있는 대부분의 비문은 정확한 날짜가 남아 있지 않고 내용 또한 간략하다. 그럼에도 불구하고 그 비문들은 당시 인도인의 생활에 관한 중요한 정보들을 제공해 준다. 초기의 산치 비문은 기원전 2세기의 것으로 추정되는 한편, 마마카(Mamaka)의 보시에 관해 기록한 칼라츄리(Kalachuri) 제국의 왕 카르나(Karna)의 사르나트(Sarnath) 석비의 비문은 서기 1058년 10월 4일에 만들어진 것으로 보인다.[01] 이들 비문의 내용에 의하면 고대 인도 사회에서 불교의 가르침은 일반 대중들에게까지 널리 미치고 있음을 보여 준다. 이 비문들은 여성 재가자들이 장기간에 걸쳐 지속적으로 포교 사업에 얼마나 활발히 참여했는지를 알려준다.

자금의 확보

경제권을 갖고 있던 당시 여성들의 역할에 대한 논의는 보시가 이루어졌던 맥락에 대한 정보를 제공할 것이다. 살펴보면 우바이들에 의한 기부는 그들의 개인적인 능력에 따른 것으로 보인다. 이러한 사실은 여성 불자들이 현금이나 현물 형태의 재산을 가질 수 있었음을 나타낸다. 기록물에서 나타나는 증거는 여성들이 독립적으로 재산을 상속 받았을 거라는 주장을 뒷받침해 준다. 예를 들면, 『장로니게』(Therīgāthā)에는 밧다 카필라니(Bhadda Kapilani)라는 부처님 당시의 여성에 대한 기록이 들어 있는데, 그녀는 기혼 여성이었지만 자기 명의로 재물을 갖고 있었으며, 자신이 소유한 그 재물을 사원에 보시했다는

01　*Corpus Inscriptionum Indicarum* IV-I, p. 276, n. 52.

것을 알 수 있다.[02]

비문의 내용을 보면 불교에 헌신적인 여성 재가자들이 그들 자신의 부의 일부를 불법의 포교라는 고상한 대의를 위해 사용했음을 보여 준다. 카니쉬카왕(Kanishka) 재위 11년(서기 138년) 때에 만들어진 것으로 추정되는 수이비하르(Sui Vihar) 동판 비문에는 사원에 기부했던 사람들을 Vihra Svamini Upasika Balanandi-Kutumbini Balajayamata 라고 기록하고 있다. 여기에서 vihra svamini라는 용어를 볼 때 이 여성은 자신이 소유했던 재산을 기부했음을 명백하게 보여 준다.[03] 또 이 비문은 여성 재가 불자들이 '카르샤파나(Karshapana)'라는 기원후 처음 몇 세기 동안 통용되었던 화폐로 기부했음을 알려준다.[04]

이 중요한 정보는 고대 인도에서 화폐가 통용되고 있었음을 확인해 준다. 독실한 재가 여성 불자가 예리한 경제적 안목을 가지고 있었다는 것은 흥미로운 점이다. 주바리니카(Juvarinika),[05] 라바니카(Lavanika),[06] 비슈누다타샤카니카(VishnudataShakanika)[07] 등과 같은 사람들은 원금에서 몇 퍼센트씩 지속적으로 기부되게 하는 방식으로 거액의 기부를 하기도 했다고 한다.

02 I. B. Horner, *Women under Primitive Buddhism* (Delhi: Motilal Banarasidass Publication, 1999), p. 54.

03 *Indian Antiquary* X(1881) 326; and *Corpus Inscriptionum Indicarum* II-ㅓ, n. LXXIV.

04 Ghokhale Shobhana, *Kanheri Inscriptions* (Pune: Deccan College Post Graduate Research Institute, 1991), p. 4; and *Epigraphia Indica,* Vol. X, p. 108, n. 1024 참조.

05 위의 책, p. 75.

06 위의 책, pp. 98-101.

07 *Epigraphia Indica,* Vol. X, p. 127 and CII., Vol. IV, p. cxiv.

대가족

한편 보시의 공덕을 가족 구성원과 공유하고자 하는 바람이 드러나는 비문 기록이 종종 발견된다. 그런 면에서 나가르주나콘다(Nagarjunakonda)의 비문은 특기할 만하다. 제2 아프시달(Apsidal) 사원의 비문은 사원과 사원에서 필요한 물품 일체를 시주한 보디쉬르(Bodhishir)에 대해서 기록하고 있다.[08] 그녀는 이 거룩한 보시의 결과로 생기는 공덕을 29명 이상이나 되는 그녀의 가족들과 함께 나누기를 원했던 것 같다.[09] 여기에 언급된 이름 중에는 남편 아파노브하투노(ApanoBhatuno), 아버지 피투노(Pituno),[10] 시어머니 마투야(Matuya), 남편의 남자 형제 브하투남(Bhatunam), 남편의 여자 형제 브하기니(Bhagini), 조카 브하투푸타남(BhatuPutanam)과 브하기네야남(Bhagineyanam), 조부 아파노차야카사(ApanoChayakasa), 조모 아이카야(Ayikaya), 외삼촌 마투라카사(Matulakasa), 외조모 마하마투카야(Mahamatukaya), 아버지 아파노피투노(ApanoPituno), 어머니 마투야(Matuya), 남자 형제 브하투노(Bhatuno), 여자 형제 브하기니남(Bhagininam), 딸 드후티야(Dhutiya), 아들 푸타남(Putanam), 그리고 며느리 수나남(Sunhanam) 등이 있다.[11]

이러한 공덕의 수혜자들의 긴 명단은 대가족 체제 구성원의 규모가 얼마나 컸는지 짐작할 수 있다. 그런데 이 자료를 보면 남편 형제들

---

08 *Epigraphia Indica,* Vol. XX, p. 06 and p. 15, n. 1 (F).

09 위의 책.

10 위의 책.

11 *Epigraphia Indica,* Vol. XX, p. 01 (F).

의 부인과 자녀 이름은 빠져 있을 뿐만 아니라 외조부가 이들 대가족의 구성원에서 빠져 있다는 점을 확인할 수 있다. 또한 당시 남성 구성원 사이에 순위가 있었음도 짐작할 수 있다.

정체성의 속성들

우바이의 시주를 기록한 다양한 유적을 조사하다 보면 그들의 정체성이 어디에서부터 나오는지에 대한 속성이 속속 드러난다. 어떤 사람들은 스스로의 보시 공덕을 기록할 때 성을 빼고 이름만 사용하기를 선호하였다. 산치(Sanchi)의 우바이 부디나(Vudina)[12]와 에자바티(Ejavati)[13]가 그 예이다. 또 어떤 사람은 그들 자신의 정체성을 가족 안에서, 즉 부인, 어머니, 딸, 자매, 며느리, 시누이, 올케 등으로서 찾으려 했음을 보여 준다.

이에 어떤 여성 시주자는 자신을 가리니(gharini), 파자와티(pajawati) 등으로 칭함으로써 부인으로서의 정체성을 표현했다.[14] 산치의 재가 시주로서 푸사(Pusa)[15]와 나가(Naga)[16]라고 기록한 것은 일부다처제의 증거를 제공해 준다. 그들은 캄다디(Kamdadi) 마을 출신 은행가의 부인들이었다. 누구누구의 '부인'이라고 새긴 13명 이상의 우바이

---

12 *Epigraphia Indica,* Vol. X, p. 29, n. 199.
13 위의 책, p. 47, n. 417.
14 위의 책, Vol. II, p. 387, n. 294.
15 위의 책, p. 30, n. 206.
16 위의 책, n. 207.

기부자들에 대한 기록이 오늘날 산치에 남아 있다.

또 다른 정체성의 표시로서 '며느리'가 자주 사용되었다. 예를 들면 하라니카(Halanika)는 그녀 자신을 그라하파티(Grahapati)와 칼리야나(Kalyana)의 상인 비슈누난디(Vishnunandi)의 며느리로 명명한다.[17] 산치 유적의 시주 바사마나나다타(Vasamananadata)[18]와 나자(Naja)[19] 또한 스스로를 며느리로 칭하고 있다. 이러한 비문들은 아주 분명하게 가족 내 가부장제의 영향을 보여 준다. 어떤 사람은 자신의 정체성을 누구누구의 시누이로 드러내기도 한다. 보드가야(Bodhgaya)에 있는 석비에는 름다기미타(Imdagimita)의 시누이인 구라므기(Kuramgi)의 보시 행위가 기록되어 있다.[20] 시주 구라므기가 그녀의 남편에 대해서는 전혀 언급하지 않고 시누이로서의 정체성을 택하고 있다는 사실은 흥미롭다.

한편 우리는 당시 상당수의 우바이들이 그들 자신을 누군가의 딸로서 칭하기도 했음을 알 수 있다. 또한 어머니들과 아버지들은 자신들의 자녀와 시주의 공덕을 나누고자 할 때 딸도 포함하고 있었음을 알 수 있다. 한편 차두무카사므기(ChadumukhaSamghi)[21]의 딸 및 바단티 보디(Bhadanti Bodhi)[22]의 딸이라는 기록은 여성 시주가 자신의 정체성을 누군가의 딸로서 가지고 있음을 보여 주는 예이다. 첫 번째 예에서

---

17   *Journal of Epigraphical Society of India* 25(1999): 58-65.

18   *Epigraphia Indica* X, p. 29, n. 201.

19   위의 책, p. 31, n. 219.

20   위의 책, p. 96, n. 944.

21   Rao Hanumantha, Murthy Ramachandra, Subramanyam, E. Sivangi Reddy, *Buddhist Inscriptions of Andhradesha,* p. 74.

22   *Epigraphia Indica,* Vol. X, p. 146, n. 1240.

'차두무카'는 시주 여성의 아버지를 지칭하고, '사므기'는 유명한 비구니였던 것으로 추정되는 그녀의 어머니를 말한다. 어떤 여성들은 자신의 정체성을 누군가의 자매로 나타내고 있는데, 다른 많은 자매들과 함께 공동 시주로서 자신의 이름을 기록하고 있다. 가령 다밀라카나(Damilakanha) 즉 드라바이다 크리슈나(Dravaida Krishna)의 자매인 수바가(Subhaga)와 나카(Nakha)[23]의 예가 그러하다.[24]

대가족의 남성 가장에 대해서는 이미 언급한 바가 있는데, 비문들은 또한 영향력 있고 배려심 많은 여성 가장에 대해서도 언급한다. 한 비문은 카마(Kama)[25]라는 여성의 손자들을 기록하고 있고, 또 다른 비문에서 차크라다타(Cakradata)[26]라는 여성은 자신의 손자와 공동 명의로 보시를 한다고 기록하고 있다.

상인 계층의 등장

기원후 몇 세기 동안 고대 인도에서는 무역과 상업 활동이 활발했다. 새로이 출현한 상인 계급이 종종 불교를 신봉했다는 사실은 이미 잘 알려져 있다. 비문을 읽어보면 많은 우바이들이 경작자 또

---

23   위의 책, p. 27. n. 179.

24   위의 책, p. 147. n. 1243.

25   *Buddhist Inscriptions of Andhradesha*, p. 135.

26   위의 책, p. 72.

는 농부(halika),[27] 경작자(halakiya),[28] 금세공사(suvarnakara),[29] 대장장이(kamara), 무역상(negama),[30] 의사(veja),[31] 가죽 장인(chamara),[32] 선장(mahanavika),[33] 왕실 필경사(lekhaka)[34] 등등 다양한 직업을 가진 가족을 두고 있었음을 알 수 있다. 이 중 어떤 우바이들은 무역상(vanika)의 여성형인 'vanikiya'로 명기되고 있어 흥미를 끈다. 물론 단순히 이 단어만 가지고 해당 여성이 무역에 적극적으로 참여했다는 것인지, 아니면 그녀 가족의 생업이 그랬다는 것인지 판단하기는 어렵다. 유사한 예로는 아마라바티(Amaravati)[35] 출신의 바니이니나가짬파카(VaniyiniNagacampaka), 우파군두르(Uppagundur) 출신의 바니이야시디야(VaniyiyaSidhiya)[36] 그리고 담마바니키이나(DhammaVanikiyina)[37]가 있다. 이 비문에서는 오직 담마바니키이나(DhammaVanikiyina)만이 바니키이(vanikiyi)라는 칭호를 가지고 있고, 나머지 다른 여성 친척들은 각자 자신들의 이름으로만 불리고 있다는 점이 흥미롭다.

---

27 위의 책, p. 115, n. 1084.

28 위의 책, X, p. 122, n. 1121.

29 위의 책, X, p. 102, n. 986.

30 위의 책, p. 104, n. 1000.

31 위의 책, p. 105, n. 1001.

32 위의 책, X., p. 111, n. 1048.

33 *Buddhist Inscriptions of Andhradesha,* p. 130. This inscription is excellent proof of overseas trade in ancient India.

34 *Indian Antiquary,* Vol. VII, pp. 253-255.

35 위의 책, n. 1292, p. 154.

36 위의 책, p. 153, n. 1285.

37 *Buddhist Inscriptions of Andhradesha,* p. 133.

한편 여성 재가 불자들이 보시한 물품을 살펴보면 종류가 무척 다양했음을 알 수 있다. 구체적으로 살펴보면 법등(divalamba),[38] 발자국(paduka),[39] 기둥(stambha),[40] 직립 판자(udhamapata), 종교 서적들의 사본,[41] 탑 위에 설치하는 양산(chata),[42] 법당(mandapa),[43] 기단(ayaka),[44] 동굴,[45] 저수지(paniyapodhi),[46] 욕탕(nhanpodhi),[47] 안방(ovarika),[48] 농경지[49] 등이 있다.

뿐만 아니라 비문의 내용에는 우바이 시주의 출신지도 언급되어 있다. 자료에 언급된 장소의 지리적 위치를 확인해 보면 당시 인도에서 불교 재가자의 활동 범위를 짐작할 수 있다. 보시를 할 때 어떤 우바이는 그들의 고향 근처를 선호했음을 알 수 있다. 예를 들어 다마라키타(Dhamarakhita)라는 우바이의 경우 "베누바가미야(Venuvagamiya)"와 "코삼베야카(Kosambeyaka)"가 동시에 거론되고 있는데, 이는 그녀가 카우삼비(Kausambi) 출신이면서 당시에 베누카그라마(Venukagrama)에 살

---

38 *Epigraphia Indica,* Vol. X., p. 147, n. 124.

39 위의 책, p. 143, n. 1219.

40 위의 책, p. 155, n. 1302.

41 *Corpus Inscriptionum Indicarum* IV-1, p. 276, n. 52.

42 *Epigraphia Indica* X, p. 152, n. 1276.

43 *Buddhist Inscriptions of Andhradesha,* p. 131 The meaning of Ukha Siri is not clear.

44 위의 책, p. 130.

45 *Epigraphia Indica,* Vol. X, p. 159.

46 위의 책, p. 107, n. 1018.

47 위의 책, p. 114, n. 1073.

48 위의 책, X, p. 112, n. 1058.

49 위의 책, p. 114, n. 1073.

고 있음을 뜻한다. 또 담마라키타와 관련된 비문은 베누카(Venuka)가 그녀의 당시 거주지라는 것을 말해 주면서 동시에 그녀의 고향이 카우삼비(Kausambi)라는 것을 알려 준다.

또한 비문에는 우자인(Ujjain)[50]이나 비다샤(Vidisha)[51]와 같이 오늘날까지 유명하고 잘 알려진 마을의 이름도 기록되어 있다. 우자인 출신의 16명의 여성 재가자들의 보시에 대해서는 산치 비문에 나와 있다. 이 중 레바(Reva)와 시리카(Sirika) 두 여성은 우자인 출신임을 의미하는 'Ujenika'로 기록되기를 원했다.[52] 한편 그중에는 체쿠란나(Chekulana)[53]나 코다카(Kodaka)[54]와 같이 시주를 한 우바이의 출신지를 확인할 수 없는 경우도 있다.

어떠한 우바이들은 그들이 보시한 사원 근처에 살았지만 어떤 우바이는 먼 곳에 살기도 했던 것 같다. 그들이 보시를 할 때 그 먼 거리를 직접 다녀왔는지 아니면 대리인이나 다른 조직에 의뢰했는지는 확인할 수 없다. 어찌되었건 당시 우바이들이 통이 큰 시주였으며 후세 사람들에게 자신들이 한 보시를 알리기 위해 노력했다는 점은 확실하다.

---

50 위의 책, p. 46, n. 415, n. 414.

51 위의 책, p. 78.

52 위의 책, p. 45, n. 385 and p. 46, n. 406.

53 위의 책, p. 75.

54 위의 책, p. 25.

캐롤 L. 윈클만 ┃ 미국 오하이오 주 신시내티에 있는 자비에르대학의 언어학 교수이다. 까르마 까규파의 티베트불교를 수행하고 있다. 샤카디타 USA의 이사이다. 젠더와 폭력에 대한 강의를 개설하고 있으며, 여성 언어 폭력 종교에 대한 책과 논문을 발표하였다. 현재 불교 여성의 리더십에 대해, 그리고 사회 미디어의 갈등문제에 대해 저술중이다.

떠오르는
여성 불자의 리더십:
신성과 불경의 교차점

Emergent Buddhist Women's Leadership :
Competing Feminist Views at the Intersection of
the Sacred and the Profane

18

캐롤 L. 윈클만
(Carol L. Winkelmann)

본 논문은 2015년 6월 23일에서 30일까지 인도네시아 족자카르타에서 열린 제14차 샤카디타 세계불교여성대회(14th Sakyadhita International Conference on Buddhist Women)에서 발표되었으며, Karma Lekshe Tsomo ed., *Compassion and Social Justice,* Yogyakarta: Sakyadhita, 2015에 수록되었다.

여성들은 역사적으로 여성의 힘, 상호관계 기술, 낮은 지위의 노동을 요구하는 장소인 가정 내, 시장, 돌보는 곳, 종교적 장소 같은 곳에서 지도자의 역할을 비공식적으로 수행해 왔다.[01] 즉 여성들은 아내, 안주인, 혹은 이름 없는 조언자로서 왕좌 뒤의 실세로써 영향력을 행사해 왔다.

혈통이 우선시 되는 곳에서나 성의 이분법을 영속시킬 수도 있는 여자대학이나 여성협회와 같은 공식적인 곳에서는 여성들은 지도자 역할을 해 왔다. 그러나 여성들은 공식적인 리더 역할을 수행하는 중

---

01 비공식적 역할들은 전형적으로 사적이고 낮은 가시성을 띠는 활동을 수행하는 것이고 공식적인 권한을 갖지 못한다. 공식적 역할은 공적인 영역의 활동을 수행하고 인정받고, 법적이고 공적인 권한과 위상을 유발한다. 나는 좀 더 전통적인 공적/사적 영역이라는 용어 대신 이 용어를 사용한다. 왜냐하면 그와 같은 구분의 허점과 실행중인 권한의 역학 때문이다. 공식적 리더는 비공식적 리더보다 덜 실제적이나 더 공식적 힘을 행사한다.

에 종종 장애물을 만나게 되며 자주 비판이나 적대심, 멸시의 대상이 되곤 했다.

사실, 현대 여성들이 그들의 재능이나 능력에 걸맞은 지위나 공적인 자리를 차지함으로써 여성들의 리더십 관례는 더욱 주목을 받게 됐다. 이는 여성 불자들이 속한 승가, 지역사회, 일터에도 적용된다. 본 논문에서 나는 리더십연구와 여성운동 이론에서 나온 현대적 사례들을 통해 여성들의 어려운 문제를 고찰해 보고자 한다.

리더십 연구

오랫동안 효과적인 리더십을 밝혀내기 위해 여러 접근법들이 사용되어 왔으나 그것들은 유용한 동시에 문제점을 갖고 있다. 나는 유명한 불교 지도자들의 예를 제시하면서 세속적 리더십 연구에서 가장 많이 통용되는 다섯 가지 접근법을 살펴보고자 한다. 그 제시된 예들의 불교 지도자들은 모두 남성인데 전통적으로 위대한 지도자는 남성이라고 여겨지기 때문이다.

첫째, 훌륭한 지도자는 타고 나는 것이라 여겨지는데 그 전형적인 예가 붓다 고타마이다. 그가 태어났을 때 전생에 쌓은 선업의 결과로 이생 동안 붓다가 되고 깨달음을 얻을 것이라고 여겨졌다.

둘째, 리더십이 체화된 일련의 특성이나 성격에 의해 나타난다는 견해이다. 예를 들어 덕 높은 불교지도자는 자·비·희·사라는 사무량심을 갖고 있다. 이 접근법의 변형은 훌륭한 지도자는 카리스마를 가진 사람이라는 생각이다. 14대 달라이 라마는 업과 환생이라는 불교

원리에 따라 지도자로 태어났음에도 불구하고 엄청난 매력과 카리스마로 세계적으로 존경받는 지도자가 되었다.

셋째, 좋은 지도자는 사람들의 마음을 자유자재로 움직일 수 있는 기능적 능력을 지녔다는 것이다. 티베트의 불교 스승인 광혜 선사(Cho-gyam Trungpa Rinpoche)는 대중을 상대로 상, 위협, 충격, 경외심 등을 자유자재로 사용했다. 때로, 지도자는 특정한 상황에 부응해 나타나기도 하는데, 상황이 지도자를 정하거나, 지도자 유형을 만들기도 한다.

넷째, 인도의 밀교 수행자인 파드마 삼바바가 대표적이다. 삼예 사원에서 샨타락시타가 불교의 확립을 방해하는 악마의 세력들을 굴복시키지 못했을 때 그는 티베트에서 지도자가 되어 반대세력을 지배하고 변화시킬 수 있는 능력을 보여 줌으로써 주요하고 역사적으로 의미 있는 지도자의 역할을 완수했다.

다섯째, 요즘 리더십 문헌에서 인기가 있는 관계적 유형의 리더십이다. 이 유형의 지도자는 환경 안에서 조화로운 관계를 만들려고 애쓴다. 대표적인 예로 틱낫한은 세속사회에서 여성적 리더십으로 고정관념화 된 정직하고 자애로운 관계를 중요시 한다.

위의 다섯 가지 이론들은 성공적인 지도자를 설명하고 훈련시키기 위해 제시되어 오고 있다. 그러나 불교에서의 독점적이고 남성 위주의 리더십에 도전하는 여성 불자들의 다양한 공동체에 호소력과 체험적 혜택을 준다 할지라도 나는 이러한 접근법들은 문제가 될 수 있다고 주장한다. 왜냐하면 각각의 상황은 여러 가지 교차하는 다른 담론에 의해 형성되고 구성되기 때문에 이러한 리더십에 대한 기술적

접근들은 각각의 고유한 상황에서 절대적 이론이 될 수 없다.[02]

여성의 리더십: 젠더적 담론의 분석[03]

리더십이 특정한 상황에서 어떻게 다른 담론들에 의해 왜곡되는지 제
시하기 위해 여성들을 "불교 전통에서 지도자가 될 수 있는가?"[04]라는
제목의 학구적 논문 한 편을 간략히 분석해 보려 한다. 이 논문에서,
저자는 진보적이거나 보수적인 담론들 안에 있는 여성 불자들의 리더
십 사례를 몇 가지 제시하고 있다. 기본적으로 계율문헌이나 문화적
다양성이 현재 인정받지는 못하고 있으나 인정받아야 하는 여성 리더
십에 주의를 기울이게 하고 있으며, 그녀는 위의 접근법들을 암시적
으로 사용한다. 나는 그녀의 논문에서 나온 사례를 제시하기 전에 그
접근법을 확인하고자 하며 그 접근법들은 Holmes-Tagchingdarpa에
의해 여성으로 젠더화되어 있다

02　언어학에서 상황(문맥)은 참여자, 대화자, 대화상황의 다양성으로 구성되어 있다: 대화
　　에 의해 유포된 역사적, 문화적 또는 관념적 이해. 즉 간단히, 상황은 말과 사회의 조건
　　에 의해 구성된다.

03　나의 여성주의 포스트구조주의 담론 분석법은 의미의 유연성과 아이덴티티에 기본한
　　것이다. 포스트 구조주의(즉 제3의 물결 또는 포스트모던주의)이론과 의미, 그리고 아이
　　덴티티는 계속 변하고 위치를 맞추고 서로 충돌하거나 겹치는 담론들에서 얻어지는 것
　　이다. 나의 작업은 특히 Judith Baxter의 *The Language of Female Leadership* (New York:
　　Palgrave, 2010)에 영향을 받았다.

04　AmyHolmes-Tagchungdarpa, http://berkleycenter.georgetown.edu/forum/can-
　　women-become-leaders-in-the-buddhist-tradition#. (2015. 2015년 3월 1일 접근). 나
　　는 이 논문을 학문적 분야의 본보기라고 생각한다. 즉 서술적이며, 교육적이고, 명료하
　　도록 구성되어진 설명적 글쓰기의 전형이라고 본다. 그러나 내가 이 논문을 선택한 이
　　유는 아무리 좋은 의도의 불교의 리더십 논의라도 문제가 될 수도 있음을 보여 주려는
　　것이었다.

지도자는 태어난다[남성]: "몇몇 불교적 설명에 따르면, 여성은 여성이라는 한계 때문에 깨달음에 이르는 것이 불가능하다고 여겨진다."(1/6)

지도자는 어떤 성격이나 특징을 가지고 있다: "사실, 오늘날 대한민국 서울에서, 비구보다 더 많은 비구니들이 불교연구에서 박사학위를 가지고 있다."(3/6)

지도자는 어떤 행동을 보여 준다: "사람들은 완전한 수계를 원하는 비구니들에게 세속적 서열의 문제는 차치하고 대신 수행과 봉사에 집중하라고 주장한다."(2-3/6)

지도자는 어떤 기능을 수행한다: "역사적으로, 여성 평신도들은 사원의 기관을 건설하고, 불교경전 출판과 구성작업, 의식의 수행 등에 기금을 대는 주요한 후원자였다."(3/6)

상황이 리더십을 결정한다: "수계는 남성 중심적 불교문화 속에서 여성 수행자들이 직면한 어려움에 비하면 부차적이다. 여성 수행자들은 경제적으로 궁핍한 기관에 머물며 수계와 같은 계율적 논쟁보다 제도적, 교육적 지원을 요구한다."(3/6)

저자는 역사적, 문화적 기록들을 인용함으로써 학술적 객관성을 확보하려 하나 성에 대한 이론적, 정치적 입장은 타자적이고 비평적이다. 게다가 리더십 패러다임은 성을 포함한 다양한 담론들과 함께 한다. 즉, 반 여성주의, 제2 물결 여성주의, 제3 물결 여성주의[05] 등이며 아래에서 나는 담론과 관련하여 그 이론적 입장들을 확인하고자 한다.

1. 반 여성주의 담론 수계 논쟁은 자신들의 입장을 과하게 주장한다고 승가 지도자들은 생각하고 있으며, 서구 여성운동주의자들의 비난 때문에 극단적이 되었다고 저자는 논평 없이 기술한다.

2. 제2 물결 여성운동 담론은 남성과 여성은 본질적으로 다르다는 개념에 근거한 담론으로, 붓다는 여성도 불교 공동체인 승가에 참여할 수 있고 수계 받을 수 있도록 해 달라는 양어머니 마하파자파티의 요청을 세 번이나 거절했으며, 수계 받은 여성은 더 많은 계율을 지켜야 한다는 약속을 받은 후에야 마지못해 승낙했다고(1/6) 기술한다.

3. 제3 물결 여성운동 담론은 의미와 정체성의 유동성을 수용한 담론으로, 여성들에게 기회를 제공할 때 불교의 다양성을 예시하고 인간 공동체를 주체로 고려하는 것을 중시한다고 기술한다.

---

05   나의 리더십이론의 비평은 '교차성'이라는 개념에 의해 채워진다. '교차성'이란 조직적 억압의 상호 연관성을 설명하기 위해 사용 하는 개념이다: 민족주의, 성차별주의, 계급주의, 동성애공포증, 외국인혐오증 등 어떤 하나의 억압이 고립적으로 또는 다른 억압에 더해서 검토될 수 없다. 예를 들어 우리는 민족주의, 계급주의, 동성애혐오증이 성과 젠더의 경험을 상호 침습하는 방법에 의존하지 않고는 성차별 주의를 연구할 수 없다. 킴벌리 크렌쇼의 고전적 논문을 보시라. 마치 여성 중에 다양한 사회적 인구통계학이 존재하지 않거나 리더십 생존가능성에 영향을 주지 않는 것처럼 전통적인 리더십 이론과 여성 불자들의 현재의 리더십 논의가 진행되고 있다. 여성들의 다양한 지위와, 경험, 지식 그리고 감수성이 중요하다. 그것들은 여러 가지 방법을 통해 효과적인 리더십의 인식에 영향을 준다.

이러한 성차별적이 담론들을 전개하면서, 저자는 어떤 하나의 여성운동이론을 지지하거나 비판하는 것을 자제하고 있다. 또한 학술적이고 명백히 객관적인 방법으로 논쟁의 형태를 잡아간다. 예를 들어 리더십에 대해 경험적으로 인정받아 온 여성의 경쟁력을 다루는 것에 대한 비평[06]도, 비공식적 지위들은 힘, 가시성, 사회변화의 측면에서 공식적 지위들과 같지 않다는 진보적인 논의도 제공하지 않고 있다.

위의 장황한 담론들의 효과는 보수적이고 모든 리더십의 전형들은 똑같이 유효하다. 여성의 평등을 다룬 어느 특정한 이론이 더 우위를 점하거나 포괄적인 것은 아니다. 중요한 것은 여성들이 대개 성 이분법을 재수용하고 그들의 충만한 리더십 잠재력을 제한하는 비공식적 지위들로 떨어진다는 점이다. 그러므로 실질적으로 말하자면, 여성 불자들은 회자하는 성차별적 담론에 대항해 자신들의 위상을 변화시켜야 한다. 리더십 발전의 측면에서, 여성들은 "우리, 여성 불자들은 누구인가?"라는 질문에 좀 더 전략적으로 대응해야 한다. 특히 보편적인 인권의 담론들이 문화적으로 굴절된 몇몇의 성차별적인 담론들보다 더욱 지지 받는 세계화 과정과 관련해서 여성들의 전략적 리더십이 요구된다.

---

06 Samantha C. Paustian-Underdahl, Lisa Slattery Walker, and David J. Woehr, "Gender and Perceptions of Leadership Effectiveness: A Meta-Analysis of Contextual Moderators," *Journal of Applied Psychology* 99:6(2014): 1129-45.

상황

나의 주장을 요약하면 여성 불자들의 리더십에 관한 논의들이 명시적인 지도자의 역할에만 집중되는 경향이 있으며 이러한 논의들은 리더 중심적이다. 그러나 리더십이 행해지는 상황들은 참여자들에 의해 사용되는 담론들의 역동적 흐름에 의해 구성된다. 그러나 몇몇 담론들이 특정한 상황에서 다른 담론보다 더 지지를 받기도 한다.

남성 주도적 상황에서, 여성들의 리더십은 성장하지 못하고 지지 부진해지기 때문에 제2 물결 여성운동의 전형적 반응은 위대한 여성의 리더십으로 대응하는 것이었다. 즉 여성은 남성이 성취한 어떤 것도 똑같이 역시 성취할 수 있다는 것이다.[07] 그러나 남성 지배적 상황에서는 이러한 접근법은 효과적이지 않다. 왜냐하면 여성의 기여도가 리더십이 카리스마, 행동, 기능, 관계성의 면에서 이해되든 간에 별로 귀중하게 여겨지지 않기 때문이다. 조직 내에서 수적으로 더 많은 여성들의 존재가 그 환경이 남성 지배적이 아니라는 보장을 하지는 않는다. 상황을 결정하는 것은 여성 리더십에 대한 담론들이다. 이러한 담론들은 상황의 부분집합이기도 하다.

남성과 여성이 다르게 여겨지나 동등하기는 한, 성차별적 상황에서는(즉, 제2 물결 성 관념론에 영향을 받은) 위대한 여성의 리더십 이론과 관계적 유형 리더십은 효과적일 수 있다. 왜냐하면 잘못된 이유일지라도 적어도 여성들이 귀중하게 여겨지기 때문이다. 즉 완전한 인간으

---

07   Todd L. Pittinsky, Laura M. Bacon, and Brian Welle, "The Great Women Theory of Leadership," *Women and Leadership: The State of Play and Strategies for Change,* ed. Kellerman and Deborah L. Rhode (San Francisco: Jossey-Bass, 2007).

로서의 여성들의 잠재력은 인정받을 수 없다. 그러나 만약 여성들이 고정관념적인 여성다운 관계적 행동을 한다면 여성들은 수용되고 때로는 보상도 받게 된다.

현대사회에서 여성은 남성과 완벽히 동등하다는 후기 여성운동 관점에서 보면 위의 두 상황은 똑같이 문제가 있다. 후기 여성운동 단체들은 자신을 성 중립적이라고 선언했다. 분명히, 성은 더 이상 중요하지 않다. 그러므로 잘 관리된 행동, 특성, 기능 등이 리더가 남성이든 여성이든 간에 성공적인 리더십에 이르게 할 것이다. 그러나 실제로 성 중립선언으로는 부족하다. 불교도들은 특성에 근거한 리더십의 전형인 사무량심과 관련된 덕성 접근법에 찬성할 수도 있다. 그러나 덕의 성 구별적 모습은 문제를 복잡하게 만들 수 있다. 예를 들어 덕성 접근법은 리더의-조직 내에서는 성공적이진 않더라도-모성적이고 양육적 유형과 궤를 같이 한다.[08] 성 중립성 주장에도 불구하고 성 고정관념이 없는 조직은 거의 없다. 실제로 성 중립적이라는 곳들이 언어적 가식 속에서 더 남성 지배적이고 성차별적인 곳이 많다.

여성 불자들의 리더십에 대한 몇몇 주목할 점

여성 불자들이 리더십 발전을 생각할 때, 리더 중심적 유형이 항상 유용한 것은 아니라는 점에 주목해야 한다. 개인적으로 위대한 불교 지

---

08 Kanter(1977), cited in Baxter, *The Language of Female Leadership.*

도자들이나 성인들의 덕성을 상기하는 것은 영적으로 좋은 일이라 생각한다. 그러나 여성들이 심각하게 상황적 요소를 고려하지 않고 특정한 리더십 유형을 실행하는 것은 위해하고 자기 파괴적일 수 있다. 남성 지배적이고 성차별적인 상황에서, 전통적으로 남성에 의해 활용되던 단호한 리더십을 사용하는 여성은 저항, 해임, 심지어 폭력을 경험할 수도 있다. 그리고 성인이나 신중 같은 위대한 불교 리더십의 원형적 유형에 대한 호소 역시 각각의 문화적 상황을 쉽게 극복할 수 없다. 위대한 리더십의 상징과 전형으로서의 밀라레빠와 관세음보살은 특정한 지역이나 분파적 상황에서는 큰 의미를 갖지만 세속의 불교도들에겐 그렇지 않을 수도 있다. 그와 같은 유형들은 교육적 도구로써 민족적이거나 개종한 공동체 사이의 이미 문제가 있는 분파들에 잠재적으로 기여하고 있다.

효과적인 여성의 리더십은 오직 성의 다양성이 존재하는 조직, 즉 성이 다면적, 유동적, 비 이분법적으로 인식되고 있는 조직, 그리고 정체성이 성, 인종, 민족, 나이, 교육, 언어 등 기타에 의해 역동적으로 구성되며 종종 모순적이라고 보이는 조직 안에서만 완전히 지지 받을 수 있다. 이와 같은 환경에서 지도자들은 다양한 리더십의 유형들을 사용하도록 지지 받고, 성은 단지 정체성의 한 부분일 뿐이라고 여겨진다. 지금까지 그와 같은 포괄적인 조직은 드물고 산발적이다. 즉 성의 다양성 순간들은 일시적이고 틈새에서만 발견된다. 흥미롭게도, 여성 지도자의 수가 늘어감에 따라 여성 지도자들이 여성이나 남성에 의해 더욱 긍정적으로 평가 받는다.[09]

---

09   Samantha C. Paustian-Underdahl, et al, "Gender and Perceptions of Leadership

결론적으로, 좋은 리더십이란 어떤 특정한 인물에 고정된 자질이나 조건이 아니다. 모든 리더십 이론과 모든 성 이론도 여성에게 똑같이 유익하다. 특히 그런 이론들이 광범위하게 교차할 때, 상황은 참여자 또는 물질적 조건들의 고정된 조합으로만 이해될 수 없다. 상황은 참여자, 대화참가자, 그들의 관계, 목적, 의제, 인식, 여건 그리고 역사적, 문화적, 관념적 배경에 대한 이해를 포함하는 역동적이고 포괄적인 분출로서 더 잘 이해될 수 있다. 이런 모든 요소들은 리더십이라는 방정식에서 중요한 역할을 하며, 또한 이 요소들은 매 순간 변화한다. 이 요소들은 상호적으로 영향을 미치는 담론들의 끊임없이 움직이는 흐름 속에서 역동적으로 실현된다.

현명한 불자는 실제의 특정한 작업 상황과 교차하고 모순적인 담론들의 있을법한 결과물을 분석한다. 더불어 특정한 리더십 관행이나 리더십의 생존가능성에 대해 식견 있는 결정을 내린다. 간단히 말해서, 모든 중생의 이익을 위해 능숙하게 일하기를 원하는 그녀는 아마도 보살일 뿐 아니라 언어학자일 것이다.[10]

Effectiveness," pp. 1132-33.

10　나는 미국 샤카디타의 회원인 샬롯 콜린스와 앨리스 디비토에게, 그들의 자매애와 연대, 그리고 이 논문을 논평해 준 데 대해 감사를 표한다.

효준(曉焌) 스님 | 조계종비구니이다. 동학사 승가대학과 화엄 승가대학원을 졸업하고, 동국대학교 불교학과 석사과정을 수료하였다. 현재 제천 자광사에서 총무 소임을 맡고 있다.

당신은
보살입니다

You are a Bodhisattva :
Why Female Lay Buddhists are Referred to as Bosal

19

효준 스님

본 논문은 2013년 1월 5일에서 12일까지 인도 바이샬리에서 열린 제13차 샤카디타 세계불교여성대회(13th Sakyadhita International Conference on Buddhist Women), "Buddhism at the Grassroots"에서 발표되었다.

지난 '12차 샤카디타' 기간 중, 나는 한 여성 재가 불자님과 그날 발표한 내용에 관해 깊은 이야기를 나눌 기회가 있었다. 그날은 한국의 법사님이 패널로 참여하여 발표를 했다. "한국의 여성 재가 불자들이 불교계 안에서 참여도가 높음에도 불구하고 인정받지 못하고 소외되고 있다."는 내용이었는데, 그녀는 발표에 쓰인 자료나 내용이 옛날 것이어서 지금의 상황과는 많이 다르다고 말했다. 지금은 여성 재가 불자들도 불교단체의 지도자로 나오고 있고, 여러 분야에서 활발한 활동을 하고 있다는 것이다. 그러나 아직 불교계 안에서 여성으로서 차별은 존재하고 있다고 말했는데, 그러면서 한 말이 바로 이것이었다.

"여성 재가 불자들은 '보살'이라고 불리는 것을 좋아하지 않아요."

'보살'이란 어떤 뜻을 담고 있는 것일까? 그리고 한국의 여성 재가 불자들은 왜 이 호칭을 꺼려하는 것일까? 이 글에서는 한국의 여성 재가 불자들이 꺼려하는 '보살'이라는 호칭의 참뜻과 불러주기 시작한 의미에 대해 알아보고자 한다.

　사실 '보살'이란 호칭은 전혀 부정적인 단어가 아니다. 오히려 그 반대로 굉장히 좋은 뜻을 담고 있다. '보살(菩薩)'은 'Bodhisattva'를 '보리살타(菩提薩陀)'로 음역한 뒤, 두 단어로 줄여진 말이다. 한국에서는 'Bodhisattva'나 '보리살타'라는 단어보다 일반적으로 이 '보살'이란 단어를 많이 쓴다. 또한 'Bodhisattva'란 여러분도 알다시피 『자타카』에서 부처님의 전생을 나타내던 용어이다. 이 용어는 대승 불교에 들어오면서 다양한 의미로 확장되었다. 우선, 깨달았지만 중생을 위해 열반에 들지 않고 중생제도에 힘쓰는 수행자를 지칭하여 'Bodhisattva'라 부른다. 한국에 알려진 대표적인 Bodhisattva로는 문수보살, 보현보살, 관세음보살, 지장보살 등이 있으며, 이 Bodhisattva들은 예로부터 불교신자들의 신앙의 대상으로 모셔 왔다. 또한 학식과 덕망이 높은 고승에게 Bodhisattva란 존칭을 붙여 부르기도 하는데, 『중론』의 저자이자 중관학의 시조인 '용수', 유식학을 완성시킨 '세친', 『대승기신론』의 저자인 '마명' 등이 그 예이다.

　이렇듯 대승불교의 이상적 인간형을 대표하는 대보살들이나, 불교계의 존경받는 스님들께 존칭으로 쓰이던 이 용어는 대한민국에서 또 다른 이들에게 불리고 있다. 그들은 바로 위의 대화에 나오는 한국의 여성 재가 불자이다. 이렇게 평범한 재가 신도에게, 그것도 남성 불자는 제외된 여성 재가 불자에게만 '보살'이란 용어가 일상적으로 쓰이는 것은 불교 역사를 통틀어도 찾아보기 어려운 희귀한 경우이다. 그렇다면 어떤 이유로 한국의 여성 재가 불자에게 보살이라는 칭호가 붙게 되었을까?

한국에서 '보살'이란 용어가 여성 재가 불자에게 쓰이게 된 시작에 대해서는 몇 가지 설이 있다. 첫 번째는 1950년대 있었던 불교정화운동[01]에서 여성 재가 불자의 공로를 인정하는 의미로 '보사(保寺)'[02]라고 부르던 것이 '보살(Bodhisattva)'로 와전되었다는 설과, 두 번째는 보살계를 받은 신도들에게 '보살'이라고 부르기 시작한 것이 일반화되었다는 설이다. 세 번째는 관세음보살님이나 지장보살님처럼 자비와 사랑을 실천하라는 의미로 '보살'이라고 불러주었다는 설과, 네 번째는 절에 다니는 나이든 여신도를 부르던 호칭이 시대가 지나면서 나이를 따지지 않고 모든 여성 재가 불자에게 붙게 되었다는 설이 있다.[03]

그 중에서 가장 설득력 있는 것은 보살계 수계와 관련되어 있을 것이란 주장이다. '보살계'란 대승불교권에서 불자가 수지해야 할 계율로서, 한국에는 7세기를 전후하여 보살계가 알려졌다고 전해지고 있다. 대승교학과 출가승가전통이 동시에 전승된 한국불교의 전통에 의해 출가대중인 스님들도 구족계와 더불어 보살계를 받아 지녔고, 재가 신도들 또한 계층이나 성별에 구분 없이 높은 사회규범으로 수지되고 전파되었다. 왕족이나 귀족들이 스스로를 '보살계 제자'라고 부르고, 국가적인 행사로 보살계도량(菩薩戒道場)을 열어 국왕이 보살계를 받는 것을 관례화할 만큼 보살계를 중요하게 여겼다. 그 후 불교를 억압하는 시대를 지나면서도 끊어짐 없이 지금까지 명맥을 이어오

---

01 1954년부터 1962년까지 계속된 비구·대처승 간의 분규. 이 운동의 결과로 비구·비구니만을 인정하는 현재의 대한불교조계종이 재발족 되었다.

02 보사(保寺)는 사찰을 보호하는 사람.

03 윤창화 외, 『왕초보 불교박사되다』(민족사, 2008) 참조.

고 있어, 오늘날에도 전국의 많은 사찰에서는 매년 보살계 수계법회가 큰 규모로 열리고 있다.[04]

현재 한국의 보살계 수계법회는 『범망경』[05]을 근거로 열린다. 『범망경』 하권에 있는 십중대계와 사십팔경구계를 받으며, 보살로서의 실천을 발원한다. 이때, 부처님의 제자가 되었다는 의미로 새로운 이름을 받는데, 그것을 불명이라고 한다. 불명은 수계 받는 불자의 특성에 맞게 법사스님이 지어 주는 것으로 사찰에서는 이 불명 뒤에 'Bodhisattva'의 음역된 말인 '보살'을 붙여 'ㅇㅇㅇ 보살'이라고 부른다. 예를 들면 불명이 '여래심'이라면, '여래심 보살'이라고 불러주는 것이다. 바로 이렇게 보살계를 받은 신도에게 불명 뒤에 붙여준 '보살'이라는 호칭이, 시간이 지나면서 일반화 되었고, 보살계를 받은 대다수가 여성 재가 불자들이었기에 '보살'이란 용어는 여성 재가 불자를 지칭하는 단어로 굳어지게 되었다는 것이다.

보살계는 보살이 되고자 서원하고 발심하는 사람이라면 누구나 받을 수 있는 계로서, 사부대중(비구·비구니·우바새·우바이) 모두 어떠한 차별 없이 받을 수 있다. 출가자나 재가자, 여성이나 남성이나 부처님의 가르침에 따라 살고자 하는 사람이라면 그 사람을 보살로 보는 것이다. 사찰에서 여성 재가 불자를 보살이란 호칭으로 부르기 시작한데에는 보살계를 받고 실천하는 수행자로서 인정하고 존중하는 표시와, 더 나아가 관세음보살이나 지장보살을 닮아가려고 노력하며 살라

---

04 지관 스님, 『가산불교대사림 9』(가산불교문화연구원, 2007), p. 1122-1127 참조.

05 초기경전의 『Brahmajala Sutta』와는 다른 경전으로 동북아시아에서 널리 알려져 있다. 상하 두 권으로 이루어져 있으며, 상권에는 석가모니불과 노사나불의 설법이, 하권에는 십중대계(十重大戒)와 사십팔경계(四十八輕戒)인 대승계율을 담고 있다.

는 바람의 의미가 담겨있었던 것이다. 현재는 보살계 수계 여부에 상관없이 모든 여성 재가 불자를 '보살'로 부르고 있다. 그리고 그것은 한국 여성 재가 불자에게만 국한된 것은 아니다. 세계 어디에 있든 여성 재가 불자라면 모두 '보살'로 불리는데 차별은 없다. 나를 비롯한 한국 사람들이라면 여기 있는 여성 재가 불자도 모두 부처님의 가르침을 따르는 수행자인 'Bodhisattva', 즉 '보살'이라 부를 것이다.

그러나 절에 다니고 있는 대부분의 여성 재가 불자들은 이러한 '보살'의 뜻을 알지 못하는 것이 사실이다. 단지 절에서는 결혼한 여성에게 '아줌마'라고 부르지 않고 '보살'로 부른다고 생각할 뿐이다. 실제로 사찰 안에서 '보살'이란 명칭을 쉽게 들을 수 있지만, 보살계를 받은 제자로서의 존중의 표시나 보살님처럼 살라는 축원의 분위기는 느낄 수 없다. 때로는 보살의 참다운 의미가 폄하되어 여성 재가 불자를 다른 그룹(스님이나 남성 재가 불자)과 차별하는 의미로 쓰이는 경우를 자주 볼 수 있다. "보살 주제에~" "보살이 감히 어디서~"라는 식의 표현을 사찰에서 자주 들을 수 있는 것을 한 예로 들 수 있다. 이것은 '보살'이란 명칭이 본래의 의미를 상실하고, 사찰에서 차별 받고 소외당하는 여성 재가 불자의 이미지가 ('보살'이란) 단어 속에 고스란히 스며든 것이라고 볼 수 있다.

또한 한국불교의 구성원과 신행활동의 내용 대부분이 여성중심적인 모습을 '여성불교'와 '치마불교'—여성이 입는 치마에 빗대어서 이름 지은—라는 용어로 표현하고 있는데, 이 두 용어와 같이 '보살불교'란 용어가 쓰이고 있다. 여기서 등장하는 '보살'의 뜻은 'Bodhisattva'가 아닌, 단순히 여성 재가 불자를 뜻하는 것으로, '여성'과 '치마' 그리고 '보살'이 똑같은 의미로 쓰이고 있다.

"… 종교 인구센서스의 남·여 신도 통계를 보면 불교 쪽이 오히려 다른 종교보다 남자 신도 비율이 높은 것으로 나타난다. 그럼에도 '치마불교', '보살불교'라는 명예롭지 못한 별칭이 전해지는 것은 불교인들 모두가 뼈아프게 새겨야 할 대목이다."

〈김숙현 논설위원 /「불교신문」 2012년 7월 4일자〉

"… 흔히 여성불교를 칭할 때 등장하는 '보살불교'라는 용어에 담긴 속뜻을 살펴보면 안타까움이 더한다. 보살불교는 '치마불교'와 함께 여성불교 비하의 뜻을 내포한 대표적인 단어로, 그 속에는 여성 불자들의 신행이 기복적이고 비불교적이라는 편견이 뿌리 깊이 내재돼 있기 때문이다."

〈송지희 기자 /「법보신문」 2012년 1월 18일자〉

그리고 '보살'은 위 기사의 내용에서 보이는 것처럼, 결코 좋지 않은 이미지로 불교를 수식하는 단어 중 하나가 되었다. '보살불교'는 '치마불교'와 마찬가지로 '기복적이고 비불교적인' '불교인들 모두가 뼈아프게 새겨야 할' '명예롭지 못한 별칭'이며, 한국불교가 극복해야 할 전근대적 신행활동으로 인식되고 있는 것이다. 이러한 상황이다 보니, 대부분의 여성 재가 불자가 자신이 '보살'이라고 불리는 것에 대한 자긍심이 없는 것은 어쩌면 당연한 현상일 것이다. 심지어 '보살'이란 명칭보다 직책이나 소임의 명칭으로 불리는 것이 더 존중 받는다는 생각으로, 자신을 '보살'이 아닌 다른 직책이나 소임의 이름으로 불러주길 바라는 이도 종종 있다.

또한 대부분의 여성 재가 불자들은 관세음보살이나 지장보살과 같은 이름을 쓰면서도 의미는 같지 않다고 생각한다. 그리고 오히려 그 보살님들은 자신과는 다른 높고 고귀한 인격체이자 소원을 들어줄 능력이 있는 신앙의 대상으로, 자신들은 단지 그 대상에게 의지하며 섬겨야 할 의무가 있는 수동적인 존재로 규정하고 있는 것이다. 이러한 분리된 인식은 부처님과 보살님에 대한 맹목적인 믿음과 그들에게 의지해 복을 구하려는 기복현상을 만들어 내는 배경 중 하나일 것이다.

이런 생각은 비단 한국의 여성 재가 불자들에게만 국한된 것은 아닐 것이다. 여러분도 종류와 크기는 조금씩 다르겠지만 부처님이나 보살과 자신을 분리된 시선으로 보고, 그곳에서 자신을 수동적인 존재로 단정 짓는 경우가 많을 것이다. 만약 지금 누군가 여러분을 "Bodhisattva!"라고 부른다면 어떻겠는가? 아마도 대부분 부담스럽게 생각하며 사양할 것이다. 그러나 나는 여러분에게 묻고 싶다. 정말 여러분은 관세음보살과 다른 존재인가? 오직 집 밖을 나와 토굴에서 수행하는 이들만이, 부처님의 말씀에서 비롯된 높고 복잡한 교리들을 많이 아는 이들만이 부처님의 말씀을 잘 실천할 수 있는 보살인가? 지금 여러분들에게 붙어 있는 '보살'이란 이름표는 전혀 어울리지 않는 이름표인가?

나는 이 질문에 "No!"라고 대답할 것이다. 여러분도 나와 같은 수행자, 보살이라고 생각한다. 그리고 내가 깨달아 부처님이 될 수 있듯이 여러분 또한 가능하다고 믿고 있다. 자신의 진정한 행복을 위해 노력하는 사람이라면 모두 보살이다. 그리고 모든 수행자는 불법에 의지한 바른 노력 끝에는, 반드시 부처님이 얻었던 것과 같은 해탈을 얻을 것이다. 만약 우리에게 깨달을 가능성이 없다면 부처님께서 우리에게 설법하기 위해 45년이나 인도 전역을 돌아다니실 이유가 없었을 것이다. 우리가 깨달을 수 있다는 사실이, 부처님께서 바로 열반에 들지 않으시고 인도 전역을 떠돌아다니시며 수행자만이 아닌 평범한 상인에게도, 농부에게도, 그리고 여성 재가 불자에게도 설법하신 이유인 것이다. 그리고 한국의 많은 스님들도 이 가능성을 알고 있었기에 그 오랜 기간 여러분을 '보살'이라고 불러왔던 것이다.

지금까지 여성 재가 불자들은 남성과 달리 교육 받지 못하고, 가사와 노동으로 힘들고 불평등한 삶 속에서 부처님이 걸으셨던 길과는 멀어지고 있다고 생각해 왔다. 하지만 조금만 시선을 돌이켜 생각해 보면, 여성으로서 가정과 사회에서 겪는 경험과 행동은 보살의 수행 방법인 육바라밀과 많이 닮아 있음을 알 수 있다. 여러분은 어머니로서 혹은 부인으로서 많은 보시를 행하고 있다. 모유를 주고, 옷을 갈아 입혀 주고, 아침을 해 주고, 가족의 이야기를 들어 주며, 항상 곁에 있어 주고, 가족들을 위해 기도해 주고, 언제나 뒤에서 응원해 주지 않는가? 여러분이 당연하다고 생각했던 이 행동은 여러분이 실천하고 있는 보시이다.

또한 아이가 자신을 통해 배운다는 것을 아는 엄마라면 누구나 아이에게 좋은 본보기가 되기 위해 올바르게 살려고 노력할 것이다. 그러기 위해 여성 재가 불자들은 당연히 부처님이 알려주신 지침을 의지하여 생활의 나침반으로 삼을 것이다. 이것이 여러분이 실천하는 지계다. 그리고 우리가 지금까지 이야기해 온, 여성이 자유의지를 억압 받고 차별 받았던 많은 역사와 불교 내에 실질적인 주체임에도 항상 소외된 여성 재가 불자들의 현실은 반대로, 그 고난을 인내하며 살아온 여러분의 인욕 수행을 입증해 주는 가장 확실한 증거가 되는 것이다. 여러분이 자신과 가정의 행복을 위해 기도하고 순간순간 더 나은 선택을 하며 노력하는 것이 정진이고, 바쁘고 고달픈 삶 속에서도 문득 찾아오는 침묵의 평화가 당신의 선정이며, 여러분은 이 모든 것을 통해 지혜를 얻을 수 있다. 그리하여 조금씩 더 지혜로운 보살로서 육바라밀의 실천을 완성해 나가는 것이다.

여성은 의식하진 못했지만 지혜롭게 고난을 이겨냈던 체험과 습관이 된 일상적인 베풂을 통해 서서히 자비를 실천하는 수행자가 되었던 것이다. 이러한 의미에서 여성의 장점으로 꼽고 있는 사랑과 이해로부터 나오는 마음은 사실, 여성이기에 그냥 주어진 것이 아니라, 끝없는 여성의 역사 속에서 매일같이 육바라밀을 실천해 왔던 수행의 결과인 것이다.

물론 여러분이 실천하는 여섯 가지 수행이 관세음보살의 육바라밀과는 똑같지 않을 것이다. 특히 일상에서의 행동이 육바라밀에 대한 의식 없이 이루어지고 있다는 점은 여성 재가 불자의 실천이 수행이 될 수 없게 하는(바라밀로 완성되지 못하게 하는) 걸림돌이다. 하지만 완전하지 못하더라도 여러분이 실천하고 있다는 것, 그리고 그것이 비록 느리더라도 방향만 올바르다면 부처님의 길에 다다를 것이란 사실이며, 바로 이점이 매우 중요한 것이다.

여기 돌이 갓 지난 갓난아이가 있다고 생각해 보자. 그 아이는 너무 어려서 타인의 손을 빌리지 않으면 몇 걸음도 걸을 수 없고, 할 줄 아는 말이라곤 "엄마"밖에 없을 것이다. 그러나 어느 누구도 아이의 어설픈 걸음마와 옹알이를 이유로, 이 아이가 어른이 되고 엄마가 되지 못할 것이라고 주장하지는 못할 것이다. 우리는 누구나 아이가 커서 어른이 되는 것을 알고 있기 때문이다. 우리도 마찬가지다. 지금은 비록 육바라밀의 실천이 완전하지 못하고 부처님의 이름을 부르며 자신의 힘으로 안 되는 무엇을 원하기만 하지만, "엄마, 엄마" 하던 아이가 커서 엄마가 되듯, "부처님, 부처님" 하던 우리도 나중에는 스스로 부처님이 되어 마치 어릴 적 자신처럼 울고 있는 중생들을 제도해 줄 수 있는 것이다. 여러분이 자신 안의 이 가능성을 믿고 올바른 삶을 위해 부처님의 말씀을 실천하려고 노력한다면, 바로 노력하는 여러분을 가리켜 'Bodhisattva', 즉 '보살'이라고 하는 것이다. 그리고 여러분이 (모두가 보살이라는) 이 사실을 아는 것만으로도 깨달음을 향한 첫걸음을 내디딘 것이다.

현재까지 한국을 비롯한 세계의 여성들은 사회의 주체로서 성장해 왔다. 이제는 대부분의 나라에서 투쟁을 하지 않더라도 참정권을 가지고 있을뿐더러, 더 나아가 대통령, 총리, 장관 등 한 나라의 지도자 영역에까지 많은 여성들이 진출해 있다. 지금까지 사회를 이끌어 왔던 지도세력들을 반대하며 새로운 대안으로 여성과 여성적 리더십이 주목받고 있고, 성평등사상의 보편화와 그로 인해 늘어난 기회를 통해 준비된 많은 여성들이 등장하고 있는 것이다. 이러한 흐름 속에서 한국의 여성 재가 불자들도 불교계 내에서 점차 중추적인 역할을 맡고 있다. 조계종 중앙신도회를 비롯한 각 지역 사찰의 신도회장으로 여성 재가 불자들이 선출되고, 그 밖의 불교단체장, 포교사, 재가법사 등 불교계의 전문 분야에도 여성 재가 불자들이 두각을 나타내고 있다.

또한 전국적으로 사찰에서 시행되는 불교대학과 시민선방을 통해 부처님의 교리를 배우고, 깨달음을 향해 수행하는 여성 재가 불자들이 많아지고, 여성 재가 불자들이 주축이 된 많은 신행단체들을 통해 부처님의 가르침을 회향하려는 노력도 늘고 있다. 이러한 현상이 보편화되고 있는 것은, 현재의 변화가 특정 여성 재가 불자만의 현상이 아닌 여성 재가 불자 전체의 주체적이고 능동적인 의식의 변화가 전제되어 나타나는 현상임을 말해 주고 있다.

세계적으로 성평등화와 여성의 교육수준이 높아지고 있는 추세를 감안한다면, 한국불교에 보이는 여성 재가 불자의 성장은 세계 여성 재가 불자의 성장과 그 발걸음을 함께하고 있을 것이다. 세계 여성 불교도대회인 이 행사가 세계 여성 불자들의 관심 속에 13차까지 훌륭하게 개최되었다는 사실이 확실한 증거이다. 또한 이 대회를 통해 우리는 앞으로 더욱 성장할 여성 재가 불자의 밝은 미래를 볼 수 있다. 느리기도 하고 빠르기도 하지만, 속도에 상관없이 세계의 여성 재가 불자는 모두가 깨달음의 길을 걷고 있음을 발표자와 청중의 열의를 통해서 공감할 수 있다.

이러한 때일수록 '보살'의 의미를 되새기는 이와 같은 시도는 앞으로 도래할 여성 불교의 밝은 미래에 좋은 촉매제가 될 것이다. 자긍심이 없었던 여성 재가 불자에게는 스스로에 대한 자긍심을 갖게 하는 기회가 될 것이며, 더불어 앞으로 여성 재가 불자들이 불교계에 참여하는 방법과 역할에 대한 가장 최상의 모델로서 '보살'이 그 역할을 할 수 있을 것이다.

앞으로 다가올 여성 재가 불자의 밝은 미래에서 어떠한 '보살'이 되는지는 온전히 각자의 선택과 노력에 달렸다. 예전처럼 '보살'을 다만 가능성 없는 수동적 의미에 가둬 둔다면, 그런 '보살'은 그저 이름뿐인 '노보살'이 될 것이다. 그리고 그 이름뿐인 '보살'은 권위를 갖는다 해도, 중생을 위한 마음이 없고 오직 여성만을 위한, 남성의 권력을 행사했던 역사를 그대로 답습하는 또 다른 이름의 권력자가 될 것이다. 하지만 '보살'의 참뜻을 알아 자신이 보살이라는 자긍심을 갖

고, 항상 중생을 위한 기도와 발원을 통해 일상을 보살행으로 바꿔 나
간다면, 그런 '보살'은 모든 소외된 존재의 대변인이자 온 중생을 품에
안은 진정한 'Bodhisattva'가 될 수 있을 것이다.

　　이러한 의미에서 여성 재가 불자를 '보살'로 불러주는 한국불교의
문화가, 이 대회를 시작으로 널리 퍼지길 바라는 바이다. 세계 여성 불
자 모두가 서로에게 '보살'이라고 불러준다면, 이 명칭이 진언이 되어
모든 여성 재가 불자가 진정한 'Bodhisattva'가 되도록 이끌어 줄 것이
라 기대한다.

　　이미 '보살'이라고 불리고 있으니, 이제는 '보살'로 행동하기만 하
면 된다. 특별한 수행자만이 보살이 아니다. 우리 또한 있는 그대로 부
처님의 말씀을 실천하는 보살이다. 그리고 우리의 수행처인 일상생활의
고난 속에서도 자신의 정체를 잊어버리지 않기 위해 진언처럼 마음속으
로 끊임없이 외치자. "나는 보살이다. 나는 보살이다." 하고 말이다.

효준 스님　　　253

비구 수자토 | 호주의 불교 승려이다. 1994년 음악인으로서의 삶을 정리하고 아잔차 스님의 태국 수행전통에서 비구계를 받았다. 밀림 속에서 수년간 수행한 후에 호주 퍼스에 있는 보디냐야 사원에서 아잔 브람 스님의 시자로 3년 살았으며, 말레이시아에서 1년 간 토굴에서 지내면서 수행했다. 명상수행 뿐만 아니라 비교적 관점에서 그리고 역사적 관점에서 불교경전을 연구하고 또한 교육하는 일을 하고 있다. 사마타 위파사나를 주제로 한 경전 구절들을 모은 책, *A Swift Pair of Messengers* 등 여러 저술이 있다. 2003-2012년에 호주 산티 사원(Santi Forest Monastery)을 설립하고 주지로 복무하였다. 현재 대만에 주석하면서 팔리 니까야를 번역하고 있다.

상상 속의
여성 출가자들:
지나간 과거와
아직 오지 않은 미래

The Imaginariums of the Nuns :
Days That Are Past and Futures That May Yet Be

20

비구 수자토
(Bhikkhu Sujato)

본 논문은 2015년 6월 23일에서 30일까지 인도네시아 족자카르타에서 열린 제14차 샤카디타 세계불교여성대회(14th Sakyadhita International Conference on Buddhist Women)에서 발표되었으며, Karma Lekshe Tsomo ed., *Compassion and Social Justice*, Yogyakarta: Sakyadhita, 2015에 수록되었다.

나는 여성 출가자들이 상상세계 속에서만 존재한다고 생각한다. 우리가 눈을 감고 진실에 집중해 보면, 여성 출가자는 현실 어디에도 없다. 그것은 비구스님도, 재가 불자도 마찬가지이다. 만약 우리가 출가자나 재가자에 대해 이야기한다면, 우리는 현실에 기반을 두고 있지만 엄청난 상상으로 가득 찬 소설 같은 이야기를 하고 있는 것이다.

우리는 과거를 상상하면서 "역사"라고 부르고, 미래를 상상하면서 "비전"이라고 하며 현재를 생각하면서 "현실"이라고 부른다. 슬픈 사실이지만 정확히 말하자면, 불교에서는 주로 과거만을 상상하고 그것이 "있는 그대로의 모습"이라고 여기며, 결코 어떤 미래도 상상하지 않는다.

그러나 우리가 불교의 미래를 상상한다면, 여성 출가자, 특히 비구니스님들이 건재하는 미래여야 할 것이다. 그렇지 않으면 불교의 미래는 언젠가는 사라져 버릴 권력, 위신, 재산 등을 축적하는 데 부처님의 가르침을 이용하는 가부장적이고 권위적인 스님들에 의해 지배되어 버릴 것이다. 이러한 모습은 진정한 불교의 미래가 아니다. 사실 불교 안에는 엄청난 활력과 긍정적인 에너지가 있으며, 우리는 어디서나 여러 방법으로 그것을 느낄 수 있다. 그러나 가부장적인 스님의 법당 안에서는 그 어떤 긍정의 힘도, 열정도, 새로움도, 가능성 있는 미래의 창조도 없다.

나는 불법을 배우고 수행하러 오는 대부분의 사람들이 여성이라는 것을 알게 되었을 때, 비구니스님의 문제에 대해 관심을 갖게 되었다. 왜 그럴까? 한 태국 스님은 많은 독실한 남성들이 이미 모두 스님으로 출가했기 때문이라고 말하지만, 이와 같은 현상은 승려가 거의 없는 종파나, 다른 종교에서도 마찬가지기 때문에 그 태국 스님의 의견은 터무니없다고 생각한다.

전에 거주했던 태국 사찰의 한 남성 불자는 자신들은 일터에서 열심히 일해야 하기 때문에 사찰에 갈 시간이 없다고 대답했다. 그러나 어떤 마을에서는 여성들이 열심히 일하는 동안 남성들은 하루 종일 빈둥대고 있는 것처럼 보였기 때문에 그 대답도 다소 우습다고 생각했다.

그래서 나는 어떤 스님도 생각조차 해 보지도 않았던 일을 했다. 직접 여성에게 의견을 물었던 것이다. 한 여성은 아내들이 절에 있는 동안 남편들은 놀음하고 술 마시고, 바람피우러 다니는 것을 더 좋아하기 때문이라고 답했다. 흥미로운 답변이긴 하나, 나는 그것도 정답이 아니라고 생각한다. 이 답들은 우리가 만든 생각과 이념에 의한 것이고 그 속에서 살아가고 있는 우리의 상상세계일 뿐이다. 이 상상세계는 소설처럼 사실에 근거를 두고 있지만, 그 사실들은 가변적이고 불확실하다.

대부분의 정신적 구도자가 여성인 진짜 이유는 여성들이 삶의 많은 영역에서 상대적으로 열악한 처지에 놓여 있으며, 그들을 위한 기회가 계속 차단되고 제재되어 왔기 때문이다. 사실상 공공연히 성차별적 문화구조라는 절대적 장벽에 추가해서, 더 은근하게, 더 널리 만연해 있는, 궁극적으로 더 피해를 주는 "부드러운 성차별 주의"가 있으며, 이는 여성들이 무엇을 하든, 직접적으로 못하게 막지는 않지만, 은근히 방해해서, 일이 느려지게 하고, 또 필요 이상으로 힘들게 해서, 남성들보다 여성들이 모든 일을 해내기 더 어렵게 만든다. 그래서 여성들은 결국 내면으로 향하게 된다. 외부적인 것은 손에서 놓아 버려라. 당신은 외면적인 것을 결코 바꿀 수 없을 것이다. 그렇다면 당신 스스로 내면을 변화시켜라. 그것이 진정한 불법이다.

작년 우리는 시드니에서 일련의 경전 토의를 가졌는데, 우리를 도울 젊은 패널들을 초대했었다. 그 중 한 청년은 개인 공간으로 너무 넓게 자리를 차지하고 앉아 있었다. 여러분은 내가 무엇을 의미하는지 알 것이다. 남성이 개인 공간을 너무 크게 차지한다는 것은 무의식적으로 남성적 특권을 주장하는 것이다.[01] 나중에 테이블을 놓기가 힘들어졌을 때, 한 여성이 그 청년에게 좀 좁게 앉아달라고 정중하게 요청하자 또 다른 여성이 끼어들어 "이런 것도 수행의 일부인데 그냥 내버려 둡시다."라고 말하며 반대했다. 이것은 가부장제가 여성에게 이미 얼마나 깊이 내면화 되어 있는지를, 또 가부장제에 가장 든든한 옹호자가 여성임을 보여 주는 서글픈 예이다. 그러는 동안 그 남자는 약간 좁혀 앉았지만 여전히 여성들보다 약 두 배나 되는 자리를 차지하고

---

01   http://mentakingup2muchspaceonthetrain.tumblr.com

있었고, 그는 그 사실이 지적되었을 때조차도 제대로 인식하지 못하고 있었다. 여성들끼리 서로 동의하지 못하면서 그 문제에 에너지를 소진하는 동안 이렇게 가부장제가 이기고 있었다.

우리가 불교 역사에 대해 이야기할 때, 우리는 우리가 상상하는 것을 말한다. 항상 그렇듯 사실과는 거의 관계가 없다. 예로, 한 조사 스님이 나에게 "처음부터 이랬기 때문에 우리는 비구니 승가를 가질 수 없다."라고 말씀하신 적도 있다.

그래서 내가 이 문제에 대해 연구를 시작했을 때, 나는 이런 태도에 도전적으로 임하면서 특히 비구니의 역사를 조사했다. 그리고 다른 사람들처럼, 나는 그 스님의 말씀이 옳지 않다는 것을 알게 되었다. 비구니 승가는 초기부터 존재했었다. 그리고 불교가 스리랑카에 전해 졌을 때도 비구니가 있었으며, 가장 오래된 기록(중국어와 팔리어로 된 스리랑카 율장해설집)에 따르면, 불교가 수바르나부미(Suvarnabhmi, 미얀마/태국)에서 설립되었을 때도 비구니가 존재했었다. 그러나 내가 이와 같은 사실과 연구들을 다른 비구스님들에게 알리려고 했을 때, 그들은 그것에 대해 전혀 관심이 없다는 것을 알았다. 나는 몹시 실망스러웠다. 가부장적 조사 스님들은 그들만의 역사를 자랑스러워하고, 과거는 그러했었을 것이라고 상상한다. 또한 상상하는 대로 믿고 그대로 한 치의 오차도 없이 유지하려고 노력한다. 우리가 제안한 사실들이 그들의 상상력과 다를 때, 그 사실들은 무시된다. 과거는 현실이 아니다. 그것은 또 다른 상상의 세계일뿐이다.

나는 너무 순진했었다. 만약 비구스님들이 여성 출가자의 상황을 알게 된다면, 그들의 상황을 잘 이해하고 동정 어린 방법으로 반응할 것이라고 생각했었다. 내가 얼마나 어리석었던가! 나를 놀라게 했던 것은 비구스님들이 그 문제에 대해 관심을 가져야 할 이유도 열정도 거의 없었다는 것이다. 오히려 비구니스님들이 언급될 때마다, 합리적인 남성과는 달리 행동했다. 그들은 알 수 없는 분명한 초자연적인 힘에 의해, 무슨 일이 있어도 비구니스님의 현실을 부정하고 싶은 강박적인 생각 때문에 터무니없고 말도 안 되는 변명들을 해왔다. 많은 가부장적 비구스님들은 비구니스님을 부인하기 위해서, 심지어 그들 스스로와 그들의 종교에 피해가 가는 것도 기꺼이 감수하는 것처럼 보인다.

나는 이것에 관한 『화이트 본스 레드 랏 블랙 스네이크스』(*White Bones Red Rot, Black Snakes*)라는 책을 썼다. 그것은 내가 썼던 혹은 아마도 앞으로 평생 쓰게 될 책 중에서 가장 길고 복잡한 책일 것이다. 나는 그 책을 좋아하지만 아마 그 책을 읽어 본 사람은 거의 없을 것이다. 그것은 미신, 마술, 터부, 체액, 상상력, 그리고 어둠 등 흔히 우리가 불교에 대해 생각하고 싶어 하는 것과 전혀 어울리지 않는 모든 것에 대한 책이기 때문이다. 그 책의 요지는 간단하다. 나는 그 책의 중요한 부분을 다음과 같이 요약하고 있으니 여러분은 그 책 전체를 다 읽을 필요가 없다(그러나 여건이 된다면 그 책은 좋은 그림이 많으므로 보기를 추천한다).

첫째, 현재 우리가 가진 비구니에 대한 견해는 과거 불자들이 가졌던 비구니에 대한 견해에 의해 조건지어진다(결정되어지는 것이 아니다).

둘째, 과거 비구니에 대한 견해는 과거 여성들에 대한 견해의 한 부분이다.

셋째, 과거의 여성에 대한 견해는 어두운 면과 밝은 면을 모두 가지고 있다.

넷째, 이 모두는 남성의 마음속에서 일어난다.

만약 우리가 미래를 상상할 수 있다면, 일어날 수 있는 일이 많겠지만 반드시 되어야 할 한 가지는 우리가 온전히 인간적이어야 한다는 것이다. 우리는 더 이상 인류의 절반이 부처님 법을 침해하게 내버려 둘 수는 없다. 불법의 미래는 인간이며 그것은 우리 모두의 것이어야 한다.

출가자의 모습이야말로 인간애를 가장 잘 느낄 수 있고 강력하게 인식되고 오래 지속되는 상징 중의 하나이다. 보살인 싯다르타 왕자가 모든 고통을 없애겠다는 서원으로 궁전을 떠나 출가하도록 영향을 준 것은 다름 아닌 가사를 입고 삭발했으며 발우를 가진 출가자의 모습이었다. 우리 모두도 아마 이 상징에 대한 비슷한 경험을 가지고 있을 것이다. 나는 한 여성 출가자가 어렴풋이 생각나는데 너무 오래전 일이어서 기억이 아주 희미하다. 아마도 1970년대 제작된 호주 ABC 방송의 다큐멘터리 프로에서 그녀를 본 것 같다. 그 모습이 내가 본 불교에 귀의한 여성 출가자의 첫 인상이었다. 나는 그녀가 누구였는지 모르지만 그녀에게 감사한다. 그때 그녀의 모습은 너무 신비로웠고 사람의 마음을 끌기에 충분했으며, 쉽게 잊혀지지 않았다. 그녀는 나를 변화시켰다.

출가자들은 외면적으로 이러한 특징을 가지고 있다. 그리고 어쨌든 남성에게 그것은 매우 유리하게 작용한다. 즉 남성은 조건만 충족되면, 태국 1,000개의 사찰 중 어느 곳에서나 이번 주말에 쉽게 수계를 받을 수 있다. 아무 문제도, 아무 의심도 없다. 그것은 남성은 비구이며 법의 진정한 계승자로서 적어도 남성이라는 외면적 조건이 어떻게 받아들여지는지 보여 준다. 물론 내면적인 것은 또 다른 문제이다.

반면에 출가자의 삶은 여성이 전문가가 될 수 있는 유리한 영역이다. 여성들은 외모로 판단되거나 판단하는 것에 익숙하다. 여성성 그 자체는 사람들에 의해 보여지고 비판받는 일종의 퍼포먼스(남에게 보여주기)이다. 만약 당신이 여성이라면, 출가하려는 것 자체가 이미 여성으로서의 퍼포먼스를 하지 않겠다는 결정이지만, 비구스님에게는 그의 수도생활 자체가 또 다른 퍼포먼스이므로 이것을 받아들이기는 쉽지 않다.

마하가섭 존자는 여성 출가자에 관련해서는 때때로 좋은 평을 받지 못했다. 그는 여성 출가자를 그다지 중요하게 생각하지 않았고, 다소 여성 출가자에게 너그럽지 못한 노승으로 보여졌다. 그런데 내가 『화이트 본스 레드 랏 블랙 스네이크스』(*White Bones Red Rot, Black Snakes*)를 쓰면서 우연히 기분 좋고 놀라운 그의 이야기 하나를 만났는데, 그 이야기는 그의 강력하고 감동스러운 통찰력이 어떻게 여성성에 발현되었는지를 보여 준다.

그 이야기를 간단하게 해 보면, 마하가섭 존자가 어릴 때부터, 그의 가족은 그를 결혼시키기를 원했다. 그러나 그는 결혼하기를 원하지 않았기 때문에 완벽한 아름다움을 가진 여인을 동상으로 만들고 그녀와 똑같이 생긴 여인과 결혼하겠다고 불가능한 요구를 했다. 가족은 쉬운 일이 아니었지만 그녀를 찾기 위해 온 나라에 전령들을 파견하였고 그 동상은 시장과 마을 광장 곳곳에 전시되었다. 그러나 그렇게 아름다운 여인은 어디에서도 쉽게 찾을 수가 없었다. 그러던 어느 날 한 노인이 동상을 보며 그녀의 친척의 딸 바따 카필라와 완전히 닮았다고 박수를 쳤고 결혼식이 주선되었다. 바따 카필라 또한 그와 마찬가지로 결혼에 전혀 관심이 없었다. 둘은 이런 뜻을 전할 편지를 교환하려 했지만 가족들에 의해 편지를 가로채서 결국 결혼하게 된다 (두 사람 모두 읽고 쓸 줄 알았다는 것에 주목하기를).

두 사람은 비록 결혼을 했으나, 잠을 잘 때도 두 사람 사이에 꽃으로 장식된 화관을 두고 육체적으로 순결한 생활을 했고, 때가 되었을 때 둘 모두 출가해서 아라한이 되었다.

이 이상적인 사랑 이야기의 이어질 종결부가 흥미로운데, 내가 알기로는 이 부분은 티베트 자료에서만 발견된다. 바따 카필라는 비록 출가자였지만 너무 아름다워서 마을에 탁발을 갔을 때 남성들의 희롱을 견뎌야 했다. 그렇게 동상처럼 완벽한 미모를 가졌던 그녀의 인생 여정은 외모 때문에 마하가섭 존자와 연결되었고, 내내 서로 지지하고 존중하는 관계로 마하가섭 존자와 교류하면서 그 둘 모두 진정한 내면의 진리로 가는 길을 찾았다. 그녀는 외모를 포기하고 내적인 여정을 알리기 위해 의식적으로 출가자로서의 외면적인 특징을 선택했다.

그럼에도 불구하고 남자들의 희롱 섞인 야유는, 오늘날 가부장적 스님들이 여성의 선택을 존중하지 않는 것처럼, 남성들이 그녀의 선택을 존중하지 않았다는 것을 보여 준다. 이런 사실을 알았을 때 마하가섭 존자는 "바따여, 여기 머무르시오. 당신은 이런 일을 참을 필요가 없소. 내가 당신을 위해 대신 탁발을 하리다."라고 말하며 도움을 주었고, 이것이 내가 아는 한, 남성이 일터에서 성추행과 관련해서 여성을 도왔던 첫 번째 역사적 사례이다.

성공한 분야에서 일하는 사람들에게 물어보라. 그러면 어떤 나라든지 번영의 열쇠는 강화된 역량을 가진 여성들이라고 말할 것이다. "명상"에 대해 구글 이미지로 검색하면 주로 여성의 이미지를 보여 준다(보통 날씬하고 예쁜 젊은 백인 여성인데, 이는 명상 이미지가 다양성과 관련된 문제를 가지고 있음을 암시하며, 그것은 다음에 논의하기로 한다). 불교의 미래가 더 건강한 형태를 취하려면 여성을 포용해야 한다는 것은 명백하다.

우리는 여성 출가자가 없었던, 혹 있더라도 남성 출가자들을 위해 음식공양과 세탁에 만족했던 불교의 과거를 계속해서 상상하는 반면에 단순하고 아무 걱정 없는 환상 같은 현실이 불교의 미래가 되기를 기원할지도 모른다. 그러나 이러한 미래는 결코 오지 않을 것이다.

지금 우리 마음속에 있는 미래도 상상된 과거처럼 명확하지 않다. 하지만 과거와 미래의 차이는, 미래는 매 순간 현재라는 현실과 부딪친다는 것이다. 우리는 매 순간 미래를 향해 곤두박질치면서 떨어지고 있고, 우리의 꿈들은 인정사정없이 뜨거운 한낮의 태양 아래에 한없이 노출되어 있다. 그러므로 만약 과거의 타락과 영광, 그 모든 것에서 '인류애가 살아 있는 과거'를 상상한다면, 우리는 불교의 '살아 있는 미래'를 상상하기 시작할 수 있다.

다행히, 역사는 우리 편이다. 우리는 지금 너무 많은 것을 할 필요는 없으며, 지금처럼 계속해서 노력하면 된다. 사실상 이미 가부장적인 스님의 시대는 끝났기 때문이다. 그러나 무엇보다 여성 출가자들이 경계해야 할 것은 바로 여성 출가자 자신이 가부장적 스님처럼 권위적으로 행동하는 것이다.

여성 출가자들을 지원해 온 우리 몇몇의 비구스님들은 여성들이 구족계를 받고 온전히 비구니스님으로 살 수 있도록 모든 것을 제공해 왔다. 그렇게 하기 위해서, 우리는 생각이 다른 스님들로부터 어떤 지원도 받지 않았다. 그리고 우리는 계속해서 불교 각 종단의 가부장적인 권력구조와 위계조직에 대항해 오고 있다.

우리는 그러한 위계조직이 부처님 법이 아니라는 것을 알기 때문에 그것들에 대항하는 것이 기쁘다. 사실상 큰 관점에서 보면, 가부장적인 위계조직은 율법도 아니다. 오히려 불법과 율법에 정확히 반대된다. 승가가 정치적으로 임명된 계층에 의해, 의회 조항에 의해, 권한을 부여 받은 자에 의해 지배되어야 한다는 생각과 지배층의 의도대로 승가를 움직이려고 하는 것은 현대에 다시 부활한 봉건적 지배사상이다. 우리는 "숲" 출가자라고 불리는 스님들을 태국에서 보았는데, 그들은 최근 몇 달 동안 여전히 현대적 봉건 위계질서에 의해 통제된 그들의 권리를 지키기 위해 방콕 거리에서 시위하고 있다.

부처님의 계율에 따르면, 승가의 모든 것은 공동의 소유권, 합의에 의한 의사결정, 원칙에 입각한 규칙에 귀결되어야 한다. 어떤 출가자도 다른 이에게 명령할 권리가 없다. 모든 출가자는 중요한 결정에 반드시 참여해야 한다. 계율에 부합된 결정을 할 때 의사결정 권한을 가지는 것은 승가 자체여야 한다. 계율은 여성 출가자들이 그들의 운명을 결정할 권한을 준다. 즉, 그들 스스로 결정을 하게 하고, 그들 스스로 사찰을 짓게 하고, 그들 스스로 공동체를 운영하게 하고, 그들 스스로 가르침을 펼 수 있게 한다.

바로 지금, 여성 출가자들은 불교 내 봉건적 위계조직을 없앨 수 있는 인생 단 한 번의 기회를 가지고 있다. 계율을 무시하는 위계조직을 선택하지 말라. 이런 일들이 일어나지 않도록 하라. 그리고 그것이 제대로 이행되지 않을 때 비구스님들에게 그것을 고치도록 요구함으로써 여성의 힘을 약화시키지 않도록 하라.

분명히 해 두자. 상명하달식 위계질서는 더 이상 효과가 없다. 그것은 구성원들이 기능을 할 수 없게 하고, 경직되고 단절된 조직을 양

산할 뿐이다. 태국에서 사람들은 승가의 위계조직을 개혁할 필요가 있다고 주장한다. 그러나 개혁이란 근본이 좋은 것을 개선할 필요가 있을 때 고치는 것을 의미한다. 위계조직은 그 구성원에게 너무 무거운 짐이 되므로 개혁이 아니라 폐지되어야 한다. 위계조직이 사라지면 불교는 훨씬 발전할 것이다.

부처님께서 의도적으로 직접 승가를 세우신 이유는 브라만과 귀족들의 우월함을 거부하고 승가 내 각 개인의 능력을 강화시킴으로써 위계질서를 약화시키기 위해서였다. 그러니 부처님의 승가가 당신의 승가가 되도록, 부처님의 계율이 당신의 계율이 되도록 하라. 위계질서는 오직 부동산이나 세속적 재산을 통제하려는 사람의 욕망을 위해 이용될 뿐이다. 불교의 활력은 위계질서를 거부하고 위계질서 밖에서 노력하는 사람들로부터 나온다.

포살(pātimokkha)법문에서 내가 좋아하는 한 구절을 남긴다.

evam samvaddhā hi tassa bhagavato parisā yadidam aññamaññavacanena aññamañña-vutthāpanena

이것이 바로 상호 경책과 후원으로 부처님을 따르는 승가가 성장할 수 있었던 이유이기 때문이다.[02]

---

02   Pali *bhikkhuni sa ghādisesa* 16, *bhikkhu sa ghādisesa* 12.

앨리슨 굿윈 ㅣ 저술가, 교육자, 그리고 번역자이다. 전통적으로 종교 교단 내에서 흔히 나타나는 여성이나 다른 종교, 종파, 또는 타인에 대해 차별적 태도와 생각들을 지적하고 비판하는 학문적 작업을 계속하고 있다. 뉴욕시의 시각예술학교와 국립대만대학과 시라큐즈대학에서 문학, 각본, 창작 글쓰기 등을 가르쳤으며, 영화제작과 개발, 중국어 통역 등의 경력이 있다. "Right View, Red Rust and White Bones : A Reexamination of Buddhist Teachings on Female Inferiority"라는 논문의 저자이며, 본 책에 들어있는 원고는 이 논문에 기반해서 작성된 것이다.

여성과
타 집단에 대한
부정적인 관점
전환하기

Transforming Religions'Negative and Limiting Views of
Women and Other Groups

21
앨리슨 굿윈
(Allison Goodwin)

본 논문은 2013년 1월 5일에서 12일까지 인도 바이샬리에서 열린 제13차 샤카디타 세계불교여성대회(13th Sakyadhita International Conference on Buddhist Women), "Buddhism at the Grassroots"에서 발표되었다.

고대의 세계 종교 경전들에는 여성이나 타 종교 또는 종파, 그리고 다른 소수 집단 구성원에 대해 부정적인 시각을 드러내는 구절이 일상적으로 등장한다는 공통적 특성이 있다. 어떤 경우 그러한 가르침에서는 그 특정 집단은 차별 받아야 하며 존중받지 말아야 하고 권리나 기회, 지위에 있어서 제한을 받아야 한다고 말한다. 어떤 극단적인 경우는 이들이 죄가 있고 열등하고 잘못되었다고 판명되었을 시는 이들에게 물리적 폭력도 용납하며 어떤 경우에는 조장하는 것처럼 보이기도 한다. 역사적으로 종교 집단은 그러한 구절의 타당성과 그것이 어떻게 해석되어야 하는지에 대한 관점의 충돌로 인하여 분열되어 왔다.

이러한 경전 구절을 어떻게 이해할 것인가, 즉 수용할 것인가 또는 거부할 것인가에 따라 각각의 종교의 형태와 수행과정의 많은 부분이 규정된다. 또한 영적인 변화를 일으키는 데에 각 종교가 얼마나

효용성을 가지느냐에도 영향을 끼쳐왔다. 오늘날 이러한 점이 그 어느 때보다도 더 심각하다. 종교적 편협성이 세계의 안정과 평화를 위협하고, 여성과 타 집단에 대한 차별은 그들의 교육, 사회적 지위, 건강, 정치 경제적 권한, 인간적 잠재성, 환경 인식 등의 수준을 제한하기 때문이다. 그리고 이는 아이들에게까지 파급효과를 미치고 있다.

　　지난 세기에 걸쳐 행해진 수많은 심리학적 사회학적 연구는 그러한 차별적 대우와 관점의 타당성과 영향력을 평가하는 새로운 수단을 제공하고 있다. 자기와 타인에 대한 부정적 개념과 기대, 그리고 차별적 관행과 그들을 제한하는 규칙과 전통이 차별의 대상이 되는 이들뿐만이 아니라 차별하는 이들에게도 부정적 영향을 준다는 것이 알려졌다.

다른 사람에게 해를 끼치는 가르침이나 수행법을 버려야 하는 경전적 근거

정명(正命), 즉 자신과 다른 이들을 해치지 말라고 하는 이 가르침이 깨달음으로 이끄는 팔정도 중에서 아주 중요하다는 말씀이 불교경전 속에서 분명히 나타나고 있다. 경전 속에서 붓다는 당신의 가르침이 종종 잘못 해석되고, 왜곡되고, 오해되고 있다고 말하면서, 이같이 잘못되고 부정확한 가르침이 바로 불법을 단축하게 하고 결국은 멸하게 하는 인과 연을 이룬다고 하셨다. 그런 까닭에 붓다는 자신의 가르침이라 할지라도 검증해 보지 않고서 받아들여서는 안 된다고 하셨다. 초기 불교의 니카야에 들어 있는 『칼라마 숫타』(Kalama Sutta)와 『암발라티카 라훌로바다 숫타』(Ambalatthika Rahulovada Sutta)는 가르침이 끼칠 수 있는 해악에 대해 가르치고 있다.

『칼라마 숫타』에서 붓다는, 어떤 가르침이나 수행을 받아들일지 아닐지 결정할 때에 무엇보다도 경전, 스승, 권위 또는 전통(종교적 권위를 내세우는 전통적 기반)에 의존하지 말라고 청중들에게 말한다. 대신 개인적인 지식이나 경험을 바탕으로 그러한 결정을 내려야 한다. 만일 어떤 법을 받아들이고 실천하였을 때 그것이 해를 가져오거나 고통을 가져온다면 그러면 그 법을 버려야 한다고 했다. 이 유명한 가르침에 바로 이어지는 구절에서 그는 또 수행자들은 가르침의 일반적인 실용적 효과에 대한 자신의 지식과 또는 의문에 붙여진 가르침과 유사한 가르침에 대해 자신이 아는 것을 통해, 특정 가르침과 수행법이 따를 만한지 또는 버려야 하는지를 추론하여 알 수 있음을 함축하고 있다. 붓다는 『암발라티카 라훌로바다 숫타』에서도 유사한 가르침을 주고 있다. 또한 『사투사사나 숫타』(Satthusasana Sutta)와 『고타미 숫타』(Gotam Sutta)에서도, 석가모니는 만약 어떤 가르침이나 수행법이 영적으로 역효과를 가져오거나 해가 되는 결과를 가져온다면, 또는 몇 가지 긍정적 결과를 가져오지 못한다면, "이것은 법(Dhamma)이 아니고 이것은 율(Vinaya)이 아니다. 이것은 스승의 가르침이 아니다."라고 확신해도 된다고 하였다.

또 다른 경전에서는 그의 추종자에게 스승에 대한 존경심 때문에 그 가르침을 맹목적으로 따라서는 안 된다고 한다. "마치 금 세공인이 금을 자르고 달구고 망치질함으로써 그것이 진짜 금인지 가짜인지 시험하는 것처럼, 각각의 가르침을 검토하고 시험하라."라고 하였다. 그들이 보기에 가르침이 합당할 때, 오직 그러할 때만 그 가르침을 받아들이고 따를 수 있다. 수행자들은 그 스스로의 평가와 검토에 의존해야 하고 그 결정을 하는 데에 있어서는 과학적인 방법을 사용해야 한다. 이 같은 여러 불경의 구절들로 본다면, 불교의 가르침을 현대의 심리학적, 사회적 연구 결과와 같은 건전한 과학적, 사회적 증거를 활용하는 것이 타당할 것이다.

젠더에 기반한 불교의 규칙과 여성에 대한 (천 가지 이상의) 부정적인 가르침들과 동일한 관점과 수행의 영향을 따져보는 연구와 그를 통해 합치된 결과의 양만 따져도, 불교수행자들이 그러한 "법이 이끄는바"가 무엇인지 "알 수 있도록" 믿을 만하고, 적절하고 또한 충분한 증거를 댈 수 있다.

자신과 타인에 대한 부정적 기대와 개념이 해악이 되는 과학적, 사회적 증거

부정적인 고정관념, 기대, 그리고 차별의 파괴적인 영향에 관한 가장 호소력 있는 연구는 학교 내 차별에 관한 1952년 미연방대법원의 유명한 브라운(Brown) 대 토피카(Topeka) 교육위원회 사건의 재판 판결에서 찾아볼 수 있다. 또한 이 재판을 위해 사회학, 인류학, 심리학 그리고 아동학 분야의 최고 권위자들이 준비한 전문가 보고서에서도 나타나고 있다.[01] 그 보고서의 결론이 너무 설득력이 있어서 법원은 인종

---

01 이 판결에 대한 전문가들의 보고서와 재판부의 결론은 미합중국 남부의 흑인에 대한 차별정책이 지금도 아시아 불교국가에서 행해지고 있는 불교의 팔경법이나 그 외 여성에 대한 차별적 정책과 습관들과 유사하다는 점에서 관련성을 갖는다. 이 보고서에 대해서는, Brown v. Board of Ed., Appendix to Appellants' Briefs ; Brown v. Board of Ed., Opinion of the Court, Warren and Clark, Chein, and Cook, 495-501 참조.

차별정책이 흑인과 또한 백인 주민 모두에게 해로운 영향을 준다고 만장일치로 판결했다.

뒤이어 나타난 수백 건의 연구들은 차별과 부정적 기대, 암시 그리고 자신과 타인에 대한 부정적인 개념이 차별의 대상뿐 아니라 차별하는 자에게도 거꾸로 영향을 준다는 법원의 결정을 재확인하였다.

초등학교 교사 재인 엘리엇(Jane Elliot)이 주도한 일련의 연구도 그러한 연구로서 자신의 학생들에게 편견을 끼치는 영향을 이해시키려는 시도로서, 그 연구를 비디오로 촬영하여 두 개의 감동적인 다큐멘터리를 만들었다.[02] 이 두 영화는 앞에서 설명한 일련의 연구 중에서도 가장 강력하고 설득력 있는 증거자료이다. 왜냐하면 시청자들로 하여금 차별의 해악을 직접 볼 수 있게 하기 때문이다. 이 연구에서 엘리엇은 자신의 초등학교 2학년 학생들에게 다음과 같이 말을 한다.-푸른 눈을 가진 사람이 갈색 눈을 가진 사람들보다 뛰어나고, 더 수준 있고, 깨끗하고, 똑똑하다고. 그리고는 갈색 눈을 가진 사람들은 그 반대의 부정적인 기질을 가지고 있다고 설명한다. 마치 석가모니가 여성에 대해 말했다고 하는 비판적 언사와 거의 유사하다. 즉 무식하고, 쉽게 화를 내고, 이기적이고, 질투가 많고, 불결하고, 무능하고, 다른 사람들에게 좋지 못한 영향을 준다는 것이다.

그리고 나서 엘리엇은 '열등한' 갈색 눈의 학생들의 위상과 권리

---

02 엘리엇은 이 연구 결과를 학술지에 싣지 않았다. 대신 도큐멘터리로 만들었으며 이 두 편의 영화는 상을 받았다. 〈The Eye of the Storm〉과 〈A Class Divided〉가 그것이다. 앞의 영화는 PBS에서 온라인으로 볼 수 있다. http://www.pbs.org/wgbh/pages/frontline/shows/divided/etc/view.html.

를 제한하는 새로운 규칙을 만든다. 그 즉시 교실의 모습은 바뀐다. 푸른 눈의 학생 중 몇몇은 갈색 눈의 학생들에게 욕을 하고, 그들을 비난하고, 또는 갈색 눈을 피한다. '갈색 눈'들은 풀이 죽거나 화를 내고, 집중을 잘 못한다. 단어 퀴즈에서 평소보다 나쁜 성과를 낸다. 반면에 '우수한 푸른 눈들'은 평소보다 더 나은 성과를 낸다.

다음 날 엘리엇은 전날 자신이 학생들에게 잘못 알려줬다고 한다. 사실은 갈색 눈의 사람들이 더 우수하다고 한다. 그랬더니 상황은 역전된다. '우수한 갈색 눈'의 아이들은 평소보다 시험을 더 잘 보고, '열등한 푸른 눈'의 아이들은 시험을 더 못 보았으며, 전날 갈색 눈의 아이들이 느꼈던 부정적인 효과를 경험하게 된다. 그 후 엘리엇은 같은 실험을 다른 문화적 환경의 성인과 아이들을 대상으로 하여 방식을 바꾸어가며 수차 연구하였으며 자신이 처음에 내렸던 결론이 맞았음을 확인하였다.

인간의 암시감응성에 대한 수백 건의 연구들이 그 후 추가적으로 수행되어 이와 비슷한 결과를 밝혀내었다. 즉 어떤 암시가 지속적으로 강화되면 아이나 성인들도 자신들에게 전달된 새로운 정보와 관점을 수용한다는 것이다. 자신들이 스스로 목격하고, 경험하고 또 알아왔던 바와 배치되는 잘못된, 그리고 호도하는 이야기를 포함해서 말이다. 어린아이들은 특히 남의 영향을 받기 쉬운 것으로 밝혀졌다. 수십 가지의 관련 연구를 통해 고정관념, 기대, 그리고 자/타 개념은 학습되는 것이며, 사회적 맥락과 권위 있는 인물이 어른이나 아이들이 자신과 타인에 대한 믿음을 형성하는 과정에서 중요한 역할을 한다는 것을 보이고 있다.

더 나아가 한번 학습되면 차별적 대우, 기대, 그리고 자타 개념은 내면화된다는 사실이 밝혀졌다. 의심되고, 거부되고, 수정되기 전까지는 이들 정보가 무의식적으로 기억을 형성하고 조직하는 데에 이용되며, 종종 왜곡된 정보가 그대로 프로세스되기도 한다.

엘리엇의 연구와 마찬가지로, 심리학자 스탠리 밀그램(Stanley Milgram)과 필립 짐바로(Phillip Zimbardo)가 진행한 암시감응성에 대한 연구는 아주 효과적으로 인간의 암시감응성과 권위의 맹목적 수용과의 연관성이 갖는 잠재적 위험을 알리고 있다. 다수의 실험 대상자는 권위적 인물에 의해 그들에게 주어진 지침과 역할을 받아들이게 된다는 것이다. 심지어 참가자들이 타인에게 해를 끼치는 행동을 하라고 요구할 때도 말이다.[03]

1930년대 이후 마미 클락(Mamie Clark)과 케네스 클락(Kenneth Clark) 등의 연구자가 참여한 실험은 장기적인 부정적 고정관념과 차별이 그러한 부정적인 고정관념과 차별의 대상이 된 이들의 자아 이미지에 어떤 영향을 끼치는지 증명하였다. 〈클락 연구〉라고 불리는 이 유명한 연구에서 [그 시대에 차별과 부정적 고정관념에 빈번히 노출되었던] 흑인 아이들에게 색깔만 다를 뿐 똑같은 모양의 하얀 인형과 갈색 인형을 주고서 그것을 묘사해 보라고 하였다. 다수의 아이들이 하얀 인형을 선호하였고, 그 인형들을 '좋은' 혹은 '착한' 것으로 묘사했다. 반면 갈색 인형에 대해서는, 심지어 자신이 갈색 인형과 닮았다고 대답한 아

---

03   Milgram, "Behavioral Study of Obedience," 371–378; Milgram, *Obedience to Authority*; Zimbardo, *The Lucifer Effect*; and Zimbardo, *The Power and Pathology of Imprisonment.* Excerpts from Milgram's well-known film "Obedience" can currently be viewed online at: http://www.mediasales.psu.edu/. Footage from Zimbardo's Stanford Prison Experiment can currently be found on youtube.com.

이들조차, 갈색 인형은 '나쁘게' 보인다고 대답하였다.[04]

이후 이루어진 수백 가지의 연구에서 자신과 타인에 대한 개념, 기대, 그리고 차별이 모든 분야에 걸쳐 인간의 성취에 영향을 줄 수 있다는 점이 명백히 입증되었다. 피실험자들의 수행 능력에 대해 교사나 어떤 권위적인 인물의 기대가 어떤 영향을 미치는지에 대해 400건 이상의 연구가 나왔으며 그 결론을 분석해 보면 편견 때문에 피실험자들의 성취 수준에 평균 5~10%의 차이가 나타난다는 것이다.[05] 대다수는 오직 미미한 영향만을 경험하며, 몇몇은 측정 가능한 영향을 전혀 경험하지 못한다. 그러나 실험 그룹의 약 5~10%는 유의미한 기대 효과를 나타낸다. 특히 그 개인들이 취약하고 인생에서 영향 받기 쉬운 단계에 있을 때에 그러하다. 그런 시기의 사람들은 낮은 기대, 차별적 대우, 이런저런 편견의 대상이 되기 쉽다.

여성에 대하여 불리하고 제한적인 시각을 계속 주입하는 종교적 다수가 여성의 역량에 대해 부정적인 영향을 행사한다는 것이 전 세계의 여러 나라의 젠더 역량 연구에서 드러나고 있다는 것은 놀라운 일이 아니다. 여기에는 여성의 교육수준, 건강, 사회적 지위, 직업 성취도, 그리고 경제적 정치적 역량 등을 포함한다.[06] 교리적, 종교적, 경제적,

---

04 *Briggs et al. v. Elliott et al.*, Testimony of Kenneth Clark; Clark and Clark, "The Development of the Consciousness of a Self and the Emergence of Racial Identification," 591-599; Clark and Clark, "Segregation as a Factor in the Racial Identification of Negro Children," 161-163; Clark and Clark, "Skin Color as a Factor in the Racial Identification of Negro Children," 159-169; and Clark and Clark, "Emotional Factors in Racial Identification and Preference," 341-350.

05 이 효과는 흔히 피그말리온 효과(Pygmalion Effect), 교사의 기대효과(Teacher Expectations Effect, TEE), 또는 자기를 충족하는 예언(Self-Fulfilling Prophecies, SFP) 등의 이름으로 지칭된다.

06 Goodwin, "Right View, Red Rust, and White Bones," 258-266, footnotes 91-104 참조.

정치적 요소 등으로 인해 그 국가들에서 여성이 차별을 경험하는 정도는 상당한 변동적이다. 현재와 과거의 주요 불교국가들에서 오늘날까지 이어지는 가장 줄기차게 일어나는 성차별의 행태는 여성에 대한 아주 부정적인 시각이 만연해 있는 것이다. 그리고 그러한 시각은 불교 경전에서도 유사하게 나타난다. 많은 연구와 보고, 그리고 통계까지도 상대적으로 낮은 여성의 역량이라는 종합적 패턴을 보여 주고 있다.[07]

차별하는 사람에게도 해가 된다는 증거

여성이나 다른 집단을 열등하다고 생각하고 다루도록 배운 사람들에게 미치는 해는 차별 받는 이들에게 미치는 해악보다 측정하기가 훨씬 어렵다. 그러나 심리학적, 사회적 연구와 역사적 자료들이 충분한 증거를 제공하고 있다. 앞에서 언급한 미연방대법원에 제출된 교내의 학생들 간에 분리정책을 쓰는 것에 관한 1952년도 보고서는 이 주제에 대한 매우 설득력 있는 자료가 된다.[08]

　　다른 사람들을 억압하거나 낙인찍거나, 혹은 둘 다 했던 집단이나 국가에 대한 연구를 통해 앞의 1952년 보고서에 나타난 결과가 재확인되었다. 그 연구에서는 다른 이들을 깔보거나 혹은 차별하도록

07　Goodwin, "Right View, Red Rust, and White Bones," 246-250 and 258-263, and footnotes 72-74 and 91-99에서 이 논의에 대한 구체적 내용과 참고문헌 목록, 그리고 통계자료를 참조.

08　Brown v. Board of Ed., Appendix to Appellants' Briefs; and Clark, Chein, and Cook, 495-501.

배운 이들은 낙인 찍힌 집단과의 관계에 있어서 자부심과 자아 중심
적을 발달시킨다. 또한 그들은 낙인 찍힌 집단의 열등함에 대한 학습
된 믿음 때문에 낙인 찍힌 "타자"를 폄하하고, 희생양으로 삼고, 분노,
화, 개인적인 단점들을 투영하며, 그들을 불평등한 대우나 다른 해악
을 당하도록 하게 한다. 그러나 잘못된 기대와 우월감을 충족하는 삶
을 살지 못할 때 그들도 자기증오, 후회, 부정적 사고 또는 질투 등으
로 고통에 찬 정신 상태를 겪는 경향이 있다.[09]

아이들은 어머니에게서 차별적인 대우를 받을 때 부정적 영향을
경험한다. 아이에게 어머니는 심리적, 육체적, 인지적, 사회적 그리고
도덕적 발달에 있어서 중심적인 역할을 담당한다. 어머니에 대한 수
십 건의 연구에서, 여성의 전반적인 위상, 교육, 종합복지, 건강, 그리
고 정치적 경제적 기회 등의 수준과 그들 자녀와 국가의 수준 사이에
직접적인 그리고 간접적인 관련성이 발견되었다.[10]

결과적으로, 불교의 가르침에서는 다른 이를 해치는 것은 바로 자
기 자신을 해치는 것이라고 한다. 따라서 불자들은 앞에서 논의한 사
항들에 근거하여, 여성이나 타 집단을 얕보거나 혹은 그들이 열등하
고 결점이 있다고 배웠다면 이들에게도 역시 해악이 있다고 결론을
내려야 할 것이다. 불교의 업에서는 지나간 부정적 업은 그 과보를 받
으면서 지워지지만, 새로이 의지를 가지고 지은 부정적인 행동은 미
래의 영적인 발전을 방해할 부정한 업을 낳는다. 불교의 교리에 따르

09 Goodwin, "Right View, Red Rust, and White Bones," 267-273, footnotes 105-109에
    보다 자세한 정보와 통계치가 나옴.

10 Goodwin, "Right View, Red Rust, and White Bones," 270-272, and footnotes 107-
    110.

면 다른 이를 얕보거나 그들을 차별하는 이들이 가장 업보가 무겁다.

불교적 관점에서 볼 때 가장 중요한 점은 이러한 차별적인 시각은 정견(正見)에 어긋난다는 점이며, 이러한 차별적 견해는 상주 불변하고 내적으로 지속하는 자신과 타인(아트만)이라는 개념과 자신을 일치화하는 견해를 계속함으로써 중도의 가르침을 무시하는 것이 되기 때문이다. 차별적 사고방식이 바로 불교의 가르침에서 말하는 인간의 고의 근원적 원인이기 때문이다.

과학적, 사회적 연구는 압도적으로 다음과 같은 결론을 내린다. 여성과 타 집단에 대한 차별적인 시각과 대우는 졸렬하고, 불건전하고, 비난 받을 만하고, 현명하지 않으며, "적용되고 이것이 실천에 옮겨졌을 때 해가 있고 고로 이끈다." 차별적 시각과 대우는 이성과 부합하지 않으며 부처님 말씀이나 율장의 핵심 가르침과도 맞지 않다. 잘못된 견해이며 "주목할 가치도 없는" 생각에 기반하는 것이다. 경전에 담긴 석가모니의 가르침에 따르면 불자들은 이러한 가르침과 규칙들이 "법이 아니며, 율도 아니고, 스승의 가르침도 아니다."라고 결론을 내리고 그것을 버려야 한다.

『앙굿따라 니까야』(8.53)에서 붓다는 다음과 같이 가르쳤다. 불법이 영적 수행에 방해가 되고 해를 끼치는 그 어떠한 상태로 이끌고 간다면(예컨대 자기 권력 강화, 불만족, 복잡함, 인습에 젖어 있거나 남에게 부담을 주는 등) 이것은 법이 아니고, 이것은 율도 아니고, 이것은 스승의 가르침이 아니라고 단정 지을 수 있다. 이와 비슷한 가르침이 『앙굿따라 니까야』(7.80)의 『사투사사나 숫타』(Satthusasana Sutta)에서 나오는데 여기서도 동일한 결론에 이른다.

이상에서 말한 엄청난 양의 심리학적, 사회적 연구 결과를 미디어나 학교, 대학, 종교 기관, 기타 포럼을 통해 대중에게 교육하게 되면 여성과 타 종교, 종파, 그리고 타 집단에 대한 종교의 부정적이거나 제한적 태도를 바꾸는 데 효과가 있을 뿐만 아니라, 훨씬 넓고 긍정적인 영향을 끼칠 것이다. 이러한 사실들을 통해 우리는 우리의 유한함, 상호연관성, 그리고 상호의존성을 더 잘 이해하고 알게 된다. 불교가 가르치는 이 같은 통찰은 우리의 영적 성장을 위하여 꼭 필요한 것이다.

엠마 토말린 ¦ 영국 리즈대학(University of Leeds) 종교학과의 전임강사이며, '종교와 공공의 삶' 연구소의 소장이다. 종교와 젠더, 종교와 발전, 그리고 종교와 환경 등의 주제에 대해 연구하고 있다. 루트리지 출판사에서 발간되는 *Research in Religion and Development series*의 공동 편집자이다.

캐롤린 스타키 ¦ 영국 리즈대학의 '종교와 공공의 삶' 연구소의 연구원이다. 영국 내에서 동양 종교, 특히 불교와 자이나교가 어떻게 정착하고 발전하였으며 또한 변용되었는지에 대해 연구하고 있다. 현대 영국불교에서의 젠더와 수계문제 대한 주제로 박사학위 논문(Arts and Humanities Research Council와 Spalding Trust의 연구비 지원을 받았음)을 썼으며, 불교로 개종한 서양인들이 전통 불교를 어떤 식으로 해석하고 그것과 관련을 맺는지에 대해 그들이 쓴 글을 연구하는 작업을 계속하고 있다.

젠더,
불교, 그리고 교육:
상좌부 전통과
사회변혁

Gender, Buddhism and Education:
Dhamma and Social Transformation Within the
Theravada Tradition

22

엠마 토말린·캐롤린 스타키
(Emma Tomalin · Caroline Starkey)

본 논문은 2011년 6월 12일에서 18일까지 태국 방콕에서 열린 제12차 샤카디타 세계불교여성대회(12th Sakyadhita International Conference on Buddhist Women), "Leading to Liberation"에서 발표되었다.

이 글은 곧 출간될 책『포스트모던 사회에서의 성, 종교, 그리고 교육』(*Gender, Religion and Education in a Post-Modern World*)의 일부분을 축약한 것이다. 이 글에서 우리는 불교가 교육면에서 성차별을 유지해 온 역할, 또 그것을 개선하기 위해 어떤 의제를 촉발시켰는지에 대해서 알아보겠다. 여기서는 현대사회와 불교수행에 관련된 세 가지 교육 형태에 관한 문제에 초점을 맞추겠다. 세 가지 교육 형태란 첫째는 승가에서의 교육의 역할, 둘째는 재가 불자들에 대한 종교 교육의 중요성, 그리고 셋째는 사회 개혁에서의 불교 교육의 역할을 말한다. 이세 가지의 교육 형태 각각을 분석하여, 여성 불자들이 사회적인 그리고 정신적인 개발 면에서 어떻게 성차별을 받고 있는가에 특별히 초점을 맞추겠다. 교육에 관련된 이 세 가지 양상은 지역이 다른 여러다양한 불교 전통에서 모두 적용되는 것이지만, 이 글에서는 상좌부

불교 중에서 특히 태국과 캄보디아의 여성 불자들의 경우에 초점을 맞출 것이다.

불교는 남녀의 차별 없이 모두에게 존재하는 고통을 극복하게 하는 가르침이지만, 현실에서 여성 불자들은 그러한 부처님의 가르침을 받을 기회가 많지 않았다. 그것은 여성 불자들이 불교를 배우고 수행할 수 있는 능력이 떨어져서 그런 것이 아니다. 이것은 많은 불교 전통에서 제도권은 흔히 남성들이 점령하고 있기에 여성 불자들은 그에 대해 접근이 금지되기 때문에 나타나는 현상의 일면이다. 더구나 여러 측면에서 여성 불자들은 성차별을 극복하고 성적인 평등을 재고할 수 있는 학문적 문헌적 지식을 가지고 있지 않았기 때문에 현존하는 전통 속에 남아 있는 가부장적인 전통은 도전받거나 하지 않고 그대로 남게 되었다.

이 글의 주요 관점은 비구니와 매치(mae chi, 역자 주: 테라바다 전통의 팔계 또는 십계만 받은 출가여승을 가리킴)들의 승가와 재가교육과의 관계를 분석해 봄으로써 그들의 역할에 대한 여러 다양한 담론을 탐색해 보는 것이다. 결국 우리는 여성의 전통적인 수계 권리를 재차 주장하는 것과 교육을 통한 여성의 권한 부여 사이에 어떤 관계가 있는지를 질문해 보겠다.

태국 승가 환경에 나타난 불교, 성 그리고 교육

유엔 개발프로그램(UNDP)에 의하면 비교적 최근까지 태국의 소녀들

은 소년들에 비하여 교육상의 불이익을 경험했다.[01] UNDP에서는 태
국이 교육에 관하여 밀레니엄 개발목표의 하나를 이미 달성했으며 다
른 것도 성취할 가능성이 높다고 말하지만, 최빈곤층 가정의 어린이
에게 있어서의 교육적 준비 작업은 현재 하나의 관심사일 뿐이다.[02] 태
국이나 서양의 몇몇 학자들은 특히 최빈곤 지역에 있어서의 성적 불
평등의 원인의 하나로서 불교를 들고 있다.[03] 소년들은 단기출가로서
절에서 시간을 보내며 거기에서 자유로이 불교와 일반적인 교육을 받
을 수 있지만, 소녀들에게는 이런 기회가 없다. 단기출가로서 계를 받
는 것은 태국의 젊은이들에게 중요한 통과의례로서 계속되고 있으며
그것은 국가에서 제공되는 여러 가지 것들에 대하여 사회적 이익과
함께 추가로 교육적, 정신적으로 이로움을 준다. 이러한 기회는 소녀
들에게 허용되지 않기 때문에 그 결과로서 가난한 소녀들은 더 제한
된 교육적 선택을 할 수밖에 없고 가족을 부양하기 위한 경제적인 책
임을 더 지게 된다.

　　이제 가난한 시골 소녀들이 어떻게 성매매 같은 일에 종사하면서

01　유엔개발프로그램이 인간개발과 밀레니엄개발목표와 관련하여 태국의 상황을 어떻게
　　　평가하고 있는지에 대해서는 Thailand Human Development Report 2007 참조.
　　　http://hdr.undp.org/en/reports/nationalreports/asiathepacific/thailand/
　　　THAILAND_2007_en.pdf. Last accessed: December 15, 2010.

02　태국의 교육 부문에 있어서 밀레니엄개발목표는 (1) 2015년까지 소년 소녀들을 위한
　　　초등학교 의무교육을 시행한다. (2) 2005년까지 초등 그리고 중등교육과정에서 성차별
　　　을 없애고, 2015년까지는 모든 단계의 교육과정에서 남자 여자 동등하게 교육 받도록
　　　한다는 것이다. UNDP에 따르면 태국은 (1)의 실행 가능성이 농후하며, (2)는 이미 실
　　　현하였다고 본다. 이에 관한 보고서는 다음에서 찾을 수 있다.
　　　http://hdr.undp.org/en/reports/nationalreports/asiathepacific/thailand/
　　　THAILAND_2007_en.pdf. Last Accessed: December 15, 2010.

03　Chatsumarn Kabilsingh, *Thai Women in Buddhism*. Berkeley: Parallax Press, 1991를 볼
　　　것. Emma Tomalin, "The Thai *Bhikkhuni* Movement and Women's Empowerment,"
　　　Gender and Development 14:3(2006): 385-97 참조.

가족을 부양하기 위하여 방콕과 같은 도시 지역으로 유입하게 되었는가를 더 탐구해 보자. 태국의 운동가 쿠안카유(Ouyporn Khuankaew)는 다음과 같이 주장하면서 유사점을 지적한다.

태국 창녀들의 숫자는 승려들의 숫자와 버금간다. 만약 어린 시골 아가씨들이 소년들이 사원생활을 할 수 있는 것과 같은 기회가 주어진다면 그들은 교육을 받을 수 있을 것이고, 동시에 그들의 부모들에게 대한 감사에 대해 영적으로 보답을 할 수 있을 것이다. 소녀들과 여성들에게 이러한 사원교육의 기회가 제공된다면 그들은 시골 사람들, 특히 다른 여성들과 소녀들에 대한 중요한 정신적 지도자가 될 수 있다. 그러나 태국불교에서의 남성 우월주의 때문에 소녀들과 여성들은 그러한 기회를 빼앗겨 왔다. 결과적으로 그들은 소녀와 여성들에 대한 또 다른 형태의 폭력, 즉 가정폭력, 강간, 그리고 강제 매춘의 희생자가 되어 왔다.[04]

그런데 왜 가난한 가정의 부모들은 그들의 딸을 무료로 시행하는 국가교육보다 사원교육으로 보내고 싶어할까? 그것은 사원교육이 교육과 이주 사이의 균형을 이루는 데 영향을 주기 때문에 가난한 가정의 소녀들에게는 사원교육이 더 가치가 있다는 것으로 가정해 볼 수 있다. 쿠안카유는 이러한 두 가지 문제의 괴리를 해결하지는 못하고 있지만, 그녀의 주장은 다음과 같은 사실에 기반을 두고 있는 것으로

---

04   http://www.american-buddha.com/thai.buddh.patriarchy.htm. Last accessed: December 12, 2010.

보인다. 현재 저소득층 소녀들은 저소득층 소년들이 원하기만 하면 사원교육을 받을 수 있는 것과 같은 기회를 얻지 못하고 있는데, 만약 저소득층 소녀들에게도 선택의 기회가 주어지고 그들이 무언가를 선택할 수 있다면, 그들은 사원교육을 택할 것이다. 그것은 사원교육을 통해 얻게 되는 상당한 종교적 이익과 평판 때문에 일부 저소득층 가정은 그것을 선호할 것이라는 것이다.

소녀들이 현재 태국의 승려들처럼 받아들여질 수 있는가에 대한 논쟁은 종종 비구니 수계의 부활에 대한 토론으로 연결된다. 태국불교에서 수계를 받은 존경받고 인정받는 비구니 승가의 창립은 궁극적으로 소년들과 마찬가지로 소녀들을 위한 사원 안에서의 교육의 제도화를 가능하게 할 수 있을 것이며, 이것은 소녀들과 여성들의 사회적이고 정신적인 성과를 증진하게 될 것이라는 주장이다.

비구니 수계의 부활에 대해 지지하고 관심을 가짐으로써 불교에서의 성차별이 여성에게서 능력을 빼앗고 그들의 발전을 제한하는 사회적 태도에 광범위하게 문화적 영향을 끼치는 방식을 더 잘 이해할 수 있게 되었다. 비구니 수계를 주어야 한다고 그들을 옹호하는 사람들은 불교 전통 안에서의 여성의 낮은 지위와 불교권 사회 안에서의 여성의 열등한 지위 사이엔 직접적 관계가 있다고 주장한다. 그렇기 때문에 비구니 수계식의 도입은 종교적 이유로도 중요할 뿐 아니라, 불교적 삶을 살기로 선택한 여성들에게 이익을 주는 것이며, 여성에게 넓은 의미로 그들의 능력을 개발하기 위한 것이기도 하다. 이것은 또한 소녀들이 단기 출가자들처럼 계를 받을 수 있을 뿐만 아니라 이를 통하여 교육 증대와 사회 지지를 받을 수 있게 되는 조건을 만드는 것을 포함한다.

이 글에서 그리고 이 회의의 다른 모든 글들에서도 의심할 것 없이 상좌부 전통에서의 비구니 수계의 지지자들이 직면했던 도전이 더욱 자세하게 탐구될 것이다. 그러나 강한 반발에도 불구하고 사회적 종교적 개혁에 참여하는 교육을 받은 태국 비구니의 숫자가 증가하고 있다. 비구니계의 지지를 통하여 그들은 불법을 실천하고, 남성에 대한 여성의 평등을 대중에게 교육하고, 사원, 학교, 그리고 다른 사회 환경에서의 재가자 교육을 제공하는 것을 목표로 하고 있다.

그러나 태국에서의 비구니운동이 참으로 번창하고 그들의 목표를 이루려면 폭넓은 지지와 성장에 있어서 아직도 갈 길이 멀다. 그래서 지지하는 비구니 그룹을 통하여 사원 안에서 소년과 마찬가지로 소녀들에 대한 교육의 제도화를 이룩하는 것은 현재로는 실현하기 어렵다.

그 대신에 다른 사람들은 여성들을 더 많이 교육에 노출시키고, 전통에 의해 지지되는 부정적인 틀을 변형하는 수단으로서 매치를 교육기관의 개혁에 주의를 기울이고 있다. 그러나 아직도 사회에서 효율적이고 존경받는 교사가 되어야 할 매치 개개인의 능력과 매치 교육기관의 타당성에 대해서는 상당히 많은 부정적인 견해가 있다. 매치들은 종종 대체 불가능한 포기자가 된, 뒤떨어지고 모자란 여인들로 묘사되고 있다.

그러나 최근 장학금의 혜택으로 태국 승가의 상층부 출신을 포함하여 그들의 정신적 능력에 대하여 국가적 그리고 국제적으로 존경받은 훌륭한 이력의 몇몇 매치들이 조명을 받고 있다.[05] 서구 장학제도에서 두각을 나타내는 매치가 증가하는 듯이 보임에도 불구하고, 비구

---

05   M. Seeger, "The Changing Roles of Thai Buddhist Women(변화하는 태국 여성 불자들의 역할): Obscuring Identities and Increasing Charisma," *Religion Compass*, 3/5(2009): 810 참조.

스님들에 비하면 성공하는 매치들이 적다. 매치들에 대한 사회, 종교적 위치와 여성을 위한 교육 기회의 증가로 인해 얻게 될 효과에 관련된 압박은 여전히 남아 있다.

태국불교는 비구스님들이 태국의 많은 재가 공동체에서 정신적, 교육적으로 중요한 역할을 수행하고 있기 때문에 이러한 현실은 사원 환경 안에서 교육에 관련된 성차별이 있을 뿐만 아니라 더욱 광범위한 분야에서 영향을 끼치고 있다. 이것은 재가 여성의 종교적 교육의 질에 틀림없이 장애가 되며, 특히 전통에 대한 가부장적인 해석을 반영하게 된다.

재가 여성 불자에 대한
종교교육

1999년의 국가교육법의 교육적 개혁 이래로 태국에서는 우리가 확인한 것처럼 거기에는 약간의 차별, 특히 부유층과 빈곤층 사이의 차별이 계속 있기는 하지만 소년 소녀들에게 적어도 9년의 세속 교육(승원 교육이 아닌)을 받도록 하고 있다. 재가 여성들, 특히 출가한 사람으로 살지 않겠다는 저소득 가정 출신의 여성들에게는 정신적 종교적 교육의 기회가 제한되어 있는 것 같다. 비구는 정신적 진보와 지식, 즉 사원환경 안에서 그리고 그의 공동체에서 성직자로서의 역할과 교육적 역할에 대한 실질적 통로이다. 비구스님들 역할 중의 하나는 모든 중생을 윤회로부터 벗어나게 하는 것이기는 하지만, 실제로는 태국의 많은 승려들이 가부장적인 불교의 사회적 재생산을 유지하고 있는 것으로 논란이 되고 있다.[06] 왜냐하면 여성들은 금욕에 위협이 되는 존재로 간주되기 때문에 비구들이 여성들과 직접 접촉하는 것은 금지되어 있다. 이것이 궁극적으로는 여성 재가 신도들에게 심도 있는 정신적 지도를 제공하는 데 있어 그들의 능력을 축소시킨다.

역사적으로 팔리(Pali) 경전을 배우고 번역하는 것은 계를 받은 남성이나 학자의 영역이었다. 그렇기 때문에 재가자들에게 무엇을 가르칠지는 비구의 해석 여하에 달려 있는 것 같다. 팔리 경전을 태국에서 이용할 수는 있지만 그것들이 얼마나 많이 읽혀지고 이용되는지는 논쟁거리이다. 그러므로 비구들은 정신적인 교육과 개발의 주된 통로이며, 『장로니게』(Therīgāthā)에 포함되어 있는 긍정적인 메시지로부터 반대되는 여성의 경감된 업과 지위에 대한 메시지로 다시 고쳐서 선택할 수 있다.

피치(Lucinda Joy Peach)는 현존하는 불교경전에서의 긍정적인 가르침을 찾고 이것들이 실제적으로 어떻게 번역될 것인가에 대하여 종교적 페미니즘 안에서의 최근의 작업에 대해 이 문제를 제기하면서, 누가 새로운 해석을 하며 어떤 청중을 위하여서인가라고 물음을 던진다.[07]

일요 불교학교가 소년 소녀들에게 정신적인 지도를 하고 있긴 하지만, 사원과 단기 출가를 통하여 소년들에게는 잠재적으로 가능한 불교 교리 교육과 종교적 지식 교육에 소녀들은 보편적으로 접근하지 못하고 있다. 현존하는 매치 교육기관의 한계성 때문에 재가 여성들

---

06   Lucinda Joy Peach, "Human Rights, Religion, and (Sexual) Slavery," *Annual of the Society of Christian Ethics* 20, 2000, pp. 65-87 참조.

07   앞의 논문, p. 80 참조.

은 어려운 상황에 놓여 있다. 즉 여성들은 남성들이 비구들과의 관계를 통하여 축적할 수 있는 교육, 지원, 혹은 이점을 제공하는 비구스님들과 같은 확실한 대안을 가지고 있지 못하다. 맥대니얼(McDaniel)이 사원 안에서 소년들이 가질 수 있는 교육기회의 질과 중요성은 과장된 면이 있다고 주장하기는 하지만 소년 소녀 사이의 일상적이고 실제적인 기회의 불평등은 여전히 남아 있다.[08]

일반적으로 비구들은 재가자들로부터 조언과 지지에 대한 상담을 받지만 문화적 거북스러움은 여성들로 하여금 남성 성직자들로부터 정신적이고 실제적인 조언을 구하기가 쉽지 않은데 특히 성적이거나 친밀한 사이에서나 가능한 문제들에 대해서는 더욱 그렇다. 태국에 있는 우리의 정보제공자들은 적당한 제도적 지원과 함께 이런 면에서 할 수 있는 비구니와 매치의 잠재적 역할을 강조해야 한다고 주장한다. 사실 많은 비구니스님들과 매치들이 여성들과 아이들의 정신적이고 실생활적인 문제에 조언이나 안내를 해 주기 위하여 이미 비공식적인 종교교육과 사회봉사에 종사하고 있다. 그렇지 않으면 여성과 아이들은 정신적인 문제와 실생활에 관한 문제에 조언이나 지도를 부탁할 종교적인 인물들을 만날 수가 없다.

태국의 사원과 재가 불교에서의 비구니와 매치의 역할을 살펴보면서, 우리는 그들 각자가 사회변화를 위한 안건을 제시한 개혁운동과 깊이 관련되어 있다는 것을 알 수 있다. 상좌부불교에서 비구니계를 받는 것에 대한 문제가 해결되지 않았음에도 불구하고, 여성이 교

---

08 J. McDaniel, "Buddhism in Thailand : Negotiating the Modern Age(태국의 불교: 현재와 협상하기)," in *Buddhism and World Cultures: Comparative Perspectives*(불교세계 문화: 비교학적 관점), edited by S. Berkowitz, (ABC-Clio, 2006), p. 122 참조.

육 받고 변화되게 하는 비구니스님들과 매치들의 종교적 역할과 불교의 가르침에 대한 가능성은 남아 있다.

다음은 이 글의 결론 부분으로 불교 사회 발전에 있어 여성 불자들의 역할을 캄보디아의 경우에 초점을 맞춰 보겠다.

여성을 위한 불교 교육과 사회변혁

전쟁과 정치적 폭력에 유린된 캄보디아에서 태국의 매치에 유사한 8-10계를 받은 돈치가 사회개발에 관련된 교육에서 역할을 담당하고 있다. 캄보디아는 초등학교 수준 이상의 학교 등록을 증대하려는 시도에 있어서 심각한 도전에 직면하고 있으며 UNDP는 교육성취에 있어서 성차별을 확인했다.[09] 캄보디아 여성들은 공적인 자리에 나서지 못하고 있으며 높은 산모 사망률에다 성병 감염, 그리고 많은 가정 폭력을 경험하고 있다.[10]

이웃인 태국처럼 캄보디아인의 대부분은 상좌불교도이다. 케마카로(Khemacaro)는 불교는 오늘날 캄보디아의 심각한 정치적 분할을 저지하는 유일한 제도라고 주장한다.[11] 크메르 루즈 이후 사원제도의

09　UNDP (2008) 'How Does Cambodia Measure Up Now?' 참조. 온라인 자료는, Online : http://www.un.org.kh/undp/CMDGs/How-Does-Cambodia-Measure-up-now.html (2009년 1월 24일 접근)에서 찾을 수 있다.

10　R. Surtees, "Negotiating Violence and Non-Violence in Cambodian Marriages," in *Gender and Development* 11 : 2 (2003) : 38 참조.

11　Y. H. Khemacaro, "Steering the Middle Path : Buddhism, Non-violence, and Political Change in Cambodia," Conciliation Resources. 1998 참조. 온라인 자료는, www.c-r.org/our-work/accord/cambodia/middle-path.php (2008년 2월 12일 접근).

재건에 이어, 일부 학자들은 여성들과 함께 여성들을 위한 캄보디아 불교의 사회적 교육적 역할을 찾아냈다. 그들은 가장 믿을 수 있고 성공할 것 같은 사람은 바로 여성 수행자들이라고 주장하였다.[12] 이러한 하나의 예는 비구니와 왓 그래니스(Wat Grannies)에 의한 모유 수유 교육 프로그램이다.

재건어린이건강연맹(RACHA, 국제개발기구 USAID에 의해 설립)은 비구니와 여성 재가자 연맹(90년대 Heinrich Böll 재단에 의하여 설립)과 함께 2,000명이 넘는 돈치와 우바이가 여성들에게 모유 수유의 실행에 대한 정보를 처음에는 푸르사트, 시엠리엡 그리고 캄포트 지방에 확산시키기 위한 훈련에 공동 협력했다. 돈치나 우바이와 같은 종교계 여성들은 시장과 같은 공공장소와 가정 안에서의 봉사활동을 통하여 여성을 교육시키려는 개발운동가들에 의해 지지를 받았다. 이러한 서민 건강교육의 효과는 초기의 모유 수유를 실행하려는 여성들의 숫자가 증가하면서 결과적으로 유아 건강을 증진시켰다.[13] RACHA는 돈치 및 사미니와 함께 산아제한과 에이즈 방지에 대해 남녀 모두를 교육시키는 일을 함께 했으며, 2002년에는 이 두 프로그램이 전 캄보디아로 확산되기 시작했다.[14] RACHA에 따르면 종교계 여성들과 함께

---

12   S. Suksamran, "Buddhism, Political Authority and Legitimacy in Thailand and Cambodia," in *Buddhist Trends in Southeast Asia,* edited by T. Ling (Singapore : Institute of Southeast Asian Studies, 1993), p. 102 참조.

13   B. T. Crookston, K. A. Dearden, K. Chan, D. D. Stoker, "Buddhist Nuns on the Move : An Innovative Approach to Improving Breastfeeding Practices in Cambodia," *Maternal and Child Nutrition* 3 : 1 (2007) 10~24 참조.

14   K. Kong, T. Savery, and M. Stewart Titus, "Member Voices : EngenderHealth Makes Creative Strategies in Low-Resource Settings," HealthLink, 2002, p. 114 참조. http://www.globalhealth.org/publications/article.php3?id=714 참조 (2009년 11월 24일 접근).

일하는 이점은 정부에 대한 불신 가운데에서 돈치나 우바이가 불교에 관여한 결과 그들이 더 영향력이 있다는 것이다.[15]

그러나 태국 매치협회처럼 사미니와 여성 재가자회가 세속적 종교적 영역에서 여성들을 위해 교육지원을 하지만, 돈치 자신들에 대한 교육수준은 아직도 제한적이다.[16] 태국에서와 마찬가지로 이것은 비구 승가와 비교하여 캄보디아 사회에서의 그들의 위치에 대하여 직접적인 장애요소이다. 어떤 돈치는 "우리들의 대부분은 교육을 잘 받지 못했다. 캄보디아 사회에서의 비구와 동등하게 인정받으려면 우리가 먼저 공부해야 한다."라고 말한다.[17]

거기에 더하여 여성 불교수행자에 있어서는 사회사업에 종사하는 것과 세속의 교육개발, 그리고 전통적으로 세속 일에 관여하는 것에 가치를 두지 않는 종교계통 안에서의 정신적 수련 사이에서 불일치가 있다.[18] 그렇지만 돈치에 대한 기회를 증진시킴으로써 균형을 취할 수 있다면 사회적 교육적 개발에 대한 지원은 동시에 그들의 경력을 향상시키고 더 넓은 사회로부터의 추가적인 지지를 받을 수 있을 것이다.

---

15 앞의 논문.

16 Heike Loschmann. "The Revival of the Don Chee Movement in Cambodia," in *Innovative Buddhist Women: Swimming Against the Stream,* edited by Karma Lekshe Tsomo (Surrey, U.K.: Curzon Press, 2000) 참조.

17 Loschmann(2000)에서 인용.

18 E. Guthrie, "Khmer Buddhism, Female Asceticism and Salvation," in *History, Buddhism and New Religious Movements in Cambodia,* edited by J. Marston and E. Guthrie (Honolulu: University of Hawai'i Press, 2004) 참조.

결론

이 글에서 우리는 태국과 캄보디아의 여성들이 경험한 것처럼 성, 불교 그리고 교육에 있어서의 복잡한 연관성을 확인했다. 불교는 여성 교육과 삶의 기회에 영향을 끼치는 실제적인 가치에 대한 기반을 제공한다. 그러나 불교는 또한 남성들과 관련하여 억압받고 불이익을 받는다는 점에서 여성에게 힘을 부여하는 수단의 역할을 할 수 있다. 향후 출간될 우리의 책에서 더 깊이 토의될 여성의 능력개발[19]이라는 이 과정은 종교적이고 세속적인 요소를 함께 가지고 있다. 우리가 여기에서 토의한 교육의 세 가지 연관된 모습(사원과 재가자, 그리고 사회적 개발)은 모두 여성 개개인의 삶의 경험에 심각한 장애가 되며 따로 떨어져서 생각될 수 없는 것들이다. 궁극적으로 이것들은 각각 사회변혁의 일정에 상당히 기여할 수 있는 개혁운동에 연관되어 있다.

---

19 능력개발(empowerment)이라는 말을 둘러싼 복합성은 이해하지만, 여기에서는 Rowlands, "A Word of the Times, But What Does it Mean? Empowerment in the Discourse and Practice of Development," in *Women and Empowerment: Illustrations of the Third World,* edited by H. Afshar (Basingstoke, U.K.: Macmillan, 1998), p. 23에서 쓰이는 의미로 그 용어를 정의하고자 한다. 즉, 여성이 행동에 옮길 능력을 기르고, 자신은 능력 있다고 생각하며, 자신의 의견을 가지며, 시간을 효과적으로 사용하고, 가용자원을 이용하고, 다른 사람들과 교류하고, 새로운 활동을 스스로 시작하기도 하고, 주위에서 일어나는 사태에 주체적으로 대응하는 것을 뜻한다.

조은수(趙恩秀) | 서울대학교 철학과에서 석사학위, 미국 버클리대학교에서 불교학
으로 박사학위를 했다. 미국 미시건대학교 아시아언어문화학과 조교수를 역임하였으
며, 2004년 이래 서울대학교 철학과 교수로 있다. 전공분야는 인도와 한국의 불교철
학이다. 저술로는 *Korean Buddhist Nuns and Laywomen: Hidden Histories, Enduring
Vitality*(SUNY Press, 2011) 등이 있다. 서울대학교 규장각 국제한국학센터 초대 소장, 유
네스코 아시아태평양지역 세계기록문화유산 출판소위원회 의장, 서울대학교 철학사상
연구소 소장을 역임하였고, 2013-2015년 불교학연구회 회장을 지냈다.

여성의 리더십과
불교의 무아설

Women's Leadership and
the Buddhist Concept of Non-self

23

조은수

본 논문은 2011년 6월 12일에서 18일까지 태국 방콕에서 열린 제12차 샤카디타 세계불교여성 대회(12th Sakyadhita International Conference on Buddhist Women), "Leading to Liberation" 에서 발표되었다.

세계적으로 여성의 지위는 높아졌다고 하나 아직도 많은 국가에서 여성의 사회참여는 남성에 비해 상당히 낮다고 할 수 있다. 한국의 경우도 그 하나이다. 최근 2-30년 동안의 괄목할 만한 경제성장에 힘입어 여성들의 교육수준과 사회적 지위는 상상할 수 없을 정도로 향상되었고, 특히 중산층 여성은 문화와 소비력을 향유하는 주요한 세력이 되었다. 한편 공공 영역, 특히 정부 기관과 대기업에서도 많은 젊은 여성들이 일하고 있으나 의사결정력을 가진 지도적 지위에 있어서의 여성의 존재는 OECD 국가 중에서 하위에 속할 정도로 대단히 낮다. 종교 영역에 있어 여성의 참여는 두드러지게 활발해졌으나, 그들의 지위는 아직도 주변적이고 지원세력으로 남아 있고 여전히 전면에 나타나는 활동은 남성들에 의해 주도된다.

　여성들의 사회참여를 가로막는 주된 이유로는 여성의 사회참여에 대한 사회적 편견, 여성 노동력 진출을 위한 지원 체제의 부재, 그리고 여성 스스로 체화된 전통적 성 역할을 담지하는 것 등을 들 수 있다. 그러나 이러한 장애와 편견을 뚫고 사회 활동에 진출한 여성이라 하여도 자신의 커리어를 통하여 끊임없는 사회적 정신적 장애들을 경험한다고 한다. 흔히 말하는 유리천장이라는 것이다. 외견으로 보는 것보다 훨씬 복잡한 문제들이 상존한다. 특히 지도적 위치에 올라갈수록 주위의 인화관계나 매 순간마다 리더로서의 자신의 선택에 대한 불안감 등으로 더욱 심하게 내면적 갈등을 겪는 여성들을 본다. 피라미드 구조 속에서 위로 올라갈수록 주위에 동료 여성들의 수가 급격히 줄어들어 주위에서 더 이상 롤 모델을 찾기 어렵게 되고 지원세력은 사라져 간다.

　이러한 고독 속에서 지도적 위치에 있는 여성들은 자기 자신도 인지하지 못하는 사이에 자신에 대한 회의감과 불안감이 내면화되게 된다. 이것은 이들 여성들의 능력이나 자질의 문제도 아니며 자신의 능력에 대한 자신감이 부족해서 일어나는 것도 아니다. 많은 여성들이 자신의 사회적 실현을 시도하고 또한 그것을 행동으로 옮기면서도, 실제로 심리적으로는 현실 속에서 일을 해 나가는 과정에서 끊임없이 자기 확신과의 내면적 갈등을 겪는다는 점을 보여 주는 것뿐이다.

　전통적으로 동아시아에서 여성은 순종하고 자신을 낮추라고 가르쳐 왔다. 동양의 가부장적 전통은 여성의 행동과 태도에서 뿐만 아니라 그들의 마음에 깊은 뿌리를 내린 것 같다. 동아시아 사회에서의 여성의 규범은 서양의 양성평등의 문화가 들어옴에 따라 많은 변화를 거쳤고 많은 영역에 있어서 서양의 기준으로 치환되었다. 그럼에도 불구하고 지도적 입장에 있는 여성들은 여전히 타인에 의한 평가의 시선 속에서, 자신의 행동이 과연 순수한 동기에서 나온 것인지, 자신의 이익과 명예와 같은 이기적 동기에서 나온 것이 아닌가 하는 자의식과 회의에 종종 빠지곤 한다. 현대사회는 경쟁과 자기선전의 시대로 나아가고 있는데, 여성들은 자신의 행동을 주장하고 자신의 업적을 내세우는 데 스스로가 불편하게 느끼는 경우가 많다. 나의 이 행동은 나를 선전하려는 욕구에서 나온 것이 아닌가, 나는 너무 자만심이 강하고 교만한 사람인가 하는 끊임없이 의문이 교차한다. 이러한 내면적 갈등은 여성에게 외부에서 작용하는 각종 사회적 규범에서 오는 스트레스일 수도 있겠으며, 아주 뿌리 깊은 자기의문에서 발생하는 경우도 많다.

특히 불교계에서 만나는 여성들은 자신들이 어떤 과업에 나선 동기가 아만이나 명예욕이나 개인적 이익을 얻기 위한 것이 아님을 강조하는 경우가 많이 있었다. 특히 동아시아의 선불교 전통에서는 자신을 내려놓으라는 방하착이라든지, 마음을 낮추라는 말을 공동체 생활의 도덕으로서 강조하곤 한다. 그런데 마음을 낮추라는 말이 여성들에게서 유독 중요한 덕목으로 받아들여진다는 것은 주목해야 된다.

동아시아 사회의 전통적 가치관의 기본을 이루는 유교 전통에서는 인과 예라는 인간관계에서의 실천 덕목이 오래전부터 성립해 있고 삼강오륜이라고 불리는 각종 관계에 구체적으로 지정되는 개별적 윤리조목이 있었다. 예를 들어 부부간에 부부유별(夫婦有別)이 있고, 어른과 아랫사람 간에는 장유유서(長幼有序)가 있다. 인간관계의 위계질서에서 발생할 수 있는 갈등은 이러한 사회적 도덕 조항 속에서 걸러질 수 있다. 사회적 덕목이 지시하는 대로 따라 한다는 것은 개인의 행동을 보다 단순하게 하고 자신의 동기에 대해 자문하고 회의하는 복잡한 과정을 거치지 않아도 되는 점이 있다.

　반면 방하착과 하심의 윤리가 지배하는 경우는, 일을 수행하는 과정에서 발생할 수 있는 인간관계의 갈등을 사회적, 구조적, 외적인 문제로 해석하기보다는 자신 내부의 문제로 돌릴 수 있다. 자신을 그런 기준에서 끊임없이 채근하게 되는 것이다. 종교 수행의 관점에서 볼 때 종교집단의 윤리로서는 미덕이 될 수 있겠으나 자신에게 끊임없이 동기를 부여하고 자신의 장점을 개발하고 나아가 이것을 다른 사람에게 알릴 것이 요청되는 것이 현대사회에서는 이러한 자기 회의는 또 다른 내적장애가 될 수 있다.

　여성들이 행동에서 과감하게 앞으로 나아가지 못하고 자신을 억압하게 되는 기제는 무엇일까. 자기의 성취에 대해 인정을 받고자 하는 것은 진정 자만심의 반증일까. 초기 불전에도 자기 회의와 두려움과 과거의 아픈 기억을 되살리려는 마라의 속삭임에 혼란에 빠지나 마침내 이러한 나약함을 떨치고 자신의 동기와 수행에 대해 확신을 다지고 영적 자유를 천명하는 많은 여인들이 등장하고 있다. 현대의 사회적 규범을 고려하는 불교윤리학, 특히 젠더 심리학을 고려한 새로운 여성주의 윤리가 필요한 이유이다. 본 발표는 불교의 무아설에서 그러한 윤리를 도출할 수 있는 가능성을 찾아보고자 하는 시도이다.

　붓다가 가르친 초기 교설의 핵심을 이루는 무아설은 강화된 자아 의식에서 비롯하는 자아 영속적 실체관을 부정한다. 이러한 실체적 사고방식과 세계관은 결국 개인에게 심리적 고통을 유발하기 때문이다. 붓다에 따르면 세상의 어느 것도 실체를 가지고 자기 주체성을 가지면서 영원히 변치 않는 존재는 없다. 그런데도 이 세계와 세상의 모든 것이 항상하고 영원하다고 생각하고 집착하여 그러한 자아와 세계를 지속하려고 애쓰게 되고 나아가 그러한 것이 불가능함에 봉착하게 될 때 커다란 심리적 고통과 좌절을 맛보게 되는 것이다.

이러한 집착과 고정된 관념에서 자유로워지라고 가르치는 것이 무아설이다. 이것은 또한 공(空)으로도 표현된다. 세계의 사물들은 서로 연기의 관계로 얽혀 있으므로 따라서 자기 스스로 생겨나거나, 스스로 존재하거나, 또는 자신만의 개체와 개성을 영원히 지속할 수 없다. 따라서 실체가 없이 공한 존재이다. 이것을 불전에서는 "연기이므로 공이다."라고 표현한다.

무아의 교설에 따르면 우리는 연기적 관계 속에서 존재하는 존재이며 타인과 세계와 단절하여 독립적으로 존재할 수 없다. 우리는 관계성 속에서 성장하고 타인과의 관계를 통해 스스로를 실현한다. 무아와 공을 이해하는 사람이 이타적 행위로 나갈 수 있는 이유가 여기에 있다. 대승불교 경전 『유마경』에서는 이상적 인간형으로서의 보살이란 공의 원리를 깨달았지만 이 세상에 남아서 다른 사람을 돕는 이타행(利他行)을 실천함으로써 세속에서 공을 실천하는 사람이라고 정의하고 있다. 타인과 나는 서로 별개의 존재가 아니며 서로의 관계성 속에서 비로소 개개의 기능을 발휘할 수 있다. 공을 보는 사람은 나와 타인, 주관과 객관, 이것은 선이고 저것은 악이고, 또는 이것은 아름답고 저것은 추하다고 보는 관점을 벗어날 수 있다. 여자와 남자에 대한 구별이 분명한 사리불에게 천녀는, 그러한 이분법의 집착을 벗어나는 자만이 공을 볼 수 있다고 말한다.

나아가 유마거사는 공을 이해하고 연기를 이해하는 사람만이 타인에게 자비를 실천할 수 있다고 한다. 다른 존재, 다른 생명을 가진 존재들과 자신을 동일시하고, 주관과 객관의 분리와 가치 판단을 멈추고 다른 존재의 처지가 되어 그들과 느낌을 공유할 수 있는 정서적인 능력을 가지고 있는 사람이 바로 보살이다. 무아를 확대 실천하여 불이의 평등한 관념을 가지게 될 때 남의 아픔도 공유하고 한몸으로 느끼는 자비실천이 가능해진다는 것이다.

한편『유마경』에서는 수미산만큼 큰 아견을 지닌 사람이 아뇩다라삼먁삼보리를 얻는다는 무척 혼란스러운 말이 나타난다. 물론 이 말은 문수사리가 유마거사에게 영향을 받아 마침내는, 번뇌가 깨달음의 종자라고도 말하는 과격한 사상을 펼치는 가운데 나타나는 대승불교 특유의 파라독스의 일부분이다. 하지만 아견을 가진 사람이 어떻게 최상의 깨달음을 얻을 수 있을까. 원효 스님도 또한『보살계본지범요기』에서, 수미산만한 아견(我見)을 낼지라도, 털끝만한 공견(空見)을 가져서는 안 된다고 하였다. 여기서 공견이란 허무적 태도를 말한다. 공견보다는 아견이 낫다는 뜻이다. 8세기 샨티데바가 지은『대승집보살학론』(大乘集菩薩學論)에도 같은 구절이 나온다.

여러 가지 번뇌가 있지만, 그 중에서도 아견은 보살에게 일종의 필요악과 같은 것은 아닐까. 중생을 구제하겠다고 그들을 위해 선행과 이타행을 실천해 보겠다고 세상에 뛰어드는 것이 아견이다. 내가 해야 한다는, 내가 나서서 일해야 한다는 생각이 이런 행동을 시작하게 하는 동기가 된다. 아견이란 방편으로서 나타나는 개인적 성취동기를 가리킬 수도 있다. 물론 아견도 번뇌 중의 하나라서 결국은 극복하여야 할 것이다. 결국 자비행 이타행을 실천함으로써, 나와 남이 동체임을 다시 확인하고 남에게 끝없이 깊은 공감의 감정을 낼 때 그때 나와 남의 구별은 사라지고 없을 것이다.

그러한 실천행 속에는 이미 아견은 성립할 자리가 없어지는 것이다. 처음은 아견으로 시작하지만 이러한 실천행을 하는 자에게는 이미 아견은 사라지고 없다. 방편으로써 시작한 아견은 지혜를 얻으면서 그 속에서 자연히 사라지게 되는 것이다. 그래서 『유마경』에서는 방편바라밀과 지혜바라밀을 가장 소중한 덕목으로 생각하고 길게 설명하는 것 같다.

불교에서의 사회적 실천은 공과 무아의 입장에서, 전체와의 관계를 생각하며 그러한 관계 속에서의 자신의 행동의 가치를 찾는 것이다. 나의 현재의 행위는 나 혼자에 대한 배려나 고려에서 일어나서도 안 되며 그렇게 될 수도 없다. 자기 독립적이고 자기에게만 결과가 돌아오는 순환론적 행동과 결과는 성립하지 않는다. 나의 행동은 나뿐만 아니라 다른 모든 이들에게 영향을 준다. 나의 생각, 결정, 말, 행동 하나 하나가 다른 사람과의 관계 속에서 그들의 생각과 말, 행동과 관련을 갖게 된다. 따라서 그러한 관계성에 대한 고려 속에서 이루어지는 나의 행동은 자기중심적인 것이라기보다 원심력을 갖고 밖으로 향하는 것이다.

내가 선한 행동을 할 때 다른 사람에게 선한 결과가 나타나고, 나의 동기, 나의 성취란 결국 타인의 성취로 이어질 수 있다. 내가 현재 이러한 행동을 하는 것은 나 자신의 이익 때문이 아니라 결국 모든 사람을 이롭게 할 것이라는 것을 믿기 때문이다. 행동과 실천을 통해 연기를 깨닫는 것 그것이 불교의 무아설에 기반한 실천 방식이다. 자기 확신과 자기 신념을 가져야 실천과 행동에 나설 수 있고, 결국 그 행동은 무아의 실천과 다른 어떤 것이 아니다. 무아설은 자아의 단순한 부정이 아니다. 자아에 대한 확신에서 출발하여, 결국은 자아의 공함, 즉 무아를 실천해 나가는 것이다.

결국 내가 성취한 결과는 관계가 성취한 것이지 내가 성취한 것이 아니다. 나의 행동을 원인으로 해서 다양한 원인들의 상호작용이 기능함으로써 이루어진 결과이다. 이렇게 볼 수 있는 사람은 자신과 자신의 성취에 대한 집착에서 벗어난 사람이다. 그의 행동은 지혜와 자비의 행동이 된다. 집착 없는 행동을 실천함으로써 자아 중심적 생각에서 일어났던 집착과 욕망과 불안도 마찬가지로 벗어날 수 있다. 이것이 자아 없이 하는 행위이며 이러한 행위 속에서 무아는 실천된다. 내가 하는 일의 가치는 관계 속에서 드러나며 모두 같이 그 가치를 공유하게 됨으로써 재삼 긍정된다. 무아의 윤리학은 이러한 공유된 가치와 실천으로 나를 나아가게 하는 데에 있는 것이다.

리타 그로스 | 미국 위스콘신대학교 오클레어 캠퍼스 비교종교학과 명예교수. 여러 다른 형태의 티베트불교를 40여 년간 수행했다. 시카고대학교의 박사논문은 종교학 분야에서 최초로 여성학과 페미니즘 방법론을 사용한 것으로 유명하다. 위스콘신대학 오클레어캠퍼스에서 수년 간 가르친 후 퇴임하였다. 젠더와 종교, 특히 젠더와 불교에 관한 수많은 책과 논문을 발표하였다. *Buddhism After Patriarchy: A Feminist History, Analysis, and Reconstruction of Buddhism*으로 가장 많이 알려졌다. 젠더와 종교에 관한 책으로는 *Feminism and Religion: An Introduction*이 유명하다. 불교기독교연구학회의 회장을 지냈으며, 10년간 그 학회에서 발간하는 학술지의 공동 편집장을 지냈다. 가장 최근 출간한 책으로 *Religious Diversity: What's the Problem?: Buddhist Advice for Flourishing with Religious Diversity*가 있다. 불교인들을 위해서 불교와 명상을 가르쳤으며 제쭌 깐도 린포체가 이끄는 티베트불교의 민돌링파의 법사이다. 2015년 여러 사람의 애도 속에 타계하였다.

여자로
태어나는 것은
장애인가?

Working with Obstacles :

Is Female Rebirth an Obstacle ?

24

리타 그로스

(Rita M. Gross)

본 논문은 2013년 1월 5일에서 12일까지 인도 바이샬리에서 열린 제13차 샤카디타 세계불교여성대회(13th Sakyadhita International Conference on Buddhist Women), "Buddhism at the Grassroots"에서 발표되었다.

불교에서는 장애가 우리의 수행을 돕는다며 장애를 고마워해야 한다고 가르친다. 장애는 깊은 지혜와 자비를 개발하도록 돕고 이는 결국 깨달음으로 이어지는 것이다. 다른 한편 불교는 자주 여자의 몸으로 태어나는 것은 장애라고 말한다. 그러면 장애가 그렇게 깨달음에 도움이 되는 것이라면, 그리고 여자가 남자보다 훨씬 더 많이 장애를 겪는다면, 그러면 여자는 진즉 존경받는 스승들의 서열 가장 윗자리에 올랐어야 하는 것이 아닐까? 그런데 그런 일은 일어나지 않았다. 그러기는커녕 여자의 몸으로 태어나는 것이 장애라고 하면서 여자의 몸으로는 깨달음도 얻을 수 없다고 한다. 이것은 정말 도저히 어찌할 수 없는 치명적인 장애이다. 여자로 살고 있는 지금 우리가 바랄 수 있는 최선의 희망은 이 생애 동안 많은 공덕을 쌓아서 내생에 남자로 다시 태어나는 길뿐이라고 한다. 장애가 우리의 수행을 돕는다는 것과 여자로 태어나는 것은 장애라는 것, 이 두 가지 주장은 참으로 화해하기 어려운 주장으로, 불교 가르침의 핵심에 커다란 모순을 제기한다.

그동안 불교계의 페미니스트 사상가들은 여성으로 태어나는 것이 원천적으로 장애라는 주장을 와해시키고 역사적 근거를 들어 그 부당성을 주장했다. 그러나 여성의 몸으로 태어나는 것이 부정적이고 불만족스러운 것이라는 주장을 페미니스트들은 절대적 전제로 인정하지는 않지만 현실 상황에서 볼 때 여성들이 종종 남성들이 당하지 않는 장애를 겪게 되는 상황은 지금도 계속되고 있다. 장애가 영적 성장에 도움이 된다는 가르침대로 여성으로서 겪는 장애가 정말 여성들에게 도움이 될까? 30년 이상 불교를 수행해 온 지금, 나는 지난 세월 동안 맞닥뜨렸던 많은 장애가 내게 가르침을 주었다는 것을 인정하게 되었다.

이 글에서 나는 여성의 몸이라는 장애가 유용하다는 문제를 놓고 이전에 시도해 보지 않은 방법으로 이 문제를 다루어 보려고 한다. 나는 그동안 여성으로 태어나는 것이 장애라는 주장을 약화시키고, 또한 페미니스트들이 그런 주장을 실제로 어떻게 긍정적으로 사용할 수 있는가에 대해 많은 논문을 썼다. 그러나 상대적 차원에서 여성이라는 것이 실질적으로 도움이 되는지에 대해 생각해 본 적은 없었다. 왜냐하면 내 나이(1943년생)의 여자들에게 있어 여성이라는 것은 분명히 장애였다. 그런데 내가 여성이었기 때문에 더 많이 이루어낼 수 있었던 걸 그 장애에 대해 감사해야 할까?

몇 년 전 미국종교학회에서 내 평생의 학문적 작업을 기리는 학회를 동료들이 열어준 적이 있다. 참으로 고맙고 기분 좋은, 그동안의 어려움을 다 녹여주는 그런 행사였다. 왜냐하면 지난 세월 내 학문적 작업은 종교학과 불교학 분야에서 무척 중요한 성과임에도 불구하고 자주 무시당해 왔기 때문이다. 학회 마지막 날, 지난 10년 동안 나와 같이 학술지를 공동으로 편집해 온 남자 동료와 아침식사를 같이 했다. 옛날 일을 회고하며 그는 이렇게 말했다.

"리타, 만일 당신이 남자였다면 아마 당신 분야에서 크게 출세했을 겁니다(여기서 '출세'란 내가 평생 해 보지 못한 명문대학의 교수 자리를 말하는 것이다)."

그래서 내가 이렇게 답했다.

"하지만, 내가 남자였으면 그렇게 중요하고 흥미진진한 연구주제를 찾을 수 있었을까요?"

내가 만일 남자였다면 나는 아마 젠더에 대해 연구하지 않았을 것이라 확신한다. 그런데 지난 40년간 학계 또는 불교계에서 젠더만큼 중요하고 흥미로운 주제는 없었다고 단언한다. 그러면 이것이 장애로 인해 도움을 받은 경우일까?

박사학위 논문을 쓸 때부터 시작하여 나는 평생 여성학과 페미니즘에 관련된 연구를 해왔다. 이러한 연구의 보상으로 내가 받은 것이라고는 시카고대학 대학원생 시절에는 일종의 초기 페미니스트 이론을 만들어낸 것 때문에 교수님들에게서 많은 고초를 겪어야 했다. 그분들은 학계의 정설인 남성중심주의적 규범에 도전하는 내 논문에 학위를 주어야 하는지 고민했다. 어떤 남성 지도교수는 이렇게도 말했다.

"인간 또는 남성 그 자체가 여성까지 망라하는 것이니 여성을 특별히 연구하는 건 불필요하다."

누군가 남성들에게 흥미롭고 중요한 것을 발견했다면 그는 바로 출세했을 것이다. 하지만 나는 조그만 지방 주립대학에서 평생을 보냈다. 내가 발표한 많은 중요한 저작들은 아무것도 변화시키지 못했다. 내가 열성적 학생이나 대학원 과정도 없는 지방 주립대학에서 힘들게 일하는 동안 명문대학에서는 내 글을 자료로 강의를 하고, 그리고 나는 거기에 초청연사로 강연하러 간다는 것은 정말 마음 아픈 일이다.

지금 말한 이런 이야기와 여성으로 태어나는 것이 수행에 도움이 된다거나 여성으로 태어난 것이 장애라든가 하는 것과 무슨 상관이 있을까? 불교에서 여성이라는 것은 장애라는 고정관념이 있다. 그러나 그 장애란 무엇일까? 그것은 능력이 떨어진다거나 업적이 적다거나 또는 몸과 마음에 결함이 있다는 뜻이 아니다. 이성적인 논의나 부처님의 가르침에서 연유된 것이 아닌, 관습에 따라 남성의 관점을 여성의 관점보다 우위에 놓고 그리고 그러한 행위에 내포된 편견을 해명할 필요조차 느끼지 않는 체제, 바로 이것이 장애를 만들어 내는 것이다. 학계의 지도교수나 동료들에게는 남성의 관점만이 유일하게 흥미롭고 중요한 관점이었다. 그런 관점을 지닌 분들의 눈에 "정상적으로" 보이는 것은 굳이 그 정당성을 증명할 필요가 없다.

불교도 이와 같다. 사실 전통적인 불교문헌들은 여성이 부딪치는 가장 실질적인 장애는 여성의 몸 그 자체가 아니라 남성 우위의 환경임을 인정하고 있다. 여자에게 문제가 되는 것들을 열거해 놓은 자료들은 남성의 사회적 우위나 혹은 여성의 신체에 대한 남자들의 평가-여자들은 결코 동의하지 않는-그 둘 중의 하나를 언급하고 있다. 이런 유형의 사고방식에서 흔히 볼 수 있는 것은 문화적인 것, 즉 남성 우위가 마치 본성 그 자체인 것처럼 혼동되는 것이다. 상대적인 조건을 절대적인 문제로 오해하는 이 잘못된 견해의 실체를 불교의 정교한 중관이론에 비추어 꿰뚫어 보아야 한다. 물론 이러한 잘못된 생각 때문에 이 윤회의 세계가 존재하는 것이다.

그런데 전통적 불교의 분석적 논리는, 사회적 남성 우위현상이 실제적, 필연적으로 존재하는 것이라기보다는 조건들에 의해 발생한 것으로 단지 그렇게 보일 뿐이라는 점을 인정하지만 않았을 뿐, 이 잘못된 견해가 일어나는 무수히 많은 경로에 대해 충분히 인지하고는 있었다.

여성 불자들에게 진정한 장애가 무엇인가를 찾아냈으니 앞의 그 대화 건으로 다시 돌아가 보자. 내 남자 동료가 "리타, 만일 당신이 남자였으면 당신 분야에서 아주 출세했을 겁니다."라고 했다. 거기에 대해 나는, "내가 만일 남자였다면 내가 이렇게 흥미롭고 중요한 주제를 찾을 수 있었을까요?"라고 대답했다. 이것은 큰 장애가 수행에 가장 큰 조력자가 될 수 있다는 불교적 수수께끼의 긍정적 예시가 될 수도 있다. 그러나 만일 그 장애 때문에 이미 무너져 버렸다면 어떻게 될까?

여기서 이 경고에 대해 분명히 알아둘 필요가 있다. 장애물은 때로는 도움이 되는 게 아니라 치명적인 해를 가져올 수 있다. 실제로 그런 일들이 종종 있다. 불법을 수행하는 우리들은 빈곤, 인종 차별주의, 성차별 주의, 동성애 혐오 등 장애로 인한 심각한 상황들을 보면서 순진하게 장애는 우리의 가장 친한 친구가 될 수 있다고 말하고 그냥 넘어가서는 안 된다. 무심히 내뱉은 그런 말들은 아주 피상적인 것이며 다른 사람에게 상처를 줄 수 있다.

나의 경우에 있어서 어떤 이유에서건 여자 몸을 받았다는 그 이유만으로 나는 젠더의 이치(dharma)를 깊이 연구할 동기를 얻었다. 젠더가 장애라는 그것은 인간으로 태어난 이 소중한 기회를 중생들을 위해서 쓰려는 의지를 약화시키는, 마치 심장에 꽂힌 칼과 같다. 그럼에도 불구하고 나는 그 장애들을 일관되게, 그리고 두려움 없이 직시하여 그 장애물을 축복으로 바꾸었다. 나뿐만 아니라 내가 그동안 가르친 것에 도움을 얻은 많은 사람들도 마찬가지이다. 이 수수께끼를 푸는 데 있어서 가장 중요한 것은 움츠려들지 않으면서도 장애의 위력을 인정하고, 그러면서 장애를 똑바로 바라볼 수 있는, 그리고 그렇게 하고자 하는 용기를 가지는 것이다.

그동안 많은 사람들이 해 준 조언들을 따랐더라면 나는 아무것도 이루지 못했을 것이다.

"그런 문제는 실제는 없는 거야. 감정이나 그런 사실 따위는 그냥 무시해 버려. 모두 상관없는 것들이야. 왜냐하면 깨달은 사람에게 젠더는 문제가 아니거든."

있는 사실을 알아채지 못하는 것, 그래서 번뇌 중에서 가장 깊고 고질적인 무지라는 번뇌에 빠지게 되는 것을 불교에서 어찌 합당한 조언이라고 하겠는가. 다행히 나는 그런 조언을 따르지 않은 통찰력을 가지고 있었다. 확실한 사실을 모른 체한다든지 그것을 없는 것처럼 억눌러서는 오히려 더 나쁘게 돌아온다는 것을 알고 있었다.

이제 마하무드라 가르침에 나오는 번뇌를 다루는 과정에 대해 말해 보겠다. 우선 자신을 어지럽히는 감정들, 즉 집착이나 분노 등에 집중하여 그것들을 정면으로 직시하고 그 감정을 받아들이지도 거부하지도 않으면서 자신이 의식한 그 명료한 감정과 에너지를 해방시켜 주는 것이다. 이 가르침에서는 "있는 그대로 생생하게 본다"는 것이 특히 중요하다. 이 가르침은 그 감정을 어떻게 표출해야 한다고 지시하지 않으며 무시해 버리라고 가르치지도 않는다. 불행히도, 사람들은 강한 감정을 표출하는 것을 두려워하기 때문에 그 감정을 무시하라는 조언을 받는 경우가 많다. 그쪽이 더 안전해 보이지만 그것은 잠시일 뿐이다.

나는 남성 우위라는 장애와 그에 대한 분노를 일부러 만들어낼 필요가 없다. 그것은 어디에나 존재한다. 그것이 마치 없는 것처럼 치부하지 않았다. 이 장애와 몇 년을 씨름하면서 마하무드라 위빠싸나 수행법을 사용했는데 그 효과가 아주 놀라웠다. 분노를 가라앉힐 수 있었을 뿐만 아니라 불교 내부와 일반 사회에서의 남성 우위 현상을 아주 분명히 통찰할 수 있었다. 그래서 이러한 수행법 과정에 대해 80년대 초 글을 쓰기 시작했다. 그랬더니 여성 수행자들이 나를 못마땅하게 여긴다는 말을 들었다. 왜냐하면 내 글 속에 나오는 "분노 속에서의 냉철함"이 자신들이 주장하는 "마음을 편하게 해 주는 분노"에 반대된다고 생각했기 때문이다.(이 수행 여정의 어떤 단계에서는 분노가 마음을 가라앉히기도 한다. 그것은 자신을 정당화하는 자아의 매커니즘 때문이다. 흔히 자신에게 이렇게 말하면서. "내 감정을 나보다 더 잘 알고 나보다 더 권리를 가진 사람이 누구겠어?")

이러한 작업의 결과가 『가부장제 이후의 불교』(*Buddhism After Patriarch*, SUNY Press, 1992)라는 책에 잘 나타나 있다. 이 책이 출간되고 일어난 일련의 일은 여러 가지로 시사하는 바가 많다. 한 남자 동료가 우리 둘 다 아는 사람에게서 전화를 받았다. 내가 불교문헌들에 대해서 자기가 전혀 생각하지 못한 아주 새로운 식으로 해석하였다고 했다. 그러면서 그 사람이, "그녀 해석이 아주 맞아. 왜 우리는 그렇게 생각을 못했지?"라고 했다고 한다. 나는 그 말을 들으면서, '세상의 해석이 얼마나 남성 중심적인지에 대해 관심이 없었기 때문에 몰랐던 것이지요.'라고 말하고 싶은 충동을 참았다. 부동산 중개인들은 "첫째도 위치, 둘째도 위치, 셋째도 위치!"라고 말한다[역자 주: 즉 여자라는 그 상황에 놓여 있다는 것이 가장 중요한 점이라는]. 장애가 우리를 해방시켜 준다는 그 가능성을 보여 줄 수 있는 사람은 바로 장애를 가진 그 사람뿐이라는 것 그것은 참으로 가슴 아픈 일이지만 진실이다. 장애는 사람을 무력하게 만들고 극복하기 정말 어려운 것이다.

그렇다면 남성 중심적인 불교 체계 내에서 여성의 몸을 가지고 장애가 있다는 것은 우리에게 무엇을 의미하는 것일까? 우선 현재 이 글이 취하는 입장처럼, 형이상학적 차원에서가 아닌 사회적 차원에서 볼 때, 현실적으로 여성이라는 것은 확실히 장애라는 것, 그것을 인정해야 한다. 불교의 지난 역사와 현재를 볼 때, 그렇게 인정하지 않는 것은 사실을 사실대로 인정하지 않는 부정의 늪에 빠지는 것이다. 불교에서의 남성 우위사상은 여성적인 것을 장애로 생각하는 불교 사상이 태어난 근원이며 또한 그 결과이기도 하다. 그리고 그것은 여성과 또한 결국 남성들에게도 해를 끼치게 된다. 그것은 정말 심각하게 부끄러운 일이며 불교가 합리적이고 인간적이며 더군다나 자비로운 종교라는 인식에 흠집을 내는 일이다.

이 점에 있어서 우리는 남성 법우들의 도움을 기대한다. 문제될 게 없다고 말하기보다는 모든 증거를 솔직하게 바라보아야 한다. 남성들, 그리고 우리들의 스승들에게 이제, 깨달은 사람은 젠더를 초월하기 때문에 불교제도 내에서 남성 우위는 문제가 안 된다고 말하지 말라고 해야 한다. 그것은 절대적인 것과 상대적인 것을 완전히 혼돈하는 것이다. 불교제도 내에서의 양성평등을 주장할 때 누군가가 "너희가 그렇게 말하는 것은 에고(ego) 때문이야. 왜냐하면 만일 더 깨달은 사람이라면 사회적 억압이 있어도 아마 달갑게 승복했을 테니까. 그게 자기를 비운 깨달음을 보여 주는 것이지."라고 말하면 절대 그런 말에 빠져들면 안 된다.

어떤 불교 집단도 사회적으로 우세한 위치에 있을 때 자기 자신에게 그런 윤리를 적용한 적은 없다. 자기보다 아래에 있는 사람들에게 억압을 포용할 것을 강요할 때 이런 논리를 사용했다. 그래서 우리는 그렇게 왜곡된 논리에 빠지지 말아야 하며 또한 남성 불자들에게도 그들이 가지고 있는 제도적 우위를 이용하지 말고 그 논리를 당신 자신에게 적용해 보라고 요구해야 한다.

부탄의 어떤 성지에 스승님과 그분 제자들과 같이 간 적이 있었다. 스승님과 몇 분 비구니스님들이 먼저 들어가고 제자들이 들어가려고 했더니, 입구를 지키는 사람이 "여자들은 들어갈 수 없습니다."라고 하면서 일행이었던 서양 남자들에게 앞으로 나아가라고 손짓을 했다. 우리 여자들은 분개했다. 남자들은 아무 생각 없이 자연스럽게 자신의 남성으로서의 특권을 누릴 뿐만 아니라 우리 여자들이 왜 화가 났는지조차도 이해하지 못하는 것이었다. 입구를 지키는 부탄 사람보다 일행인 남자들에게 더 화가 났다. 그들 중 한 사람이, 그럼 자신들이 어떻게 하기를 바랐냐고 나에게 물었다. "당신도 우리와 같이 밖에 머물러 있어야 했지요."라고 대답했더니, 그분은 그 말을 이해하지 못하는 것 같았다.

명징한 의식을 가지고 들여다보면 다 드러나 보이는 이런 것을 우리 남성 법우들이 인정을 하든지 하지 않든지 관계없이, 무엇보다 중요한 것은 우리 자신이 지혜를 가지고 분명하게 행동하는 것이다. 우리는 종종 삼독(三毒, 탐욕·분노·무지)의 유혹에 빠지기 쉽다. 그 중 가장 위험한 것이 무지이다. 우리는 불교계 지도자들로부터 남성 우위 현상을 그냥 모르는 척하라는 압력을 받는다. 아시아 여성이건 서양 여성이건 우리는 모두 가부장적 문화에서 자라나서 남성의 마음에 들게 행동하고 남성에게 양보하도록 사회화되었다. 그 결과, 남성 우위 현상을 못 본 척하라는 말을 들으면 "좋은 여자"로 인정받고 싶어서 그냥 그렇게 한다.

자신의 권익이나 다른 여성들과의 연대를 인식하고 방어하기보다는 남자들과의 충돌을 피하려고 한다. 전통이나 권위 있는 남성의 말과 우리 사이에 갈등이 생기면, 자신의 생각과 통찰을 덮도록 자신을 훈련시켜 왔다. 그래서 출가 수계 전통이 없는 나라들에 다시 그 전통을 세우도록 돕는 문제에 있어서도, 불교의 규범으로 보면 우리의 주장이 올바른데도 불구하고 남자들이 그 문제를 어떻게 생각하는지에 더 신경을 쓰고 그 의견에 양보하는 극히 애매모호한 태도를 취한다.

무지의 또 다른 형태는 불교에서 젠더가 언제나 논쟁의 대상이었다는 것을 모르거나 불교문헌 속에는 여성혐오증이나 남성 우위를 비판하고 조롱하는 이야기와 주석들이 많이 들어 있다는 것을 모르는 것이다. 부처님의 이모 마하파자파티가 여성도 수계 받도록 해달라고 요청했으나 거부되었을 때, 그분은 바로 포기해 버리지 않았다. 다른 여인들과 함께 계속 노력했고 결국 아난다의 중재로 비구니 승가가 성립되었다.

그때 이후 불교의 여성들과 일부 남성들은, 여성혐오나 성차별이 아닌, 젠더의 중립성과 포용성이라는 이상을 고취해 왔다. 불교의 역사만큼이나 오래된 이런 자랑스러운 전통을 무시하고 최근 여성 불자의 권익과 필요를 주창하는 운동이 서양 페미니즘 때문에 발생한 이질적이고 현대적 현상이라고 주장하는 것은 이해가 안 되는, 정말 마음 아픈 일이다. 여성들이 남성의 비위를 맞추고 그들에게 양보하도록 사회화되었기 때문에 자신의 권익과 시대적 요구와 전통을 무시하는 이런 일이 계속 일어나는 것이다.

불교에서의 남성 우위와 그 해악을 더 이상 외면하지 않고 바로 보게 되면 격렬한 분노를 느끼게 된다. 그런데 불교에서는 분노를 피해야 할 것으로 생각하고 영적 웰빙에 해롭다고 한다. 나도 거기에 동의한다. 이 주제에 대해서는 이전에 썼기에 다시 반복하지는 않겠다. 다만 불교의 계율을 진실되게 수행한다면 분노는 금방 사라지고 곧 명징함으로 바뀐다는 것을 말씀 드리고 싶다. 그러나 일단 분노가 가라앉았다고 해서 더 이상 앞에서 말한 무지로 돌아가서는 안 된다. 대신, 불교에서의 남성 우위가 왜 잘못된 것인지를 명확하고 신중하게 말과 글로 표현해 내야 한다.

불의에 대해서 많은 사람들은 묵인하거나 분노하는 것 말고는 다른 방법이 없는 것으로 잘못 생각하지만 나의 스승(여성임)께서는 그 점에 대해 다음과 같은 가르침을 주셨다. 어느 여성이 스승께 어떻게 분노를 다스릴 수 있는지 여쭈어 보았다. 그때 스승님은 이렇게 답변하셨다.

"분노는 언제나 시간 낭비입니다."

그 여자는 놀랐습니다.

"그럼 어떤 사람이 신체적으로 위해를 가했을 때도 화를 내지 말라는 말씀인가요?"

그랬더니 스승님께서 답변하셨다.

"나는 분노가 시간 낭비라고 말했을 뿐 당신의 비판적 지성을 포기하라고는 하지 않았습니다!"

비판적 지성을 유지하는 것은 필수적인 것이다. 비판적 지성으로 사유해 낸 결론을 다른 사람들이 듣기 싫어하고 화를 낸다면 그것은 그 사람들이 해결해야 할 문제이다. 다른 사람들이 듣고 기분 나빠 한다든지 또는 사람들은 기분 나쁜 사실은 알고 싶어 하지 않는다는 이유로, 아무런 증오의 감정 없이 자신의 통찰력을 합리적으로 표현하는 것을 억눌러서는 안 되고 그렇게 강요되어서도 안 된다. 우리는 불교의 가르침을 젠더의 시각으로 채색하는 것이 아니다. 어떤 사람들은 내가 불교의 성차별적인 경향, 여성혐오, 남성 우위를 지적하면서 얼마나 유해한지를 보였을 때 내가 불교를 젠더화한다고 비난했다. 그러한 비난에 대응할 단 하나의 길은 오래전 불교의 제도가 남성을 더 우위에 두었을 때부터 불교의 가르침은 이미 젠더화되었다는 것을 보여 주는 길밖에 없다.

제쭌마 텐진 빠모 । 런던에서 태어나서 1964년 20세 때 정신적인 구도의 길을 찾아 인도로 건너가 티베트 스님 제8대 캄툴 린포체를 만났고, 서양 여성으로서는 최초의 티베트 비구니가 되었다. 12년간 히말라야 동굴에서 은둔 수행한 감동적 이야기가 *Cave in the Snow*라는 제목으로 엮어져 나왔다(한국에서는 『나는 여성의 몸으로 붓다가 되리라』라는 제목으로 번역되었음). 그 외 *Into the Heart of Life*(Snow Lion, 2011), *Reflections on a Mountain Lake*(Snow Lion, 2002)의 저술이 있다. 대중에게 사랑받는 스승으로 전 세계 사람들에게 다가가기 쉽게 불교의 법을 가르치고 있다. 히말라야 지역에서 온 100여 명의 어린 여성이 승려교육을 받을 수 있도록 동규 갸찰링(Dongyu Gatsal Ling) 여승 사원을 인도 다람살라 근교에 설립하였다. 또한 독덴마 요기 전통을 수행하는 여승들을 지도하고 있다. 2008년 둑빠까규의 수장인 제12대 걀왕둑빠로부터 여성수행자의 최고 지위인 제쭌마 칭호를 받았다. 현재 샤카디타 인터내셔널의 회장이자 국제불교연합(IBC)의 최고위원회의 위원이다.

노년을
찬미하며

Buddhism and Ageing:
In Praise of Ageing

25
제쭌마 텐진 빠모
(Jetsunma Tenzin Palmo)

본 논문은 2013년 1월 5일에서 12일까지 인도 바이샬리에서 열린 제13차 샤카디타 세계불교여성대회(13th Sakyadhita International Conference on Buddhist Women), "Buddhism at the Grassroots"에서 발표되었다.

부처님께서는 '둑카(dukkha)' 혹은 고통을 생로병사로 정의하셨다. 우리가 젊어서 죽지 않는 이상, 우리 모두는 늙고 죽음을 경험할 것이며 이것은 인간 모두와 관련된 문제이기 때문이다. 현대사회는 젊음을 숭배하고 노쇠하면서 죽게 되는 삶의 자연스러운 과정을 거부한다. 대부분의 사람들은 계속 젊고 아름다워 보이기를 바란다.—사실, 아름다움이란 대체로 젊음과 관련되어 있다. 그래서 늙음을 멀어지게 하고 영원토록 젊게 머물 수 있는 방법에 대한 책과 글들이 끊임없이 나온다. 그러나 아무리 많은 주름살 제거 수술을 하고 운동을 하고 다이어트를 하더라도, 마침내 이 몸은 쇠약해질 것이고 병들 가능성은 커질 것이다. 이것이 조건에 의해 생성된 모든 존재들의 본질이다. 사실 불교는 삶과 죽음에 관련된 불편한 사실들을 드러내 보여 주며 이것들을 직시하게 함으로써 삶과 죽음을 초월하게 한다.

보다 전통적인 사회에서는 노화를 자연적인 것으로 보았으며, 가능한 오래 피하거나 부정해야 하는 것으로 여기지 않았다. 오히려, 노인들은 오랜 세월 동안 축적한 지식과 이해력을 갖춘 현인으로 높게 평가된다. 그래서 노년이란 말은 종종 지혜나 경험과 동등하게 받아들여진다. 가족 중의 나이든 구성원들은 존경받으며 조언자, 안내자의 역할을 맡는다. 그들은 사회 안에서도 중요한 역할을 맡는다.

서양에서조차 현명하고 나이든 여성(마녀뿐만 아니라)이라는 원형적인 캐릭터가 있다. 그리고 많은 이야기들에 등장하는 마법사는 대개 노인들이다. 실로, 사랑과 지성으로 빛나는 눈과 주름진 얼굴은 진정한 아름다움을 보여 준다.

그러나 불행히도, 오늘날 50살이 넘은 여성들이 인구의 과반수를 차지하고 있음에도 불구하고, 현대사회 질서에서 노인들은 더 빨리 밀려나고 있으며, 연장자들로부터도 소외되어 있고, 주위로부터는 무시당하고 있다. 그들은 쓸모 있는 날들이 끝났으며 더 이상 사회에 기여할 것이 없는 것으로 간주된다. 결과적으로 나이 든다는 것은 공포스러운 것이며 최대한 피해야 할 그 무엇이다.

따라서 이런 질문이 남는다. 우리는 어떻게 이 피할 수 없는 노화를 우리 삶에 의미가 있는 방식으로 대처할 수 있을 것인가? 전통적인 불교 국가들에서는, 아이들이 자라고 집을 떠날 때, 직업경력이 끝나갈 때, 외향적인 활동들이 줄어들면서 안으로 침잠하는 경향들이 늘어날 때, 사람들은 죽음과 미래의 환생을 좀 더 잘 준비할 수 있도록 불법에 더욱 관심을 갖고 삶을 정리한다.

전통적인 불교 사회에서, 나이든 이들은 '팔계(8 precepts)'를 받고, 공덕을 쌓기 위해 명상수행, 유물 및 유적지 참배, 절, 염불, 사원 순례

등에 전념한다. 불법(佛法)이 삶의 중심이 되고 신심은 성숙해진다. 그러므로 중심축이 바뀌었을 뿐 삶은 여전히 의미 있고 중요하다.

특히 여성의 젊은 시절은 대개의 경우 사회가 요구하는 역할을 이행하는 시기이다. 여성은 우선 남성들의 신체적인 욕망의 대상으로 그들의 환상을 충족시켜 줄 수 있을 만큼 매력적이고 유혹적이기 위하여 노력해야만 한다. 다음 역할은 가족을 돌보며 가정을 키우는 데 헌신하는 아내이자 어머니다. 게다가 오늘날 대부분의 여성들은 남보다 앞서 나가기 위해 하루 종일 전력투구해야 하는 직장을 가지고 있다. 이것은 다른 사람들의 기대에 맞춰 사는 스트레스성 생활방식이다.

그러나 심지어 현대사회에서, 이제 한 가지 흥미로운 현상이 나타나는 것을 볼 수 있다. 많은 사람들, 특히 여성들, 아내로서 어머니로서 그리고 직업인으로서 삶의 의무를 완수한 여성들이 이제 예술, 대체치유 분야, 심리학, 그리고 영적 탐구와 수행 등과 같은 자기 성찰적인 직종으로 주의를 기울이고 있다는 것이다. 이 여성들은 대개 고등교육을 받았고 의욕이 넘치기 때문에 새로운 기술을 배워서 자신의 활동 영역을 넓혀나갈 능력을 갖추고 있다. 골프나 치고 텔레비전이나 보며 노년을 소비하는 대신, 그들의 내면세계는 더욱 더 성장하는 것이다.

얼마 전에, 나는 플로리다의 한 부유한 작은 마을에 사는 여성들과 만났는데 그들은 노년을, 영적 수행과 자신의 이웃뿐만 아니라 다른 나라에까지도 도움의 손길을 뻗는 자선사업에 바치고 있었다. 자신뿐만 아니라 다른 이들의 이익을 위해 자기 시간을 내주면서 그들은 행복을 느끼고 있었다.

내가 아는 많은 사람들이 자신의 노년이 이전보다 더욱 만족스럽고 의미 있어졌다고 말했다. 이제 그들은 단순히 사회의 기대에 맞쳐 살기보다는 자신의 순수한 관심사를 추구할 수 있다. 이전의 삶에서 추구했던 것들이 자신의 발전을 위해 필요한 것이긴 했지만 그들은 이제 비로소 삶의 이유를 찾았다고 느낀다. 마치 천천히 자라나다가 때가 되었을 때 그 진정한 특성을 드러내는 나무처럼. 죽음을 앞둔 이들의 가장 커다란 후회가 "다른 사람들이 내게 기대하는 삶이 아니라 내 자신에게 진실된 삶을 살아갈 용기가 있었다면 더욱 좋았을 것을…"이라고 한다.

물론 우리 대부분은 스물다섯 살의 육체를 더 좋아한다. 그러나 스물다섯 살의 정신으로 돌아가기 원하는 사람은 거의 없을 것이다. 그러므로 늙음이 동반하는 신체적, 정신적인 유연성의 상실에도 불구하고, 노화가 다가오는 것을 단지 두려워하기만 하는 대신에 이 새로운 삶의 단계를 환영할 수 있으며 새로운 가능성들을 탐험할 수 있다. 늙어가는 것을 우리의 모든 꿈들이 점차 쇠잔해가는 것으로 볼 것인가, 아니면 새롭고 흥미진진한 시대가 시작되는 것으로 볼 것인가의 선택은 우리에게 달려 있다.

늙어가면서, 우리는 동시대의 사람들―우리의 친구들과 가족 구성원들이 질병과 죽음에 굴복하는 것을 보게 되고 이러한 단계들을 자연스럽고 필연적인 것으로 인식하도록 강요받는다. 여성 불자로서 우리는 더욱 큰 자유와 더욱 의미 있는 삶을 누릴 수 있는 대안적인 삶의 방식을 제시해 줄 중요한 역할이 있다. 비록 결가부좌하고 명상하기엔 무릎이 너무 늙었고, 여기저기 쑤시고 아픈 곳들 때문에 활동에 약간의 지장이 있을지라도 마음은 여전히 밝고 청정할 수 있다. 우리의 명상은 더욱 깊어지고 성숙할 수 있다.

이제 우리는 자신을 위해 더 많은 시간을 쓸 수 있으므로, 영적인 길을 추구하고 사회적인 활동에 참여하며, 우리 자신과 다른 이들 또한 이롭게 하는, 의미 있고 즐거운 삶의 방식을 선택할 수 있다. 이것은 삶에서 얻은 능력들을 가장 잘 활용할 수 있는 멋진 기회이다. 옛 삶을 버릴 필요 없이 새 삶으로 다시 태어나는 것이다.

일단 '공식적인' 직업과 책임이 끝나면, 많은 사람들은 여행을 하거나 새로운 기술이나 운동, 그 밖의 다양한 것들을 배운다. 불교도로서 우리 자신에게 물을 수 있는 질문은 이것이다: "이제 세속적인 책임은 완수했으니 그렇다면 이제 어떻게 이 삶을 나와 다른 사람들에게 도움이 될 수 있도록 실용적으로 사용할 수 있을까? 불교에서 더욱 발전하기 위해서 무엇을 해야만 할까?" 이것은 반드시 긴 시간 동안 안거수행을 하거나 불교 공동체의 일에 완전히 몰두해야 한다는 의미가 아니다. 우리 자신을 계발하고 마음을 길들일 수 있는 수많은 방법들이 있다. 나이 들면서 격정의 소용돌이는 잠잠해졌고 어느 정도는 자기 자신의 실체를 파악하고 있으며 수행 또한 수년에 걸쳐 더욱 깊어졌을 것이다. 이제 우리는 수행의 어린 보리수를 키워 열매를 맺도록 하고 최대한의 가능성을 실현하도록 북돋을 수 있는 시간과 공간을 갖게 되었다.

몸의 기능들이 쇠퇴해감에 따라 앞으로 어디서 살아야 할 것인가 하는 문제도 생긴다. 가족 단위가 감소하고 가정의 기능을 제공할 수 없게 되면서 노인들은-특히 서양에서 현저하지만 점차 아시아 국가들에서도 증가하고 있는 추세인데-양로원에서 노년을 보내야 할 가능성에 직면하고 있다. 영적인 문제에는 전혀 관심이 없는 사람들과 간호인들에게 둘러싸여서 생을 마쳐야 하는 것은 매우 우울한 전망이 될 수 있다. 따라서 은퇴 후의 노인들이 거주할 수 있는 시설을 건립하자는 논의가 있어 왔다. 주된 문제는 재정일 것이다. 적당한 토지와 건물들, 그리고 시설 유지비 등에는 상당한 투자가 필요하기 때문이다. 그러나 그 일은 노력할 보람이 있는 일이기 때문에 많은 생각과 관심을 기울여야 한다. 설사 신체적인 기력은 쇠퇴할지언정 아직 신체적 기능들이 작동할 때, 우리의 노년을 잘 활용하는 것이 중요하다.

우리에게 주어진 삶을 자신의 가능성을 발전시킬 최고의 기회로 만드는 것은 우리에게 달려있다. 우리가 받은 사람 몸은 정말 귀중하다. 왜냐하면 몸은 우리의 마음을 계발하고 불도(佛道)를 따라 나아가기 위한 토대가 되기 때문이다. 후회 없이 죽을 수 있는 주변 환경을 만들기 위하여 우리의 날들을 사용하도록 하자.

나이 들면서 우리는 암이나 심장질환같이 목숨을 위협하는 질환을 앓을 수 있다. 이는 흔한 일이다. 수많은 사람들이 그러한 질병의 습격에 두려움과 공포를 느끼기 때문에 죽는다는 사실을 미리 알지 못하고 있다가 자면서 조용히 죽을 수 있기를 희망한다. 그러나 아무 준비도 없이 죽는 것이 항상 좋은 것만은 아니다.

설사 죽음을 피할 수는 없다 하더라도 자신에게 남겨진 시간이 한정되어 있다는 것을 미리 인식할 때 우리는 차분하고 만족한 태도로 이생을 떠날 수 있도록, 항상 그런 것은 아니지만, 준비할 기회를 갖게 된다. 자신이 죽음을 앞두고 있고 시간이 다 되어간다는 것을 앎으로써, 우리는 보다 중요한 것들에 마음을 집중시킬 수 있다. 사람들은 죽음을 준비하면서 많이 변하는데 집착과 오랜 분노들을 마침내 놓아버리기 시작한다.

이것은 다른 사람과의 차이들을 조화시키고 단절된 관계를 회복하며 우리가 소중하게 여기는 이들로 하여금 그들이 사랑받고 있으며 소중하게 여겨지고 있다는 것을 알게 하는 기회이다. 죽음이 다가온 지금 모든 것들이 소중하다. 단 집착만 제외하고.

임종하는 순간에는 자신의 수행이나 기도 대상에 마음을 집중시키는 것이 가장 좋다. 아니면 적어도 빛에 집중하거나, 빛 속으로 들어가도록 하라. 주위 사람들은 조용히 그 상황을 받아들이며 비통해하지 말고 부드럽게 염불하는 것이 좋다.

선한 삶을 살아왔다면, 특히 불법에 따라 살기 위해 노력했다면, 죽음은 두려운 것이 아니다. 우리의 의식(consciousness)은 익숙한 길을 따라갈 것이다. 그러므로 아직 어느 정도 우리의 생각과 감정들을 통제할 수 있을 때, 앞으로의 여정이 자신이 바라던 길이라고 확신하는 것이 매우 중요하다.

덤블도어 교수는 어린 해리포터에게 충고했다.

"잘 준비된 마음을 지닌 이에게, 죽음은 단지 놀라운 모험일 뿐이다."

현대사회의 문제와
자비의 고요한 실천

아드리엔 코크란 | 하와이대학에서 철학으로 박사학위를 받았다. 미국 그린 리버 커뮤니티칼리지(Green River Community College) 철학과의 강사로 젠더와 철학, 그리고 여성과 세계종교 등의 과목을 가르치고 있다. 2012년 미국 철학회에서 "서구의 차세대 티베트불교"라는 제목의 논문을 발표하였다.

불도의 측면에서 본
자비에 대한 고찰

Some Aspects of Compassion :
View from the Path

26

아드리엔 코크란
(Adrienne Cochran)

본 논문은 2011년 6월 12일에서 18일까지 태국 방콕에서 열린 제12차 샤카디타 세계불교여성대회(12th Sakyadhita International Conference on Buddhist Women), "Leading to Liberation"에서 발표되었다.

"잘못을 저지르고 헤매며 나는 정도(正道)를 따라 걷는다."

Khenpo Tsultrim Gyatso Rinpoche (켄포 츌팀 갯쵸 린포체)

부처님은 깨달음을 이루신 직후, 처음에는 대중 교화를 하려고 하지 않으셨다. 그러나 최초의 교설인 네 가지 성스러운 진리(四聖諦), 즉 고통이 있고, 그 원인이 존재하고, 고통의 소멸이 있으며, 고통의 소멸로 가는 길이 있음을 설하시고 나서는 중생들에게 깊은 자비심을 보이셨다. 그리하여 부처님은 중생들이 이 모든 고통으로부터 벗어날 수 있는 법을 설하는 데에 그의 여생을 바치셨다. 불교의 경전들은 석가모니 부처님의 자비행에 관한 이야기들로 가득하다. 석가모니가 평생의 여정에서 만난 남녀를 막론하고 다양한 성격의 사람들을 향한 자비심뿐만 아니라, 동물들에 대한 이타심에 관련된 이야기들도 포함되어 있다.

자비심은 고통에 마음의 문을 여는 행위이다. 고통은 다양한 모습을 취하는데, 크게 나눠보면 아픔의 고통, 변화의 고통 그리고 모든 것에 만연한 고통이다. 아픔의 고통이란, 병에 시달리는 것처럼 육체적으로나 정신적으로 매우 고통스러운 것을 말한다. 변화의 고통이란, 직업을 잃거나 인간관계가 끊어지거나 새로운 곳으로 이사하거나 늙는 것 등으로 인생에서 겪는 크고 작은 변화에 관련된 것들이다. 모든 것에 만연한 고통이란, 윤회의 삶 속에서 헤매는 것처럼 우리가 아마 일상적으로 가장 알아차리기 어려운 고통일 것이다.

'둑카(dukkha)'라는 말은 팔리어인데, 대체로 '고통'이라고 번역이 된다. 이는 마치 수레에 달린 바퀴가 중심이 어긋나서 수레가 나아갈 때마다 삐그덕거리는 것에 비유할 수 있다. 마찬가지로, '에고'라고 하는 자의식에 집착해 있으면, 우리의 욕구가 순간순간 채워진다 해도 우리는 어쩔 수 없이 계속 중심을 벗어나 비틀거리는 생을 살아가게 된다는 것이다.

우리 자신과 주변 사람들이 경험하는 중심을 벗어난 느낌을 있는 그대로 체험함으로써, 우리 마음은 연꽃처럼 피어나기 시작한다. 그것은 자유를 향한 여정을 시작하기가 아무리 불편하고, 힘들고 고통스럽더라도, 단지 이 순간순간에 머물기만 약속한다면 충분히 가능한 일이다.

자비심에는 세 가지 측면이 있다. 첫 번째는 중생에 대한 자비심으로서 고통이 발현되는 방식에 관련된 것이며, 두 번째는 존재의 양상에 대한 자비심으로서 고통의 근원에 대한 것이다. 세 번째는 조건 없는〔無緣〕자비심으로서, 이것은 무아(無我)와 공(空)의 이해를 전제로 하는 모든 자비심의 총체이다.

첫 번째 측면인 중생에 대한 자비심은, 사성제(四聖諦)의 첫 번째인 '고성제(苦聖諦)', 즉 고통이라는 현실에 대한 것이다. 먼저, 불교수행자들은 이러한 고통의 현실과 마주할 수 있는 용기와 자비심을 가져야 한다. 이런 용기와 자비심이 있을 때에만, 사성제의 네 번째, 즉 고통을 소멸하는 길인 도성제(道聖諦)를 실천할 수 있게 된다.

어떤 사람들의 경우에는, 자기 자신의 고통을 직접적으로 그리고 깊게 관찰하는 것보다, 다른 사람의 고통을 관찰하는 것이 훨씬 쉬울 수도 있다. 그러나 마음집중과 이해와 참선수행을 하게 되면, 수행자들은 스스로에 내재된 두렵고 불안한 정신적 상태를 볼 수 있게 된다. 일단 스스로의 고통을 바라보며 안정감을 갖게 되면, 그 수행자는 훨씬 더 현재에 집중할 수 있게 되고, 생각이 명료해지며 보다 더 깨어 있게 된다. 스스로의 통찰을 통해 고통의 본성을 더욱 잘 이해하게 되면, 지혜가 향상되어 다른 이들을 향한 진정한 자비심이 우러나오게 된다.

물론, 수행자들은 감정이입이 가장 잘 되는 가족들과 친구들에게 자비심을 일으키는 것으로부터 훈련해 나가야 한다. 수행자들은 일상생활 속에서 쉽게 자비심을 표현할 수 있다. 가족이나 친구들의 고민을 들어줄 때, 그 순간 온몸과 마음을 집중하여 들어준다거나, 일과에 지친 아내나 남편에게 신문을 갖다 주는 등 작은 친절을 자주 행해 보는 것이다.

그러나 때로는 고통스러운 가족관계를 갖고 있는 수행자들이 있기 때문에, 이런 방식이 항상 모두에게 최적이 아닐 수도 있다. 그런 경우라면, 오히려 멀리 떨어진 곳의 지진 피해자와 같이 자신과 무관한 사람들에게 자비심을 일으키는 것부터 시작해 보는 것도 좋다. 그들을 위해 물질적 기부를 하거나, 수행의 공덕을 회향하는 기도를 하면서 부처님의 제자로서 마음을 열어가는 방법도 있다.

자비심을 일으키기 더욱 어려운 그룹은 아마도 적이라고 생각하는 사람들일 것이다. 2010년, 영국 석유회사가 멕시코 걸프만 해안에 거대한 양의 석유를 쏟아내어 심각한 환경파괴를 일으킨 적이 있었다. 그 해안에 살던 수많은 생명들이 다치고 죽어갔다. 이 경우, 수행자들이 영국 석유회사 책임자들에 대해서 자비심을 내기는 쉽지 않을 것이다. 그러나 모든 생명이 하나로 연결되어 있고, 상호의존적으로 살아간다는 연기법을 이해하게 되면, 그들 역시 우리의 자비심을 받을 권리가 있는 생명이라는 것을 깨닫게 될 것이다. 그 어떤 누구도 악마로 치부되거나 제외될 수 없다.

또한 수행자가 보기에, 미국 911 테러기념식 때 코란을 불태워 버리고자 했던 기독교 목사처럼 위험하고 잘못된 인식을 가진 사람들에게 자비심을 느끼기는 힘들 것이다. 그들의 행동이 결국 더 큰 폭력을 낳을 수 있다는 점을 감안할 때, 수행자들이 그들에게도 마음을 여는 것이 쉽지 않은 도전일 수 있다. 게다가, 개인적으로 원한을 맺은 사람들, 예를 들면, 집을 모조리 털어간 도둑이나 혹은 육체적으로 해를 입혔던 사람들에게까지 자비심을 내기는 정말 쉽지 않을 것이다. 흔히 쓰는 말로 표현하자면, 위와 같은 상황이야말로 중요한 출발점이며, 비로소 불교 이론이 실천으로 전환되는 순간이다.

자비심을 기르는 데 있어서 명심할 점은, 인간의 모든 파괴적인 행동은 모두 우리의 무지, 집착, 그리고 공격성으로부터 비롯된 것임을 명확하게 이해하고 있어야 한다는 것이다. 그것은 처음부터 불순한 의도로 행해진 경우도 예외가 아니다. 또한, 무지, 집착, 공격성의 이 셋은 윤회하는 사바세계 고통의 모든 형태라는 사실이다.

자비심의 두 번째 측면인 존재하는 양식에 대한 자비심은 사성제의 두 번째, 모든 고통에는 그 원인이 존재한다는 집성제(集聖諦)와 관런이 있다. 우리의 자아에 집착하는 마음이나 자신에 대한 잘못된 생각은 고통을 유발시킨다. 자아를 영원히 지속되는 하나의 독립된 특별한 개체로 본다면, 우리의 업보는 시작되는 것이다. 이 잘못된 인식은 결국 '우리'와 '그들'이라는 분리된 상(相)을 갖게 하고, 우리를 좋아하는 사람은 꽉 붙잡고, 우리를 밀어내는 사람들에 대해서는 두려워하는 감정을 갖게 한다. 대승불교의 가르침에 보면, 자신이 좋아하는 사람이나 해가 안 되는 사람만 골라서 자비심을 전할 수는 없다. 아직 깨닫지 못한 중생들은 모두 고통 받기 마련이다. 심지어 겉으로는 마냥 행복해 보이는 사람들도 여전히 고통 속에서 헤매고 있다. 그래서 모든 중생은 예외 없이 우리의 자비심이 필요한 것이다.

그러나 수행자들은 확연히 깨어 있는 그 자유를 향한 여정을 시작하지 않고 있다. 그렇기에, 현실적인 방법으로 중생에 대한 자비심을 넓힐 수 있는 능력을 개발해야 하는 것이다. 더 넓은 자비심을 함양하는 방법 중 하나는 파급효과를 이용하는 것이 있다. 이것은 마치 연못에 돌을 던지듯, 우선 아무 관계없는 사람들이나 사랑하는 사람들을 위해 먼저 그들이 고통에서 벗어나 행복하고 자유로울 수 있기를 서원하는 것이다. 이것이 쉬워지면, 수행자는 그 여파를 이용하여, 공공의 적이라고 생각되는 사람들, 잘못된 생각을 갖고 있다고 보이는 사람들을 위해 같은 서원을 세운다. 그리고 마지막으로, 그들 자신에게 개인적으로 피해를 준 사람들에게 자유와 행복을 발원하는 가장 높은 경지에까지 도달한다.

부처님은 모든 중생이 다 성불할 수 있는 잠재력을 갖고 있다고 하셨기 때문에, 우리의 자비심은 당연히 동물들에게도 전해져야 한다. 최근에 언론을 통해, 어미 고양이가 불타는 건물 속에서 어린 새끼 고양이들을 구했다는 이야기가 전해졌다. 스칼렛이라는 어미 고양이는 불타는 창고를 계속 오가며 자신의 몸을 불태우면서도 다섯 마리의 새끼 고양이들을 모두 살려냈다. 이런 감동적인 이야기는, 동물들에게 이미 자비의 성품이 있다거나 혹은 적어도 어느 순간에 자비심을 발휘할 수 있는 강력한 모성 본능이 있다는 것을 입증해 준다.

부처님의 전생이야기를 담은 『자타카』에도 동물에 관련된 일화가 많이 있다. 라프 마르틴(Rafe Martin)은 「자타카 이야기를 읽고」라는 글에서 이렇게 말했다.

"부처님은 한때 토끼였고, 메추라기, 원숭이, 사자, 사슴 혹은 소이었지 않았는가? 누가 우리의 집을 지키는 개나 우리 다리 밑에서 뱅글뱅글 도는 고양이가 보살이 아니라고 말할 수 있겠는가?"

모든 것이 서로 연결되어 있다는 부처님의 가르침을 생각할 때, 수행자는 이 생태계가 겪는 고통에 대해서 마음의 문을 열기를 서원할 수 있다. 틱낫한 스님은 『화엄경』에서 영감을 얻어, '상호적인(mutual)'이라는 말과 '존재하다(to be)'라는 단어를 묶어서 만든 '연결된 존재(interbeing)'라는 표현을 사용하였다. '연결된 존재'라는 단어는 결국 이 세상의 모든 생명체들과 자연이 서로 상호적으로 의존하면서 존재한다는 것을 말한다.

이런 연결성의 한 예로, 틱낫한 스님은 종이 한 장에서 나무꾼을 보고, 구름과 나무를 본다고 하였다. 수행자가 진정으로 중생을 이롭게 하기를 발원한다면, 그는 자연을 포함한 모든 중생들에 대해서 자비심을 가져야 한다. 틱낫한 스님은 이렇게 말한다.

진정한 사랑이 있으면, 당신은 등불처럼 빛납니다. 진정한 사랑이 당신 안에 있다면, 당신 주위에 있는 모든 생명체들, 사람들뿐만 아니라, 동물들, 식물들, 광물까지도 모두 이로워집니다. 진정한 사랑은 평등합니다.

자비심의 세 번째 측면인 조건 없는(無緣) 자비심은, 공성(空性)에 대한 관찰과 연결된다. 자아가 공함을 이해하는 것은 고통의 소멸을 가져오는 길에서 얻는 하나의 결실 혹은 열매라고 할 수 있다. 실제로 영원하거나 독립적이거나 특정한 자아가 있는 것이 아니기 때문에, 자아 혹은 나라고 하는 개념은 환상에 불과하고 허망한 일이다. 수행자가 자아의 공함을 충분히 이해하게 되면, 세상에 대한 그들의 경험은 훨씬 더 넓어지고 열리게 될 것이다. 따뜻하고 자비로운 행동이 그들 속에서 자라날 것이며, 모든 생명체들의 평등성을 깨닫게 될 것이다. 더 이상 나라고 하는 존재를 특별하게 생각하거나 다른 이들보다 더 가치 있다고 생각하기를 멈추면, 우리는 훨씬 더 편안해지고 모든 존재를 감사히 받아들이는 마음을 갖게 된다. 이런 넓은 관점을 지닌다면, 자비행을 하려고 더 이상 노력할 필요가 없으며, 이해와 공감을 위해서 더 이상 감정적인 소모를 하지 않아도 된다.

그러나 무연의 자비는 수행의 한 결과로 얻어지는 것이지, 이러한 수행의 출발점에서 바로 알아차릴 수 있는 것이 아니다. 때로는, 주어진 상황 속에서 각자 다른 방식으로 영향을 받기 때문에, 자비심을 실천하는 가장 좋은 방법을 찾기는 쉽지 않다. 이런 경우엔, 수행자들이 모든 존재들이 행복하기를, 고통에서 벗어나기를 발원하는 마음을 꾸준히 유지하는 것이 중요하다. 일단 이런 마음가짐으로 출발하면, 수행자들은 항상 마음을 집중하며 챙기는 연습을 하고, 다양한 가능성에 마음을 열어두어야 한다. 그러기 위해서는 '항상 옳아야 한다'는 생각을 내려놓는 것이 필요하다. 그것은 아무렇게나 되도록 하는 것을 의미하지는 않는다. 대신에, 수행자가 지금 '이 순간에 있는 것'보다 '옳음'에 주의를 기울이게 되면, 상황을 있는 그대로 명료하게 인식하지 못하게 되기 때문이다.

한 예로, 수업시간에 한 학생이 내 말에 동의하지 않는다는 태도로 나에게 질문을 하면, 나는 종종 즉각적인 반응으로 나를 방어하고 내 주장을 옹호하곤 했다. 그러나 이제는 즉각적인 반응 대신, 우선 나를 가다듬고 그 순간 그 학생과 온전히 함께 한다. 이런 간단한 행동이 우리 사이에 갈등 대신에 진정한 소통과 만남을 이루게 해 준다. 다시 말해, 자아의 대립 대신 마음 간에 소통의 장이 열린다는 뜻이다. 물론, 초보 수행자로서 안타깝게도 나는 아직도 "옳고 그름"을 선택하곤 한다. 하지만, 이것이 자비의 미덕이기도 하다. 수행자들에겐 이를 확인해 볼 수 있는 수많은 실습의 기회가 주어진다. 어떤 면에선, 그런 기회가 가장 많이 필요한 사람들이 바로 수행자라고 할 수 있다.

결론적으로, 자비심은 고통을 향해서 나의 마음을 여는 행위이다. 자비심의 가장 표면적인 측면은 첫 번째 자비심, 즉 중생을 향한 자비심이다. 여기서 중생이란, 수행자 자기 자신, 수행자와 가까운 사람들, 수행자와 무관한 사람들, 그리고 적이라고 생각되는 이들을 모두 포함한다. 그리고 동물들과 자연계 모두를 포함한다.

자비심의 조금 더 깊은 측면은 만물의 존재 양식 그대로 함께 하는 것으로서, 바로 고통의 원인을 이해하는 것이다. 자아에 대한 집착과 고통스러운 감정은 윤회를 일으키는 수많은 고통의 원천이다. 무연의 자비는 가장 깊은 차원에서 마음이 연결되는 것이다. 수행자가 모든 존재들의 평등성과 자아의 공함을 깨닫는다면, 그들의 경험은 훨씬 더 넓고 깊어지며, 다른 이들을 이롭게 하는 그들의 능력은 훨씬 더 확연해질 것이다. 족첸 폰롭 린포체(Dzogchen Ponlop Rinpoche)가 말했다.

"당신이 깨어나면 깨어날수록, 마침내 당신의 참된 자아에 더욱 가까워지고 있다고 느끼게 될 것입니다. 일단 그 지점에 이른 후에는, 더 이상 되돌아가는 일은 없습니다. 자아를 넘어선 당신은 무아의 사랑과 자비가 주는 엄청난 힘을 발견하게 될 것입니다. 아름다움이 도처에 있는 것은 우리 마음이 아름답기 때문입니다. 그것이 바로 우리가 말하는 깨어 있는 마음입니다."

카르마 렉셰 쏘모 ∣ 미국 샌디에고대학(University of San Diego)의 불교학 교수이다. 불교와 세계종교를 가르치고 있다. 미국 하와이대학에서, 중국과 티베트 죽음과 정체성의 문제에 대한 비교철학 논문으로 박사학위를 받았다. 샤카디타의 창립자이자 전 회장이며, 개발도상국의 여성들과 아이들을 위해 교육을 제공하는 잠양 재단(Jamyang Foundation)의 이사장이다. 저서로는 *Into the Jaws of Yama: Buddhism, Bioethics, and Death*가 있고, 그 외 여성과 불교에 관한 많은 편저와 논문이 있다.

불교윤리학과 사회정의

Being Good or Doing Good?
Buddhist Ethics and Social Justice

27

카르마 렉셰 쏘모
(Karma Lekshe Tsomo)

본 논문은 2013년 1월 5일에서 12일까지 인도 바이샬리에서 열린 제13차 샤카디타 세계불교여성대회(13th Sakyadhita International Conference on Buddhist Women), "Buddhism at the Grassroots"에서 발표되었다.

마야인 달력의 마지막 날인 2012년 12월 21일에 지구가 종말을 맞이할 것이라고 생각하는 사람들이 있었다. 당시 나온 예측에 따르면 우주가 종말에 이르렀고, 물질만능 풍조가 극한에 다다랐기에, 지구는 곧 일련의 대격변을 경험할 것이라고 했다. 대격변 후 세계는 종말을 맞거나, 그것이 아니면 인류가 서로를 마치 형제나 자매같이 대하는, 새롭고 평화로운 물병자리 시대가 도래할 것이라고도 했다. 덕분에 인류는 몇 주라도 더 살아남기 위해 노력하겠지만, 여하튼 사람들의 이런 예측 시도도 우리에게 몇 가지 교훈을 준다.

비록 우리 인간이 미래를 예측하는 것은 불가능하다 할지라도 미래는 지금 우리가 함께 만들어낸 행위의 총결이며, 그렇기 때문에 우리는 우리의 미래에 대해서 총체적이고 근원적으로 숙고해야 한다는 것이다. 부처님의 가르침대로 마음속 탐·진·치와 기타 유해한 감정을 정화함으로써 우리는 장차 맞이하게 될 미래의 모습을 바꿀 수 있다. 오늘날 인류가 처한 상황을 보면 우리들의 미래가 그리 밝아 보이지는 않기 때문에 우리 안에 미래를 바꿀 힘이 있다는 예언은 좋은 소식인 셈이다.

분석가들은 우리의 아름다운 행성, 지구의 미래에 대해 끔찍한 예측 결과를 내놓고 있고, 인류는 탐·진·치를 다스릴 수 없는 지경에 이른 지금이지만, 그래도 선한 마음을 가진 사람들과 전 인류가 나서서 우리의 행동을 바꾸기 시작한다면 미래를 바꿀 수 있을 것이다. 모든 지혜의 전통이 말하고 있는 바와 같이, 우리 모두 각자의 사리사욕을 옆으로 제쳐두고 생명을 보호하고 돌보기 위해 행동으로 나서야 한다. '자아'에 대한 집착이나, 인류가 우주의 주인이라는 그릇된 고정관념에서 벗어나, 일체 유정(有情)들의 고통과 안녕(安寧)에 관심을 가져야 한다.

주지하다시피 업식의 작용은 나 개인에게만 영향을 미치는 것이 아니라 살아 있는 일체 존재에 영향을 미치기에, 개인의 행위는 세계의 미래에 심대한 의미를 구유하고 있는 것이다.

일체 불교의 가르침은 카르마의 근본적인 원리 즉 인연법에 근거하고 있다. 이 원리에 따르면 행위의 결과는, 비록 그것이 이생에서 드러나건 내생에서 드러나건 혹은 그 다음 생에 드러나건 무관하게, 유익한 행위는 훗날 즐거움을 가져다주고, 악한 행위는 괴로움을 가져다준다고 한다. 오늘날 인연법의 원리는 세계적으로 널리 받아들여지고 있으며, 기독교에서조차 "뿌린 대로 거두리라"라는 말을 한다. 물론 이 원리를 종종 천벌의 개념으로 잘못 이해하여 "너는 그래도 싸다."라거나 "곧 업보를 받게 될 것이다."라고 말하기도 한다.

한편 전통에 따라 인연법을 다르게 설명하기도 한다. 예를 들어 티베트불교에서는 카르마법, 즉 작용과 반작용은 아래 네 가지 법칙을 수반한다고 가르친다.

카르마의 진행 과정

1) 피해 갈 수 없으며,

2) 그 결과는 크게 확대된다.

3) 행하지 않은 것은 영향을 미치지 않으며,

4) 행한 것의 결과는 결코 그 안에서 끝나지 않는다.[01]

무엇이든 무관하게 우리가 행한 것은 결과를 초래하는 반면, 우리가 행하지 않은 것은 결과를 낳지 않는다. 수용하건 수용하지 않건, 우리가 무엇인가를 행하여 악행으로 인해 초래될 불행한 결과를 상쇄하지 않는 한 인류는 이 법칙이 혹독하게 적용된 미래를 맞이하게 될 것이다.

이 인과의 법칙은 사성제(四聖諦)와 12연기(緣起)의 핵심으로서, 애초에 우리가 왜 이러한 혼탁한 세계에 있는지 설명해 준다. 일체의 유정(有情)들은 늘 고통에 차 있기에, 사성제는 자연스럽게 모든 존재의 안녕에 대한 관심과 관련되어 있다. 아마도 지금이야말로 인류 역사상 그 어느 때보다도 우리의 미래가 우리 자신의 손에 달려 있다고 할 수 있을 것이다. 약간의 지혜라도 있는 사람이라면, 악한 마음을 극복하고 지구 행성의 모든 생명을 위해 일하는 것이 우리 자신에

---

01 Jamgön Kongtrül Lodro Taye, *The Treasury of Knowledge,* Books 7 and 8, Parts 1 and 2, pp. 184-85 참조.

게도 결국 최상의 이익이 된다는 것을 알 수 있을 것이다. 그렇다면 우리가 해야 할 것과 하지 말아야 할 것을 어떻게 판단할 것인가? 우리의 전 미래가 여기에 달려 있기에, 우리가 내리는 "좋다" "그저 그렇다" "끔찍하게 안 좋다" 등등의 판단이 무엇을 의미하는지에 대해 성찰할 필요가 있다.

불교윤리의 형태

부처님 가르침의 핵심은 윤리 즉 자기 자신을 어떻게 다스릴 것인가 하는 것이다. 부처님께서는 이 문제에 대해서 사성제로부터 시작해서 다양한 방법으로 45년 동안 가르치고 조언하셨다. 인생은 짧지만 너무나 소중하기에 부처님께서는 제자들에게 자신의 행위와 행위의 결과에 대해 주의를 기울이라고 조언하셨다. 그러한 취지에서 부처님께서는 많은 윤리적 지침을 설하셨다. 그리고 부처님께서 말씀하신 이러한 윤리적 가치들은 사람들에 의해 보편적이고 자연스러운 것으로 받아들여져 왔다.

예를 들면 인류 사회는 사람을 살해하거나 남의 재산을 훔치는 것을 그릇된 것으로 간주한다. 이 외에 계약의 성격을 띠는 윤리적 가치도 있는데, 이를테면 스승이나 승가 또는 부처님께 귀의할 때, 사람들은 특정 행동은 삼가야 한다는 윤리적 의무를 갖게 된다. 이런 계약된 책무의 예가 바로 불교의 계율이다. 신도들은 살생·도둑질·거짓말·음행·음주를 삼가겠다는 5계를 지켜야 한다. 또 사미와 사미니를 위한 10계에는 앞의 5계에다 노래하고 춤추는 것, 꾸미고 화장하는 것, 사치스런 침상과 좌상을 사용하거나, 식사 때가 아닌데 음식을 먹거나, 금과 은을 소지하는 것을 금하는 계율이 추가된다. 또 승려생활의 지침서로 100계를 담고 있는 『율장』이 있다. 불교도는 이러한 계율들을 일생 동안 수지할 것을 자발적으로 약속하며 평생 계율을 지키고자 애쓴다.

또한 팔정도(八正道), 십악(十惡), 사신족(四神足), 오역죄(五逆罪) 등이 있다. 이 외에 여덟 가지 세속적 관심(the eight worldly concerns)은[02] 스스로를 한탄하게 만드는 행동을 하도록 유도하는 마음이 어디서 오는지 지켜볼 수 있게 하기 때문에 이 또한 윤리적 지침의 하나라고 간주할 수 있을 것이다.

범한 과실에 대해 후회하고 다시는 과실을 범하지 않겠노라고 결심하여 훗날에 닥칠 과보를 상쇄시키려 한다는 의미에서, 사력참회(四力懺悔)도 불교윤리의 한 범주로 볼 수 있다. 대승불교에서도 보살계와 관련한 다양한 해설 등 도덕적 행위와 관련된 다양한 계율이 있다.

일본의 도겐(道元, 1200~1253) 선사는 16계를 말했고, 중국의 불교 계율집 『범망경』에서는 10가지의 대승불교 계율과 48가지 소승불교의 보살계를 말하고 있고, 티베트불교에는 46가지 대승의 계율과 18가지 소승의 보살계를 설한 『보살지지경』(菩薩地持經)이 있다. 이들 경전들은 동아시아 불교에서 대대로 계승되어 왔다. 이상과 같은 여러 윤리적 처방과 훈계는 인간을 윤리적으로 살게 함으로써 악행으로 인해 야기될 고통을 피하도록 고안되었다.

불경에는 어떻게 하면 선업을 짓게 되고 어떻게 하면 악업을 짓게

---

02   기쁨, 고통, 성취, 상실, 칭찬, 비난, 명성, 멸시를 말함.

되는지에 대해서 분명히 명시하고 있지만, 필자는 자칭 이른바 '소극적이어서 짓게 되는 업'에 대해 관심이 많다. 물론 태국불교에서 승려는 단지 계율을 지키는 것만으로도 큰 의미가 있다고 말한다. 그렇지만 주위를 돌아보면 지금 이 순간 세계는 상상을 초월하는 온갖 고통으로 가득 차 있다. 이것을 방관하는 것은 어떤 업에 해당하는가? 유정들이 고통스러워함을 보고도 저들의 고통을 외면해도 된다는 말인가? 어떻게 우리는 가난, 불구, 질병, 학대, 기아, 구타, 광기, 고문으로 고통 받는 사람들을 외면할 수 있단 말인가? 만약 한 아이가 우리 눈앞에서 몹시 고통스러워한다면 분명 우리는 그 아이가 고통에서 벗어나도록 하기 위해 우리가 할 수 있는 무엇이라도 해야 할 것이다. 유니세프(UNICEF)에 따르면 지금 세계에 고통 받는 어린이가 10억 명이나 된다고 한다. 이런 상황을 보면서 우리는 가만히 방관하고 아무것도 하지 않을 수 있단 말인가?

명상의 역할과 적극적 사회참여

이제 논의를 조금 더 진전시켜서 과연 어떻게 계율을 지킬 것인가에 대해 생각해 보도록 하자. 만약 어떤 사람이 계율을 지킨다면 이론적으로 볼 때 다른 이를 해치지 않았으니 매우 바람직한 사람으로 칭찬 받을 만하다. 한편, 만약 어떤 사람이 어떠한 칭찬 받을 만한 행위는 하지 않은 채 계율만 지키고 있다면, 비록 그 사람이 명상을 하는 자라고 해도 어떻게 그가 해탈에 가까워지고 있다고 말할 수 있겠는가? 전통적으로 자이나교의 목표는 어떠한 종류의 업도 짓지 않는 것이다.

그들의 목표는 악업은 물론 선업까지 완전히 끝내는 데에 있다.

그러나 불교의 가르침에서 해탈에 이르는 길을 말할 때는 부도덕한 행동을 금하는 데에서 나아가, 덕행을 권하는, 즉 악행의 근절과 덕행의 권장이라는 두 가지 모두를 포함한다. 불교의 여러 다른 경전에서 악업을 정화하고 덕을 쌓을 것을 설하고 있는데, 이처럼 덕을 쌓기 위해서 우리는 행동으로 나서야 한다.

주지하다시피 일체의 행위 즉 업은 선업, 악업, 선업도 악업도 아닌 중립적인 업의 세 가지로 구분된다. 한편 행위는 삼문(三門), 즉 몸, 말 그리고 마음을 통해서 이루어진다. 부처님께서는 우리의 행위를 유발시키는 의도의 중요성에 대해 강조하셨다. 이론적으로 보자면 오직 계만 지키는 스님은 계율을 잘 수지할 수는 있다. 몇몇 스님은 비록 한평생 참선을 1분도 하지 않은 채 계율만 지켜도 충분한 가치가 있다고 말한다. 그러나 비록 그 스님이 어떤 부도덕한 행위, 즉 살인, 도둑질, 거짓말, 음행 등을 하지 않았더라도 스님의 속마음은 어땠는지 지켜볼 길은 없다. 표면적으로 그 스님의 덕망이 높아 보인다 해도 스님의 마음 안에서 무엇이 진행되는지 알 수 있는 방법은 없다는 말이다.

물론 우리 모두는 단지 친절과 도덕적인 생각들만 그의 마음에 깃들어 있기를 바라지만, 그의 속마음은 오직 그 자신이나 혹은 크게 깨달아 신통력으로 다른 이의 마음을 읽을 수 있는 사람만이 알 수 있을 것이다. 물론 그가 계본(戒本)을 어긴 것은 아닐지라도 보이는 것과는 달리 속으로는 살인, 도둑질, 거짓말, 음행에 관하여 생각하고, 부도덕한 마음을 일으키고 있을지도 모른다. 비록 스님의 덕과 덕망이 높아 보일지라도 그의 생애에서 1분도 명상을 하지 않았다면 마음을 다스릴 수 없을지도 모른다. 비록 겉으로는 계율을 지키고 있다 하더라도 마음속으로는 악행을 행하고 있을 수도 있겠으나 그것은 오직 그 자신이나 깨달은 자만이 알 수 있을 일이다.

불교계율은 한 가지 명백한 모순을 드러낸다. 한편으로 윤리적 지침의 취지는 수행자들을 윤회의 고통으로부터 해방시키려 함이라고 하지만, 다른 한편으로는 계율이 수행자들의 행위에 대한 자유를 제한한다. 비구나 비구니가 사회적 행동에 참여하면 그들은 비판의 대상이 되기도 한다.

1993년 스리랑카에서 열린 제3차 샤카디타 회의에서 여성 재가 불자들은 비구니들로 하여금 사회 활동을 더 해야 한다는 것을 납득시키기 위해 무진 애를 썼다. 당시 비구니들은 "우리는 사회 활동을 하기 위해서 출가한 것이 아니다. 만약 우리가 사회 활동가가 되기를 원했다면, 우리는 지금 많은 보수를 받는 일을 할 수 있었다. 우리가 출가한 것은 해탈을 얻기 위함이지 사회 활동을 하기 위함이 아니다."라며 그들에 맞섰다. 그럼에도 불구하고 흥미롭게도 지난 20년 동안 스리랑카에서 점점 더 많은 수의 비구니들이 사회 활동에 참여하고 있다. 그래서 많은 비구니들이 적극적으로 환자와 노인, 장례를 돕고 있다. 이러한 변화가 어디에서 비롯된 것인지는 교육 기회가 개선된 덕분인지 아니면 새로운 수계 기회 덕분인지, 그것도 아니면 다른 이들에게 자비를 베풀고자 하는 순수한 바람에서 나온 것인지, 또 그것도 아니면 또 다른 이유가 있는 것인지 분명치 않다.

여성 불교도의 사회 활동 사례

여성 불자들이 언제나 사회참여에 소극적이라고 단정 지을 수는 없다.

첫째, 무엇보다 출산과 육아는 합당한 사회참여의 하나이며 인류의 안녕을 위해 필수불가결한 것이다. 우리는 또한 많은 용기 있는 여성 불자, 인간의 진보를 지지하는 목소리를 높이는 여성 불자를 발견할 수 있다. 마하파자파티(Mahapajapati)를 예로 들자면, 그녀야말로 최초의 불자 페미니스트라고 칭할 수 있을 것이다. 오백 명의 여성들을 이끌어 여성의 권리를 옹호하고 승가 가입을 선도함으로써 그녀는 인도와 주변의 많은 여성들에게 해방의 문을 열어주었다. 그녀의 사회 정의에 대한 공헌은 오늘날까지 여성 불자들의 귀감이 되고 있다. 우리는 마하파자파티의 사례를 통하여 사회 활동을 불법의 의미 있는 표출로 인정받았다고 주장할 수 있다.

자애와 자비가 불교의 기본 가치임을 생각할 때 사회적 혹은 정치적 활동을 포함한 각종 사회복지 활동은 불교에서 인가한 것일 뿐만 아니라 부처님의 가르침으로부터 우러나오는 자연스런 발로(發露)인 것이다. 자율성을 강화하기 위한 여성운동은 여성들로 하여금 부처님의 가르침을 더욱 밀도 있게 행하게 하며 여성과 불교를 한걸음 더 나아가게 하는 것이다.

오늘날 점점 더 많은 여성 불자들이 자비 실천의 모범 사례로 부상하고 있다. 태국의 매치 쿤닝카니타(MaecheeKhunyingKanitha)는 여성 쉼터와 에이즈에 감염된 여성과 어린이를 위한 집을 처음으로 만들기 시작했다. 대만 비구니 자오후에이(昭慧, 1965~)는 인간뿐만 아니라 동물을 위한 사회 활동을 조직적으로 벌이고 있다. 또 다른 대만 비구니 정이엔(證嚴, 1937~)은 세계에서 가장 규모가 큰 자선단체인 츠지 공더후이(慈濟功德會)를 이끌고 있다. 미얀마의 아웅산 수지(Daw Aung San Suu Kyi, 1945~)는 정치판에서 군부독재에 맞서 민주화운동에 앞장서고 있고, 인도의 시스터 예세(Sister Yeshe)는 빈민의 고통을 덜기 위해 보리심재단(Bodhicitta Foundation)에서 활동하고 있다. 또 미국의 멜로디 에마차일드자비스(Melody ErmachildChavis)는 사형 제도를 반대함으로써 사회정의 구현에 애쓰고 있다.

이처럼 고독하게 혼자서 명상하던 여성 불자의 예전 모습과 대조적으로, 오늘날의 여성 불자들은 사회변화를 위한 폭넓고 다양한 사업에 적극적으로 참여하고 있다. 그들의 불교적 실천은 스스로를 지탱시키는 동시에, 사회 변화를 위해 열정적이고 효율적으로 일할 수 있게 만든다.

마음을 자유롭게

불법의 지향점 중 하나는 고정관념에 갇힌 우리 자신을 자유롭게 하는 것이다. 부처님의 말씀대로 모든 것은 마음에서 나온다. 만약 우리가 무명과 집착에서 벗어나 자신의 마음을 자유롭게 할 수 있다면 우리는 우리의 삶을 온전하게 바꿀 수 있을 것이다. 그동안 남성이 여성보다 우월하다거나, 비구가 비구니보다 우월하다는 잘못된 관념이 어린 시절부터 많은 사람에게 뿌리 깊이 박혀왔다. 그런데 우리가 건설적인 길로 나아가려면 우리 스스로를 무력하게 하는 관념으로부터 자유로워져야 한다. 마치 레게(reggae) 가수 밥 말리(Bob Marley, 1945~1981)

가 "정신적 구속으로부터 스스로를 해방시켜라"라고 노래한 것처럼.

많은 여성들은 자진해서 스스로를 남성의 권위에 종속시키며, 잦은 학대와 멸시, 자유의 박탈과 같은 고통을 당하면서도 남성에게 철저히 종속되어 버리고는 한다. 교육을 받지 못했거나 여성은 열등하다는 의식을 주입 받은 여성들은 스스로 당하고 있는 성차별 피해조차도 알아채지 못한다. 심지어 깨어 있는 여성 불자조차 불교 사회에 존재하는 노골적 성차별을 자세히 알면서도 침묵하고, 자신이 성차별을 당했을 때 저항하지 않는다. 그렇지만 그러한 침묵은 도리어 성의 불평등을 지속시키고 불평등의 결과인 학대를 조장한다.[03]

만약 여성이 종속과 억압에 아무런 저항도 하지 않는다면 현재의 상황이 바뀔 가능성은 없다. 이렇게 되면 결국 여성들은 스스로가 스스로를 종속시키는 죄행의 공모자가 되고 말 것이다. 우리가 정부를 변화시키고 싶어 하고, 사회의 억압구조나 불교 승가를 변화시키고자 아무리 바란다 해도, 용기와 단호한 행동이 없다면 세상은 끝내 변하지 않을 것이다. 만약 여성들이 깨어나 그들을 둘러싼 속박과 억압에 대해 문제를 제기하기 시작한다면 우리는 의심의 여지없이 변화를 이끌어 낼 수 있다. 약 25년이라는 짧은 시간 안에 당당히 비구니로 인정받게 될 것이다. 비록 아직 전체 비구니의 과반수가 온전한 구족계 수계를 하지 못했지만, 비구니가 되겠다는 사람이 넘쳐나고 있고, 불교의 소생에 크게 공헌한 스리랑카 비구니 승가의 건립은 전례가 없는 변화를 보여 준다.

---

03 자세한 내용은 Durre S. Ahmed, *Gendering the Spirit. Women, Religion and the Post-Colonial Response* (London und New York, 2002) 참조.

아무것도 하지 않는 '소극적' 삶에서 기인한 업보에 대해 생각해 볼 필요가 있다. 여성 불자들을 위해서 무엇인가 바뀌어야 한다면 적어도 몇몇 여성은 용감하게 나서야 한다. 자신은 이런 문제와 관련이 없다고 여기는 사람도 있을 것이고, 권력에 대항해 진실을 말하는 위험을 감수하고 싶지 않은 사람도 있을 것이며, 다른 사람이 위험을 감수하고 나선 후 일이 마무리 되면 그 열매만 가지려는 사람도 있을 것이다. 그러나 나는 부처님이야말로 스스로 위험을 감수하신 분이라고 생각한다. 많은 생을 통해서 부처님께서는 고통 받는 존재를 해방시키고자 지옥에 태어나면서까지 유정들을 위해 용감히 행동하셨다.

나에게 부처님의 이야기는 삶의 본보기 그 자체다. 부처님은 일생 동안 명상하고 가르침을 행하였을 뿐 아니라 셀 수 없는 3영겁의 세월을 통해 고통 받는 생명들의 안녕을 위해서 지칠 줄 모르고 일하셨다. 일단 우리가 완벽히 깨달은 부처가 되면, 명상과 수행, 가르침의 삶이라는 새로운 장이 열린다. 하지만 우리가 완벽히 깨닫고자 한다면, 우리는 당신의 행복을 희생하면서 고생을 하고, 수많은 어려움과 비참함을 겪으면서도 다른 이들의 고통을 덜어 주고자 적극적으로 일한 부처님의 과거 삶에서 부처님의 이타적 행동을 생각해야만 한다.

여기에 우리가 칭하는 이른바 '보살의 딜레마'가 존재한다. 불법을 닦는 평범한 한 사람의 중생으로서, 우리는 무엇인가를 선택해야 하는 상황에 자주 직면한다. 자리에 앉아 마음을 집중하고 수행해야 할지, 사회를 구제하는 데 나서야 할지, 또는 절이나 명상센터를 운영하면서 정신적 육체적으로 아픈 사람을 돌볼지, 노숙자에게 밥을 줄지, 불법을 가르칠지, 학대 받고 버림받은 동물들을 위한 쉼터를 만들지, 또 어떤 다른 보람 있는 일을 할지 선택해야 한다. 거의 모든 불자들은 이러한 활동이 가치 있다고 여길 것이다. 사실 이 모든 것이 불법을 수호하는 데 근본이 되는 활동이다.

부처님께서는 사회 활동을 통해 깨달음을 얻은 것이 아니고, 마음의 망상들을 정화하고, 덕을 쌓고, 완전히 깨달은 이로서 모든 깨달음의 특성들을 발달시키는 정신을 함양시키는 데 집중하셨음을 누구나 안다. 결국 우리가 우리의 마음을 바꾸려고 노력하지 않으면 자유로워질 길이 없으며, 깨달음을 얻으려면 사회에 공헌하는 것이 아마도 최상의 길일 것이다. 그러므로 우리가 진정 자유를 얻고자 한다면 종일 불법을 수행하며 깨달음을 얻고 싶기는 하겠으나 그렇게만 해서는 세상의 울음을 외면하는 것이 될 수도 있다.

이제 현실을 돌아보자. 먼저, 우리는 매 순간 진정으로 철저하게 제대로 된 명상수행을 하는 사람을 얼마나 알고 있는가? 우리가 높은 이상을 가지고 불법을 수행하는 것이 우리 삶에 가장 중요하다고 명확히 결심할 때조차도 많은 장애물들이 막아서서 우리를 방해한다. 반면에 적극적으로 사회에 참여하는 사람은 세속적 임무에 매몰되어 제대로 된 명상을 할 시간을 내기가 너무나 어렵다는 것을 안다. 세상의 고통은 너무나 커서 우리의 모든 시간과 역량을 유정들의 무수한 어려움을 돌보는 것에 다 써버리기가 쉽다.

그뿐 아니라 잔인하고 정신없이 허둥지둥하는 사회에서 우리는 힘든 대인관계를 포함한 많은 문제와 딜레마에 직면하게 되고, 대부분은 차라리 외면하고 싶어질 것이다. 유정의 어려움을 돌볼 때, 우리는 종종 계율과 타협마저 해야 할지도 모른다. 만약에 한 생명이 나에게 도움을 청하는데 가까이에 다른 비구니가 없다면 혼자서 길을 가는, 파계를 범하면서 자비를 베풀어야 하나, 아니면 그 요청을 저버려야 하는가? 만약에 한 거지가 살기 위해서 돈 몇 푼을 원하는데, 계율에 따라 돈을 건네는 것을 거절하고 그 거지를 굶게 해야 하는가?

지난 50년 동안 불법을 수행하고자 했던 나의 경험을 통해 하나의 타협 방안을 제안한다. 수행은 수행대로 하면서 동시에 유정의 고통을 덜어주기 위해서 적극적으로 일하는 것은 불가능한가? 그 행로가 길고 어렵다는 것을 인정하고, 하루가 24시간뿐이므로 우리는 몇 가지 어려운 선택을 해야만 한다. 적어도 나에게는, 그 목표는 전통적인 불법수행과 적극적인 사회참여 사이에 균형을 갖는 것이다.

어려운 일이지만, 한 가지 더하여, 수행과 사회봉사를 위해 불교경전을 명쾌히 이해해야 하므로 법을 공부한다. 개인적으로 나는 대단하든 사소하든, 여성 불자들이 제각각 수행하는 것을 기뻐하며, 그들의 개인적인 선택들을 존중한다. 동시에 만약 우리가 이기심을 내려놓을 수 있다면, 우리는 정식 불법수행과 불교공부, 그리고 적극적인 사회참여를 모두 다 할 수 있게 하는 거대한 에너지를 갖게 되리라고 진심으로 믿는다. 만약에 여성 불자들이 이 균형잡힌 활동을 잘 해낸다면, 분명 우리가 세계를 바꿀 수 있다고 확신한다.

베스 골드링 ｜ 1978년부터 선 수행을 시작했고 1995년 수계를 받았다. 길 프론스달(Gil Fronsdal)과 위파사나를 공부했고, 알랜 월리스(Alan Wallace)와 통렌 수행을 했으며, 글린 디브로키(Glynn DeBrocky)에게서 레이키를 배웠다. 대학에서 인문학을 가르쳤으며 인권 단체에서 일하기도 하였다. 2000년 브라흐마비하라 캄보디아(Brahmavihara Cambodia; 이전 명칭은 Brahmavihara/Cambodia AIDS Project)를 설립하였다. 2016년까지 이 단체 는 여러 병원이나 호스피스, 감옥 등에서 500여 명의 에이즈, 결핵, 암환자들에게 많은 도움을 제공하였다. 이러한 활동으로 불교의 탁월한 불교 여성상(Outstanding Women in Buddhism Award, 2008), 사왕 관임 탐마사탄 재단상(Sawang Kuan-Im Thammasathan Foundation Award, 2009), 아이엠시 카루나 상(IMC Karuna Award, 2009), 실천선불교재 단의 뛰어난 불교활동가상(Engaged Zen Foundation Outstanding Buddhist Activist Award, 2010) 등을 수상하였다. 현재 프놈펜에서 위파사나를 가르치고 있다.

캄보디아의
AIDS 환자구호

Compassionate Action :

Working with AIDS in Cambodia

28

베스 골드링
(Beth Goldring)

본 논문은 2011년 6월 12일에서 18일까지 태국 방콕에서 열린 제12차 샤카디타 세계불교여성대회(12th Sakyadhita International Conference on Buddhist Women), "Leading to Liberation"에서 발표되었다.

이 글은 자비의 실천에 있어서 불교의 가르침이나 전통 수행법의 관련성을 널리 알리려는 시도이다. 나는 2000년에 프놈펜의 가난한 에이즈 환자들을 돌보기 위해 세운 '브라마비하라(Brhmavihara) 캄보디아 에이즈 프로젝트'에서 지난 12년 동안 봉사활동에 동참해 왔다.

　인원은 10명의 간사들로 구성되어 있으며, 나를 제외하고는 모두 캄보디아인들이다. 이들 중 일곱 명의 캄보디아 간사들은 에이즈 감염자이다. 브라마비하라 업무는 세 가지로 나뉘는데, 그 중 가장 중요한 것은 종교적 지원이다. 즉, 환자와 가족들을 정서적으로나 영적으로 지원하는 것이다. 그리고 우리는 다른 단체들이 잘 하지 않고 있는 사회복지시설에 위탁도 해 주며, 물질적 도움도 주고 있다. 전통적인 불교수행법 이외에도, 레이키(Reiki), 힐링 터치(Healing Touch) 그리고 다른 에너지 치료법과도 긴밀하게 협조하여 활용하고 있다. 우리의 경험에 따르면, 이러한 다양한 치료법들은 환자들이 너무 힘들고 허약해서 혼자서는 참선과 명상 상태로 들어갈 수 없을 때, 명상 상태에 들 수 있도록 도움을 주고 있다. 다음과 같은 실례가 있었다.

메리놀 호스피스 센터에, '쿤테아'는 에이즈뿐만 아니라 암에 걸려 죽어가고 있었다. 쿤테아의 오랜 친구이면서 우리 단체의 간사인 '수웬'은 매일 매일 그녀를 방문했다. 우리도 그녀가 그렇게 친구에게 정성을 쏟을 수 있도록 배려하였으며, 수웬도 자신의 시간을 쪼개어 친구를 방문하였다.

나는 호스피스 센터장을 만나기 위해 내 통역사인 '라모'를 데리고 센터를 찾았다. 우리는 수웬이 오기 전에 쿤테아 병실에 잠깐 들렀는데, 쿤테아가 울고 있었다. 쿤테아의 다리와 엉덩이가 막대기처럼 너무 얇아서 기저귀가 흘러내려 주위에 오줌이 다 새어 버렸는데, 그걸 보고 누군가가 섭섭한 말을 했던 것이다. 우리는 그녀를 깨끗이 닦아주고 따뜻한 말을 나눈 다음에 레이키 치료를 하였다. 나는 쿤테아의 부은 다리를, 그리고 라모는 그녀의 등과 어깨를 치료하였다. 나는 종양으로 크게 부어 오른 배에도 레이키 치료를 하였으나, 그녀의 피부 조직은 전혀 반응이 없었다. 쿤테아는 계속 자고 싶다고 말했지만, 단 1분도 한 자세로 가만히 있을 수 없었기 때문에 도저히 잠이 들 수가 없었다.

라모와 나는 수웬이 올 때까지 쿤테아 곁을 지키며 우리가 할 수 있는 도움을 다 주려고 노력하였다. 마침내 수웬이 와서 쿤테아가 있는 침대 위로 오르고 나서야 우리는 미팅에 갈 수 있었다. 미팅이 끝난 후, 다시 쿤테아를 보러 갔다. 수웬은 그녀에게 담요를 덮어주고 머리맡에 앉아서 불교의 계율을 조용히 독송해 주고 있었다. 그로부터 엄청난 평온함이 뿜어져 나와서 온 방안에 가득하였다. 나는 다른 일 때문에 떠나야 해서, 라모가 수웬과 함께 있었다. 나중에, 라모는 언제 쿤테아가 수면에서 죽음으로 건너갔는지 전혀 알 수 없었다고 말하였다. 그와 수웬은 완전히 그녀에게 집중하며 그녀의 마지막 가는 길을 지켜 주었지만, 언제 그녀가 숨을 멈추었는지는 인식하지 못하였다(보통 그 둘 사이에는 찰나의 시간이 있다고 한다). 정말이지 그 전환은 참으로 순조로웠다.

나중에 그런 생각이 들었다. 우리가 지난 11년간 해 온 모든 일이 항상 이런 순조로운 이별과 같은 결과를 가지고 왔다면 얼마나 보람이 있었을까 말이다.

잠시 이론적으로 이야기를 해 보자면, 어떤 불교수행이 우리의 에이즈 프로젝트에 도움이 되는지, 그리고 우리의 일이 어떤 방식으로 불법에 대한 우리의 이해 수준을 확인해 주는 시험장이 되는지 살펴보고자 한다. 어떻게 보면 이는 매우 간단한 질문이다. 우리는 불교 단체이기 때문이다.

우리는 참선을 배우고 부처님의 가르침을 공부하며, 그런 이해를 바탕으로 일한다. 크메르 전통인 상좌부불교의 가르침에 입각해서, 우리는 매일 환자를 만나러 가기 전에 독송하고 참선한다. 환자를 위해, 죽은 이와 죽어가는 이들을 위해서 염불하고, 죽은 환자 가족에게 전통적인 7일장을 하도록 비용을 지급하며, 환자들에게 5계 또는 8계를 준다. 우리는 영안실을 수리해서 그곳에 불상과 탱화를 안치하고, 매일 청소하며 염불하고 있다. 그리고 귀신 들린 장소를 치유하는 의식도 행하고 있다.

'상구보리 하화중생'이라는 불교의 전통적 신념에 따라 우리는 고통스러운 감정을 꺼내어 치유하는 구체적이고 아름다운 형식의 크메르식 염불인 '스모옷(Smut)'[01]을 배운다. 내 직원 중 하나는 10일 동안 이루어지는 위빠사나 명상 프로그램에 매년 참석한다. 우리 스스로나 혹은 환자들과 함께 행하는 불교수행은 우리가 이 모든 활동을 지속할 수 있는 장을 마련해 준다.

우리는 오계, 바라밀행, 사성제 그리고 다른 불교의 여러 가르침을 따라 정진한다. 오계와 바라밀 수행을 하는 첫째 이유는 다른 이에게 해를 끼치지 않는 심성과 안정을 갖기 위해서, 둘째는 통찰력을 기르기 위해서, 셋째는 어렵고 고통스럽더라도 지속할 수 있는 힘을 기르기 위해서, 마지막으로 이 모든 것을 통해 약해지는 대신 오히려 더 강해질 수 있도록 하기 위해서이다.

이 일을 처음 시작하려고 했을 때, 나의 조언자이자 메리놀 프로젝트의 대표가 이렇게 말했다.

"이 일이 당신에게 삶을 긍정해 주는 일이 아니라면, 환자들 역시 삶을 긍정할 수가 없을 겁니다."

그래서 나는 이렇게 대답했다.

"힘든 일이라고 해서 삶을 긍정하지 못하는 것은 아닙니다."

그는 내 말에 동의하였다. 몇 년이 지난 후 내 삶에 엄청난 변화가 찾아왔고, 덕분에 나는 정말로 끔찍하게 어렵고 힘든 상황에서조차 환자와 깊은 친밀감을 나누고, 평화로움 속에서 함께 있을 수 있게 되

01　(역자 주) 이 글에 나온 캄보디아어 발음을 도와주신 여운경 교수님께 감사드린다.

었다. 그리고 그 후로 내 안에서 친밀감이 우러날 것이라고 믿고 기대하게 되었다. 우리 직원들 모두는 이제 시간과 길고도 깊은 유대감을 쌓게 되었다. 환자들과 혹은 환자의 가족들과 함께 하는 시간이 때로는 순간이고 때로는 좀 더 길기도 하지만, 그 시간 동안 우리는 무언가 심오하고 말이 필요 없는 깊고도 친밀한 것에 안겨 지낸다. 그때 우리는 자비를 베푸는 사람들인 동시에 그들이 베푸는 자비를 받는 사람들이기도 하다.

이 모든 시간과 자비행의 경험들이 우리에게 이 일을 계속할 수 있도록 하고 또 이 일 속에서 우리가 계속 존재할 수 있도록 해 주고 있다. 또한 우리의 성품과 지혜를 개발해 주며, 우리의 종교적 수행을 더욱 더 확장시켜 주고 친밀성을 강화시켜 준다.

올해 28살이 된 베트남-캄보디아 혼혈 가족의 아들인 레잉 썽(Ieng Sung)은 2010년 6월 13일에 죽었다. 그는 감옥에서 나왔기 때문에, 크메르 소비에트연합병원(Khmer Soviet Friendship Hospital)의 병동에서 침대에 묶인 상태로 있었는데, 결국 결핵으로 세상을 떠났다. 에이즈 이외에도 그는 결핵으로 고통을 받았는데, 목 쪽에 심각한 혹이 달려있었고 몇 달간 그 혹은 바깥으로 노출되어 상처를 그대로 보여 주었다. 그는 실제로 말을 아예 못하게 될 때까지 계속 가족을 그리워하였다. 꽤 오랫동안 가족을 보지 못했고 어떤 소식도 듣지 못하였다. 센터소장인 피읍(Pheap)과 내가 대신 그의 가족들을 찾으러 갔었는데, 아들 한 명만 빼고 그의 가족 모두가 죽었다고 이웃들이 말해 주었다. 그들은 이렇게 말하였다.

2005년쯤인가. 썽(Sung)의 아버지가 밤에 이웃집으로 돈을 빌리러 갔었다. 표면상의 이유는 아버지가 아는 한 이웃이 너무 힘들게 돈을 벌고 있어서 도와주고 싶어서였다고 한다. 그러나 아버지가 도둑으로 몰려, 이웃집 식구들에게 심하게 구타를 당하여 머리에 중상을 입었다. 가족들이 병원에 데려갔는데, 치료비가 600달러 정도 든다고 하였다. 그러자 치료를 하지 않고 아버지를 집에 데리고 돌아와 결국 집에서 돌아가셨다는 것이다. 아들이 다섯 명이나 있었는데, 그 누구도 아버지를 보기 위해 집에 오지 않았다. 그래서 아버지는 원망하는 마음을 주체하지 못하고, 돌아가실 때, 다섯 아들 모두가 빨리 죽도록 저주하면서 눈을 감았다고 했다.

2년 후에 썽의 어머니가 암으로 추정되는 병으로, 치료 한번 받지 못한 채 돌아가셨다. 그 어머니는 이웃 사람들로부터 너무도 곱고 예의 바르고 상냥하다는 소리를 많이 들었다고 한다. 캄보디아어로는 '슬로옷'(sloat)이란다. 그러나 돈이 있는 사람이 없어서 감옥에 있는 썽(Sung)에게 가서 이 사실을 알릴 수 없었다. 아들 세 명은 이미 에이즈로 죽었고, 살아 있는 남은 한 형제만 슬럼 근처에서 갱 두목으로 활동하는 중이었다. 그들이 살던 집도 이미 몇 년 전부터 다른 가족에게 넘어가 버렸다.

우리는 이 불행한 소식을 썽에게 전하지 않았다. 그가 모든 희망을 내려놓을까 두려웠기 때문이었다. 그래서 그냥 가족들이 다른 곳으로 이사 갔다고만 했다. 그러나 썽은 자기 어머니는 결코 이사를 갈 분이 아니라며 우리에게 거짓말을 한다고 하였다. 그러고 나서, 그의 몸 상태는 거의 죽음 직전에 이를 만큼 쇠약해졌다.

그때 베트남계 미국인 자원봉사자인 자비(Javvy)가 우리와 함께 있었는데, 자비가 썽 옆에 몇 시간이고 앉아서 치유 에너지를 전했다. 그의 손을 잡고서 베트남어로 이야기하고 자장가를 불러주며, 그의 내면 깊숙이 있는 어린 시절의 언어와 운율을 느낄 수 있도록 하였다. 그리고 우리가 아는 최고의 간병인에게 썽을 부탁했다. 우리 직원이 매일 방문해서 가끔은 몇 시간씩 곁에서 독송을 해 주고, 힐링 터치나 레이키를 하며 그 옆에 함께 앉아있었다. 결국, 썽은 아주 평화롭고 부드럽게 생을 마감할 수 있었다. 죽은 뒤에, 그의 혈액을 살펴보니, 다제내성(multi-drug resistance)이 형성되었다고 나타났다. 즉 여러 항생제에 내성을 보이는 힘을 갖게 된 것이었다. 만약 이 검사가 미리 행해졌더라면, 그는 아마 살았을지도 모른다.

깊은 친밀감의 경험은 환자 간호에만 국한된 것이 아니라, 우리 삶 자체를 다방면으로 지지하며 떠받쳐 주는 근간이 된다. 하지만 환자들과 함께 하는 시간이 그를 시험하는 좋은 실험실이 된다. 여기에서 친밀감을 경험하기도 하지만 한편으로는 친밀감을 형성하지 못하는 장애를 경험하기도 하는 것이다.

이런 친밀감을 제대로 체험할 수 있게 될수록 우리는 무엇엔가 정신이 팔린 순간, 짜증이 난 순간, 거부감이 드는 순간, 마음이 산란된 순간, 현재에 머물지 못하는 많은 순간들을 보다 잘 알아차리게 된다.

"환자들은 우리들의 스승입니다."

이 말은 가장 오래된 우리 직원이 즐겨하는 말이다. 오래 일할수록, 우리 스스로가 얼마나 깊이 환자들로부터 빛을 지고 있는지 깨닫게 된다. 그동안 해 온 불교공부나 수행은 우리에게 이러한 경험을 담을 수 있는 그릇과 그를 이해할 수 있는 수단을 주는 것이다. 그러한 그릇이 없다면 우리는 금방 힘의 한계를 느껴 나가떨어지게 되고, 그러한 이해가 없다면 새로운 상황이 발생할 때마다 그 체험으로 무엇을 해야 하는지 알 수 없을 것이다.

끔찍이도 열악한 환경에서 생사와 정면 대결해야 하는 쉽지 않은 일을 하기 때문에 우리는 종종 실패한다. 그러나 우리가 불법을 형식적으로 배우는 것에 그치지 않고 온 마음을 다하여 공부하고 있기 때문에, 우리는 실패를 넘어설 수 있다는 가능성 속에 살고 있고 때로는 그러한 초월을 체험하기도 한다.

란자니 드 실바 | 샤카디타 창립 멤버이며 1995-2002년까지 회장직을 맡았다. 1987년 이래 불교 여성의 복지를 향상시키는 일에 헌신하였고, 또한 스리랑카 여성들이 수계를 받을 수 있도록 많은 활동을 벌였다. 2000년에 스리랑카의 콜롬보 외곽에 〈샤카디타 교육 명상센터〉(Sakyadhita Training and Meditation Center)를 세우고 스님들을 교육하는 일을 하고 있다.

교도소에서
법을 가르치다

Teaching Dhamma in Prison

29

란자니 드 실바
(Ranjani de Silva)

본 논문은 2011년 6월 12일에서 18일까지 태국 방콕에서 열린 제12차 샤카디타 세계불교여성대회(12th Sakyadhita International Conference on Buddhist Women), "Leading to Liberation"에서 발표되었다.

나는 교도소 복지위원회의 일원으로서 콜롬보 웰리카다 교도소의 여성 수감자들을 위한 설법 프로그램을 준비하였다. 총 500명가량의 여성 재소자들 가운데에는 종신형을 받은 사람들도 있었다. 스리랑카에서는 사형을 언도하지 않기 때문이다. 나는 비구니스님 두 분과 함께 1주일에 한 번씩 여성 감방을 방문하도록 특별히 허가를 받았다. 이 프로그램은 약 2년 간 계속되었다.

교도소 문을 들어가면, 여성 재소자 몇 명이 우리를 맞이하며 얼른 매트와 의자들을 가져다가 법문 들을 준비를 하였다. 나는 방의 구석에 앉아있는 여성들을 일일이 찾아다니며 앞으로 나오라고 설득했다. 여성들 가운데는 상당히 공격적이고 모임에 참석하지 않으려는 이들도 있었다.

우리는 프로그램을 시작할 때 먼저 오계(五戒)를 알려주었다. 그리고 그들에게 이 가운데서 어떤 계율을 어겨서 감옥에 들어오게 되었는지를 물었다. 모두들 자신의 지난 일들을 털어놓으며 있었던 일에 대해 슬픔을 표하였다. 실제로 그들이 어긴 계율은 한 가지 이상이었다. 우리는 그들의 이야기를 듣고 나서, 감옥에 있는 동안이라도 계율을 잘 지키라고 조언을 해 주었다. 그러자 그들은 할 수 있을 것 같다고, 노력해 보겠다고 하였다.

여기서는 이 여성들의 이야기를 소개하고, 불법이 어떻게 그들에게 도움을 주었는지 알려주고자 한다. 그들은 비구니스님들을 만나서 매우 행복해하였다. 스님들께 위안을 받고 영혼이 치유되기를 바라면서, 그들의 슬픈 사연을 이야기하며 눈물을 흘리기도 하였다. 주목할 사실은, 이 감옥에 있던 여성들의 뒤에는 남성들이 있었으며 그들의 범죄에 책임이 있는 사람은 바로 그 남성들이었다는 점이다.

촛불과 꽃 그리고 보리수

교도소 구내에는 보리수가 한 그루 있고, 근처에는 작은 법당이 있었다. 몇몇 여성들은 아침저녁으로 매일 여기에 모여 예불을 하고 염송을 하였다. 그리고 보리수를 돌면서 그들의 고통을 거두어가 달라고 기도하는 여성들도 많았다. 어떤 이들에게는 이것이 마음의 평화와 희망을 얻는 유일한 길이었다. 그들은 프로그램을 시작하기 전에, 촛불을 켜고 꽃을 올린 뒤 비구니스님들을 모셔서 법당에서 공양의식을 행하기도 하였다.

이 교도소에서 가장 인기가 많은 실라와티(Seelawathi)는 남편과 함께 잠을 자던 여자를 살해한 죄로 감옥에 들어왔다. 그녀는 종신형을 선고받고 독방에 수감되어 있었다. 하지만 그녀는 정직하고 교육도 잘 받아서 교도소 내 사무실에서 교도소 직원들이 해야 하는 여러 가지 자잘한 업무들을 도왔다.

실라와티는 자신이 끔찍한 폭력을 저질렀다고 고백하였다. 얼마 동안, 그녀는 남편이 바람피우는 것도 견디고, 그 여자와 그들 사이에 있는 두 명의 아이들도 모두 무시해 버렸다고 한다. 그러다 더 이상 그러한 상황을 견딜 수 없게 되자, 도끼를 들고 가서 남편 옆에 자고 있던 여자를 죽여 버렸다. 그녀는 살인의 업보를 어떻게 해야 속죄할 수 있는지 우리에게 여러 번 물어 보았다. 그녀는 매일 오계(五戒)를 지키고 살았지만, 이런 상황에서는 전혀 자신을 통제할 수 없었다고 하였다. 그리고 정원에서 일을 할 때는 벌레 한 마리라도 죽이게 될까봐 조심한다고도 하였다. 그러면서 현생에서 벌을 받는 것은 그렇게 두렵지 않지만, 그녀가 저지른 어리석은 행동의 과보와 윤회의 고통에서 벗어나려면 어떻게 해야 할지 계속 물어보았다.

우리는 그녀를 위로해 주면서, 이제부터 오계를 잘 지키고 마음을 잘 챙기며 과거의 경험을 통해 배우라고 말해 주었다. 그리고 손가락 천 개로 만들어진 목걸이를 스승에게 주기 위해 999명을 살생한 왕자인 앙굴리마라 이야기를 들려주었다. 그가 부처님을 죽여 마지막 천 번째 손가락을 얻기 위해 뒤쫓아 오자, 부처님은 자비의 힘으로 그에게 다가가 가르침을 주었다. 그때부터 앙굴리마라는 부지런히 법을 배워서 아라한이 되었다.

교도소에 있던 여성들은 이 이야기를 좋아하였다. 우리가 『자애경』을 염송해 주면, 그녀들도 함께 염송을 하였다. 우리는 자애명상법을 가르쳐 주고, 프로그램을 마치기 전에는 다 같이 몇 분간 명상도 하였다.

수감자들 중에는 교육도 받을 만큼 받았는데 실라와티와 비슷한 죄를 저지른 경우가 몇 명 있었다. 그 중에 키가 크고 덩치도 큰 샬롯 (Charlotte)은 의사 부인이었다. 그녀의 사연도 아주 복잡하였지만, 본질은 마찬가지였다. 남편이 그녀에게 폭력을 저지르도록 자극한 것이었다. 그녀는 본성이 선하며 기꺼이 돕고 배우려는 의지가 많은 사람이었다. 읽고 쓰는 법을 배운 이후로는 리더 역할을 맡으며 우리 프로그램을 이끄는 데 많은 도움을 주었다. 또 가르침을 듣고 따를 준비가 되어 있었다.

성과와 과제

자예(Jaye)라는 친구는 여성인도자협회(the Girl Guide Association)의 부위원이다. 그녀는 훌륭한 교사로서 교도소에 수감 중인 여성들을 가르치는 프로그램을 시작하기도 하였다. 여성재소자들은 여성인도자 서약을 해야 하는데, 그 내용은 언제나 정직하고 도움이 되는 언행을 하며 최선을 다해 다른 사람들을 도와야 한다는 것이었다.

샤카디타 스리랑카의 프로그램과 여성인도자 프로그램은 서로 잘 협력하여 진행되었다. 여성들은 아주 행복해 했으며 더 나은 시민이 되기 위해 노력하게 되었다. 재소자들 몇 명이 출감하자, 우리는 그들을 위한 후속 지원 프로그램을 만들어서 그들의 집을 방문하기도 하였다. 대부분의 여성들과 그 가족들은 감사의 마음으로 아주 행복하게 지내고 있었다. 하지만 아주 폭력적이고 공격적으로 행동하는 여성들도 있었다. 그들은 마치 감옥생활을 더 좋아하는 것 같았다. 이런 사람들은 풀려나서 집으로 돌아갔다가도 다시 동일한 범죄로 수감되곤 한다.

대개의 경우 그들은 마약 판매에 연루되어 있었는데, 그 배후에는 남편들이 있었다. 몇몇 여성들은 마약에 중독되기도 하였는데, 교도소 바깥에 있는 친구들이 마약 꾸러미를 돌에 묶어 교도소 담장 너머로 던져주기도 하였다. 한 번은 이런 돌이 아기방 위로 떨어져 지붕이 망가져 버렸다.

교도소에는 임산부도 있고, 어린 아기를 데리고 있는 엄마들도 있었다. 수감 중에 아기를 낳은 여성들도 있어서, 복지위원들이 모든 시설이 완비된 아기방을 만들어 주기도 하였다. 아기 침대를 포함한 유아용품에 약품, 비타민제, 분유 등 모든 것을 제공하였다. 아이들은 여섯 살이 될 때까지는 엄마와 함께 감옥에서 생활하였다. 이 아이들은 유치원과 놀이방도 이용할 수 있었다. 아이들의 점심은 복지위원들이 준비해 주었다. 아이들에게는 불교 이야기를 들려주고, 아이들 어머니에게는 비구니스님들이 상담을 해 주었다.

몇 년 후, 다른 협회에서 온 여성들이 교도소를 방문해서 여성 재소자들을 상담해 주는 것을 보았다. 그들도 재소자들에게 법적인 조언을 해 주었다. 여성 불자인 변호사들이 무료로 도움을 주기도 하였다. 많은 수감자들이 가난 때문에 수감 생활을 하고 있었다. 그들은 소액의 보석금도 낼 형편이 안 되는 사람들이었다. 또 변호사를 고용할 비용이 없는 수감자들도 많았다.

몇몇 가톨릭 신자들도 가끔 교도소를 방문하였다. 그들은 여성 재소자들을 상담해 주고 도와주었다. 이슬람교 단체들도 그들 모임의 일원이었던 재소자들에게 변호사 비용이나 보석금 등의 경제적인 지원을 해 주었다. 수천 명의 남성 수감자들도 비구스님들이 진행하는 정기적인 명상 프로그램으로 많은 도움을 받았다.

사보다야(Sarvodaya)도 사회의 안녕을 위해 일하는 유명한 단체이다. 이들은 남성 수감자들을 센터에 초대하여 비구스님들이 진행하는 일일 명상프로그램을 실시하고 여러 편의도 제공해 주고 있다. 이 프로그램에 참가하도록 수감자들을 버스로 이동시키는 일은 교도소 관리 직원들이 담당한다. 그리고 이 프로그램을 위해서 수감자 전원에게 흰색 바지와 셔츠를 제공한다.

이 프로그램을 참관하러 갔을 때, 나는 참가자들이 수감자라는 사실을 믿을 수 없었다. 홀이 참가자들로 가득 차 있었는데, 모든 남자들이 어찌나 고요하고 차분하게 앉아서 명상을 하고 있는지 전부 재가불자들처럼 보였다. 프로그램은 아주 성공적으로 진행되고 있었으며, 수감자들도 아주 행복하게 참석하고 있었다. 이 프로그램으로 도움을 받은 수감자들 가운데는 교육을 받은 전문 직업인들도 있었는데, 이들은 불교 명상으로 변화를 경험하고 나름의 통찰을 얻기도 하였다.

보름이 되면 일부 수감자들은 팔계(八戒)를 지키기도 하였다. 법문과 명상, 염송 같은 종교 프로그램도 하루 종일 진행하였다. 비구스님들은 남성 재소자들을 위한 프로그램을 진행하고, 비구니스님들은 남성과 여성들을 위한 프로그램을 모두 맡았다.

종교 지도자들에게는 수감자들에게 도움을 주고 이들을 변화시킬 수 있는 능력이 대단히 많다. 이 프로그램에 참석했던 비구니스님들은 언제나 교도소에서 법을 설한 경험을 그들이 진행했던 프로그램들 가운데 가장 좋았던 것으로 기억하고 있었다. 특히, 중요하게 기억해야 할 사실은, 대부분의 여성 수감자들은 너무 순수해서 다른 범죄자들의 희생양이 되는 경우가 많다는 점이다. 이런 여성들에게는 더욱 많은 자비를 베풀어야 할 필요가 있다. 이들에게는 돌보아야 할 어린아이들까지 있다. 이들을 교화시켜서 가정으로 돌려보낼 수 있다면, 그것도 사회에 커다란 기여를 하는 일이 될 것이다.

로비나 컬틴 ㅣ 티베트불교 겔룩파의 여승이다. 1978년 이래 대승불교보존회(Foundation for the Preservation of the Mahayana Tradition ; FPMT)에서 일하고 있다. 미국 위즈덤 출판사의 편집장과 불교잡지 『만달라』의 편집인도 지냈으며, 재소자들을 위한 프로그램인 'Liberation Prison Project'의 부소장을 맡았다. 현재 세계 곳곳의 FPMT 센터에서 가르치고 있다.

재소자들과
함께

Working with People in Prison

30

로비나 컬틴
(Robina Courtin : Thubten Kunsel)

본 논문은 2015년 6월 23일에서 30일까지 인도네시아 족자카르타에서 열린 제14차 샤카디타 세계불교여성대회(14th Sakyadhita International Conference on Buddhist Women)에서 발표되었으며, Karma Lekshe Tsomo ed., *Compassion and Social Justice*, Yogyakarta : Sakyadhita, 2015에 수록되었다.

1996년 초 필자가 캘리포니아 산타 크루즈에서 FPMT 잡지인 『만달라』(*Mandala*)의 편집자로 일하고 있을 당시, 한 젊은 멕시코계 미국인으로부터 편지 한 통을 받았다. 그의 이름은 '아투로'였는데 보안이 삼엄하기로 유명한 교도소에서 복역 중이었다. 그는 라마 쏩텐 예쉐(Lama Thubten Yeshe)가 쓴 책을 읽고 자비에 관한 교훈에 감동을 받아서 불교에 대해 좀 더 알고 싶다고 했다. 바로 이것이 자유교도소프로젝트(Liberation Prison Project)의 출발점이었다.

1년 만에 40여 명의 재소자들이 필자에게 편지를 보냈다. 나는 그 편지들에 답장을 보낼 때 항상 책을 함께 보냈다. 또한 교도소를 방문해서 강좌를 열고 명상을 지도하기 시작했다. 그것은 매우 감동적인 일이었는데 그 일을 통해 재소자들 역시 우리와 같은 존재로 단지 힘든 상황에 처한 것뿐임을 깨닫게 되었다.

교도소의 시스템은 아주 지독하다. 미국에는 지구상의 어떤 나라의 인구 대비 재소자 비율보다 10배나 더 많은 재소자들이 있다. 『이코노미스트』지에 따르면, 미국이 세계 총 인구의 약 5%를 차지함에도 불구하고 재소자의 수는 25%에 달한다고 한다. 즉 세계의 교도소에 수감되어 있는 모든 재소자의 1/4이 미국 교도소에서 살고 있는 셈이다. 일반적으로 대부분의 주에서 형벌은 매우 엄격하다. 예를 들어 캘리포니아에서는 갱들 간의 폭력이 극심한데 범죄를 줄이기 위해 세 번째로 체포되거나 형을 받는 사람들을 강제로 종신형에 처할 것을 요구하는 법안도 있다.

그러나 증거에 의하면 1980년대의 범죄에 대한 강경한 대처 이후로 범죄는 감소했음에도 재소자의 수는 큰 폭으로 늘었다. 이 때문에 재소자들 사이에는 무력감이 팽배하고 많은 재소자들이 형량 변화가 없는 장기복역형을 선고 받고 있다. 이는 재소자들이 20년-30년을 복역한 후에라야 가석방을 신청할 수 있다는 것을 의미한다.

바로 이와 같은 상황으로 인해 지난 수년간 필자가 만났던 많은 사람들 중에 자유교도소프로젝트의 도움을 받은 재소자들이 뛰어난 수행자의 길을 걷고 있다. 적어도 내게는 그렇게 보인다. 그들 중 많은 사람들이 사형수이거나 종신복역수로서 그들이 출소될 가능성은 결코 없다. 그들은 이러한 현실을 바꿀 수는 없지만 자신의 마음은 바꿀 수 있다고 깨달은 사람들이다.

필자는 플로리다 출신의 한 여성의 자서전을 읽었다. 그녀와 그녀의 남편은 두 경찰관 살해혐의를 받고 복역 중이었으나 이는 사실이 아니었다. 그녀는 사형집행수로 17년을 복역 중이고 그녀의 남편은 사형이 집행되었다. 우리는 이런 악몽과도 같은 일은 상상도 못할 것이다. 그녀는 말한다.

"마침내 제가 바꿀 수 있는 일은 아무것도 없다고 깨닫게 됐어요. 그러나 그들은 제게서 정신을 빼앗아 갈 수는 없었습니다. 그래서 이렇게 생각하기로 했지요. '나는 죄수가 아니고 수행자다. 나는 감방에 갇힌 것이 아니고 수행의 동굴에 있는 것이다.'"

이것은 부처님의 가르침이 아닌가? 역설적이게도 우리는 감옥에 갇혀 있지 않으면서도 우리가 처한 환경에 압도당하고, 환경의 피해자가 되고, 우리의 환경을 비난하는, 마음의 감옥에 있지 않은가? 교도소에 갇힌 재소자들은 선택의 여지가 없다. 그들은 곤란한 지경에 있고 자신의 마음을 변화시켜야 한다. 그렇게 하지 않는다면 그들은 미칠 것이다.

아투로의 편지에 대한 답장에서 라마 조파 린포체는 말해 주었다: 당신의 감옥은 우리 일반 사람들의 내적인 감옥과 차이가 없습니다. 우리는 집착의 감옥, 분노의 감옥, 우울의 감옥 등등의 감옥에 갇혀 있다. 재소자들은 이것이 정말 사실임을 알고 있다.

이 프로젝트를 진행하며 확실히 알게 된 것은 우리에게 편지를 보내는 대부분의 사람들이 편지가 우리가 재소자들과 갖는 주된 소통 통로임-제대로 교육 받지 못한 노동 계층 출신이라는 점이다. 그들은 대개 갱 출신으로 아는 것은 폭력뿐이고 친구나 가족, 돈도 없으며 때때로 마약과 관련된 거리범죄로 투옥되었다. 미국에서는 총기에 대한 숭배로 인해 죽음을 야기하는 폭력범죄가 흔하게 일어난다. 화이트칼라 범죄자나 교육을 받은 사람들로부터 편지를 받는 일은 아주 드물다. 그리고 아직도 이유를 알지 못하는 흥미로운 일은 미국 교도소에 많은 여성 재소자들이 있음에도 불구하고 이 프로젝트를 운영한 지난 14년간 우리에게 편지를 보낸 25,000명 중에서 겨우 5%만이 여성이라는 점이다.

우리가 하는 사업 중 하나는 재소자들에게 편지를 통해 말을 나눌 수 있는 멘토를 연결해 주고 그들이 읽고 공부할 책들을 보내 주는 것이다. 미국은 광대하고 교도소의 수는 엄청나다. 우리가 모든 교도소를 방문하는 것은 불가능하며 재방문한 교도소의 재소자들이 모두 다른 교도소로 이감된 경우도 있었다.

그래서 우리는 가능한 많은 사람들을 돕기 위한 가장 효과적인 시스템을 개발했고 전 세계에 걸쳐 200여 명의 멘토들로 구성된 팀을 꾸렸다. 재소자가 첫 편지를 보내면 간략하게 답장하고 책 한 권을 보낸다. 그 후 그가 세 번째 편지를 보내면 그에게 멘토를 연결해 준다. 우리는 재소자들의 수신자부담 전화를 받고 전화로 그들에게 삼귀의와 오계를 주었다.

많은 재소자들이 공부와 수행을 계속했지만 또 다른 많은 사람들은 그렇지 못했다. 그럼에도 그들은 자신의 문제를 들어주고 조언을 아끼지 않고, 영감과 격려, 친절한 말을 해 주는 친구를 얻게 되어 행복해했다. 한 젊은 재소자가 자신이 치과에 갔을 때의 일을 얘기해 준 적이 있는데, 간호사가 의례적으로 몸이 어떠냐고 물었을 때 갑자기 눈물이 났다고 했다. 교도소에서 재소자로 지내면서 따듯하고 친절한 말을 듣는 경우가 극히 드물기 때문이다.

우리는 수천 권의 책을 교도소에 보냈다. 교도소에 갇혀 있지 않고 교육을 받은 대부분의 사람들은 책을 당연한 것으로 여긴다. 우리는 책으로 채워진 서가를 가지고 있지만 거의 읽지 않는다. 이와 반대로 아무것도 갖지 못한 재소자들은 책, 정보, 교육 등에 굶주려 있다. 지난 몇 년 간 받은 편지들로부터 나는 우리가 보낸 책들이 그들에게 불교의 가르침뿐만 아니라 그들의 교육에도 도움이 되는 것을 자주 보았다. 그들 대부분은 이전에는 책을 한 권도 읽어 본 적이 없었다고 한다. 갱 단원이었던 한 푸에르토리코인은 갖고 있던 라마 예쉐의 책이 닳아서 얇아졌다고 말했다. 우리가 책 한 권을 가지고 있다면 고작 한두 명이 그 책을 읽을 테지만 재소자들이 책 한 권을 가지고 있다면 열 명, 스무 명, 혹은 서른 명이 그 책을 읽을 것이다.

우리가 사용한 또 다른 도구는 격월로 발행하는 16페이지짜리 「뉴스레터」였다. 이 소식지의 효과는 대단했다. 쓰레기장 같은 환경에서 동물처럼 대우받고 극도의 폭력에 둘러싸여 있으며 주변에는 적대적이고 불교수행을 한다고 조롱하는 사람들 틈에서 미국 전역의 다른 재소자에 대한 글을 읽는 것이다. 그것은 재소자들에게 많은 힘을 주고 그들은 혼자가 아니며 승가가 함께 한다는 소속감을 주었다. 불교의 가르침들, 다른 사람의 시, 짤막한 에세이, 경험담, 예술작품, 많은 종류의 그림들을 보며 그들은 이 소중한 보물의 도착을 기다리며 지냈다. 그들은 특히 불화를 좋아했으며 그들의 예술성은 놀라왔다. 우리는 또한 『만달라』(*Mandala*) 잡지도 보내 주었다.

재소자들과 함께 일한 경험은 필자에게 영감을 주었다. '수행'은 실재의 총체적인 다른 차원을 갖게 한다. 교도소에서 만난 첫 번째 사람인 리치는 아투로의 친구이며 전에 갱 단원이었다. 그는 편지에서 자신이 매우 느긋한 사람이라고 말했다. 그러나 화가 날 때면, 분노가 치밀어 조절이 안 되죠. 그는 거리에서 세 사람을 죽였다. 이런 일은 갱들에게는 흔한 일이다. 그는 현재 보안이 철저한 교도소에서 수감 중이며 몸 전체에 문신이 가득하다. "모두 감옥에서 그린 것이에요." 그는 자랑스럽게 말한다. 나는 전화를 통해 "분노는 이제 어때요, 리치?"라고 물었다. 그는 부끄러운 기색이 역력한 목소리로 그날 아침

감방 동료와 싸웠는데 그의 머리를 변기에 처넣었다고 고백했다. 그러나 다시 끄집어냈죠. 그리고 앉아서 타라에 대해 명상을 했다고 한다. 라틴계 사람들은 타라를 좋아한다. 나는 그것이 수행이라고 생각한다. 적어도 그는 네 번째 살인을 저지르지 않았잖은가.

앞에서 언급한 푸에르토리코 친구 티모시는 첫 편지에서 명상을 통해 어떻게 영적 힘을 얻을 수 있는지 들었다고 적으면서 매우 흥분해 있었다. "그렇다면 내 영적인 힘으로 적들을 물리칠 수 있겠네요? 하지만 그들을 해치는 대신 나는 기쁨을 경험했답니다."라고 그는 덧붙였다. "제 감방에 푸른빛이 있었어요. 그것이 내적인 것인지 외적인 것인지는 몰랐지만 여성적이라는 것은 알 수 있었죠." 후에 그는 불교 서적을 읽고 그녀의 이름이 타라임을 알게 되었다.

우리가 교도소를 방문하려고 노력하는 과정에서 처음 겪었던 커다란 장애는 바로 관료주의였다. 또한 우리를 인정하지 않는 기독교 근본주의자인 군목들이 많이 있었다. 1990년 말, 필자는 몇몇 교도소를 방문하기 위해 텍사스에 갔는데 방문허가를 받기 위해 수차례 오가야만 했다. 당시 나는 텍사스의 다른 교도소에 있는 한 재소자 생각이 나서 그를 방문하고자 했다. 텍사스까지 와서 그를 방문하지 않는다면 몹시 실망할 것이었다. 그래서 방문이 허락되기를 바라는 희망을 가지고 담당목사에게 전화를 했다. 그러나 '불교'라는 말을 듣자마자, 그 목사는 "우리는 당신 같은 사람은 필요 없습니다." 하고 전화를 끊었다.

또 다른 경우가 있었는데, 사형을 기다리던 한 재소자가 사형이 집행될 때 필자가 배석해 주길 원했다. 그러나 침례교 근본주의자인 목사는 분명하게 말했다. "당신은 신을 믿지 않으니 종교인이 아니며 그저 비구니에 불과할 뿐입니다." 텍사스 주의 법이 불교를 종교로 인정하고 있음에도 불구하고 그것으로 끝이었다. 다행히 그 재소자는 후에 감형되었다.

현재 많은 자원봉사 불교 성직자들이 있어 상황은 변화될 것이라고 필자는 확신한다. 첫 편지를 받은 지 14년이 지난, 2009년에 이 프로젝트를 시드니의 동료에게 넘겨주었다. 우리에게 편지를 보낸 많은 재소자들이 반드시 불자가 될 필요는 없다. 어떤 사람들은 우리에게 고맙다는 편지를 쓰면서 자신들의 신앙인 기독교나 이슬람교로 돌아갈 것이라고 말한다. 우리는 답장을 쓰며 그들의 결정을 함께 기뻐해 준다. 처음부터 필자는 그들을 불자로 만들려고 한 것이 아니었다. 우리의 전문분야가 불교이기에 불교적 도구를 사용하긴 했으나 필자의 희망은 재소자들에게 친절과 인간으로서의 존경을 보여 주려는 것이었다. 그들이 자신의 놀라운 가능성을 발견하고 자신감을 가지고, 자신의 마음을 변화시키고 목적을 달성하며 다른 사람들을 도울 수 있다는 사실을 알도록 격려하고 영감을 주는 것이 나의 목표였다.

많은 재소자들이 자신보다 더 열악한 처지에 있는 사람들을 어떻게 돕고 있는지에 대해 말한다. 켄터키 주의 사형수인 미첼은 함께 살고 있는 40명의 다른 재소자들에게 진실한 친구이자 멘토이다. 그들 중 한 명은 항상 고통만을 생각하는데 그에게 미첼은 그를 이해하고 돌봐주는 가장 소중한 친구인 동시에 보호자이다. 이전에 갱 단원이었던 리치 역시 치매를 앓고 있는 감방동료를 보살피는 이야기를 적었다. 그는 치아가 없는 감방동료가 먹을 수 있도록 음식을 잘라 주고, 손발톱을 다듬어 주며, 배설물을 치워준다.

필자는 작년에 아투로를 다시 만났다. 내가 그를 처음 만났을 때 18살이었던 그는 갓 갱단 생활을 청산한 직후였다. 교도소에서 그것은 매우 용기 있는 결단이었다. 그는 11살에 처음으로 갱 단원이 된 후 12살부터 소년원을 시작으로 투옥되기 시작했다. 16살부터는 성인으로서 재판을 받았고 현재 세 개의 종신형을 받고 복역 중이었다. 그러나 그는 누구도 죽이지 않았으며 마약거래를 하지도 않았다. 우리가 처음 만났을 때 그는 갱 생활을 포기했으며 지난 18년간 고등학교 교육을 받고 언어를 공부하며 영적인 길을 수행하면서 지내고 있다. 현재 그는 36살로 머리가 희끗희끗해지기 시작했으며 캘리포니아 주가 교도소 포화상태를 해소하기 위해 형기가 다 차기 전에 석방시키려는 재소자들 명단에 자신이 포함되길 바라고 있다. 사형수 미첼은 "저는 전기 충격에 대한 준비가 되어 있습니다."라고 말한다. 그는 필자에게 자신이 죽을 때 옆에 있어 주길 부탁했는데 물론 필자는 그의 희망대로 할 것이다. 필자가 그보다 먼저 죽지 않는다는 가정하에 말이다.

테레사 I. 시빌리 | 미국 뉴욕의 개리슨 연구소의 CBR(Contemplative-Based Resiliency) 프로젝트의 프로그램 매니저이다. 명상을 이용하여 트라우마를 치료하는 방법을 개발하였고, 그 효과를 측정하는 연구를 하고 있다. 미국, 아일랜드, 르완다 등에서 인도주의 활동과 인권활동에 종사하는 직원들에게 CBR을 훈련시켰다. *The Human Dimensions of Resilience*라는 책을 공동 집필하였는데, 명상과 트라우마 회복력 간에 상관관계가 있음을 보였다. 컬럼비아대학에서 학사를, 에모리대학에서 공중보건학으로 석사학위를 받았다. 티베트불교와 아쉬탕가 요가를 수행하고 있으며, 현재 조지아 주의 교도소에서 〈인식기반 자비훈련법〉(Cognitively-Based Compassion Training, CBCT)을 가르치고 있다.

자비를 통한
회복의 길 찾기

Tracing a Path to Resilience
through Compassion

31

테레사 I. 시빌리
(Teresa I. Sivilli)

본 논문은 2015년 6월 23일에서 30일까지 인도네시아 족자카르타에서 열린 제14차 샤카디타 세계불교여성대회(14th Sakyadhita International Conference on Buddhist Women)에서 발표되었으며, Karma Lekshe Tsomo ed., *Compassion and Social Justice*, Yogyakarta: Sakyadhita, 2015에 수록되었다.

여러분께 들려드릴 이야기가 하나 있다. 약 10년 전쯤에 동티모르에서 임무를 수행 중이던 BBC의 젊은 기자가 그곳의 폭력과 처참한 상황에 깊이 충격을 받았다. 그는 상황 보도 기자로 일하기보다는 정치적 갈등으로 고통 받는 사람들을 직접적으로 도울 수 있는 구조 활동가가 되면 더 많은 좋은 일을 할 수 있을 것이라는 생각으로 기자직을 그만두기로 결심했다. 그가 단지 죽은 사람을 보았기 때문에 충격을 받은 것은 아니었다. 이전에도 그는 할아버지가 돌아가신 것을 보았는데 마치 잠자고 있는 것처럼 평화로워 보였다. 그를 충격에 빠뜨린 것은 수십 구의 시체더미와 열악한 난민캠프에 수용되어 있던 많은 사람들이었다. 냉소적인 농담으로 자신이 목격한 끔찍한 상황들을 벗어나며 임무를 마친 그는 마침내 구조 활동가가 되어 르완다에 배치되었다.

그러나 그는 예전에는 자신들의 이웃이나 직장 동료, 친구들이었던 사람들에게 한 집단이 가지는 본능적 증오를 아직 이해할 수 없었다. 무엇보다도 거리에 마구 난도질당해 죽어 있는 어린아이들의 시체를 보는 일은 너무도 큰 충격이었다.

상사는 그에게 스트레스 조절 코스에 참가할 것을 권했고 그 코스에서 그는 스트레스 신호와 증상, 충분한 수면, 규칙적 식사와 운동요법이 중요하다는 것을 배웠다. 그는 다시 지진으로 인한 피해복구를 위해 아이티에 재배치되었다. 그러나 토네이도가 아이티를 덮친 후 땅바닥에 엎드려 있을 때 이전에 배운 훈련들은 실제상황에서는 한갓 놀음일 뿐임을 실감했다. 휘날리는 파편들과 폭우로부터 그를 살려낸 것은 우연히 그의 몸 위로 떨어진 파티션이 방패막이 역할을 한 덕분이었다.

결국 2년 후, 인간과 자연이 이 세상에 가져오는 고통에 맞서 10여 년 동안 투쟁한 끝에 그는 무너졌다. 3년간 제대로 일을 할 수 없는 상황이 지속되자 그는 2014년 3월 개리슨 연구소의 CBR 프로그램(자비심을 바탕으로 하는 회복 프로그램, Contemplative-Based Resilience)에 참여하게 되었다. 마침내 실전이 아닌 훈련을 위한 안전한 장소에서 자신의 경험과 기억을 얘기할 수 있게 된 것이다.

이 이야기는 몇몇 사람들의 경험을 하나의 이야기로 재구성한 것이긴 하지만 모두 사실이다. 고통 받는 사람들과 맞닥뜨렸을 때, 우리 자신도 역시 고통을 경험하고 그 경험으로 인해 변화할 수밖에 없다. 우리는 그들을 보호하고 변화하지 않도록 돕고 싶다. 그들에게 자신과 다른 사람의 고통을 이해하는 상황을 제공하고, 고통에 대한 자신들의 반응을 이해하게 하며 회복과정을 구축하고 고통으로 인해 의기소침해지기보다는 고통을 이해하고 성장할 수 있도록 돕는 것이 가능하다. 타인에 대한 공감이 우리가 함께하는 고통을 이해하는 길이라면 자비심은 변모의 길, 즉 더 나은 회복의 길로 나아가는 것을 의미한다.

불자들은 익숙한 이런 개념을 어떻게 일터, 특히 종교, 문화, 다양한 인종적 배경 등으로 어우러진 근무현장에서 적용할 수 있을까? 직장에서 어떻게 자비심을 통한 회복력을 구축할 수 있을까? 고난으로부터 다시 일어서는 능력인 회복의 개념은 대중적으로 많은 관심을 끌어 왔다. 그러나 사람들이 더 잘 회복할 수 있도록 돕는 방법들에 대해서는 잘 알려져 있지 않다. 회복은 긍정적인 행동의 집합체이고 명상 및 요가와 같은 사색적 훈련을 통해 매우 효과적으로 개발되고 강화될 수 있는 심적 습관이다.[01]

개리슨 연구소에서는 이와 같은 가설을 바탕으로, 이론에서 실험을 거쳐 CBR 프로그램을 시작했는데 이 프로그램은 인도주의 구조 활동가들을 위한 회복기술을 구축하기 위한 것이다. 구조 활동가들은 전 세계의 자연 재난이나 인재로 인한 재난들에 대응하는 사람들로 자신들의, 혹은 재난 피해를 입은 사람들의 트라우마적 고통에 지속적으로 노출되어 있다. 매일 압도적 고통을 직면하면서 그 고통을 없앨 수 없다는 무기력감에 시달리며 탈진상태가 되는, 소위 '자비 피로감'을 경험한다.

샤론 샐즈버그(Sharon Salzburg, CBR 프로그램의 고문)가 지적한 것처럼 자비 피로감은 '공감 피로감'이라고 불리는 것이 더 적합하다. 다른 사람들의 고통을 같이 느끼고 이해하는 능력인 공감은 사람을 압도해 버릴 수 있다. 공감과 자비의 균형을 맞추는 것, 즉 고통을 없애기를

01　T. I. Sivilli and T. W. W. Pace, *The Human Dimensions of Resilience: Engaging and Empowering People, Organizations and Networks* (New York: Garrison Institute, 2014) 참조.

바라는 적극적인 상태는 이 딜레마를 해결하는 데 큰 힘이 된다.

　나는 스트레스에 대한 논의로 이 주제를 시작하려고 한다. 왜냐하면 우리가 스트레스의 동기와 결과를 이해할 때 명상이나 요가와 같은 수행이 스트레스로부터 우리를 어떻게 보호하는지 명확히 이해할 수 있기 때문이다. 일반적으로 스트레스는 바람직하지 못한 것으로 인식되지만 스트레스를 무료함에서 피로감으로 가는 연속적인 과정으로 이해하는 것이 보다 유용하다.

　누군가 아령운동을 하는데 15kg을 들 수 있는 사람이라면 5kg은 너무 쉽고 30kg은 과도한 것이 된다. 마찬가지로 정신력의 소모가 필요치 않은 일은 무료한 것이 되지만 너무 과도한 일, 즉 자신의 능력을 벗어나는 일은 압도적인 것이 된다. 따라서 우리가 스트레스를 말할 때 스트레스를 도전의 개념으로 생각하면 적당하고, 재미있는 수준과 과도하고 압도적인 수준이 있다는 것을 기억하는 것이 보다 도움이 될 것이다.[02]

도전이나 스트레스 요인들과 직면했을 때

도전이나 스트레스 요인들과 직면했을 때, 우리의 신체는 자신을 보호할 준비를 한다. 스트레스 반응은 모든 포유류에게 공통적인 것이지만 인간의 스트레스 반응은 외부적 사건뿐만 아니라 그 사건을 받아들이는 방식, 심지어 우리가 상상하는 사건들에 의해 일어날 수도 사라질 수도 있다. 다시 말하면 우리의 스트레스 반응은 첫째는 스트레

02　H. Selye, "The Nature of Stress" *Basal Facts* 7:1(1985) 3-11.

스 요인을 우리가 어떻게 인식하고 해석하는가, 둘째는 스트레스 요인에 우리가 어떻게 반응하는가, 셋째는 우리가 주체의식을 갖는가의 여부 즉, 우리가 스트레스 상황에 대해 통제력을 갖는가의 여부 등 이 세 가지에 의해 결정된다. 사람이 도전을 감지하고 그에 대응하는 방식은 그 전의 경험이 긍정적이었는지 부정적이었는지에 따라 달라진다.

스트레스 반응에서 신체와 정신은 상호작용한다. 명상가들은 생각이 우리의 몸에 영향을 미친다는 것을 잘 알고 있다. 우리는 명상수행으로 자신을 평온하게 할 수 있으며 우리 몸에 어떤 일이 일어나는지 알기 위해 굳이 머리에 전극선을 꽂을 필요는 없다. 우리는 이 반대의 사실도 옳다는 것을 자주 잊어버리는데 외부의 사건 없이도 우리는 생각만으로 몸에 스트레스 반응을 일으킬 수 있다. 미국의 작가 마크 트웨인은 "나는 평생 많은 재앙들을 경험했는데 그 중 일부는 실제로 일어났다."라고 말했다. 상상의 재앙에 의해 일어난 스트레스가 실제의 재앙만큼이나 우리 몸에 피해를 입히는 것을 실감하지 못했다면 이 말이 이상하게 들릴 것이다.

이런 피해는 다양한 생리학적 표지들을 통해 측정 가능하다. 스트레스 반응에서 우리의 정신과 몸은 연결되어 있다. 두려움이 많거나 어떤 자극에도 쉽게 반응하는 심리적으로 예민한 사람들은 정신적으로 안정된 사람들보다 스트레스에 대해 더욱 강렬한 생리적 반응을 보인다. 반대로 스트레스가 심한 상황에서도 침착성을 유지할 수 있는 사람들은 스트레스에 대한 생리적 반응이 상대적으로 약하다.[03]

---

03 B. S. McEwen, "Stress, Adaptation, and Disease : Allostasis and Assostatic Load," *Annals of the New York Academy of Sciences* 840(1998) : 33-44.

심리학적으로 더 침착한 성격은 사회 친화적 성격이며 남을 도와주는 행동과도 연결된다. 자비심 연구의 초기에 나타났던 놀라운 발견 중의 하나는 마음챙김 명상, 자비명상과 요가가 신체적 정신적 건강 증진과 관련이 있다는 것이다. 명상수행은 급성 및 만성 스트레스에 의한 조절 장애에 분명히 영향을 미친다. 우리가 인도주의적 구조 활동가들을 위한 CBRT 프로그램을 고안했을 때 다음과 같은 특정한 주요 사실과 필요에 초점을 맞췄다.

구조 활동가들의 근무환경은 신체적, 정신적, 정서적 건강에 바람직하지 않다: 오랜 근무 시간, 제한된 음식, 제한된 운동 기회, 가족과 친구들로부터의 오랜 격리 등이 일반적이다. 구조 활동가들은 지속적으로 압도적인 고통과 직면해야 하며 활동 대상이 되는 사람들의 힘든 문제를 해결하기 위한 충분한 물질적, 정서적 자원을 가질 수 없다. 어떤 사람들은 개인적인 문제를 회피하기 위해서 혹은 모험을 즐기기 위해서와 같이 적절치 못한 이유로 구조 활동가가 되기도 하지만, 대부분은 자신들의 기술이나 훈련을 힘든 상황을 개선시키기 위해 활용하려는 헌신적인 사람들이다. 구조 활동 중에 일어나는 필연적인 스트레스에 대해 충분하고 효과적인 준비를 제공하는 NGO는 거의 없다.

스트레스에 대한 부정적인 대처 방법들이 만연하고 있다: 지나친 음주, 부주의한 성적 행동, 위험한 운전, 자신과 타인에 대한 무관심. 구조활동 분야가 천천히 진보하고는 있으나 여전히 '카우보이' 정서가 인도주의적 구조 활동 배경에 만연되어 있다: 무모해 보여도 어떤 일이든 하려는 마음, 과도한 위험을 무릅쓴 후 나중에 그 일을 자랑하려는 마음, 정서적 필요를 인정치 않으려는 태도, 스스로 돌보는 것을 업신여기는 태도 등이 구조 활동가들 사이에서 존경받는다.

우리에게 잘 알려진 위기상황의 가장 가슴 아픈 징후는 자신의 문제로 인해 구조 활동 대상자들에게 화를 내는 것으로, 도울 수 있는 일도 하지 않으려는 것이다. 예를 들어, 왜 저 태풍 이재민들은 스스로 돕지를 않는 거지? 빗속에서 하루를 더 지낸다 해도 그들 탓이야. 저들 캠프에 방수포를 갖다 주러 길을 돌아가지는 않겠어! 이런 반응은 신체적, 정신적으로 기력이 모두 소진됨으로써 생기는 자비심의 위기이며 큰 고통에 직면해 기운을 잃은 사람들에게서 나타나는 현상이다.

구조 활동가들이 직면한 또 하나의 어려움은 정신적, 육체적 탈진으로 이는 만성적인 스트레스와는 다르다. 탈진의 주요 현상은 의미의 상실과 목표와의 단절이다. 자신의 삶에 대한 회의는 직장에서 자주 논의되는 것이 아니며 종교에 속하는 주제이다. 이곳은 가치의 정의가 직업 생활과 교차하는 구조 활동 현장에서 개인이 신체적, 정신적으로 힘든 직업적 요구를 인내할 수 있는지 결정하도록 돕는 곳이다. 구조 활동가들이 다시 본래의 자비심을 회복하도록 돕는 것은 그들이 하는 활동의 의미를 일깨우는 데 필수적이다. 신체적, 정신적 탈진을 막기 위해 공감을 자비심으로 발전시키는 것이 중요한데 이는 많은 구조 활동가들이 타인의 고통으로부터 자신을 지키기 위해 고통으로부터 자신을 단절시키기 때문이다.

CBR 프로그램은 구조 활동가를 상황에 따라 10명에서 50명 정도의 그룹으로 모이게 한다. 어떤 훈련은 모든 분야의 사람들에게 개방적이며, 어떤 훈련은 특정 단체의 지원을 받아 소속 직원들을 위해 운영하기도 한다. 훈련은 명상요원, 운동요원, 심리요원 그리고 개리슨 연구소 소속으로 진행자 역할을 하는 팀 리더에 의해 지도된다. 훈련 자체는 임상적 치료적이 아니고, 과정에 그룹치료 시간이 포함된 것도 아니지만 트라우마적 기억이 자주 나타나기 때문에 이런 경우 정신 건강 임상의와 참가자들을 연결해 주기도 한다.

훈련은 회상과 나눔을 위해 안전한 수용기를 만드는 것으로 시작하며 건강한 습관을 업무활동과 연결시키는 방법들을 보여 주기 위해 구성된다. 아침은 신체를 깨우고 활력을 주기 위해 고안된 요가 동작으로 시작된다. 발표와 명상, 강의 사이 휴식과 건강한 식사가 제공된다. 낮에는 운동 시간과 휴식 시간 동안 지도에 따라 마음챙김 산책을 하거나 낮잠을 자며, 원기를 회복시키는 요가로 하루 일정을 끝내게 된다. 우리는 참가자들에게 건강했을 때를 회상해 보라고 하는데 이는 자신이 건강으로부터 멀어지게 되었을 때를 의식하도록 돕고 다시 균형을 되찾게 해 준다.

모든 훈련에서 진정한 연대의 순간은 사람들이 방안을 둘러보며 자신들이 혼자가 아니라는 것, 즉 자신들의 경험이나 고통이 보편적이라는 것을 깨닫게 되는 순간이다. 이것이 바로 변화의 시작이며 '나'에서 '우리'로 인식이 확장되는 순간이다.

요가 동작은 도구나 장비 없이 어디서나 실행할 수 있다. 우리는 스트레스 시스템을 제어하기 위해 신체에 바탕을 두어 신체의 감각을 의식하고 휴식의 중요성을 강조한다. 특히 압도되는 감정을 없애기 위한 동작의 활용을 자세히 보여 준다.

명상수행은 세속적인 프로그램이기 때문에 불교나 불법을 언급하지는 않는다. 그러나 이 프로그램의 수행들은 불교신자들에게 아주 친숙한 이유는 이 수행들이 팔리 전통에서 온 것들이고 매사추세츠 바르에 위치한 '통찰명상회(Insight MeditationSociety)'의 창설자 중 한 명인 샤론 샐즈버그에 의해 개발되었기 때문이다. 우리는 호흡, 감각, 생각, 사고에 대한 마음챙김 수행과 자비에 초점을 맞춘다.

사회 심리학적 자료들은 인간의 스트레스 반응은 약함의 표시가 아니라 우리를 위험으로부터 보호하기 위해 고안된 정상적 반응이라는 것을 보여 준다. 우리의 몸은 호랑이와 같은 신체적 위협과 '네 잘못이야!'라고 소리치는 상사의 심리적 위협을 구별하지 못한다. 우리는 회복의 구성요소들을 설명하고 명상수행이 회복을 위한 기술을 구축하는 데 효과적인 방법임을 제시한다.

프로그램은 사람들을 변화시킨다. 우리는 기능장애를 가진 사람들이 활력을 얻고 다시 고무되는 과정을 보아왔다. 현장 활동을 떠났던 사람들이 복귀하겠다고 스스로 마음을 먹고 치료를 위해 여러 곳을 전전하던 사람들이 우리에게 왔다. 우리는 그들에게 새로운 도구를 주어 다시 세상으로 돌려보낸다. CBR은 본질적으로 출발점이기 때문이다.

고통은 삶의 자연적인 부분이다. 이 세상에는 큰 고통도 있지만 심오한 기쁨과 위대한 아름다움도 있다. 삶의 기쁨과 아름다움은 우리가 서로에게 마음을 열 때 생기는 깊은 연결의 순간에 드러난다.

역설적으로 행복으로 가는 길은 고통을 피하거나 부정하는 데 있지 않고 고통을 개방적으로 정직하게 직면하고 이해하며 그 고통을 변화시키는 데 있다. 그렇게 함으로써 우리는 온전히 살아 있게 된다. 우리는 고통 앞에 무력한 존재가 아니다. 자비는 결코 약하지 않다. 그것은 우리를 강하게 만들고 다시 일어나게 하며 삶이 우리에게 던지는 무엇이나 다 직면할 용기를 갖게 한다. 고통을 변화시키는 것은 쉽지 않지만 가능한 일이다.

우리의 자비심이 점점 자라면서 자신과 다른 사람들에 대해 품었던 경직되고 제한적인 견해들은 사라지고 부드럽고 현명한 성품으로 바뀌며 모든 사람들과 사이좋게 지내게 된다. 자비심은 본질적으로 치유적이며 낙관적으로 세상을 바라보는 방식이다. 그것은 사랑의 길이고 변화의 길이다.

수엘린 세메코스키 ┃ 예술가, 예술치료가, 임상치료사이며 시카고 소재 예술대학교
(School of the Art Institute)의 부교수이다. 국제영성지도자회의 회원이며 일리노이 주 에
반스톤에 있는 '레이크사이드 붓다 상가' 사찰의 신도이다.

걷기명상과
영적 순례

Why Walk? Walking Meditation and

Spiritual Pilgrimage :

Asian and Western Perspectives on Embodied Spirituality

32

수엘린 세메코스키
(Suellen S. Semekoski)

본 논문은 2011년 6월 12일에서 18일까지 태국 방콕에서 열린 제12차 샤카디타 세계불교여성대회(12th Sakyadhita International Conference on Buddhist Women), "Leading to Liberation"에서 발표되었다.

"왜 걷는가?"

걷기는 분명히 우리에게 좋다. 우리의 정신적 육체적 건강에 좋은 것이다. 걷기는 혼잡한 생각으로 가득 찬 마음을 정화시켜 주고 몸을 진정시킨다. 걷기는 또한 건강을 유지하고 몸매를 가꾸는 데에도 도움이 된다.

금년 봄, 『뉴욕타임즈』는 걷기의 이로움과 그것이 두뇌에 미치는 긍정적인 효과에 대한 연구를 보도했다. 그 연구에서, 걷기를 한 장년층의 연구 대상자들은 뇌 안에서 해마의 크기가 괄목할 만큼 커졌음이 입증되었다. 해마는 뇌에서 새로운 기억을 처리하는 부분이다. 단순히 걷기만 해도 뇌의 부분들을 커지게 할 수 있는 것이다.

구도자로서의 영적 성장을 위한 나의 수업에는 많은 걷기가 포함되어 있다. 그것은 걷기를 영적 순례로 보는 서구의 기독교적 관점과 걷기명상을 영적 수행으로 보는 동양의 불교적 관점, 모두로부터 나온 것이다. 걸으면서 나는 기독교적으로는 '대지 위의 천국'을 느끼고, 불교적으로는 '정토'와 맞닿는다. 단지 속도를 줄이며 걷는 것만으로도 지구와 우리 자신에게 구체화된 치유가 될 수가 있는 것이다.

빠른 속도로 돌아가는 도시에 살고 있는 서구 여성으로서, 나는 의도적인 걷기와 걷기명상이 간단하면서도 심오한 영적 수행으로서의 힘을 갖고 있음을 안다. 우리가 내딛는 각각의 발걸음은 어머니인 대지와 우리의 관계를 말해 준다. 우리가 어렸을 때 디뎠던 작은 첫걸음은 우리의 성장 이정표이기도 했지만, 또한 하나의 기적이었다. 우리가 일어서서 주위를 둘러보고 공간으로 움직여갈 때, 우리의 모든 감각은 하나하나 기쁨이었다. 첫걸음은 황홀하기도 하며 혼란스럽기도 했지만, 우리는 세상과 '경이로움'으로 만났다. 우리의 첫걸음을 보았던 어머니들은 우리가 안전하다는 것을 확인하셨고, 그렇게 함으로써 세상에서 기뻐하고 경이로움을 느낄 우리의 능력을 지켜주셨다.

우리의 안정에 대한 어머니의 소망은 우리의 첫걸음으로 시작하여 마지막 걸음으로 끝날 것이다. 그것은 세상 모든 어머니들이 다 함께 가지는 깊은 소망이다. 어머니가 살아 계시든지 영혼 속에서 우리와 함께 하든지 그것은 상관없다. 우리의 안정에 대한 어머니의 바람은 영원한 것이다. 길을 잃었다가 다시 길을 찾거나, 넘어진 후에 다시 일어서거나, 균형을 찾으면서 잘못된 발걸음을 인식하던 경험들은 우리의 성장이나 행복, 영적 여행에 대한 비유가 될 것이다. 우리의 안정에 대한 어머니의 바람이 깊을 수밖에 없는 것은, 우리에게 흔들리지 않는 능력이 있다면 아마도 우리에게서 몇 걸음 이내에 있는 사람들이나 사물들도 역시 안정될 것임을 어머니는 알고 계시기 때문이다.

만약 우리가 의도를 가지고 주의 깊게 걸을 수 있다면, 이곳에서 저곳으로 갈 수 있는 방법을 알거나 우리가 바라는 사람이 되는 더 좋은 기회를 갖게 될 수도 있다. 만약 우리가 흔들리지 않는다면, 우리는 계속 즐거움과 경이로움으로 세상과 접하게 될 것이고 어머니인 대지를 공경하게 될 것이다. 걸음마를 시작했을 때, 우리는 발밑에서 우리를 지탱해 주는 기적에 대해 멈춰서 생각해 본 적이 없다. 우리는 다만 내달리고 뛰어 넘고 구르다 넘어졌고, 그때마다 어머니인 대지는 그곳에서 우리를 만났으며 모든 걸음마다 우리를 받쳐 주었다. 걸을 때, 대지는 우리의 한 발을 받쳐 주고 다른 한 발은 대지를 받쳐 준다. 즉, 받고 주고, 주고 받는 일종의 에너지의 교환이라는 흐름이 있다. 우주로부터의 강한 끌어당김이라는 선물인 중력은 우주가 우리를 받쳐줌을 깨닫게 해 주고, 우리는 기적 위에서 걸어다니는 또 다른 기적임을 상기시킨다.

2002년, 나는 북스페인을 가로지르는 800킬로미터나 되는 고대의 순례길인 산티아고 길을 걸었다. 유럽 초기 기독교 시절, 그곳은 세 가지 순례길 중 하나였다. 세 가지 길은 각각 예루살렘, 로마, 그리고 스페인 서쪽 해안에 있는 산티아고로 가는 순례행로였다. 오늘날 그곳은 역사와 영적 신비로 가득 찬 자연 속의 아름다운 걷기 길로서, 유럽과 전 세계로부터 온 영적 구도자들을 매료시키고 있다. 나는 스페인과 국경을 마주하는 남서 프랑스에서 걷기를 시작하여, 46일 후 산티아고에서 걷기를 마쳤다. 그 길의 물리적 장점은 우리를 몸에 집중하게 하는 것이다.

신체가 부서지기 쉽다는 것을 인정할 때 우리 마음속에는 구체화된 치유의 가능성을 위한 자비의 공간이 열린다. 구체화된 치유란 신체와 정신과 영혼의 고통을 받아들이는 것으로 시작된다. 그것은 또한 자연의 아름다움, 신선한 공기, 침묵, 연대감, 매일의 걷기 수행과 같은 영적 훈련이라는 감각적인 식단을 받아들이는 것을 의미한다. 구체화된 치유의 또 다른 중요한 부분은 과거에 그 길을 걸었고 미래에 그 길을 걷게 될 수백만 순례자들의 자비로운 공동체의 일부가 바로 우리 자신임을 이해하는 것이다.

열린 마음으로 길을 걸을 때, 우리는 그 풍경에 우리 자신을 영적으로 열 수 있게 된다. 물리적 지형이 영적인 지형이 되는 것이다. 풍경과의 깊은 공감이 느껴지며, 그것은 자연과 하나 됨으로써 가장 잘 묘사된다. 우리는 신으로부터의 표시를 찾고, 풍경이 상징하는 것들과 공감한다. 삶 속에서 발이 쑥쑥 빠지는 진흙탕, 너무나 엄청나 보이는 산더미 같은 도전들, 영적인 생기를 불어넣어 주는 무성한 초록색 나무들과 식물들의 촉촉함, 신으로부터 어떤 표시를 찾지만 아무것도 없을 때 신으로부터 버림받았다고 느끼는 장소와 같은 메마르고 건조한 사막들.

걷기는 자연과의 교감을 통하여 기도가 되기도 한다. 그 길에서 성 니콜라스 교회에서의 휴식은 숙박업주들이 순례자들의 발을 씻기고 축복해 주던 고대의 의식을 받을 수 있는 유일한 장소이다. 휴식처는 학교, 가정집, 사원 혹은 순례자들만을 위해 예약되는 간단한 숙박시설이기도 하다. 시중들어 주는 사람들은 순례자들의 필요를 위해 시중드는 자원봉사자들이며, 그 길을 이미 경험하였고 한 가지 이상의 언어를 구사할 수 있어야 한다. 많은 봉사자들은 여행 중에 변화를 경험하였고, 그 보답으로 다른 순례자들에게도 변화를 주고 싶어 하는 것이다.

아홉 시간을 걷고서 허기진 채로 니콜라스 교회로 들어가면, 끓는 물속에서 익고 있는 파스타 냄새가 방을 가득 채운다. 커다란 그릇 안에는 근처 농부의 밭에서 딴 신선한 샐러드가 들어 있다. 8세기경엔 교회였다가 지금은 휴식처가 된 그곳 전체에 커다란 탁자들이 놓이고, 그 위에 붉은 색과 흰색 체크무늬 식탁보가 덮여있고 그 위엔 하얀 세라믹 접시들이 놓여 있다. 제단이 있던 높은 장소에 의자들이 놓여 있는데, 우리 순례자들은 거기에 앉아 발을 씻기고 축복받는다.

저녁식사 후, 봉사자들은 우리의 발을 축복할 물과 기도를 준비한다. 한 봉사자가 우리 각자에게 우리의 모국어로 순례자의 축복을 읽어주면, 다른 봉사자는 우리의 발에 부드럽게 물을 붓는다. 그 축복과 상징적인 씻김이 끝나면, 축복을 읽어주던 사람은 몸을 구부려 우리의 발 위에 부드러운 키스를 한다. 우리들 각자는 침묵 속에서 서로의 축복의 증인이 되고, 모두들 그 부드럽고 연민어린 돌봄과 사랑의 상징에 깊이 감동된다. 나는 성경시대로 돌아간 것처럼 느낀다. 그때는 발을 씻는 것이 대지와 접촉하는 신체의 일부를 존경하고 쉬게 하기 위한 신성하고 꼭 필요한 의식이었다.

한 봉사자가 여성 순례자의 발에 물을 붓기 시작하고 다른 봉사자가 축복하기 시작한다. 방 저편에서 나는 그녀 발의 아픈 부분을 볼 수 있었다.

"안돼요, 제발, 하지 말아요."

그녀가 속삭인다.

"안돼요, 나는 발이 감염될까봐 싫어요."

이제 그녀는 물로부터 발을 보호하기 위해 발 위에서 양손을 앞뒤로 흔든다. 그러자 봉사자들은 물 주전자를 내려놓고 보이지 않는 물 주전자를 들고 그녀의 발에 물을 붓는 팬터마임을 한다. 또 다른 봉사자가 깊은 존경으로 축복 읽기를 끝내고 그녀 발에 부드럽게 키스한다. 그녀는 몸을 구부리고 머리를 발에 가까이 두고 발을 보호하는 데에만 집중하느라 그 전체 과정을 보지 못한다. 마른 (물을 부은) 의식과 축복이 끝난 후에도 그녀는 계속, "안돼요, 제발"이라고 말하며 손사래를 친다. 그녀는 온갖 종류의 지나침에 대해 우리 모두에게 귀중한 것을 보여 주는 반면교사와 같다.

다음날 아침, 우리는 새벽에 일어나 발에 오일을 바르고 물집을 체크하고 걷는 동안의 마찰을 위해 양말을 겹겹이 신는 의식을 시작한다. 나는 어젯밤 축복을 거부했던 순례자의 옆에 앉는다. 그녀는 자신의 이야기를 시작하였다. 자신은 그 나라에서 걷기 운동가로 알려져 있는데, 건강식품점을 운영하며, 매일 38킬로미터 내지 48킬로미터를 걷고 있다고 한다. 그녀는 자신의 양말을 벗고서 발뒤꿈치를 덧댄 헝겊, 발가락 보호대, 클리넥스, 가제, 그리고 양 발의 수술한 테이프를 보여 준다. 그녀는 발을 치료한 후, 다시 그 발을 사용하기 위해 준비한 관습을 조심스럽게 벗어버렸다. 나는 그녀의 발을 보며 마음이 아팠다. 그녀의 발은 물집, 상처와 부풀어 오른 것 투성이였다.

"오늘은 얼마나 걸을 계획이세요?" 내가 묻자, 그녀는 "아마도 38 킬로미터"라고 대답한다. 나는 그녀 마음의 상처를 알지 못하며, 그녀 또한 내 상처를 모른다. 내가 볼 수 있는 것은 단지 그녀가 지금까지 살아오고 사랑받고 보살펴진 것과는 다른 생각에 맞춰가고 조절되어 가는 모습일 뿐이다.

나는 '그 길'에서 만난 수많은 스승들 중 특히 한 분을 만났던 것에 대해 감사한다. 다음 해에 나는 순례 길을 출발했던 지점에서 멀지 않은 곳에 있는 남프랑스의 자두마을을 방문하였다. 그곳에서 선불교

스님인 틱낫한(혹은 타이 Thay)의 가르침을 접하였고, 선법을 배운 후 법명을 받게 되었다. 나의 여행은 변경될 수 있고 길의 방향은 바뀌겠지만, 분명한 것은 걷기를 계속한다는 것이다.

2005년, 나는 15개 나라에서 온 45명 중 한 사람이 되어 틱낫한 스님의 39년간의 망명생활 후 고국 베트남으로 돌아가는 여행의 선발대로 스님과 동행하였다. 서양인으로서 우리는 매일 매일 새로운 정보를 이해하고 처리하는 기회가 제한되었다. 여행 스케줄은 굉장히 흥미로웠다. 우리는 많은 시간을 귀한 침묵 속에서 보냈으며, 그것은 우리의 에너지를 유지하고 집중하는 데에 도움이 되었다. 매일 우리는 걷기명상을 하였다. 우리는 수행을 구체화하는 방법으로서 틱낫한 스님과 대중 스님들을 따르며 온화하게 미소 지으며 걷기에 집중했다. 저녁이면 호텔 방에서 소그룹으로 걷기를 했다. 미국과의 전쟁으로 입은 눈에 보이는 상처, 눈에 보이지 않는 상처를 지닌 베트남 사람들의 넘쳐나는 사랑은 우리 미국인들에게는 예기치 않은 선물이었다.

여행이 진행되고 어느 사원에서 대기하는 동안, 우리들 중 일부는 몇몇 베트남인들과 친구가 되어 허물없이 편안하게 걷기를 시작했다. 우리는 깨어 있는 걷기명상을 통하여 저절로 고요한 대화에 참여하고, 그 과정에서 우리의 치유가 체화되었다.

하노이공항에서 스님들과 함께 남쪽으로 가는 비행기를 타려고 기다리고 있었다. 나는 공항 안에서 걷기명상하고 계신 잘 아는 비구니스님에게 인사하였다. 그녀는 목례를 하고는 걷기를 멈추고서 대화해도 된다고 신호한다.

"스님 안녕하세요, 행복해 보이세요."

그녀의 얼굴은 밝게 빛나고 나는 미소 짓지 않을 수 없었다.

"그래요."

스님께서 조용히 속삭였다.

"아시죠, 여기 공항에는 우리와 대지 사이에 여러 층과 많은 아스팔트가 있어요. 그래서 저는 명상 속에서 대지가 내 마음을 느꼈으면 하고 바라면서 걸어요. 대지는 많은 것을 겪었어요. 땅이 겪은 모든 것과 그럼에도 여전히 우리를 위해 여기 있음을 제가 고마워한다는 것을 땅이 느꼈으면 해요."

스님은 목례를 하고는 다시 걷겠다고 표시한다. 그녀가 명상하며 조용히 내딛는 발걸음 하나 하나가 멀리 아래에 있는 땅을 포옹하는 것 같다. 그녀는 행복하고 나도 그러하며, 그 순간 어머니인 대지 역시 행복하다.

금년(2011) 3월, 나는 "외상 후 충격과 영성: 국제적 대화(Trauma and Spirituality: An International dialogue)"에 관한 국제대회에 참석했다. 대회는 북아일랜드 벨파스트에서 열렸으며, '치유를 위한 여행(Journey Toward Healing)'이라 불리는 가톨릭 및 개신교 성직자들과 의사들로 이루어진 활동가들의 후원을 받고 북아일랜드 정신건강협회의 기금으로 운영된다. 그것은 국제 활동가들과 성직자들 그리고 훈련받은 의사들을 모아 40년간의 종파주의자들의 폭력이 계속된 벨파스트에서 외상 후 충격에 대한 정신적, 영적 접근법에 대한 생각을 나누는 것을 목적으로 하고 있다. "동양과 서양에서의 걷기와 구체화된 치유"에 대한 나의 발표에서, 나는 여기에서 함께 나눈 이야기들을 읽고 나서, 회의실 가운데 놓인 탁자와 의자들을 치우고 호텔 그랜드볼룸에서 함께 걷기명상을 했다. '이상하다구요? 정말?' 아니다. 그 유로파 호텔은 지난 40년 동안 30번이나 폭격을 당했다. 비록 평화조약이 조인되었지만, 알코올 중독, 우울증, 불안, 가정 폭력 같은 40년간에 걸친 세대 간의 트라우마 증상은 여전히 남아 있었고, 주민들은 정신적 손상을 입고 있었다.

나중에 우리 워크숍에 참가한 벨파스트 출신의 젊고 똑똑한 한 정신 심리학자가 북아일랜드의 폭력 한가운데에서 소년 시절을 보낸 자신의 이야기를 해 주었다. 정신심리학자로서 그는 예전에 보조병사였던 환자들의 트라우마를 치료하고 있었다. 그 환자들 중 일부는 그와 반대편에 섰던 적이기도 했고, 그가 자랐던 바로 이웃에서 폭력을 휘두르기도 했다고 한다. 그는 미소 지으며 말한다.

"그것은 한 발을 다른 발 앞에 놓는 것만큼 간단한 것이에요. 그렇죠?"

나는 그 질문의 엄청남을 이해하고서 그에게 미소로 답하였다.

"그래요, 간단하죠. 그것은 우리 각자가 안정적으로 호흡하며 세상은 아름답다는 것을 기억하면서, 우리의 첫 발걸음을 내딛는 것이죠."

감사합니다.

리사 바타글리아 ┃ 미국 알라바마 주 버밍햄에 있는 샘포드(Samford)대학의 종교학 부교수이다. 아시아 종교에 대해 비교종교학적 관심을 가지고 있으며 현대 동남아시아 지역의 불교운동에 대해서도 연구하였다. 테라바다 불교의 여성 수계문제, 태국의 여성 출가자의 대안적 공간, 그리고 인도불교에서 미와 여성의 몸의 상징 등의 주제에 대해 연구하고 있다.

립스틱을 바른 불자와 법의 디바

Lipstick Buddhists and Dharma Divas:
Buddhism in the Most Unlikely Packages

33

리사 바타글리아

(Lisa J. Battaglia)

본 논문은 2011년 6월 12일에서 18일까지 태국 방콕에서 열린 제12차 샤카디타 세계불교여성대회(12th Sakyadhita International Conference on Buddhist Women), "Leading to Liberation"에서 발표되었다.

"당신이 불교도라고요?"

이것은 내가 불교학자이며 동시에 불교수행자라고 밝힐 때 흔히 나오는 반응이다. 그 말을 하는 사람의 어조, 그리고 얼굴 표정 속에는 은연중에 때로는 노골적으로 당혹감(심지어 충격)과 가벼운 의혹(또는 적어도 불교도가 무엇인지에 대해 대중이 가진 선입관에 대한 재평가)이 포함되어 있다. 서양의 여성 불교학자인 수행자로서의 내 경험과 사람들이 도출해낸 정체성에 관한 반응(즉, 대중적인 응답인 당신이 불교도라고요?)이 필자로 하여금 여성 불자의 정체성, '나'와 '남'의 개념, '동양'과 '서양'의 실제적 공통점과 허구적 공통점에 대한 논의를 개진하게 했다.

이 글의 목적은 여성 불교학자인 수행자들에 대한 고정관념과 억측을 논하는 동시에 여성 불자의 정체성이 보여 주는 복잡하고 다의적인 속성을 조명하는 것이다. 이 글에서는 중요한 세 가지 방법론을 적용하였다. 첫째는 대학에서 불교를 가르칠 때의 교육학적 성찰이며, 둘째는 전형적인 불자상과 맞지 않는 서양 여성 불교학자인 수행자로서의 개인적 경험, 셋째는 현대의 초국가적 불교 또는 '초월적 불교(Trans Buddhism)'에 대한 연구이다.[01] 즉 실제와 가상의 교차점과 동양과 서양의 교차점을 모색해 보는 것이다.

대학에서 불교 담당 교수로서 우선적으로 행해야 할 과제는 불교, 불교문화 및 불교인에 대한 고정관념, 억측이나 오해를 밝혀내고 도전하는 일일 것이다. 예를 들면, '모든 불자'들은 삭발을 하고 채식주의자이며 만개한 연꽃 위에서 명상을 하며, 법의를 입고, 또는 지극히 엄숙하고, 화장도 하지 않으며, 운동도 하지 않고, 즐겁게 노는 법도 없다는 인식 같은 것이다. 이러한 편협하고 잘못된 개념은 다음과 같은 불교상 또는 규범적인 불교의 정체성을 만들어 내는 결과를 초래하였다. 즉, 불교는 획일적이고 정적이며, 시간을 초월한 것이며, '지적으로나 도덕적으로 잘못되었다'는 것이다.[02]

마사 너스바움(Martha Nussbaum)은 "비(非) 서양문화에 대한 연구"에서 교차문화 기술의 두 가지 악습을 열거했다. 그것은 '기술적 우월주의'와 '기술적 낭만주의'이다. 기술적 우월주의는 타인을 자신의 이미지에 맞추어 재창조하거나 낯선 것을 익숙한 것에 맞추어 판단하는 것이다.[03] 그러한 행위는 차이점을 가려버리고 문화적 감성을 감추며,

---

01 *TransBuddhism: Transmission, Translation, and Transformation*, edited by Nalini Bhushan, Jay L. Garfield, and Abraham Zablocki (Amherst: University of Massachusetts Press, 2009), p. 4.

02 Martha C. Nussbaum, "The Study of Non-Western Cultures," in *Cultivating Humanity: A Classical Defense of Reform in Liberal Education* (1997): 113-147.

03 앞의 논문, p. 118.

자신의 관점이 절대적으로 보편적이고 규범적인 것인 양 암묵적으로 포장하게 된다. 이와 반대로, 기술적 낭만주의는 다른 문화를 지나치게 이질적인 것으로 보아 실질적으로 자신의 문화와 양립할 수 없는 것으로 간주한다.[04] 그리하여 유사한 요소들은 무시되고 '이상한' 그리고 '이국적인' 요소들은 두드러지게 된다.

미국 대학에서 불교를 가르치고 연구하는 학자로서, 나는 이렇게 낭만화하려는 충동을 학생들, 학계, 그리고 폭넓은 사회집단에서 자주 발견하곤 한다. 예를 들어, 학생들의 상상 속에서는 불교문화가 분명 (물질주의적이고 부패하고 호전적인 서양과 대비되는) 천국 같은 평화와 순결을 간직한 문화이다.[05] 흥미롭게도 이렇게 이상화와 지나친 단순화 충동으로 가득한 낭만주의가 서양 불교수행자들에게도 나타나고 있다. 결국, 학교에서나 현실적으로나 기술적 낭만주의가 기술적 정확성에 우선하는 것으로 보인다. 일례로, 서양 불교학자이며 수행자인 스티븐 아스마(Stephen T. Asma)가 자신을 불자로 기술한 다음 구절을 살펴보자.

나는 승려가 아니다. 사찰의 일원도 아니다. 나는 저명한 학자들 및 수행자들과 함께 불교를 공부했을 뿐이다. 그리고 나는 수년 동안 미국과 아시아에서 불교를 가르쳐 왔다. … 나는 아마도 술을 과음하고 성적인 금욕에는 일말의 관심도 없다. 나는 화이트

---

04 누스바움(Nussbaum)은 기술적 낭만주의(descriptive romanticism)를 우리의 익숙한 생활이 우리를 거부하는 이국적 경험에 대한 낭만적 열망이라고 정의하고 있다. 앞의 책, p. 123 참조.

05 Nussbaum, p. 134 참조.

삭스(미국 프로야구단)도 좋아하고, 고기도 먹는다.[06]

그는 계속해서 이렇게 말한다.

솔직하게 말하면, 나는 이상한 불교도처럼 보일 것이다. 내가 이
사실을 언급할 때마다 사람들은 믿을 수 없다는 반응을 보인다.
분명 나는 좀 더 얌전하게 보이고, 더 낮은 목소리로 말하고 히피
처럼 치장을 해야 할 모양이다.[07]

아스마의 익살맞고 넉살 좋으며 범상치 않은 불자로서의 정체성
고백은 종교 정체성에 대하여 보다 넓고 깊은 문제를 조명해 주고 있
다. 즉, '다른 것'과의 만남이나 이미지화뿐 아니라 그 정체성을 어떻
게 주장할 것인지, 어떻게 범주를 나눌 것인지, 어떻게 받아들여질지
까지도 고찰하도록 한다.

미국 인구 통계국에 의하면, 1990년 미국에서 불자라고 밝힌 성
인은 404,000명이었다. 2008년에는 그 수가 1,189,000명으로 증가
했다.[08] 나 자신도 거의 200만 명에 이르는 이들 신자 중 한 사람이라
고 생각한다. 비록 불자로서 나의 정체성이 외관상으로는 타인과 나
자신에게조차 종종 믿기 어렵고 미약하게 보일지라도 말이다. 아스마

---

06 Stephen T. Asma, *Why I am a Buddhist*(나는 왜 불교도인가), p. 2.

07 앞의 책.

08 미국에서의 불교의 통계적 성장은, 미국인구조사국, *Self-Described Religious Identification
of Adult Population*(미국 성인 인구 중 스스로 확인한 자신의 종교): 1990 to 2008.
http://www.census.gov/compendia/statab/2011/tables/11s0075.pdf. Accessed
February 6, 2011 참조.

처럼 나 역시 '진지한 불자'형은 아직 아니다. 그것을 설명하기 위하여 나의 체험담 세 가지를 말해 보겠다.[09]

1년 6개월 전, 베트남 호치민에서 열린 제11회 세계여성불자대회에 참석했을 때의 일이었다. 이른 아침, 호텔 헬스장에 러닝머신을 하러 갔는데(나는 달리기에 매우 열심이다), 앞 유리창을 통해 샤카디타 동료들이 아침 명상시간에 참석하러 지나가는 것이 보이자 좀 당황스러웠다. 그때 나는 수치심에 가까운 자의식이 발동하는 것을 경험하였다. 달리기를 하면서 명상과 같은 체험을 한 적도 있긴 하지만, 어떻게 이 덥고 땀나는 헬스장 때문에 정식 명상시간을 포기할 수가 있는가? 나 같은 불자가 있다니. 그런데 정말 이상한 일이 벌어졌다. 스님의 복장을 제대로 갖추어 입은 비구니스님이 한 분이 걸어오더니, 내 옆의 러닝머신에서 걷기 시작하는 것이었다. 그래서 나는 생각했다. '운동을 좋아하면서도 불자가 될 수 있구나?'(나중에 이 사건을 회의에 참석했던 동료 서양 불교학자들에게 자세히 얘기했고, 그녀가 캐나다로 돌아가면 참가해야 되는 보디빌딩대회 때문에 운동을 하고 있었다고 털어 놓았음을 말해 주었다.)

같은 대회에서 있었던 두 번째 사건은 이렇다. 나는 법문과 워크숍이 진행되는 사찰로 출발하기 전에 아침을 먹고 있었다. 몇 명의 법우(法友)들이 오더니 벤탄(Ben Thanh)시장에 쇼핑하러 가겠느냐고 묻는 것이었다. 나는 잠시 생각했다. 쇼핑이라고? 나는 도시의 새로운 장소를 답사하고 집에 가져갈 보물들을 찾겠다는 기대와 흥분감에 압도되었다. 그리고는 남은 대회 일정을 포기하고, 그 대신 지갑을 들고 문으

---

09   Asma, 2.

로 향했다. 얼마나 불자답지 않은 행동인가.[10]

세 번째 사건은 미국 매사추세츠 주의 한 대학에서 열렸던 세미나 〈불교 탐색 ─ 2010년도 지혜의 가르침 세미나〉(Exploring Buddhism: 2010 Wisdom Teachings)에 참석했을 때 일어났다. 불교학자이며 수행자인 토론자들의 말을 듣는 내내, 나의 시선은 온통 문에 집중되어 있었다. 일렬로 산뜻하게 줄지은 신발들─나막신, 버켄스탁, 갖가지 친환경 슬리퍼들(아스마가 말한 히피 치장들)─이 눈앞에 있었다. 그곳에서는 내가 신고 있던 하이힐의 검정가죽부츠가 너무나 두드러져 보였다. 아마도 그곳은 내 부츠가 있을 자리가 아니었다. 이 생각으로 인해 곧 다음의 생각이 떠올랐다. 어쩌면 거기가 내가 있을 곳이 아니지 않은가?

그러자 다시 한 번 질문이 대두되었다. 불자가 된다는 것은 어떠한 의미일까? 여성 불자가 된다는 것은? 그 중에서도 미국(서양) 여성 불자가 된다는 것은?

불자의 정체성을 판단하는 대표적이고 전통적이며 교리에 적합한 기준은 삼보(불·법·승)에 귀의하는 것이고, 5계(살생과 도둑질, 거짓말, 사음과 음주를 금함)를 지키는 것이다.[11] 하지만 실생활에서는 카르마 렉

---

10 이 이야기를 소개하는 것은 소비주의나 물질주의를 홍보하기 위한 것은 아니며, 단지 불교인의 정체성을 낭만화 하거나, '서구' 대 '동양' 식으로 지나치게 단순화하는 것에 대한 환상을 깨기 위한 것이다. 미국불교에 관련하여 소비주의에 대한 비판으로는, Norman Fischer, "Why We Need a Plan B," *Buddhadharma: The Practitioner's Quarterly* (Summer 2009): 36-39; Stephanie Kaza, ed., *Hooked!: Buddhist Writings on Greed, Desire, and the Urge to Consume* (Boston: Shambhala, 2005) 참조.

11 "무엇이 우리를 불자로 만드는가?"라는 질문에 답할 때, 비구니 담마난다 스님은 다음의 기준을 제시하고 있다: (1) 불·법·승 삼보에 귀의했는가, (2) 카르마를 믿는가, (3) 선한 삶의 윤리적 근거인 오계를 수지하는가. 여성 법 지방발전재단(FORWARD)과 대만 치앙마이대학 사회과학부 여성연구센터(WSC)에 의해 출판된 (Chiang Mai, Thailand, 2007), pp. 91-94 담마난다 스님의 '성차별을 넘어서'를 참조. 불자의 정체성을 측정하기 위한 비슷한 시도로, Dzongsar Jamyang Khyentse는 그 또는 그녀가 사법인을 받아

셰 쏘모가 말했듯이, 종교적 정체성을 확립하는 것은 이 정체성을 요
구하는 사람들에게나 소속 종파에 따라 신자를 분류하려는 사람들에
게나 모두 어렵고 광범위한 과정이다.[12] 실제로 불교의 범주를 조사해
보면 다양한 신자들, (불자가 무엇인지에 대한)다양한 정의들, 그리고 어
떤 전통의 신자가 된다는 것이 어떠한 의미인지에 대한 다채로운 견
해를 발견하게 된다. 서양 여성 불자 쪽으로 시선을 돌려보면, 북미
의 여성 불자들은 주부로부터 회사 중역, 독신 비구니들까지, 다시
말하면 히피에서 하이힐을 신은 법의 디바들까지 모두 모여 있음을
알 수 있다.[13]

　　그렇다면 나처럼 불자답지 않은 사람은 어떻게 해야 할까? 불교기
록을 살펴보면, 특히 연꽃에 대한 비유가 일종의 통찰력을 제공한다. 부
처님은 깨달음 이후, 이 세상을 각종 성장 단계의 연꽃이 가득한 호수 같
은 곳으로 보게 되었다고 한다. 어떤 것은 물 아래 있고 어떤 것은 작은
꽃봉오리만이 물 위로 보이며, 봉오리가 반쯤 벌어진 것도 있고 물 밖에
서 활짝 핀 연꽃도 있다. 마치 이 연꽃들처럼 부처님은 모든 생물이 각기
다른 발달 단계를 보인다고 이해했다. 전통적인 관점에서도 불자의 행
로는 (성문·연각·보살과 같이) 여러 갈래로 나뉘어져 있고, 더구나 서로 다

들인다면 그 사람은 불자라고 주장한다: 즉 (1) 제행무상 (2) 일체개고 (3) 제법무아 (4)
열반적정. Dzongsar Jamyang Khyentse의 '무엇이 당신을 비불자로 만드는가' (Boston:
Shambhala, 2008) 참조.

12　Karma Lekshe Tsomo, "Creating Religious Identity," *Religion East & West* 9 (October
2009): 78에 실린 종교정체성 만들기.

13　Nalini Bhushan, Jay L. Garfield, and Abraham Zablocki에 편집된 Karma Lekshe
Tsomo의 "Global Exchange: Women in the Transmission and Transformation of
Buddhism," in *TransBuddhism: Transmission, Translation, and Transformation* (세계
적 교류: 전파하는 여성들, 불교의 변용, 초월불교에서: 전파, 통역 그리고 변용)" (Amherst:
University of Massachusetts Press, 2009), p. 162 참조.

른 사람들은 그 각자의 길을 따라 서로 다른 장소에 이른다고 한다.[14]

또한 불교의 역사적 기록에서도 다양한 불교수행과 불교도의 다양성을 엿볼 수가 있다. 정적이며 획일적이라는 생각과는 달리, 불교문화와 정체성은 복잡하고 다원적이며 때로는 모순과 긴장으로 가득 차 있음을 알게 된다.

우리가 지금 살고 있는 세상은 '동양과 서양', '나와 타인'이 서로 만나고 또 만나야만 하는 '복잡한 상호의존성'을 띠고 있다.[15] 공간적 문화적 경계를 넘어서는 그러한 만남은 자기 비판적 관점을 요구한다. 즉, 우리가 충성하는 문화와 전통에 관해서 뿐만 아니라 다른 문화와 전통에 관하여 우리가 '지나친 단순화'를 하고 있음을 인식하는 것이다. 찰스 프레비시(Charles Prebish)는 『빛나는 여행: 미국에서의 불교수행과 연구』라는 그의 저서에서, 불교사회와 불자 정체성의 다양성을 수용하도록 요구하고 있다.

아마도 가장 중차대한 문제는 적응, 문화변용, 민족성 등의 보편적으로 수용가능하고 아마도 주제넘는다고까지 할 수 있는 수용 기준을 만드는 것이 아니라, 미국불교가 어떻게 하면 전불교적 관점을 장려하여 다양성을 독려하고, 그들 자체의 정의와는 상관없이, 개개의 미국 불자를 포함한 미국 불교공동체의 고결성을 인정할 수 있을 것

---

14 Donald K. Swearer, *The Buddhist World of Southeast Asia* (SUNY Press, 2010) 참조. Swearer가 경고했듯이, 다소 임의적인 방법으로 이상과 실제를 구분하려는 설명은 이상과 실제가 일관성의 논리 속에 문화적으로 구체화되어 있기 때문에 종교의 서로 꼬인 실가닥을 희생시키는 위험을 감수하는 것이다.

15 Nussbaum, pp. 114-15. 역사적으로 비서구문화권에 대한 서구의 관계는 식민지배와 동양주의적 투사에 의해 영향받아 왔다.

인지에 대한 방법론 문제이다.[16]

연꽃의 비유를 떠올려 보자. 우리들 중 일부는 아직 물 아래 있고, 다른 몇몇은 만발하여 수면 위에 떠 있다. 우리들 중 일부는 비구니 복장을 하고 있고, 또 다른 사람들은 프라다 정장을 입고 있다. 어떤 사람들은 아침에 머리를 면도하고, 다른 사람들은 마스카라와 헤어드라이어에 손을 뻗는다. 아마도 소외와 갈등을 조장하는 것은 종교정체성에 대한 우리의 집착일 것이다.[17] 우리가 '다른 것'을 만날 때, 그것이 '동양'과 '서양'의 만남이든 또는 모범적인 불자와 불자답지 않은 사람의 만남이든, 그것을 인간 공통의 문제와 우리가 해야만 하는 선택의 측면에서 생각해 보라고 마사 너스바움은 다음과 같이 말한다.

모든 인간 존재는 죽음을 직면해야 하며, 죽음에 대한 두려움과 씨름해야만 한다. 인간은 음식, 음료, 섹스라는 생리적 욕구를 판단하고 통제해야만 한다. 또한 부의 가치와 부족한 자원의 분배에 대한 자신의 태도와 자신의 인생설계에 대한 입장을 확립해야 한다.[18] 부처님은 우리에게 두 가지 가르침을 일러 주셨다. 고의 진리와 고멸(苦滅)의 진리가 그것이다. 아마도 불자로서의 정체성의 핵심은 우리가 공유한 인간성이 아닐까.

---

16   Charles S. Prebish, *Luminous Passage: The Practice and Study of Buddhism in America*(빛나는 여정: 미국에서의 불교수행과 연구) (Berkeley and Los Angeles: University of California Press, 1999), p. x.

17   Ven. Karma Lekshe Tsomo가 우리에게 일깨워주듯이, 불교적 관점에서, 그 문제는 종교 자체가 아니라 종교적 정체성에 집착하는 것이다. Karma Lekshe Tsomo, "Creating Religious Identity," *Religion East & West* 9 (October 2009): 77 참조.

18   Nussbaum, p. 138.

쿨라버 프라파폰피파 ㅣ 2004-2007년 태국의 창마이대학의 여성학 연구소의 연구원으로 있었으며, 2009년 마히돌대학의 국제불교학과에서 박사학위를 받았다. 현재 불교와 섹슈얼리티, 젠더 문제 등에 대해 연구하고 있다.

태국불교계의
성적소수자(LGBTQ)

LGBTQ In Thai Buddhism

34

쿨라버 프라파폰피파
(Kulavir Prapapornpipa)

본 논문은 2011년 6월 12일에서 18일까지 태국 방콕에서 열린 제12차 샤카디타 세계불교여성대회(12th Sakyadhita International Conference on Buddhist Women), "Leading to Liberation"에서 발표되었다.

레즈비언(Lesbian), 게이(Gay), 양성애자(Bisexual), 성전환자(Transgender), 동성애자(Queer) 등과 같은 성적소수자들(LGBTQ)이 깨달음을 얻을 수 있는가? 근래 이들에 대한 차별이 대두됨에 따라 다양한 불교사회에서 논의의 중심이 되고 있다. 태국 사회가 성적 다양성을 상당히 용인하는 편이지만 사농 보라―우라이 박사(Sanong Vora-Urai, 이하 사농 박사)와 같은 많은 보수적 불교철학자들은 여전히 이들은 영적 깨달음을 얻을 수 없다고 말하며 그 근거로 이들의 특이한 성적 취향은 전생에서 저지른 성적 비행의 결과 때문이라고 주장한다.

따라서 이들에게 수계를 해서는 안 된다고 믿는다. 이와 같은 차별은 성적소수자들이 불교도로서 영적 성장을 추구할 환경을 방해한다. 이 논문은 이런 질문에 대해 다른 접근 방법으로 답을 제시하기 위한 것으로 젠더(gender: 사회문화적인 성), 성 정체성, 그리고 불교의 궁극적 목표에 대해 논의할 것이다.

태국불교계의 시각

성적 다양성에 관한 한 태국은 세계에서 가장 관용적인 나라로 알려져 있고 성적소수자에 대한 폭력 역시 그리 심각하지 않다. 그러나 태국불교라는 종교적 측면에서 본다면 이들에 대한 편견은 여전히 존재한다. 사농 박사는 태국의 대중잡지 『비밀』(*Secret*)에서 라이프 스타일과 불교의 법에 관한 주제로 인터뷰를 했다.[01] "동성애와 불법(佛法)"이라는 제목의 이 글에서 사농 박사는 성적소수자들에 대해 많은 편견을 다음과 같이 드러냈다.

> 첫째, 성적소수자들은 해탈할 수 없으며 따라서 계를 받을 수 없다.
> 둘째, 성적소수자들은 전생에 저지른 성적 비행으로 인한 성적 일탈자들이다.
> 셋째, 동성애는 수행의 계율을 범한 것이다.
> 넷째, 성적소수자들은 부모의 비행 때문에 그렇게 태어난다.

처음 이 글을 읽었을 때 그의 견해와 설명에 매우 놀랐다. 여성주의 불교학자로서 필자는 이 문제에 대해 다른 의견을 피력하고 싶다.

---

01   1. Secret 1:6, 94-95. Available online in Thai language. [http://www.bloggang.com/viewdiary.php?id=oozingplanet&month=01-2009&date=15&group=6&gblog=6].

성적소수자들은 해탈할 수 없으며
따라서 계를 받을 수 없다.

이 믿음은 양성구유자, 즉 남성 생식기와 여성 생식기를 동시에 가진 사람들은 계를 받을 수 없다는 율장의 규정에서 유래한다. 불교에서는 양성구유자로 태어나는 것은 전생에 저지른 나쁜 업보의 결과라고 믿는다. 사농 박사는 LGBTQ들이 바로 이런 범주에 속한다고 주장한다. 그러나 일반적으로 LGBTQ들은 양성구유자들이 아니다. 그들은 정상적인 생식기를 가진 여성, 혹은 남성일 뿐이다. 그들이 남과 다른 점은 이성애 중심적인 사회적 규범에 순응치 않는다는 것뿐이다.

성적소수자들은 전생에 저지른 성적 비행으로 인한
성적 일탈자들이다.

경전에 따르면 성적 비행의 결과는 (1) 죄를 짓게 된다. (2) 잠을 잘 수 없다. (3) 남의 입에 오르내린다. (4) 다시 지옥에 태어난다 등이다. 그러나 LGBTQ로 다시 태어나는 것이 이런 성적 비행의 결과라고 하는 구절은 어디에도 없다. 사농 박사가 사람들이 LGBTQ가 되는 원인을 설명할 때 이시다시(Isidasi)라는 이름의 한 비구니 이야기를 소개하고 있다. 이 비구니는 그녀의 전생 중 남자였던 전생에서 성적 비행을 저질렀고 이러한 전생에서의 성적 비행의 결과로 부처님 당시에 여자로 태어났을 때 남자에게 세 번 버림받았다고 한다. 나는 이 예는 부적절하며 LGBTQ 주제와 관련이 없다고 생각한다.

동성애는 수행의 계율을 범한 것이다(silabbataparamasa).

불교에서 계금취견(戒禁取見, silabbataparamasa)은 흔히 볼 수 없는 나무나 동물을 숭배하는 것과 같은 잘못된 의례에 빠지는 것을 말한다. LGBTQ와 이런 계금취견 행위와는 아무 관련이 없다.

성적소수자들은 부모의 비행 때문에
그렇게 태어난다.

이 믿음은 불교의 핵심 가르침의 하나인 업의 법칙과 상충된다. 업의 법칙은 개인의 책임과 전생, 후생의 존재를 강조한다. 업에서는 사람은 자기 자신의 행동의 결과를 경험하게 된다는 점을 명시하고 있다. 한 사람이 건전치 못한 행위를 하고 다른 사람이 그 행위의 결과를 받는다는 것은 불가능하다. 가족 구성원 전체가 그 행위의 집단적 업을 공유한다고 주장할 수도 있지만 이런 견해는 아직 논란이 되고 있고 좀 더 연구를 필요로 한다.

　살펴본 대로 사농 박사가 제시한 근거 중 어느 것도 경전이나 다른 주요 불교문헌에서 찾아볼 수 없음에도 불구하고 이와 같은 생각은 태국불교계에서 성적소수자들을 대하는 주류 견해를 대표하고 있으며 이런 설명들이 태국불교 사회에서 널리 받아들여지고 있다. 그 결과 태국 LGBTQ들은 차별을 받고 있다. 예를 들어 일부 LGBTQ들은 계를 받지 못하고, 일부 사원이나 선원에서 수행을 금지 당하고 있다. 성적소수자가 이런 사회에서 받아들여지기 위해 자신의 성적 정체성을 숨기고 이성애 사회에서 전통적으로 남성이나 여성들에게 요구되는 대로 행동하고자 애써야 한다. 그러나 이렇듯 자신의 본연의 모습으로 살 수 없을 때 그들은 자신의 정체성이 거부된다고 느낄 것이며 이런 정체성 혼란은 불교수행에 부정적인 결과를 가져온다. 이런 점에서 성적소수자들에 대한 차별은 태국불교 사회에서의 그들의 정신적 발전을 침해해왔다.

성적 정체성에 대한 다른 관점

2002년의 논문 「테라바다 불교에서의 성 정체성에 관한 사고와 윤리」에서 필자는 젠더와 성 정체성에 관련하여 그 원인과 결과를 추적했고 사농 박사와 완전히 다른 결론에 도달했다. 필자의 연구에 의하면 남성이나 여성으로 태어나는 것은 긍정적인 것이든 부정적인 것이든 개인의 업에 따른 것이다. 예들 들어 한 남자가 부적절한 성적행위를 저질렀거나 문란한 행동을 하거나 배우자를 버리면 다음 생에서는 여자로 태어날 것이며, 자신의 배우자가 부정을 저지르거나 배우자로부터 버림당하는 일을 겪을 것이다. 커다란 선업을 쌓은 경우 그 업으로 인해 반대 성으로 태어나는 일도 있다. 자신과 다른 반대의 성을 가진 사람으로 태어나서 그 성의 특성을 좀 더 알고 그것이 어떤 느낌인지 알기 위해 그 삶을 경험해 보고 싶어서 현재 자신과 반대 성으로 태어나겠다고 서원할 수도 있다.

또 어떤 사람들은 특정한 사명을 이루기 위해 반대 성을 가진 사람으로 태어나겠다고 서원할 수도 있는데 여성으로 다시 태어나 관세음보살이 된 경우가 그 예이다.

　이와 같은 경우를 제외하고 사람의 생물학적 성은 그 개인의 수행과 그동안 자신이 쌓아온 성적 특성의 함양과 축적에 따라 결정된다. 일반적으로 신체적인 성적기관에 따라 그에 어울리는 심적 성향이 발현되지만 특정한 젠더의 특질이 존속되었을 수도 있다. 예를 들어, 연속적으로 여러 번 여성으로 태어나서 여성적인 특성을 강하게 갖고 있는 경우, 남성으로 태어나게 만드는 행위로 인해 다음 생에는 남성으로 태어났다고 할지라도 그 사람은 여성적인 특성을 강하게 갖게 될 것이다. 이런 경우 신체적인 성적 특성과 조건이 그간 여러 생을 통해 축적된 심리적 성향과 일치하지 않을 수 있고, 이때 자신의 성적 정체성에 대해서 혼란을 느낄 수 있을 것이다.

교육과 올바른 이해

성적소수자에 대한 선입견을 해결하기 위해서는 이들 자신과 사회 일반 양쪽에서의 협조와 행동이 필요하다. 태국불교는 젠더와 성 정체성에 대한 선입견에 집착해서는 안 되며 대신 보다 인간의 핵심적인 가치, 행동 그리고 의도에 집중해야 한다. 계를 받는 것이 미덕이라면 계를 받는 사람이 이성애자이든 성적소수자이든 상관없이 누구라도 존중하고 지지해야 한다. 양성구유의 경우처럼 불교적 교리에 어긋나는 것이 아니라면 성적소수자들은 계를 받을 자격이 있고 깨달음을 향해 수행할 수 있는 것이다.

　성적소수자들 역시 불교의 수계에 대해 올바른 이해를 가질 필요가 있다. 태국과 같은 테라바다 전통에서는 일단 계를 받은 후에는 젠더와 성 정체성 같은 문제는 제쳐 놓아야 한다. 이는 그 사람이 이성애자이든 성적소수자이든 마찬가지이다. 승려들은 어떤 형태의 성적 행동에도 개입되어서는 안 되며 깨달음을 이루는 것에 모든 힘을 바쳐야 한다. 계율을 지키며 불법수행을 지속하는 한 그들의 젠더나 성 정체성에 관계없이 존경받아야 한다.

전반적으로 볼 때 젠더와 성 정체성에 대한 사놈 박사의 견해는 매우 경직되어 보인다. 그러나 부처님의 가르침에 따르면 모든 것은 영원하지 못하며 거기에는 젠더와 성 정체성 또한 예외가 아니다. 불교도들은 불교적 수행의 궁극적인 목표는 열반이라는 것, 즉 선과 악, 덕행과 죄, 밝음과 어두움, 음과 양, 남성다움과 여성다움, 남자와 여자 같은 모든 이원성의 초월을 의미한다는 것을 잊지 말아야 한다. 이 이원성에는 일반인과 성적소수자 사이의 구분 역시 포함되는 것이다.

이 시점에서 어떤 사람들은 성적 관계의 윤리성에 대해 당연히 질문을 제기할 것이다. 필자의 견해로는 성적으로 문란하지 않고 자신의 배우자를 존중하는 한 그 관계는 윤리적이라고 생각한다. 서로 존중하고 정직하다면 배우자가 동성이냐 이성이냐는 중요하지 않다. 이상적인 관계에서는 서로 상대방의 정신을 고양시키며 영적 성장을 위해 상호적인 노력을 해나갈 것이다. 지나치게 이상적으로 들릴지 몰라도 필자는 그것이 가능하다고 믿는다.

석(釋) 츠우안화 | 대만의 비구니로, 국립정치대학교 종교학과의 박사과정을 다니고 있다. '생명보존회(Life Conservationist Association)'의 사무총장이며 여러 대학교에 강의를 나가고 있다. 2005-2007년까지 대만 농림청의 동물보호위원회의 위원으로 활동하였다.

대만 비구니가 펼치는 동물보호운동

The Animal Protection Movement of Buddhist *Bhiksunis* in Contemporary Taiwan

35

석(釋) 츠우안화(傳法)
(Chuan-fa Shih)

본 논문은 2013년 1월 5일에서 12일까지 인도 바이샬리에서 열린 제13차 샤카디타 세계불교여성대회(13th Sakyadhita International Conference on Buddhist Women), "Buddhism at the Grassroots"에서 발표되었다.

"모든 생명은 평등하다"는 가르침은 불교의 독특한 사상이다. 살아 있는 존재들을 보호하고 자비심을 갖는 것은 불교윤리의 기본적 수행으로, 인간뿐만 아니라 다른 모든 생명체도 그 대상으로 삼는다. 이렇듯 인간 이외의 존재까지 살피는 것은 불교적 관용의 특징이다. 일반적인 종교적 관용은 인간만을 강조할 뿐 비인간적 존재에 대해서는 거의 관심을 기울이지 않는다.

중국불교에서는 이러한 생명보호사상의 구체적인 실천 방법으로 방생과 채식주의가 오랫동안 지켜져 왔다. 오늘날 동물보호운동은 세계적 추세이다. 동물보호와 권리를 위한 NGO가 잇따라 설립되고 있고 여러 국가에서 동물보호법이 제정되었다. 생명을 귀하게 여기는 불교도 이 중요한 운동에 동참해야 할 것이다.

대만에서는 비구니들의 노력으로 동물의 권리를 보호하기 위한 운동이 꾸준히 성장했다. 1993년 자오후에이(昭慧) 비구니는 '생명보호활동가연합회(Life Conservationist Association, 關懷生命協會, 이하 LCA)'를 설립하고 이 기구를 중심으로 동물보호를 위한 입법 문제 및 정치적 구호활동을 펼쳐왔다. LCA는 사회운동에 참여한 대만 최초의 동물보호 NGO이다. 이와 같은 비구니들의 정치적 활동은 전통적인 비구니 이미지와는 상당히 다르다. 보수적이고 자비심 충만한 과거의 모습과는 사뭇 다른 방법으로 활동을 펼치며 심지어 반(反) 전통적인 방법들까지 동원했는데 바로 이런 점들이 현대 대만의 시대적 정서와 맞아떨어졌다. 특히 1987년 계엄령 해제 이후 이런 경향이 두드러졌다.

계엄령 해제 이후, 많은 정치적 규제들이 풀렸다. 정당과 언론에 대한 규제도 풀리며 일련의 정치적 개혁들로 인해 사회비판을 할 수 있는 공간과 여유가 생겼다. 중앙집권이 완화되어 권력이 분산되고 이런 분위기가 급속한 경제성장과 맞물리면서 중산층이 대두되었으며 교육이 활성화되었다. 근대적 사상을 갖춘 지성인들이 사회 현실에 대한 비판을 쏟아내면서 진보세력으로 대두했다.

자오후에이 비구니는 시민운동이 태동하던 격변의 시대에 성장한 교수이다. 그녀는 불교를 갈망하는 사회적 요구를 감지했다. 과거 계엄령 하에서 대부분의 불교도들은 정부의 정책을 수용했고 고착된 체제에 저항하지 않았다. 보수적이거나 심지어 사회운동에 비판적이기까지 했다. '정치는 No' '정치에 연관되면 의식이 오염된다'는 생각이 온건한 불교신자의 기질과 잘 부합되었다. 대부분의 불자는 정부에 저항하거나 사회운동에 참여하는 것에 대해 무관심했다. 그럼에도, 정치적 자유화, 시민사회의 강화, 교육의 개선, 종교에 대한 대중적인 관심, 기타 여러 요소들과 더불어, 불교신자들은 구태에서 벗어나 꾸준히 자각하고 근본적으로 변화되었다. 불교도들이 사회운동에 참여하기 시작했다는 것은 대만 사회 환경 전반에 걸쳐 의미 있는 변화로 볼 수 있다. 평범한 시민들이 자신들의 주변에서 일어나고 있는 다양한 사회운동으로부터 영향을 받아 변화의 주체가 되었기 때문이다.

시민사회가 변화하면서 불교도의 사회참여사상은 대만의 사회변화를 지향하는 불교의 동력이 되었고, 이것은 시대적 요구에 부응하는 것이었다. 이러한 활동은 또한 불교사회 자체를 변화시켰다. 인간을 위한 불교, 즉 인본주의 불교를 추구하면서 전통적인 불교윤리를 새롭게 해석해 현대사회의 문제에 적용하려고 시도했다. 의식이 성장하면서 환경보호의 중요성을 자각하고 환경오염에 반대하는 항의 시위가 증가하고 있으며 불교학자들도 불교의 가르침과 사회적 운동을 일치시키는 문제에 초점을 맞추기 시작했다.

인본주의 불교사상의 영향으로 츠지공더후이(慈濟功德會) 훠꾸앙산사(佛光山寺) 그리고 화꾸산사(法鼓山寺)와 같은 단체들이 환경위기에 대응하여 활동하고 있다. 이들 단체는 신도들을 동원해서 자원 재활용, 쓰레기 분리, 산과 해변 청소 및 다양한 환경활동을 펼치고 있다. 이들의 결집된 힘은 실로 놀라우며, 실천을 통해 자신들의 종교적 이상을 추구하고 있다. 자오후에이는 자신을 인슌(仁順) 스님이 주창한 인본주의 불교[人間佛敎]의 계승자로 자처하며 신도들과 함께 동물보호와 도박 근절, 반핵, 여타 사회운동에 적극적으로 앞장서고 있다. 이제 사회 활동은 대만불교의 핵심으로 이해되고 있다.

자오후에이 비구니는 일반적으로 생명에 대한 경외심이 희박하고 그 결과 동물들의 삶이 매우 비참하다는 것을 알게 되었다. 법률조차도 학대를 방지할 수 없었다. "모든 생명은 동등하다."는 독특한 불교사상은 단지 채식주의와 방생 활동 정도에 적용될 뿐 동물들이 처한 상황에 큰 변화를 주는 것은 불가능해 보였다. 이에 자오후에이는 동물보호를 전문으로 하는 조직을 결성하여 뜻이 있는 불자들을 이끌기로 결심했다.

자오후에이는 멸종위기에 처한 동물만을 보호대상으로 하는 일반적인 활동과 다른 입장을 취했는데 이런 기준은 생명을 숫자로만 파악하고 동물의 이익이 아닌 인간의 관점에 바탕을 둔 이데올로기라고 생각했기 때문이다. 생명의 가치를 '야생동물' 혹은 '애완동물'이라는 이름표로 결정해서는 안 되고 동물이라는 살아 있는 존재, 생명 그 자체로 존중 받아야 한다는 것이다.

생존에 대한 욕구, 학대와 죽음에 대한 공포는 동물이나 우리 인간이나 다름이 없다. 그런 까닭에, 불교도들에게 있어 생명보호와 생명의 소중함에 대한 인식은 단순한 감상이 아닌 동물에 대한 존중에서부터 시작되어야 한다. 자오후에이는 생명보호에 대한 불교적 시각은 연기설에 토대를 두고 있기 때문에 그 깊이와 섬세함에 있어서 기독교 신학과 철학에 근간을 둔 일반적 동물윤리와는 다르다고 본다.

특히 자오후에이는 불교신자들이 행동보다 생각과 말만 앞세우는 경우를 지적한다. 그 생각들이 실질적으로 법이나 정책 제도에 반영되어야 하며 조직과 전략의 힘을 활용하면서 체계적으로 한 걸음 한 걸음씩 추진되어야 한다고 믿는다. 사회교육과 부단한 노력을 통해 공공정책 수립에 영향을 미치게 될 때 학대 받는 동물의 목소리를 대변할 수 있을 것이다. 이렇게 해서 동물들의 삶은 더 나아질 것이며 동물보호법은 더욱 발전할 수 있다.

LCA는, NGO로 공식 등록되어 있으며 다른 NGO들과 비슷한 구조를 갖고 있다. 의장과 사무총장직은 모두 비구나 비구니가 맡는다. 자오후에이 비구니는 1, 2대 의장을 역임했고, 사무총장은 우-헝(Wu-hung) 비구였다. 비구가 비구니의 지도를 받아들인 점은 대만불교와 사회가 뛰어난 비구니에게 더 큰 활동무대와 지위를 부여했다는 증거이다. LCA의 정관에 의해 싱꾸앙(性廣) 비구니가 제3, 4대 의장, 츠우안따오(傳道) 비구가 제5, 6대 의장을 지냈다. 그 기간 동안 나는 사무총장으로 소임을 보았다. 현재는 지엔안(見岸) 비구니가 의장직을 맡고 있으며 신치엔(Xin-qien) 비구니와 즈인(Zhi-yin) 비구니가 이사로 참여하고 있다.

LCA의 강령은 정책감시와 사회교육의 두 가지 중요 목적을 명시하고 있다. 의회 의원들을 대상으로 로비활동을 벌이며 그들이 동물을 위한 공공정책에 관심을 갖도록 유도한다. 나아가 동물보호법, 야생동물 보존법과 같은 관련법의 제정을 촉구하며 정부가 그 법안을 제대로 시행하는지 감시한다. 동시에 출판, 강의, 세미나, 전시회, 기타 여러 활동을 통해 동물 확대의 실상을 대중들에게 알림으로써 생명에 대한 존중과 동물에 대한 관심을 유도한다. 동물학대를 방지하기 위해 닭싸움, 서커스, 경마를 반대하는 시위나 행사를 주관한다.

LCA는 청원, 기자회견, 정치 활동, 연좌시위, 행진 등을 통해 자신의 뜻을 널리 퍼뜨릴 수 있는 능력 있는 사람들을 끌어 모은다. 미디어, 보도자료, 신문 기고, TV 인터뷰 등을 통해서 LCA의 활동을 알리고 다양한 사람들의 인식을 깨치려 노력한다. 비록 이 운동의 목적이 모두 이루어지지 않는다고 해도 국민들은 적어도 교육 받을 기회를 갖게 되는 것이다.

이제까지 LCA가 성취한 가장 중요한 업적은 창설 이래 가장 주요한 목표였던 동물보호법 통과를 성공시킨 것이다. LCA에 대한 사람들의 두터운 신뢰 덕분에, 자오후에이 비구니는 동물보호법 초안 위원회 위원으로 초빙되었다. 4년 동안의 투쟁과 논쟁과 수많은 기자 회견 끝에 마침내 LCA의 청원에 대한 일반 대중들의 지지를 얻었다. LCA는 한편으로는 국회의원과 농림위원회 상대로 로비활동을 벌이면서, 또 한편으로는 해외 동물보호기구들의 도움을 요청했다. 드디어 1998년에 법안이 입법부에서 통과되어 대만은 동물보호법을 통과시킨 세계 54번째 국가가 되었다. 이 법안의 주요 내용은 동물의 기본적 복지와 정당한 과학적 이용, 축산산업의 경영, 동물보호소, 주인 없는 동물의 처리 방법, 인도주의적 도살, 동물대회 금지 등이다. 열 번째 조항으로 인해 대만은 세계에서 경마를 금지한 첫 국가가 되었다.

이어 LCA와 대만의 생태계 보존단체들이 함께 '친환경연맹'을 결성했고, 1994년부터 1995년까지 로비활동을 벌여 마침내 야생동물 보호법 수정안을 통과시킴으로써 원안보다 더 넓은 지역을 동물들에게 제공할 수 있게 되었다. LCA는 또 교육부를 압박해서 고등학교의 생물과목에서 필수 과정이었던 동물 생체 해부를 원하는 학생들만 선택할 수 있도록 바꾸었다. 살아 있는 동물의 온라인 경매도 금지시키도록 했다.

또한 농림부의회가 사냥 관광을 허가하려는 것을 저지했고 서커스 쇼를 위한 야생동물 거래 금지 법안을 추진했다. 정부가 고래상어의 포획 및 판매 금지를 공고하도록 했으며 동물 포획을 위한 덫의 판매와 사용을 불법으로 규정하는 법을 제정토록 했다.

불교적 자비심을 바탕으로 자오후에이 비구니는 불교도들을 성공적으로 이끌며 관료와 산업이 공모하여 동물과 사람에게 부정적 결과를 미치는 사업들을 저지했다. 필자가 보기에 여승이 이끈 동물보호운동이 대만 동물보호운동의 기원이며, 성장과 성공을 대변한다. LCA는 대만에서 동물권리를 주창한 최초의 전문적 사회운동 조직이다. 이들 활동은 생명에 대한 경외심을 높이고 동물을 윤리적으로 다루도록 만들었다. LCA의 지도하에 대만에 60개가 넘는 동물보호조직과 대학생 조직들이 생겨났고 동물보호법 제정은 중요한 정부 정책이 되었다.

대만에서 종교 자선단체 LCA는 혁신적인 조직이다. 불교도들에 의해 창설되고 운영되는 LCA에 비해 다른 종교들은 동물보호를 위한 유사한 자선활동을 한 사례가 없다. 종교적 자선이라고 하면 사람들은 일반적으로 빈민구제, 구호물자 배급과 같은 활동을 생각한다. 이런 점에서 동물친화적인 환경을 만들기 위해 전반적인 지원체제 구성을 위해 노력하는 LCA의 동물보호운동은 매우 특별한 종교적 풍경이다.

생명을 보호하기 위한 이 불교운동의 초점은 자선이 아닌 정의에 맞춰져 있다. 중국불자들이 전통적으로 채식주의와 방생으로 자비를 실천해 왔다면 대만의 비구니들은 대중의 의식을 고양하고 동물을 학대하는 제도를 변화시키는 리더가 되었다. 그들은 생명보호에 대한 불교적 관점을 새롭게 정립했고, "모든 생명은 평등하다"라는 전통적인 틀에서 벗어나 보다 더 근대적인 해석을 시도했다.

어떤 불교도들은 이런 활동이 정치에 간섭하는 것이라고 생각해 세속의 일에 관여하기를 거부한다. 필자는 이런 편견은 계엄령 시대의 잔재라고 생각한다. 이것은 정치적 이데올로기나 특정한 당의 이익을 위한 투쟁이 아니다. 이것은 학대 받는 동물들을 위해 보다 더 우호적인 법과 정책들을 갖추기 위한 순수한 싸움일 뿐이다. 만일 불교도들이 '초연하고 객관적'인 태도로 뒤로 물러앉아 중생의 고통을 외면하거나 자신의 애완동물에만 관심을 기울인다면 현재의 상황은 지속될 것이며 변화의 기회는 없을 것이다.

LCA는 또한 보편적 가치와 사회적 진보를 대변한다. 기술적, 경제적 발전이 인간의 삶을 향상시킨 것은 의심의 여지가 없다. 그러나 이는 또한 동물에 대한 학대와 고통의 원인이 되었다. 동물보호운동은 유럽과 미국에서 수년간 진행되어 왔지만 LCA의 생명보호 철학은 모든 존재의 평등과 상호의존 원칙에 근간하는, 서양의 신학과 철학과는 근본적으로 다른 접근 방식이다. 동물보호에 대한 우리의 문화적, 종교적 경험은 생명의 존엄에 토대를 둔 것으로 이는 다른 국가의 예와는 다르다. 우리는 불교적 사고가 사회를 전진시키는 새로운 윤리모델이 될 수 있으며 서구의 기술적 경제적 편견을 깨닫고 우리 문화의 중요한 자산을 찾아내도록 돕고 있음을 증거하고자 한다.

가두시위를 벌이고, 정부와 교섭하고, 동물의 권리를 위해 적극적으로 싸우는 비구니들의 모습은 대만인들의 눈에 적극적이며 건전한 여성 승려의 이미지로 각인되어 있다. 그들의 뛰어난 사회 활동은 현실 회피적인, 혹은 자애롭지만 수동적인 모성적 존재라는 불교도에 대한 기존의 관념을 변화시켰다. 대만의 비구니들은 고정관념을 타파하고 강하며 동시에 자비로운 모습의 새로운 이미지를 만들어 낼 수 있게 되었다.

오늘날 높은 교육수준, 경제적 독립, 시민사회의 형성, 그리고 페미니즘의 성장이라는 특성을 갖춘 대만에서 자오후에이 비구니는 주요 인물로 인정받고 있다. 부처의 가르침에 대한 강한 확신과 오랜 시간 동안 축적한 지식, 인슌(仁順) 스님의 인간의 영역 속의 불교에 의한 영감, 이 모든 것들로 무장한 자오후에이는 소승불교 장로나 옛 문헌 등의 전통적 권위에 맞서는 것을 두려워하지 않았다. 그녀는 부처님 가르침의 요체를 이 시대에 적응하면서 자신의 이성과 상황적 요구에 근거하여 문제를 해결해 나갔다. 이런 까닭에 불교도가 아닌 일반인들도 그녀의 활동에 기꺼이 동참한다.

대만 내의 다른 불교 문중에도 사회운동에 참여하는 비구니들이 있다. 그러나 자오후에이는 최초로 사회정의운동을 선도한 비구니다. 엘리트, 기득권, 주류들에 대항하기 위해 그녀는 직접 여러 분야에서 전문적인 지식을 쌓아왔는데 이것이 그들과 긴장관계를 가져오기도 했다. 시간, 신체적 약점, 재능 부족 등으로 많은 비구니들이 사회 활동에 뛰어들기를 주저한다.

또 다른 장애물은 "정치는 No"라는 신화이다. 부당한 정책과 제도로 인한 고통에도 불구하고, 불교도들은 자신들의 행동력 결여를 합리화하려는 소극적 경향이 있다. 대만에서 더 이상 계엄령은 없지만 많은 불교도들의 마음속에는 여전히 계엄령이 남아 있다. 우리들은 아직도 우리의 행동을 가로막는 형체 없는 편견들에 속박되어 있다. 우리에게 새로운 전통을 선물한 자오후에이 비구니의 정신을 이어 받아 수천 년 동안 형성되어 온 우리 지혜의 보고를 활짝 열어가도록 하자.

석(釋) 지엔어 l 대만의 비구니로, 1995년 출가하였다. 또한 중국불교를 연구하는 학자
이다. 미국 노스웨스턴대학교에서 종교학으로 박사학위를 받았다. 2013년에는 대만의
아카데미아 시니카의 방문학자로 있었다. 연구 분야는 중국 천태불교, 선불교, 그리고
불교미술로 많은 논문을 출판하였다. 천태와 화엄불교, 그리고 송대의 화가 양개(梁楷)
가 그린 '여덟 명의 고승'에 대해 사전 항목을 집필하고 있으며, 현재 대만 타이쭝에 있
는 푸카이 명상센터의 주지이다.

노동 선(禪):
해탈을 지향하는
이민 여성 불자의 길

Working Meditation :
Female Buddhist Immigrants' Path to Liberation

36
석(釋) 지엔어(見額)
(Shuman Chen)

본 논문은 2013년 1월 5일에서 12일까지 인도 바이샬리에서 열린 제13차 샤카디타 세계불교여성대회(13th Sakyadhita International Conference on Buddhist Women), "Buddhism at the Grassroots"에서 발표되었다. (*이 논문은 인터뷰 자료에 의거한 것이므로, 본고에 나온 사찰과 인명은 모두 가명임을 밝힌다.)

2010년 미국 인구조사에 따르면, 이민자들이 전 인구의 23%를 차지한다고 한다.[01] 1994년 종합사회조사에 의하면[02] 90% 이상의 이민자들은 종교적인 선호를 표명하였다. 사회학자 파와즈 알라네치(Fawaz Alanezi)와 다렌 셰르카트(Darren E. Sherkat)에 의하면 이민자들의 종교적인 참여는 다른 미국 사람과 다르지 않으며[03] 이민자와 종교를 주고받

01 미국인구조사 2010, "Nation's Foreign-Born Population Nears 37 Million(미국 내 외국 출생 인구가 거의 3천7백 명에 육박한다)" access on April 05, 2012.
http://www.census.gov/newsroom/releases/archives/foreignborn_population/cb10-159.html.

02 Michael W. Foley and Dean R. Hoge, *Religion and the New Immigrants: How Faith Communities Form Our Newest Citizens,* (New York: Oxford University Press, 2007), 65.

03 General Social Surveys, the World Values Surveys, and the World Christian Encyclopedia, 세 기관의 1977년부터 2002년까지의 자료를 분석한 Alanezi and Sherkat 의 발견사항은 기독교(개신교, 천주교 둘 다)를 배경으로 가진 이민자들이 다른 이민자들에 비해 상당히 활동적이라는 것을 보여 준다. Fawaz Alanezi와 Darren E. Sherkat의

는 관계로 묘사한다. 예를 들면, 종교는 이민자들의 종교적 필요를 충족시켜 주고, 그들에게 사회적인 정보나 물질적인 도움과 같은 사회적 서비스를 제공한다는 것이다.

그러나 최근 마이클 폴리(Michael Foley)와 딘 호그(Dean Hoge)는 전술한 연구 분야의 초점을 이민자들이 미국사회에 적응하는 과정에서의 종교적 제도적 측면으로 옮겨다 놓았다.[04] 또한 프레드 니스(Fred Kniss)와 폴 넘리치(Paul D. Numrich)도 시카고 도심 지역을 현장 조사하여 종교가 새로 이민 오는 사람들이 사회적 참여를 할 수 있도록 어떻게 영향을 주는지를 조사하였다.[05]

한편 이민자들의 관점에서 자원봉사에는 관심을 둔 연구는 거의 없다. 그에 대한 예외로는 엘레인 하워드 에클런드(Elaine Howard Ecklund)와 제리 박(Jerry Z. Park)의 연구가 있는데 지역사회의 아시아 이민자 내에서의 자원봉사를 다루고 있다. 특히 종교적인 자원봉사자의 인종, 계급, 성별을 비교하면서 여러 종교전통들이 지역사회의 자원봉사에 어떻게 영향을 주는지에 대해 자세히 설명하고 있다. 예를 들어서 아메리카의 힌두교인들과 불교인들은 비종교인들보다 사회적 참여가 낮다고 한다. 그들의 이론에 따르면 비(非)기독교인이면서 비(非)백인인 이중 소수자의 지위 때문에, 미국 자원봉사 단체와 교류할

"The Religious Participation of US Immigrants: Exploring Contextual and Individual Influences(미국 이민자의 종교참여: 상황적, 개인적 영향을 탐구하며)," *Social Science Research* 37, no. 3 (2008): 844.

04 Foley and Hoge, *Religion and the New Immigrants,* 2007.

05 Fred Kniss and Paul D. Numrich, *Sacred Assemblies and Civic Engagement: How Religion Matters for America's Newest Immigrants*(성스런 집회와 시민참여: 어떻게 종교가 새로운 미국 이민자들에게 중요하게 되었나) (New Brunswick: Rutgers University Press, 2007).

기회가 줄어들기 때문이다.[06]

그뿐만 아니라, 피터 유이치 클락(Peter Yuichi Clark)도 1997년과 1998년에 민속지적 연구에서 샌프란시스코와 시카고의 재미일본인 2세 노년층의 종교를 분석하였다. 특히 불교인들이 자원봉사를 통해서 자비 개념을 자신들 노년의 삶을 잘 영위해 가는 데 어떻게 사용하는지에 대해서 연구하였다.[07]

프로젝트와 연구 방법

나는 이상의 선행연구에 이어서 불교도들 사이의 민속지 연구를 수행하였고, 여기에서 이민자들이 흔히 수동적이라고 보는 견해와는 반대로 이민자들이 얼마나 적극적으로 종교단체 활동에 기여하는지를 주장하고자 한다. 북부 캘리포니아에 소재한 어느 대승의 선불교 사찰 '붓다 달마 컨벤트(BDC: Buddha Dharma Convent 가명임)'에서의 여성 이민자 불교도들의 자원봉사체험에 대하여 설명할 것이다.[08] 나는 특히 그들이 봉사하는 동기와 그 봉사단체와의 유대관계를 중점적으로 살

---

06 Elaine Howard Ecklund and Jerry Z. Park, "Religious Diversity and Community Volunteerism Among Asian Americans(아시아계 미국인에 있어 종교적 다양성과 지역봉사)", *Journal for the Scientific Study Of Religios 46*(종교의 과학적 연구 저널 46호), no. 2 (2007): 233.

07 Peter Yuichi Clark, "Compassion Among Aging Nisei Japanese Americans(노쇠하는 니세이 일본계 미국인 사이의 자비심)," *Revealing the Sacred in Asian and Pacific America*(아시아와 환태평양 미국에서의 성자 드러내기), ed. Jane Naomi Iwamura and Paul Spickard (New York: Routledge, 2003), 43.

08 이 논문에서 지칭된 수도원이나 정보원들을 보호하기 위해 가명이 사용되었다.

필 것이다. 이 사찰은 자원봉사를 통하여 여성이민자들의 불교적 주체성을 형성할 수 있게 해 주었고, 이러한 여성들의 봉사 경험은 자기 자신의 종교적 성취를 높일 뿐만 아니라 또한 이 사찰에도 이익을 가져온다는 것을 보여 주고 있다.[09]

나는 BDC에서 2011년 11월부터 2012년 3월까지 조사를 수행하였으며, 총 20명의 여성 불교도 이민자들을 인터뷰하였다. 그분들은 중국 2명, 대만 7명, 싱가포르 1명, 베트남 4명, 미얀마 1명, 말레이시아 1명, 스위스 1명 등 총 11개 다른 나라에서 온 분들이다.[10] 이들에 대해서 좀 더 객관적으로 연구하기 위해 나는 또 그곳의 BDC에 사는 2명의 대만 비구니스님들과 4명의 미국 여성들을 인터뷰하여서 이들이 신도들을 어떤 다른 각도에서 보는지도 탐구하였다. 아래의 결과는 자원봉사자들 본인의 말과 다른 사람들의 의견에서 도출된 것이며, 내가 이곳에서 관찰하여 얻은 다양한 증거 자료들에 기반한 것이다.

BDC는 미국에 불교를 전파하기 위한 목적으로 설립된 기관으로, 성인과 아동을 위한 13주 과정 불교명상 수업을 개설하고 있으며[11]

09　이 프로젝트가 내 연구의 피실험자들을 불교기관에서 인정되기를 바라는 사회의 주변적 존재나 또는 소수집단의 대표로 보는 것에는 아무 관심이 없다는 것에 유의하였으면 한다.

10　BDC가 대만 비구니스님들에 의해 운영되기 때문에, 다른 문화적 배경을 가진 사람들보다 중국민족이라는 배경을 가진 사람들을 더 많이 끌어들이는 것은 이치에 맞는 일이다. 20명의 응답자 중에서 16명이 그들의 민족적 정체성을 중국인 혹은 아시아인 이라고 밝혔다. 그러나 그들 모두가 만다린어, 칸톤어, 혹은 대만어든, 중국어를 말하는 것은 아니다. 그들 대다수는 원래 그들이 태어나고 살고 있는 사회라기보다는 민족이나 문화를 그들의 정체성으로 여기는 것 같다.

11　명상과 불교에 관한 13개 수업 중에서, 두 개는 아이들과 10대 초반을 위한 것이다. 이 수업들은 아이들과 그들의 부모들이 함께 명상과 불교를 배우도록 고안된 것이다. 또한 상호작용을 통해 부모-자식 간의 관계를 향상시키기 위해 만들어졌다. 때때로 주지스님이 수업이 끝난 후 부모들과 함께 질의응답 코너를 제공하기도 했다.

중국어 언어코스 둘, 일요 활동, 워크숍, 참선, 염불 모임, 여름캠프 등의 활동을 벌이고 있었다. BDC는 또한 사회봉사도 하여 예를 들어 식량을 모으거나 헌혈캠페인을 조직하고 적십자의 직원들을 불러 재난대비방법에 관한 워크숍도 열고 자연재해기금에도 참가하고 있다.[12]

BDC에는 다양한 봉사활동의 기회가 있어서 강좌의 도우미, 안내, 예술 디자인, 이벤트 계획, 의식 집전 보조, 출판, 번역, 청소, 정원관리, 차편 제공, 기자재 관리 등이 있다. 예를 들어서 부엌에는 주중에는 매일 두 사람의 자원봉사자가 필요하며, 주말에는 최소 여덟 명이나 있어야 한다. 주말에는 BDC에서 점심과 저녁을 무료로 제공하기 때문이다.[13] 이러한 프로그램은 거의 재가 신도들의 봉사활동에 의존하고 있다. 나의 설문조사에 응한 사람들은 아주 열성적인 봉사자들로 최소 1주일에 한 번, 심지어는 1주일에 이틀을 꼬박 절에서 보내기도 한다.

비구니스님들이 관찰한 결과에 따르면, 미국 사람들은 대부분 불교에 대한 지식을 얻기 위해서 오는 것이지 종교적인 수행을 위해서 오는 것은 아니기 때문에 자원봉사를 통해서 이 사찰과 밀접한 관계를 맺

---

12 예를 들어, 2011년 일본 지진과 쓰나미, 2010년 하이티 지진, 2009년 대만의 모라콧 태풍과 같은 재난구제를 위해 그들이 제공한 특별기금에 더해서, 비구니 사찰에서 생존자와 희생자를 위해 기도하는 행사를 개최했다. 비구니스님들은 규칙적으로 더 많은 지역봉사에 참여하지 못하는 상황을 설명했다. 한 가지 이유는 사찰의 자금 부족이었고 나는 그것을 사찰의 기부금이라고 말한다. BDC는 영구적으로 거주하는 다섯 명의 비구니스님들에 의해 운영되는데 이미 BDC 안의 기존의 활동들과 법문 가르치기 등으로 몹시 바쁘다는 사실이 스님들이 공공의 봉사에 참여하는 데 필요한 시간과 노력을 불가능하게 만든다. 두 번째 이유는 그들이 사회봉사 유형의 종교단체가 아니라는 점이다. 사회봉사에 능숙한 다른 많은 단체와 비교해서 BDC는 영적인 수준에서 사람들에게 봉사하는데 가장 능하기 때문에 그들은 이 방향으로 목표를 정하고 있다.

13 점심과 저녁식사가 스님들과 재가 신도, 방문객들에게 제공된다. 2012년 음력 새해에 공양간은 400명이 넘는 사람들을 먹게 했다.

는 것에는 관심이 없다. 그러나 아직 미국인이 아니거나 또는 시민권을 받아 미국인이 된 이민자들은 자신의 인종적 문화적 배경 때문에 BDC 와 동질감을 느낀다. 그리고 그들은 불교를 수행하러 오기 때문에 봉사 그 자체가 수행의 한 방법이 된다. 자원봉사를 통해서 이민자들과 BDC 는 아주 강한 연대를 이루게 되고 상호적으로 돕는 결과를 가져온다. 이민자들은 공덕을 쌓고 사찰은 인적자원을 활용할 수 있는 것이다.

재가 여성들이 자원봉사를 하는 이유

이분들이 자원봉사를 하는 범위는 헌신의 정도와 동기에 따라서 다양하다. 캐롤린 첸(Carolyn Chen)이 수행한 남가주 법광사(Dharma Light Temple)에서의 현장조사에서도 그러한 점이 포착되고 있다.[14] 캐롤린 의 연구는 또한 자원봉사의 사회적 종교적 이유를 잘 밝혀내고 있다. 이러한 선행연구를 모범으로 삼아서, 나는 BDC의 사례를 통해 종교 적 사회적 측면의 어떤 요소가 자원봉사에 영향을 주는지를 탐구해 보았다. 놀랍게도 내가 인터뷰한 사람들은 자원봉사를 통해 사람들을 더 많이 알게 된다거나, 자신의 가치를 높이거나, 기술을 습득할 수 있다는 등의 개인적인 이익을 목적으로 자원봉사하는 것은 아니라고 밝혔다. 한 사람의 예외가 있었는데 자원봉사를 통해 좋은 점은 채식요

---

14   Carolyn Chen, "The Religious Varieties of Ethnic Presence," *Sociology of Religion* 63, no. 2 (2002), and *Getting Saved in America: Taiwanese Immigration and Religious Experience* (Princeton: Princeton University Press, 2008) 참조.

리법을 배울 수 있다고 답하였다.[15]

대부분의 자원봉사자들은 전심전력으로 불교수행에 힘을 쏟고 있다. 즉 대부분의 사람은 자신의 자원봉사체험을 불법을 닦는 수단으로 생각하고 있다는 것이다. 비슷한 생각을 공유하는 수행자들과 같이 일하면서, 자신의 불교에 대한 이해를 보다 역동적으로 실천에 옮기고, 또한 서로 격려하고 협력하며 일깨워 주면서 해탈의 길로 나아가려는 것이다.

개인적인 차원에서의 수행

모든 응답자들은 이곳에 와서 봉사하는 가장 큰 이유로 절에서 맡은 일을 처리해 나가면서 그것을 통해 수행을 닦는다고 말하였다. 그 절의 비구니스님들은 '수행의 세 가지 고리'라고 부르는 절의 강령을 제정하여 신도들에게 가르친다. 그 세 가지란 첫째 좋은 행동, 둘째 교리공부, 셋째 참선이다. 응답자들은 깨어 있음(mindfulness)·무아·인내·자비의 네 가지를 봉사활동에서 가장 많이 적용한다고 답변하였다.

80% 이상의 응답자가 봉사활동을 하면서 참선을 수행한다고 답했다. 마리앤느가 말했다.

"육체적인 노동을 함으로써 나는 마음의 안식을 얻고 공과 같은

---

15   이 여성은 몇몇 기술을 배운 것 같다: 그러나 또한 그녀는 채식주의 음식을 요리할 수 있다는 것이 그녀와 그녀의 가족들이 채식주의자가 되도록 돕는다는 것도 알게 됐다. 그러므로 어떤 의미에서 이것을 종교적 차원이라고 간주할 수도 있다. 왜냐하면 사찰 내의 비구니스님들은 채식주의를 권장하기 때문이다.

어려운 개념들을 불현듯 이해할 수 있게 되었습니다. 나는 바닥을 청소하고, 설거지하고, 청소기를 돌리고 잡초를 뽑으면서 생각이 아주 맑아지는 경험을 했습니다."

같은 의미로 다른 사람은 이렇게 말했다.

"바닥을 쓸고 경전에 쌓인 먼지를 털어내고, 청소기를 돌리고 설거지하고 유리창을 닦으면서, 내가 하는 이 일, 내가 이 일에 최선을 다해 집중하고 있을 때 나에게는 그 모든 일들이 수행의 하나로 느껴집니다."

이곳 봉사자들은 다른 봉사자들과 소통할 때도 항상 깨어 있으려고 노력한다. 어떤 한 여성은, 자신의 언행이 다른 사람에게 영향을 준다는 것을 알기에, BDC에서 일할 때에는 언제나 마음을 깨어 있으려고 노력한다고 말했다. 이렇게 '깨어 있음'을 실천하는 것은 개인적으로 수행이 될 뿐만 아니라 사찰의 발전에도 필요하다. 자원봉사자 비비안은 다음과 같이 말한다.

"일할 때는 언제나 깨어 있어야만 합니다. 그래야 다른 사람이 그 일을 두 번 하지 않지요."

이론적으로는 어디에서나 '깨어 있음'을 실천할 수 있기는 하지만 절에서는 곳곳에 깨어 있으라고 일깨워 준다. 표지판들이 곳곳에 서 있다. 예를 들면 '문을 닫으라', '모든 행동에 최선을 다하라', '마음을 관찰하라', '식당에서 밥 먹을 때 조용히 하라', '감사하는 마음으로 식사하라' 등이다. 좁은 부엌에 물을 절약하라는 표지판이 일곱 개나 붙어 있었다. 그 외에도 비구니스님과 신도들은 계속 주의를 주었다. 불교를 이 순간에 실천함으로써 재가 신도들은 불법의 기쁨을 일상생활 속에서 느끼며 평화롭고 깨어 있는 명상하는 마음을 만들어 가고 있다.

자원봉사자들은 점차적으로 마음을 내려놓고 인내하며 포용하는 방법을 배우게 된다. 소피아는 이 수행에 대해서 다음과 같이 말하고 있다.

"스님[16]께서 내가 하기 싫거나 잘 못하는 일을 맡기실 때에도 나는 그것을 하려고 노력합니다. 자기를 내려놓고 집착을 버리는 방법을 배우고 싶기 때문입니다. 부처님의 가르침은 모두 마음에 대한 것입니다. 절에서 일할 때에는 기쁜 마음을 내고, 다른 사람과 협력하는 법을 배워야 합니다. 때로 기분이 좋지 않을 때에는 역지사지로 생각해 보거나 타인의 입장을 고려해 보려고 노력합니다. 마음을 완전히 바꾸면 다시 행복하게 되고 다른 사람과도 조화롭게 지낼 수 있습니다."

어떤 여성은 이에 대해서 이렇게 말했다.

"저는 하심하려고 노력을 많이 합니다. 나의 오랜 습관들을 버리고 다른 봉사자들과 협력하면서 기쁜 마음으로 할 일을 같이 마무리하기를 원합니다."

또 다른 봉사자는 자기 이외의 모든 사람들의 의견을 존경하고, 자기 의견을 주장하지 않고 다른 사람의 의견을 들으면서 그들과 좋은 인연을 만들고자 노력한다고 말한다. 이같이 자원봉사는 자신을 점검하는 기회를 제공한다. 줄리엣은 말한다.

"다른 사람과의 관계에 대해서 그리고 자아와 에고에 대해 새로운 측면에서 좀 더 가까이에서 들여다볼 수 있게 됩니다. 저의 경우, 봉사는 그 과정에 가치가 있는 것이지 완벽한 결과를 만들어 내는 것이 중요한 것은 아닙니다."

때때로 이와 같은 자기 점검의 수행은 사회적 관계에 갈등을 불러

---

16 재가 불자에게 불교를 가르치고 그들을 수행의 길에서 안내해 주는 비구니스님들에 대한 존경과 감사를 표시하며.

오기도 한다. 서로 성격과 문화직업이 다른 사람들끼리 같이 일하는 것은 복잡한 사회관계를 형성하게 된다. 사찰이란 종교적인 곳이지만 인간성의 복잡함을 벗어날 수는 없다. 불교식으로 말한다면 중생에게 는 '습기(習氣)'가 있어서 자신의 생각을 고집하고 번뇌를 버리기 어렵다. 그래서 사람들 간의 교류에는 갈등이 발생하기 마련이다. 부처님의 가르침을 역동적인 상황에 적용하는 것은 실로 쉬운 일이 아니다. 팀으로 일하는 과정 속에서 나타나는 자신 또는 다른 사람의 이기적 성향과 이겨나가는 문제에 대해서 많은 사람들이 언급하고 있다. 리즈는 다음과 같이 말한다.

"봉사한다는 것은 조화롭게 같이 일하는 것을 말합니다. 그런데 어떤 경우는 사소한 갈등도 일어나지만 그것은 수행의 한 방법이기도 합니다. 즉 갈등이 있음을 알아차리고, 그러면서 일을 마치려고 집중하는 수행입니다."

이론적으로는 중생은 불성(佛性)을 가지고 있고 미래의 부처이다. 그러나 실제에 있어서는 아직 불완전한 중생일 뿐이다. 봉사자들이 서로 같이 일할 때 인간적인 면모들이 출현하여 내 속에 들어 있는 불성에 도전을 가한다. 다른 사람들의 불성을 상호간에 존중하고 상대방의 결점에 대해 인내할 때 더 균형있고 조화롭게 협력할 수 있다. 때때로 봉사자들 간에 갈등과 의견불일치가 있지만 진정한 마음으로 소통하고 잘 이해하고, 자신을 성찰하고, 서로간의 차이를 받아들이고, 진심이 담긴 미소로 서로를 맞이할 때, 자원봉사란 아주 귀하고도 즐거우며 성공적인 경험이 될 수 있다.

불법을 홍포함

봉사자들은 불교의 가르침을 통해 많은 도움을 받는다. 그렇기 때문에 이 절이 잘 운영되어서 더 많은 사람들이 불교를 배우고 혜택을 얻기를 바란다. 그들에게 있어서 자원봉사란 불교를 지키고 전파하며 지속시키는 길이다. 케이트는 다음과 같이 말하고 있다.

"나는 BDC에서 많은 것을 배웠습니다. 봉사하는 것은 지금까지 내가 받은 것을 회향하는 방법이기도 합니다. 그래서 BDC가 발전하고 불법을 많이 전파할 수 있도록 돕고자 합니다."

지금까지 인터뷰한 사람의 절반 이상이 봉사하면서 자비를 실천하고 있다고 말했다. 그러나 이들 여성들은 도움이 필요한 사람들을 돕는 식으로 자비를 표현하기보다는, 다른 사람들이 깨달음을 얻을 수 있도록 돕는 방식으로 자비행을 실천하고 있다. 이들 이민자 여성의 이야기 속에서, 그들이 깨달음을 위해서, 즉 자신과 타인 모두의 해탈을 위해 자원봉사를 하고 있음을 알 수 있다.

이곳 비구니스님들은 신도들이 불교에서 얻는 것이 많기 때문에 BDC에 기여를 하고 싶어 한다는 것을 알고 있다. 앞에서 소개한 학자 첸(Chen)은, 그레이스 교회(Grace Church)와 법광사(Dharma Light Temple)의 자원봉사자를 상호 비교했는데, 그레이스 교회의 신도들은 '형제' '자매'들을 돕고 있다고 생각하는 반면, 법광사의 경우는 절과 스님들을 돕고 있다고 생각했다고 한다.[17] 마찬가지로 이 BDC의 신도들도 절에 대

---

17   Chen, *Getting Saved in America: Taiwanese Immigration and Religious Experience*(미국 에서 구원받기: 대만인의 이민과 종교경험), 58.

한 감사와 비구니스님들을 진심으로 염려하기 때문에 자원봉사를 한다.

또한 법우(法友)들을 돕기 위해서, 또한 자신의 보살도(菩薩道) 수행을 더 잘하기 위해 봉사하는 것이기도 하다.

상기한 이민자 여성들의 봉사와 수행을 다음과 같이 정리할 수 있다.

첫째, 불교의 가르침인 깨어 있음, 무아, 인내를 일상생활 속에서 적용함.

둘째, 자리이타(自利利他)의 행위를 통해 부처님의 가르침을 깨침.

셋째, 비구니스님들과 불교에 대한 가르침에 대해서 감사함.

이같이 불교의 가르침을 일상생활 속에 적용하는 것은 마음수행을 닦고, 잘못된 생각을 없애고, 결국에는 깨달음을 얻어 윤회의 고통에서 해탈하는 수행의 길에 한걸음 더 나가는 것이다. 보살도를 수행하는 것은 자비와 관용 같은 덕성을 기르고 또한 다른 사람을 보살도로 인도할 수 있게 도와주는 것이다.

결론

그러면 이 프로젝트가 어떻게 재가 여성들의 자원봉사 체험에 기여할 수 있을까? 물론 나의 연구는 사찰 한 곳의 사례만 조사한 것이고 많은 사람을 인터뷰한 것이 아니라 한계가 있다. 더구나 특정 그룹의 여성을 대상으로 한 것이며, 또한 사회적으로 다양한 지위나 문화적 배경, 지리적으로 또는 종교적으로 광범위한 집단을 대상으로 한 것이 아니므로 미국의 재가 여성들을 대표한다고 할 수도 없으며, 세계 여성의 생각을 대표하는 것은 더더욱 아니다. 그렇기 때문에 이 연구가 말해 주는 점을 일반화하여 말할 생각은 없다. 다만 연구 대상이 되었던 그분들과 그들의 활동에 관심을 불러일으키고 싶었고, 사회적으로 낮은 지위에 있는 사람이지만 자신의 종교적 수행을 위해 절에서 봉사하는 이런 분들이 있다는 것을 알리기 위해 연구한 것이다.

불법은 일상적인 삶 밖에서 얻어지는 것이 아니다. 중국 선불교의 여섯 번째 조사인 혜능(慧能, 638-713)은 이렇게 말했다.

"이 세상을 떠나서 세상과 별개로 깨달음을 찾는 것은 토끼의 뿔을 찾는 것과 같다."[18]

BDC는 종교적인 삶과 세속적인 삶을 결합하여 이민자들로 하여금 자신이 배운 불교를 역동적으로 실천에 옮길 수 있도록 한다. 어떤 학자들이 주장한 것처럼 미국이라는 새 터전에 적응하기 위해서나 자신의 사회생활을 증진하거나 미국에 동화되기 위해 봉사하는 것은 아니다. 이 이민자 봉사자들은 이타적인 정신을 실천에 옮겨 결국은 깨닫고자 하는 것이다.

이들은 가정폭력희생자, 자연재해 피해자를 돕는 것 대신에 더 많은 사람들을 성불의 길로 안내하는 일에 자신의 자비심을 표현하고 있다. 이들은 부처님의 불교의 지혜와 종교적인 순수성, 평화 그리고 가족이라는 느낌 등 충족된 환경을 제공하기 때문에 비(非)불교도 단체보다는 사찰에서 봉사하기를 선호하는 것이다.

지금까지 서술한 대로, 본인은 여성들의 자원봉사 경험을 조사한 작은 프로젝트를 수행하였으며, 이 연구 결과는 어떤 여성들에게는 봉

---

18   A. F. Price and Wong Mou-lam, trans., *The Diamond Sutra & The Sutra of Hui-Neng* (Boston : Shambhala, 2005), 87.

사가 종교적인 수행의 방법이 되고 사찰 내 봉사활동이 자신과 타인을 모두 해탈의 길로 가도록 돕는 방법이 된다는 점을 보여 주고 있다.

효석(曉昔) 스님 | 대한불교조계종의 비구니이다. 동국대학교 불교학과를 졸업한 후, 인도 뿌나대학에서 문화인류학으로 석사학위를 받았고, 델리대학에서 문화인류학으로 박사학위를 받았다. 까이발야담에서 1년 요가지도자 과정을 졸업하고 한국으로 돌아온 후 출가하였다. 본각 스님을 은사로 사미니계, 식차마나니계, 비구니계를 수지하였으며, 현재는 봉녕사 승가대학교에서 부교수로 재직하고 있다.

현대 한국불교 승가에서 승려들의 역할의 재편성과 자비 실천의 개인 사례

The Rearranged Roles of Buddhist Nuns
in the Modern Korean Sangha:
A Case Study of Practicing Compassion

37

효석 스님

본 논문은 2015년 6월 23일에서 30일까지 인도네시아 족자카르타에서 열린 제14차 샤카디타 세계불교여성대회(14th Sakyadhita International Conference on Buddhist Women)에서 발표되었으며, Karma Lekshe Tsomo ed., *Compassion and Social Justice*, Yogyakarta: Sakyadhita, 2015에 수록되었다.

들어가는 말

사람은 태어나면서부터 누구나 역할을 갖는다. 역할은 태어나면서 숙명적으로 결정되는 것이 있고, 자유의지로 선택되는 것이 있다. 태어남으로 인해 결정된 역할은 바꾸거나 피할 수 없다. 그러나 우리가 자유의지로 선택한 역할은 전통을 그대로 답습할 수도 있고, 현대적으로 재구성하여 변화시킬 수도 있다. 승려로서의 역할은 자유의지로 선택한 역할이다.

21세기를 이끌어가는 현대 한국불교 승가는 시대와 환경이 변하면서 역할의 재편성이 이루어지고 있다. 본 소고에서 한국불교 승가를 이끌어가는 승려들의 역할 재편성과 본인의 개인 사례를 소개하고자 한다. 한국불교 승가에 소속된 승려들은 다양한 모습으로 그들의 역할을 다하고 있다. 여기서 소개되는 사례들은 대한불교 조계종 승가에 소속되어 있는 한 비구니의 개인 사례임을 재차 말씀드린다.

한국 승려들의 역할 재편성

불교가 고구려의 소수림왕 2년(372)에 한국으로 전래된 이후에 불교는 한국 땅에서 계속 번성해 왔다. 그러나 조선시대(1392~1910)로 들어서면서 숭유억불정책의 영향으로 불교는 서서히 미약해져 갔고, 점점 탄압을 받게 되었다. 불교가 탄압을 받으면서 승려의 신분도 서서히 천민으로 전락해 갔다. 그러한 시대적 상황아래 깊은 산속으로 들어가 참선수행에 매진했던 승려들도 있었고, 쓰러져가는 사찰 경제를 살리기 위해 신발이나 종이를 만들어 팔며 불사금을 모으던 승려들도 있었다. 전자를 일러 '이판승'이라 했고, 후자를 '사판승'이라고 했다.

  이판승과 사판승은 조선시대의 두 부류 승려들을 각각 통칭하는 것이었다. 그 두 부류의 승려들은 더 내려갈 수도 없는 바닥 끝의 신분이었다. 그래서 이판과 사판은 그 당시 승려들의 신분을 빗대어서 '끝장'이라는 뜻으로도 쓰이기도 했다. 일제강점기에는 일본 제국주의자들이 승려들을 정치적으로 이용하면서 '사판승'은 '대처승'의 대명사로 쓰이기도 했다. 그러한 시대적 배경으로 인해 지금까지 한국불교에서 승려들을 이판승과 사판승으로 불리는 두 그룹으로 나누기도 한다.

  그러나 대승불교의 전통을 따르는 현대 한국의 승려들은 더 이상 이판승과 사판승이라는 구분 속에 머물지 않는다. 대승불교에서 보살의 신조는 '상구보리, 하화중생' 즉, 위로는 깨달음을 구하고, 아래로는 중생을 교화해야 하는 것이다. 『금강경』에서 부처님께서는 수보리에게 이렇게 설하셨다.

"내가 중생들을 모두 다 제도하겠노라고 하라. 그러나 중생을 제도할지라도 제도한다는 생각 없이 해야 하느니라. 왜냐하면 아상, 인상, 중생상, 수자상이 있으면 보살이 아니기 때문이니라."

다시 말하면, 이 말은 위로는 깨달음을 구하는 '상구보리(上求菩提)'와 아래로는 중생을 제도하는 '하화중생(下化衆生)'이 둘이 아니라는 말이다. 더욱이 대승불교에서는 '자기는 제도되지 못했지만 남을 먼저 구제해야 한다(自未得度先度他).'는 말도 있다. 하지만 초기 불교에서는 '물에 빠진 자가 물에 빠진 사람을 구할 수 없다.'는 입장을 견지하고 있다. 이 부분은 포교에 대한 열의나 의욕만으로는 부족하다는 의미가 내포되어 있다고 해석할 수 있다.

남을 교화하기 위해서는 먼저 자기 자신을 갈고 닦아야만 한다. 부처님께서도 깨달음을 얻으신 후에 중생들에게 당신의 깨달음을 전해야 할지 말아야 할지 고민하셨다. 그때, 범천의 권청으로 중생들에게 당신의 깨달음을 전하기로 마음먹었고, 마침내 5비구들에게 첫 설법을 하셨다. 이러한 초기 불교의 가르침은 우리가 포교를 함에 있어서 먼저 자기 수행을 완성하고 순차적으로 다른 사람들을 구제해야 한다는, 조금 더 현실적인 방안을 제시한다.

현대사회는 끊임없이 변화하고 있다. 그에 따라 승가에 대한 요구도 다변화되고 있다. 승려들은 상구보리를 위한 개인 수행뿐만 아니라, 하화중생을 위한 신도들의 개인 상담까지 해줘야 한다. 그래서 승려들은 전방위적으로 다재다능해져야 한다.

개인 사례

산다는 것은 무엇일까. 나는 무엇을 위해 살고 있는 것일까. 내가 지금 여기서 무엇을 하고 있는 걸까. 이러한 의문이 생겨난 것은 내가 대학입시를 준비하던 19살 때부터였다. 그 질문에 답을 찾기 위해, 나는 동국대학교 불교학과에 입학했다. 기숙사 생활을 하면서 나는 아침마다 법당에 가서 부처님께 예불을 올렸다. 예불을 올리고 난 후, 처음에는 법당에 앉아 부처님 상호를 올려다보는 일밖엔 할 줄 몰랐다. 하루하루가 지나고 법당을 찾는 횟수가 늘어나면서 자연스럽게 눈을 감고 명상하는 자세에 익숙해졌다. 눈을 감고 앉아 있으니, 내 몸에서 일어나고 있는 호흡이라는 작은 움직임에 집중하게 되었다. 그것이 되풀이 되면서, 점차 머리끝에서부터 발끝까지 몸의 긴장을 풀며 몸의 움직임에 집중하게 되었다.

그렇게 호흡과 몸의 움직임에 집중하다보니 마음의 움직임에도 집중하게 되었고, 마음도 항상 움직인다는 것을 알았다. "내 마음이 이것이야"라고 말하는 순간 그 마음은 또 다른 것으로 변해 있는 것을 알았다. 부처님께서 말씀하신 '제행무상'의 가르침이 여실히 체험되었다.

한국에서 불교학과 학부과정을 졸업하고, 나는 인도로 유학을 떠났다. 인도 유학생활 중에 고엥까 위빠사나 센터에서 위빠사나 명상을 배웠다. 내가 한국에서 혼자 해 오던 것이 바로 위빠사나의 기본 명상법이었다는 것을 알았다.

나는 인도 뿌나대학과 델리대학에서 문화인류학을 전공했다. 문화인류학의 문화상대주의 이론은 불교의 가르침과 비슷하다는 생각이 든다. 내 나라의 문화만이 절대적으로 옳은 것이라고 주장한다면 내 나라 문화와 다른 면이 있는 문화들은 모두 잘못된 것이 되고 만다. 그러나 문화를 상대적으로 바라보면 나의 문화도 옳고, 다른 사람들의 문화도 옳다. 그렇게 바라볼 때 우리는 다른 나라 문화를 더욱 깊게 이해하게 되며, 그때 비로소 자비의 마음이 생겨나는 것이다. 나는 불교를 통해 나 자신을 알아갔고, 문화인류학을 통해 나와 다른 사람들의 문화를 이해하게 되었다. 다른 나라 사람들은 나와 다른 문화와 생활방식, 관습 등을 가졌을 뿐 결국 그들과 나는 같은 인간이다. 인간의 삶에 존재하는 고통은 비슷하다.

불교는 나에게 많은 답을 주었다. 하지만, 나는 아직도 더 많은 답을 얻어야 했고, 더 많은 깨달음을 얻어야 했다. 나는 하루에 한 시간씩이라도 수행할 시간적 여유를 갖는 삶을 선택했다. 더 나아가 나에게 이익이 되고, 남에게도 이익이 되는 삶을 살고 싶었다. 그래서 나는 출가의 삶을 선택했다. 델리대학에서 문화인류학 박사학위를 받고, 나는 까이발야담에서 요가지도자 자격증을 획득한 후, 10년의 인도 유학생활을 마치고 2006년 봄에 귀국했다. 나는 2006년 가을에 출가하여 6개월의 행자생활 후 사미니계를 받았다. 1년 동안 은사스님 밑에서 사미니로서의 기본예절과 의무를 배웠다. 그 후 조계종 사미니 기본 의무교육 기관인 봉녕사 승가대학에 입학하여 4년 동안 한문경전과 출가자의 예절, 소임 등을 배웠다. 2012년 2월에 기본교육기관을 졸업하고, 그해 3월에 비구니계를 받았다.

비구니계를 받은 이후에 3년 동안, 나는 은사스님 밑에서 의무 소임기간을 살아야 했다. 나는 고양시 외곽의 작은 포교도량인 '금륜사'에서 총무소임을 맡았다. 나의 일과는 이전과 다르게 급격하게 변했다. 이전의 나는 앉아서 공부만하고 좌선수행을 하던 이판승이었지만, 소임을 맡은 후로 나는 돈을 세고, 장부 정리를 하고, 후원의 반찬 재료를 조달하고, 제수를 사러 다니는 사판승이 되었다. 불사에 도움이 되는 일이라면 초 하나라도 더 팔려하고, 후원함을 곳곳에 설치해 조금이라도 더 사찰경제를 풍족하게 하려고 애쓰는 사판승이 되었다. 이판승은 너그럽고 온화하고 조용한 스님이라면, 사판승은 까다롭고 매사에 정확해야 하며 말을 많이 해야 한다. 이판승과 사판승은 그 역할이 다를 뿐만 아니라, 그 각각에서 미덕으로 간주되는 행동의 양식도 달라진다. 나의 성격은 조용하고 소극적인 스타일이지만, 나의 소임은 나를 말이 많고 적극적인 스타일로 바꿔 놓았다.

나는 하루하루를 바쁘게 지낸다. 절에서 필요한 일 때문에 바쁘고, 내가 스스로 나 자신의 능력을 넓혀가고 그러한 능력을 가지고 신도들을 대해야 하는 포교활동에 있어서 더욱 다양한 역할을 하고 싶은 마음 때문에 바쁘다. 나는 바쁜 소임을 사는 동안에도 불교 의례를 배우는 조계종 어산학교를 2년간 다니고 졸업했고, 조계종에서 제공하는 사이버대학 온라인과정을 통해 어린이교사 과정을 이수했으며, 불교레크리에이션 2급지도자 자격증을 땄다.

총무소임을 맡아 살면서 금륜사 청년회의 지도법사도 맡았다. 점점 바빠지는 스케줄은 오히려 더욱 가속적으로 새로운 책무를 가져다주지만, 나는 그것을 기쁨으로 생각한다. 내가 누군가에게 필요한 존재이고 누구에게 감동을 주는 일을 한다는 것은 기쁨이다. 부처님의 가르침은 깨달음과 자비의 실천이다. 자비는 끊임없이 베푸는 마음이며, 『금강경』에 나오는 '무주상 보시'의 마음이다. 머무는 바 없이 베푸는 것이 바로 자비이며, 보시이다. 이러한 마음을 갖고 조계사 청년회로부터 한 달에 한 번 법문 요청을 받았을 때, 금륜사 자매사찰인 용주사에서 한 달에 한 번 군인들을 상대로 법문을 해야만 할 때, 조계사 불교대학과 봉녕사 승가대학에서 강의 요청을 받았을 때, 나는 흔쾌히 수락했다. 그것은 바로 내가 할 수 있는 자비의 실천이기 때문이다.

이렇게 바쁘게 사는 중에도 나는 내 자신의 수행을 놓치지 않고 있다. 1주일에 네 번씩 저녁 시간에, 나는 명상과 요가 수업을 하고 있다. 바쁜 일상생활 중에도 내 스스로의 수행에 대한 욕구를 명상과 요가 수업을 하는 것으로 보충하고 있다. 명상과 요가는 내 하루를 뒤돌아보고 정리하며, 몸과 마음을 정화시키는 나만의 수행시간이다. 명상과 요가를 통해 나는 자비의 마음을 키운다.

나가는 말

현재 한국불교의 비구니 포교사찰은 그 대부분이 도시포교를 주 영역으로 하고 있기 때문에 승려들의 사찰경영 참여는 필수 불가결하다. 더 이상 이판승의 주 활동인 참선수행만이 최고라고 주장할 수 없을 정도로 수행환경이 변화하고 있다. 스님들은 선원에서 여름·겨울 안거 수행을 한 후에는 다시 어느 사찰로든 돌아가 그 사찰의 효과적 경영에 참여해야 한다. 참선수행을 하면서 자비의 마음을 기르고, 소속 사찰로 돌아가 자비의 마음을 실천해야 하는 것이다. 이판승과 사판승의 역할은 양 날개와 같다. 어느 한쪽도 소홀히 해서는 안 될 역할이다.

출가는 자신을 위한 끊임없는 수행이며, 동시에 다른 사람들을 위한 봉사의 삶이다. 출가수행자들은 수행을 통해 깨달음을 성취하고, 자비심을 길러야 한다. 자비심은 타인에게 기쁨을 나눠주고, 그들의 슬픔을 함께하는 것이다. 그것은 바로 베풂이며 보시이다. 보시에는 세 가지가 있다고 말한다. 재물을 베푸는 재보시(財布施), 부처님의 가르침을 전하는 법보시(法布施), 고통받는 사람들의 마음에서 두려움을 없애주는 무외시(無畏施)가 있다. 출가수행자들과 재가자들은 서로 상부상조하는 전통을 갖고 있다. 재가자들은 수행자들에게 음식물과 옷 등 재물을 보시하고, 출가수행자들은 부처님의 법을 전하고, 고통받는 중생들의 마음을 위로한다.

부처님께서는 삶을 고해의 바다로 비유하셨고, 당신의 가르침은 고해의 바다를 건너기 위해 사용하는 뗏목과 같다고 설하셨다. 또한, 당신의 가르침인 뗏목을 타고 고통의 바다를 건너 저 열반의 언덕에 도착한 후에는 과감히 뗏목을 뒤로하고 떠나라고 우리에게 가르치신다. 수행자의 역할은 바로 그 뗏목과 같다. 고통받는 중생들을 태워 저 열반의 언덕으로 인도해야 한다.

그러기 위해서 우리 수행자들은 열심히 수행하여 아주 튼튼한 뗏목이 되어야 한다. 처음에는 한 명을 겨우 태울 수 있는 뗏목이겠지만, 점점 더 튼튼해져서 두 명, 세 명, 네 명, 나중에는 백 명, 이백 명도 태울 수 있는 커다란 뗏목이 되어야 한다. 꾸준한 수행으로 큰 뗏목이 되어, 중생들을 열반의 언덕으로 이끌어 주는 것이 불교수행자들의 역할이며, 자비의 실천인 것이다.

불교 페미니즘과
리더십

2016년 8월 30일 초판 1쇄 발행

지은이 본각 · 조은수 · 텐진 빠모 외 34인
옮긴이 샤카디타 코리아
펴낸이 박상근(至弘) • 편집인 류지호 • 편집 김선경, 양동민, 이기선, 양민호
디자인 koodamm • 제작 김명환 • 홍보마케팅 허성국, 김대현, 박종욱 • 관리 윤애경
펴낸 곳 불광출판사 03150 서울시 종로구 우정국로 45-13, 3층
　　　　대표전화 02) 420-3200 편집부 02) 420-3300 팩시밀리 02) 420-3400
　　　　출판등록 제1-183호(1979. 10. 10.)

ISBN 978-89-7479-324-1 (93220)

이 도서의 국립중앙도서관 출판예정도서목록(CIP)은 서지정보유통지원시스템
홈페이지(http://seoji.nl.go.kr)와 국가자료공동목록시스템(http://www.nl.go.kr/kolisnet)에서
이용하실 수 있습니다. (CIP제어번호: CIP2016020162)